首阳教育书系

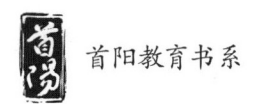

思维型科学探究实践案例

小学五六年级

编委会

主　编　胡卫平
副主编　李　霞
编　委　（以姓氏笔画为序）
　　　　刘天成　辽宁教育学院
　　　　李　霞　杭州市基础教育研究室附属学校
　　　　张　敏　湖南省教育科学研究院
　　　　张建武　西安市教育科学研究院
　　　　邵发仙　重庆市教育科学研究院
　　　　易传发　武汉市教育科学研究院
　　　　胡卫平　现代教学技术教育部重点实验室
　　　　曹　雷　重庆市教育科学研究院
　　　　童海云　深圳市教育科学研究院

陕西师范大学出版总社　西安

图书代号　JY24N0700

图书在版编目（CIP）数据

思维型科学探究实践案例．小学五六年级 / 胡卫平主编．—西安：陕西师范大学出版总社有限公司，2024.6
ISBN 978-7-5695-4382-7

Ⅰ.①思… Ⅱ.①胡… Ⅲ.①科学知识－教案（教育）－小学 Ⅳ.① G623.62

中国国家版本馆 CIP 数据核字（2024）第 091997 号

思维型科学探究实践案例　小学五六年级
SIWEIXING KEXUE TANJIU SHIJIAN ANLI XIAOXUE WU LIU NIANJI
胡卫平　主　编

出 版 人	刘东风
出版统筹	杨　沁
责任编辑	李少莹　魏　宁
责任校对	刘梦楠　张　翠　温彬丽
封面设计	路　加
出版发行	陕西师范大学出版总社有限公司
	（西安市长安南路 199 号　邮编　710062）
网　　址	http://www.snupg.com
印　　刷	陕西博文印务有限责任公司
开　　本	720 mm×1020 mm　1/16
印　　张	33
字　　数	396 千
版　　次	2024 年 6 月第 1 版
印　　次	2024 年 6 月第 1 次印刷
书　　号	ISBN 978-7-5695-4382-7
定　　价	98.00 元

读者使用时若发现印装质量问题，请与本社联系、调换。
电话：（029）85308697

序言 / preface

为深入贯彻党和国家的路线、方针和政策，全面落实全国教育大会精神和立德树人根本任务，发展素质教育，反映国际科学教育改革的趋势，深化义务教育科学课程改革，在教育部的统一领导下，义务教育科学课程标准的修订工作于2019年1月启动。经过三年多的努力，我国第一部包括物理学、化学、生物学、天文学、地球科学等不同学科领域，覆盖9个年级的义务教育科学课程标准完成修订，并于2022年4月21日发布。

基于素养立意、注重综合、进阶设计、加强实践、立足现实的修订思路，《义务教育科学课程标准（2022年版）》（以下简称"课标"）在多方面取得了明显的突破：凝练了核心素养，调整了课程结构，精简了课程内容，突出了育人导向，制定了学业质量，强化了实施指导等。

课标的有效实施是一项富有挑战性的工作，涉及实施规划制订、教师专业发展、教学条件建设、课程资源开发、教学方式变革、评价方式改革等方面，特别是科学课程，由于基础比较薄弱，课标创新明显，有效实施具有更大的难度。课标实施过程中的重点和难点有以下几个方面：一是基于核心素养制定教学目标。科学课程旨在培育学生的核心素养，理解科学课程要培养的学生核心素养的内涵和构成、发展要求以及各组成要素的本质，并基于核心素养制定教学目标，需要教师具有较高的理论水平和实践经验，是科学课程有效实施的重点和难点。二是课程内容的组织。义务教育科学课程设置了13个学科核心概念，每个学科核心概念又分解成若干个学习内容；物质与能量、结构与功能、系统与模型、稳定与变化4个跨学科概念的学习依托13个学科核心概念来实现；技术与工程部分的学习要基于学生已有知识经验和认知水平，综合利用学科核心概念和跨学科概念，通过综合实践，解决真实情境中的技术与工程问题。如何理解核心概念并围绕核心概念组织教学内容，开展基于核心概念的单元教学设计？如何把握核心概念的进阶，强化学段教学内容安排的序列化和递进性？这些是科学课程有效实施的又一重点和难点。三是开展思维型探究与实践活动。鉴于现行科学教学中有不少重视科学探究过程、忽视学生积极主动思考的情况，修订后的课标强调整合启发式、探究式、互动式、体验式和项目式等各种教学方式的基本要求，开展能够促进学生积极思考的思维型探究与实践活动。对这一教学思想的深入理解和有效实施，也是课堂教学实施的重点和难点。

为了探索课标有效实施的途径，现代教学技术教育部重点实验室在辽宁省、湖南省、重庆市、深圳市、武汉市、西安市建立了实验区，经过近两年的探索，取得了一定的经验。本套书案例涉及小学3个学段和13个学科核心概念，包括基于核心概念的单元教学和课时教学设计，反映了思维型探究与实践的基本思想和核心概念的进阶路线，体现了基于核心素养确定教学目标、围绕核心概念组织教学内容、以学生为主体进行教学设计、以探究实践为主要方式开展教学活动，可以对教师在教学中落实课标要求提供较好的示范与引领作用，有助于提高科学教学质量。

在本套书的编写过程中，本人负责编写方案的制订、统稿等工作；李霞主要负责案例的审查和打磨等工作；刘天成、张敏、曹雷、邵发仙、童海云、易传发、张建武等负责本省（市）案例的收集、打磨与审查等工作，对于提供案例的作者，书稿中已经标注了他们的姓名和单位。

在本套书出版之际，感谢现代教学技术教育部重点实验室、中国教育学会科学教育分会的大力支持，感谢实验区的积极探索，感谢编委会的共同努力，感谢案例作者的辛勤劳动，感谢陕西师范大学出版总社领导的精心组织和编辑的认真工作。思维型探究实践是课标对教学提出的高标准要求，因为实验时间短，优秀的实践案例比较缺乏，再加上我们的水平所限，书中难免会有不到之处，恳请广大读者批评指正。

现代教学技术教育部重点实验室
中国教育学会科学教育分会
陕西师范大学科学教育中心
2024 年 5 月

前言 preface

《义务教育科学课程标准（2022年版）》（以下简称"课标"）课程内容围绕核心素养所包括的科学观念、科学思维、探究实践、态度责任，对义务教育阶段课程内容进行了结构化安排。具体表现为以4个跨学科概念、13个学科核心概念为统领，确定了1~9年级学生应该达到的科学素养水平，进阶设计了科学学习路径。具体的内容要求紧紧围绕核心概念，对物质科学、生命科学、地球与宇宙科学、技术与工程等相关内容进行横向整合，对1~2年级、3~4年级、5~6年级、7~9年级四个学段的具体内容进行纵向联结，以"少而精"的科学事实、科学概念、科学原理等支撑学生的科学学习。

课标结构化的课程内容对课堂教学提出了新要求。如何理解核心概念并围绕核心概念组织教学内容？如何把握核心概念的进阶，强化学段教学内容安排的序列化和递进性？如何聚焦核心素养目标，实施思维深度参与的科学探究与工程实践？这些成为落实课标，有效开展课堂实践的重点和难点。基于课堂观察与深入调研，我们发现：在松散单元教学视角下，课时三备（"备教材""备学生""备教法"）的框架和实践，不足以帮助到教师开展素养导向的课堂实践。聚焦核心素养，开展基于核心概念的单元教学设计，依托少而精的知识支撑思维深度参与的科学探究和工程实践，成为本套书的攻关重点。

单元作为最小的课程单位，一直是教材编写和课堂教学的重要载体。本套书从单元教学设计的视角，建构了聚焦核心概念的思维型单元教学设计的理论与操作框架。思维型单元教学设计是基于思维型教学五大原理，对单元及每课时的教学进行系统性、整体性规划的设计。以动机激发、认知冲突、自主建构、自我监控、应用迁移五个基本学习原理为理论支撑；将聚焦核心概念的单元教学内容规划、单元学习目标设计、单元学习评价设计、学生情况分析、单元学习进程设计、持续反馈与应用设计、单元教学反思等要素建立深度关联，形成操作框架，进而实现优化的课堂教学效果。

本套书基于思维型教学原理与单元设计框架进行案例的编写，对应13个学科核心概念，针对3个学段设计了38个探究实践案例。单元设计中，通过梳理本单元学习指向的核心概念及学习进阶路线、单元学习内容的组织线索，来确定本单元对核心概念建构的重要价值；基于此，从核心素养的四个方面整体确定单元学习目标，在落实课标内容要求的基础上选择可操作的、易检测的行为动词，对目标进行较为精准的制定；在单元目标导向下，设计嵌入真实问题、真实情境的单元学习评价，用以考查学生在单元学习结束后解决复杂问题的能力；学生情况分析是教学程序设计的基础，从学习起点、学习状态、学习困难三个维度进行分析，在学习起点的分析中特别关注了学生思维水平，在学习状态的分析中特别关注了学生的思维动力，在学习困难的分析中特别关注了学生的前概念；单元学习进程设计以学习问题链整体引领学生的学习路径，从单元主要概念、学习进阶、学习问题链、主要学习活动及思维型教学原理等几个方面整体考虑；

持续反馈与应用设计是在单元教学结束后供教师选择性使用，以实现对概念学习的拓展迁移为目的，从而能够持续建构概念、发展问题解决能力；单元教学反思则是作者对现有单元教学的反思与迭代，为使用本套书的教师进一步优化教学提供参考。

  核心概念统领下的思维型单元教学设计立足核心素养的形成，围绕核心概念，追求用少而精的内容实现科学教育价值的最大化。其内隐的是科学观念的形成过程、科学态度责任的发展过程，外显的是科学探究过程、工程实践过程。单元活动内容既是基于课标要求的经典性内容，又是紧密结合生活生产、社会科技等领域的创新性内容。本套书各位作者经过系统设计和反复实践，将有效的方法和策略进行呈现，以期能对一线教师的课堂教学起到较好的参考作用。

李霞

义务教育科学课程标准修订专家组成员

杭州市基础教育研究室附属学校 特级教师 正高级教师

2024 年 5 月

目录 / contents

物质的结构与性质

案例1 船的研究 / 1

第1课时 船的历史 / 7

第2课时 用浮的材料造船 / 12

第3课时 用沉的材料造船 / 16

第4课时 增加船的载重量 / 19

第5课时 给船装上动力 / 23

第6课时 设计我们的小船 / 28

第7课时 制作与测试我们的小船 / 33

物质的变化与化学反应

案例2 物质的变化 / 42

第1课时 蜡烛的变化 / 46

第2课时 铁钉生锈 / 52

第3课时 制作汽水 / 58

第4课时 化学家的研究 / 63

物质的运动与相互作用

案例 3　光与色彩 / 72

第 1 课时　光源 / 77

第 2 课时　光的传播 / 82

第 3 课时　当光遇到物体 / 87

第 4 课时　人眼为什么能看到物体 / 92

第 5 课时　七色光 / 96

能的转化与能量守恒

案例 4　传热与保温 / 103

第 1 课时　温度与水的变化 / 111

第 2 课时　水的蒸发和凝结 / 115

第 3 课时　温度不同的物体相互接触 / 120

第 4 课时　热在金属中的传递 / 123

第 5 课时　热在水中的传递 / 127

第 6 课时　哪个传热快 / 131

第 7 课时　做个保温杯 / 134

生命系统的构成层次

案例 5　微生物与健康 / 141

第 1 课时　探究果蔬变质的元凶 / 149

第 2 课时　打破微观世界的壁垒 / 154

第 3 课时　探寻隔夜菜汤的秘密 / 159

第 4 课时　认识微生物的双面性 / 165

第 5 课时　"生气"的微生物（1）/ 170

第 6 课时　"生气"的微生物（2）/ 177

第 7 课时　解决水果保存的问题 / 181

生物体的稳态与调节

案例 6　健康生活 / 189

第 1 课时　人体的感知与反应 / 194

第 2 课时　脑的功能 / 199

第 3 课时　保护我们的身体（1）/ 204

第 4 课时　保护我们的身体（2）/ 208

生物与环境的相互关系

案例 7　环境与我们 / 217

第 1 课时　调查"我们的农场" / 222

第 2 课时　探究植物的生长 / 227

第 3 课时　探究动植物与环境的关系（1）/ 231

第 4 课时　探究动植物与环境的关系（2）/ 236

第 5 课时　探究"学府农场"的食物链 / 243

第 6 课时　如何呵护"我们的农场" / 248

生命的延续与进化

案例 8　一起做大自然的观察师 / 255

第 1、2 课时　制作红树林生物分布图 / 261

第 3 课时　深圳红树林中的动植物 / 265

第 4 课时　红树植物的生存智慧 / 270

第 5 课时　可爱的红树林精灵 / 275

第 6 课时　我们与红树林 / 280

宇宙中的地球

案例 9　地球的运动 / 291

第 1 课时　我们的地球模型 / 295

第 2 课时　昼夜交替现象 / 300

第 3 课时　人类认识地球运动的历史 / 305

第 4 课时　谁先迎来黎明 / 310

第 5 课时　影长的四季变化 / 315

第 6 课时　地球的公转与四季变化 / 320

第 7 课时　昼夜交替和四季变化对生物的影响 / 325

地球系统

案例 10　校园岩石博物馆 / 332

第 1 课时　发布任务——打造校园岩石博物馆 / 338

第 2 课时　初步探索岩石的观察方法 / 343

第 3 课时　学习鉴定岩石的科学方法 / 347

第 4 课时　鉴定岩石 / 351

第 5 课时　岩石的组成 / 355

第 6 课时　制作岩石标本 / 359

第 7 课时　设计岩石博物馆展区 / 363

第 8 课时　岩石展览会 / 368

人类活动与环境

案例 11　人类活动与环境——人与自然 / 379

第 1 课时　小河怎么了 / 385

第 2 课时　污染源大揭秘 / 391

第 3 课时　为小河做清洁 / 395

第 4 课时　垃圾减量大作战 / 400

第 5 课时　变废为宝我能行 / 404

第 6 课时　做一个环保小卫士 / 410

技术、工程与社会

案例 12　计量时间 / 417

第 1 课时　设计制作日晷（1）/ 425

第 2 课时　设计制作日晷（2）/ 430

第 3 课时　设计制作水钟（1）/ 436

第 4 课时　设计制作水钟（2）/ 444

第 5 课时　设计制作一个 1 分钟摆动 60 次的摆（1）/ 451

第 6 课时　设计制作一个 1 分钟摆动 60 次的摆（2）/ 456

第 7 课时　设计制作一个 1 分钟摆动 60 次的摆（3）/ 461

第 8 课时　计量时间和我们的生活 / 467

工程设计与物化

案例 13　飞天梦——设计制作"火箭"/ 478

第 1 课时　认识火箭 / 483

第 2 课时　设计火箭模型 / 490

第 3 课时　制作火箭模型 / 497

第 4 课时　测试火箭模型 / 502

第 5 课时　反思改进"火箭" / 506

物质的结构与性质

案例1 船的研究

单元教学内容规划

（一）本单元学习指向的核心概念及学习进阶路线

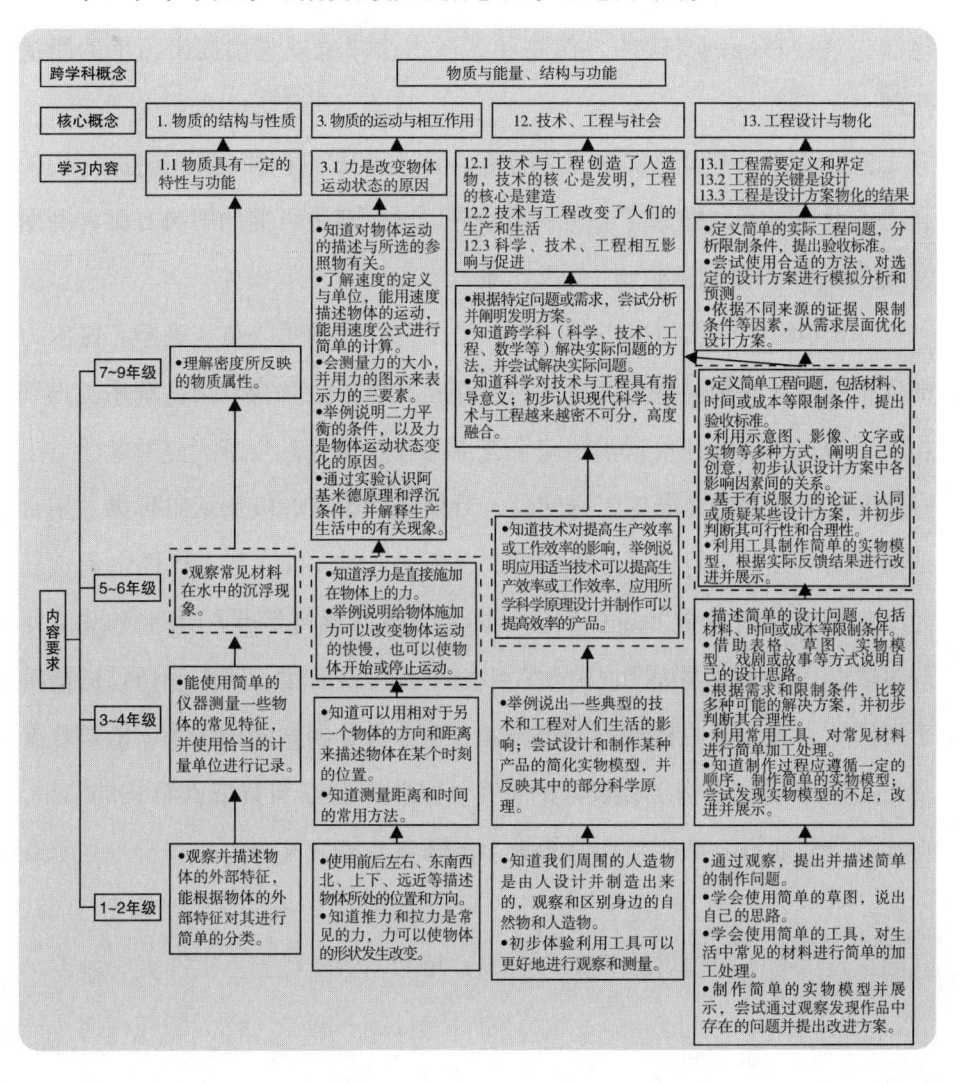

跨学科概念： 物质与能量、结构与功能

核心概念：
1. 物质的结构与性质
3. 物质的运动与相互作用
12. 技术、工程与社会
13. 工程设计与物化

学习内容：
- 1.1 物质具有一定的特性与功能
- 3.1 力是改变物体运动状态的原因
- 12.1 技术与工程创造了人造物，技术的核心是发明，工程的核心是建造
- 12.2 技术与工程改变了人们的生产和生活
- 12.3 科学、技术、工程相互影响与促进
- 13.1 工程需要定义和界定
- 13.2 工程的关键是设计
- 13.3 工程是设计方案物化的结果

内容要求：

7~9年级
- 理解密度所反映的物质属性。
- 知道对物体运动的描述与所选的参照物有关。
- 了解速度的定义与单位，能用速度描述物体的运动，能用速度公式进行简单的计算。
- 会测量力的大小，并用力的图示来表示力的三要素。
- 举例说明二力平衡的条件，以及力是物体运动状态变化的原因。
- 通过实验认识阿基米德原理和浮沉条件，并解释生产生活中的有关现象。
- 根据特定问题或需求，尝试分析并阐明发明方案。
- 知道跨学科（科学、技术、工程、数学等）解决实际问题的方法，并尝试解决实际问题。
- 知道科学对技术与工程具有指导意义；初步认识现代科学、技术与工程越来越紧密不可分，高度融合。
- 定义简单的实际工程问题，分析限制条件，提出验收标准。
- 尝试使用合适的方法，对选定的设计方案进行模拟分析和预测。
- 依据不同来源的证据、限制条件等因素，从需求层面优化设计方案。

5~6年级
- 观察常见材料在水中的沉浮现象。
- 知道浮力是直接施加在物体上的力。
- 举例说明给物体施加力可以改变物体运动的快慢，也可以使物体开始或停止运动。
- 知道技术对提高生产效率或工作效率的影响，举例说明应用适当技术可以提高生产效率或工作效率，应用所学科学原理设计并制作可以提高效率的产品。
- 定义简单工程问题，包括材料、时间或成本等限制条件，提出验收标准。
- 利用示意图、影像、文字或实物等多种方式，阐明自己的创意，初步认识设计方案中各影响因素间的关系。
- 基于有效力的论证，认同或质疑某些设计方案，并初步判断其可行性和合理性。
- 利用工具制作简单的实物模型，根据实际反馈结果进行改进并展示。

3~4年级
- 能使用简单的仪器测量一些物体的常见特征，并使用恰当的计量单位进行记录。
- 知道可以用相对于另一个物体的方向和距离来描述物体在某个时刻的位置。
- 知道测量距离和时间的常用方法。
- 举例说出一些典型的技术和工程对人们生活的影响；尝试设计和制作某种产品的简化实物模型，并反映其中的部分科学原理。
- 描述简单的设计问题，包括材料、时间或成本等限制条件。
- 借助表格、草图、实物模型、戏剧或故事等方式说明自己的设计思路。
- 根据需求和限制条件，比较多种可能的解决方案，并初步判断其合理性。
- 利用常用工具，对常见材料进行简单加工处理。
- 知道制作过程要遵循一定的顺序，制作简单的实物模型；尝试发现实物模型的不足，改进并展示。

1~2年级
- 观察并描述物体的外部特征，能根据物体的外部特征对其进行简单的分类。
- 使用前后左右、东南西北、上下、远近等描述物体所处的位置和方向。
- 知道推力和拉力是常见的力，力可以使物体的形状发生改变。
- 知道我们周围的人造物是由人设计并制造出来的，观察和区别身边的自然物和人造物。
- 初步体验利用工具可以更好地进行观察和测量。
- 通过观察，提出并描述简单的制作问题。
- 学会使用简单的草图，说出自己的思路。
- 学会使用简单的工具，对生活中常见的材料进行简单的加工处理。
- 制作简单的实物模型并展示，尝试通过观察发现作品中存在的问题并提出改进方案。

本单元主要聚焦"工程设计与物化",融合了"物质的结构与性质""物质的运动与相互作用""技术、工程与社会"三个核心概念,让学生从用脑和手认识自然世界,到用脑和手改造世界,体现了科学技术对个人生活和社会发展的影响。

工程是运用科学和技术设计、制造产品和解决实际问题的活动,工程技术的关键是设计,技术的核心是发明,是人们对自然的利用和改造。

1~2年级能利用工具认识物体的性质,能使用简单的草图描述自己的想法,观察和区别身边的自然物和人造物,并通过观察提出简单的制造问题。

3~4年级能描述简单的设计问题,通过表格、草图、实物模型等说明自己的设计思路,根据需求和限制条件,比较多种可能的解决方案,利用常用工具对常见材料进行加工和处理。

5~6年级能提出简单工程问题,用多种方式阐明创意,基于有说服力的证据认同、质疑某些方案,并初步判断其可行性和合理性,利用工具制作简单的实物模型,根据实际结果进行改造并展示。

7~9年级能定义简单工程问题,分析限制条件,提出验收标准,用合适的方法对方案进行模拟分析预测,有依据地对设计方案进行优化。

在层层深入的学习过程中,落实《义务教育科学课程标准(2022年版)》(以下简称"课标")中五六年级"能提出满足一定限制条件的简单工程问题,知道验收标准,了解设计方案中各种因素间的关系"的学业要求。有助于学生建构工程设计的概念,认识工程是设计方案物化的结果,形成物质与能量、结构与功能的跨学科概念。

（二）本单元学习内容的组织线索

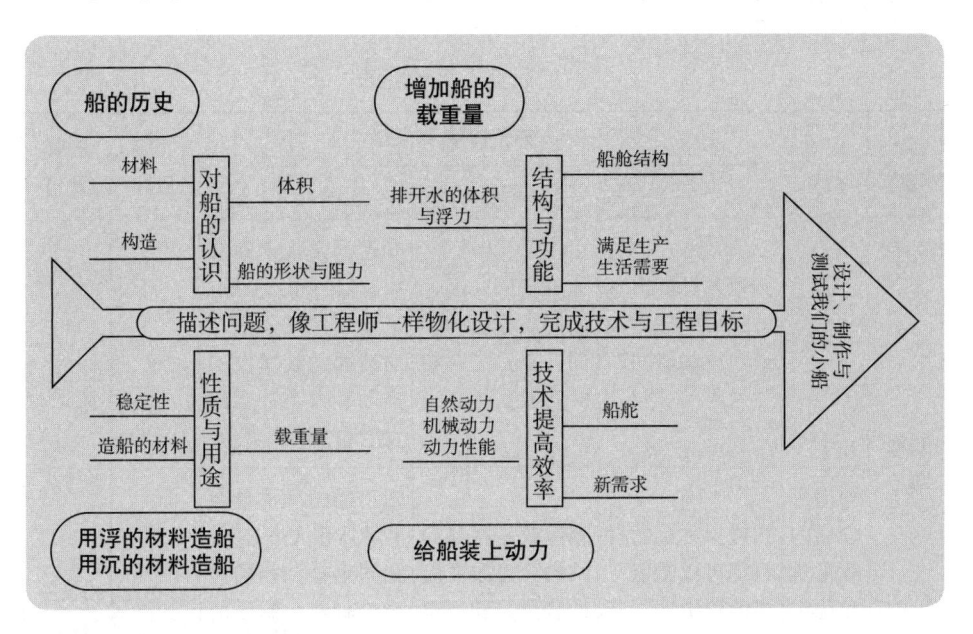

```
船的历史          增加船的载重量

材料 ─┐                          ┌─ 船舱结构
      ├─ 对船   ─ 体积 ─ 排开水的体积 ─ 结构                        ┐
构造 ─┘   的认识              与浮力   与功能 ─ 满足生产            │ 设计、制作与
                 船的形状与阻力           生活需要                   │ 测试我们的小船
                                                                    │
         描述问题，像工程师一样物化设计，完成技术与工程目标          ┘

稳定性 ─┐                          ┌─ 自然动力   ┌─ 船舵
        ├─ 性质   ─ 载重量 ─        │  机械动力   │
造船的  │   与用途                  │  动力性能   │
材料 ──┘                         技术提高效率 ──┴─ 新需求

用浮的材料造船                    给船装上动力
用沉的材料造船
```

单元学习目标设计

核心素养	学习目标
科学观念	理解船的载重量、稳定性和动力系统是由船的材料、形状、体积、结构、人类技术发展等多个因素决定的
科学思维	建模计算，观测现象，对比数据，做出推理判断并解释；能根据工程问题和限制条件，设计、制作并测试船的模型，根据实际效果迭代改进
探究实践	设计探究实验，进行观察和测量，收集现象与证据，基于证据得出结论，解释结论，具有合作与交流的能力；知道工程需要经历明确问题、设计方案、实施计划、检验作品、改进完善、发布成果等过程；利用工具制作实物模型，尝试应用科学原理指导制作过程，根据实际反馈结果，对模型进行有科学依据的迭代改进，最终进行展示
态度责任	感知人类技术在船的改造进程中对人类生产、生活效率的积极影响，形成技术、工程与科学在人类历史进程中具有同等重要地位的认识。乐于尝试多种设计方案，初步具有质疑、创新的态度

单元学习评价设计

"船的研究"评价量表

核心素养	评价指标	评价等级 ★	评价等级 ★★	评价等级 ★★★	同伴互评	教师评价
科学观念	了解船的发展史	知道各种船出现的先后顺序，知道常见的船的动力	知道不同时期、不同类型船的不同特点，了解船的动力发展史	知道科学技术在改变着船的动力系统，推动着船的发展；而造船的技术发展推动着人类社会的发展和文明进程	☆☆☆	☆☆☆
科学观念	知道影响船的载重量和稳定性的因素	知道浮和沉的材料都可以造船，船的稳定性与其结构有关	知道改变材料的结构可以改变船的载重量和稳定性	知道船的载重量与船的体积大小有关，相同重量和相同大小的材料，制作的船体积越大，船的载重量就越大	☆☆☆	☆☆☆
科学思维	理解船的发展史	知道用比较的方法认识不同时期船的外形、结构、动力等特征	会用比较的方法，认识不同时期船的外形、结构、动力等特征。了解不同船的动力系统	通过比较和分析的方法，理解船的发展史，并描述人类文明发展与造船技术发展之间的关系	☆☆☆	☆☆☆
科学思维	概括影响船载重量和稳定性的因素	能根据自己的假设，设计出不同底面积的船，并计算各船的体积	能根据计算和测试结果，分析归纳出提高船载重量的方法	能根据计算和测试结果，分析归纳出提高船载重量的方法，并解决实际问题	☆☆☆	☆☆☆
探究实践	船的探秘	通过测试与记录，认识船的外形、结构和稳定性、阻力之间的关系	能根据要求对小船的性能进行测试，并不断改进结构，提高船的载重量和稳定性	能根据任务要求完成设计图，并通过合作完成小船的制作、测试，对小船和小组表现进行评价	☆☆☆	☆☆☆

续表

核心素养	评价指标	评价等级 ★	评价等级 ★★	评价等级 ★★★	同伴互评	教师评价
态度责任	感受技术发展的影响	感受船的发明和技术革新对人类社会发展带来的深远影响和变化	在工程实践的过程中，能利用新的材料完成设计和制作任务，培养创新精神；能感受技术革新对推动船只发展的深远影响	在对船进行测试、改进的过程中，体会不断改进设计对结果的影响，敢于对小船的设计方案提出质疑并虚心听取别人的合理建议	☆☆☆	☆☆☆

学生情况分析

从学习内容看，学生已经知道有些物体在水中是浮的，有些物体在水中是沉的，但是对于材料的不同对物体的沉浮有什么影响、沉的材料能造船的原理是什么等问题认识不足。

从认知水平看，学生在一至四年级的观察、记录、交流等一系列科学探究活动中，对科学探究的基本流程和科学方法有了一定的认识，具有一定的探究实践能力。但受年龄的限制，学生的思维依旧处于形象思维阶段，抽象概括和语言表达能力仍然比较弱，教师的指导和帮助仍然非常重要。

单元学习进程设计

单元主要概念	学习进阶	学习问题链	主要学习活动	思维型教学原理	课时建议
物质的结构与性质	启动：了解船的历史	问题一：不同时期的船具有怎样的特点	能通过比较和分析的方法，初步理解船的发展史，认识不同时期船的外形、结构、动力等特征	概念初始认识（动机激发）（自主建构）	1
	启迪：探索船的奥秘	问题二：如何用浮的材料造船	能通过观察、比较的方法，初步认识到船的载重量和稳定性与船的结构有关	概念具体化（认知冲突）（自主建构）	1
		问题三：用沉的材料可以造船吗	能用评价和比较的方法，认识到相同质量的橡皮泥、相同大小的铝箔做成的船体积越大，受到的浮力越大，越容易浮在水面上		1
		问题四：怎样增加船的载重量	能根据自己的假设，设计出不同底面积的船，并计算各船的体积；能根据计算和测试结果，分析归纳出提高船载重量的方法	概念深度理解（自主建构）（自我监控）	1
	启航：我们来造船	问题五：如何为船选择动力	能通过比较的方法，了解不同船的动力系统；能通过测试和分析，将船的动力和船的用途建立联系，理解结构和功能的关联；能通过分析实验结果，解释船行进方向与舵之间的关系	概念迁移创造（自我监控）（应用迁移）	1
		问题六：要造一艘船，我们必须先做一些什么呢	能利用设计思维完成小船的设计，通过比较分析，在交流中完善和优化设计方案		1
		问题七：如何制作和调整我们的小船	能用测试和比较的方法，发现小船存在的问题，不断调整和优化小船，并从多个角度评价小船的制作过程		1

第1课时 船的历史

核心问题：不同时期的船具有怎样的特点？

【教学目标】

1. 认识不同时期的船具有不同的特点和发展趋势。

2. 通过独木舟模型的实验，感受人类"最初的船"载重量、稳定性的特点。通过实验"船型与阻力的关系"认识船受到的阻力大小与船的外形存在关系。

3. 初步感受船的发明和技术革新对人类社会发展带来的影响和变化。

【教学重难点】

重点：认识不同时期的船具有不同的特点和发展趋势，了解造船技术发展史与人类文明进步史的关系。

难点：通过实验"独木舟载物""船型与阻力的关系"认识到船的外形、结构和稳定性、阻力之间的关系。

【教学准备】

教师准备：多媒体课件等。

学生准备：装水的水槽、独木舟模型、螺母、实验记录单等。

【教学过程】

一、创设情境

1. 教师播放多媒体课件，让学生了解中国船舶工业发展历程。

2. 从昔日的"有海无防"到如今拥有跻身世界前列的海上力量，从曾经的"一穷二白"到成为世界第一造船大国，我国走出了一条从无到有、从弱到强、从跟跑到领跑的中国特色发展之路。在本单元学习中，我们将化身"小小造船师"，一起设计、制作可以稳定航行且具有一定载重能力的小船，向视频中的船舶制造工程师致敬。

【设计意图】通过视频让学生了解中国船舶工业的发展历程，激发学生的民族自豪感，树立文化自信。创设大单元中的大情境，明确单元任务，提高学生学习的积极性和对船研究的兴趣。

二、提出问题

1. 谈话：工程师们在设计、制作一样东西的时候，首先要进行调查，了解它的历史、特点等。

2. 揭示课题：船的历史。

教师展示几种不同时期、不同类型的船。

提问：你们认识这些船吗？你们能将这些船按出现的先后顺序排列一下吗？

【设计意图】通过交流对船的认识并将船按出现先后的顺序进行排序，充分展露学生的前概念，引发思维的碰撞。

三、自主探究

1. 讨论：摇橹木船和轮船出现的先后顺序是怎样的？它们哪些地方不一样？

2. 交流：如果你是工程师，会从哪些方面对轮船进行改进呢？

3. 师生小结：以上船出现的先后顺序为独木舟、摇橹木船、帆船、蒸汽船、轮船、核潜艇。

交流：从船的发展历史中，你发现了哪些变化？

【设计意图】通过比较摇橹木船和轮船这两种典型的船，引导学生从船的体积、船体材料、动力类型、载重量等方面系统认识船在发展历程中的不同特点和演化趋势。从船的历史中感悟技术革新为人类带来的深远影响。

四、合作交流

1. 教师展示独木舟图片，学生猜测独木舟的制作方法。

2. 教师展示独木舟模型，说明挑战任务及注意事项：

（1）一个一个地增加螺母，测试我们的独木舟最多能稳定地承载几个螺母。

（2）用多种方法放置螺母，观测独木舟的稳定性。

3.学生分组实验并完成实验记录单。

【设计意图】通过研究独木舟，让学生认识"最初的小船"，同时让学生感知独木舟的不足，思考改进的方法，为后面的学习奠定基础。

五、总结反思

1.全班分享实验结果，交流：独木舟在装载重物时有哪些不足？怎样让独木舟保持稳定而不侧翻？

2.交流：怎样减小船在行驶中的阻力？如何设计实验进行验证？

3.教师演示"船型与阻力的关系"实验并总结。

【设计意图】让学生了解船行驶过程中受到阻力，且阻力大小和船的外形存在关系，加深学生对船的认识。

六、应用迁移

学生课后继续查阅船发展历史的相关资料。

【设计意图】将课堂上的研究延续到课堂外，培养学生自主搜集、整理资料的能力，进一步了解船发展历史的相关知识，提升学生的科学素养。

【精彩片段】——聚焦自主建构

师：在船的发展史上，出现过许许多多不同类型的船（出示六种船的图片），你们认识它们吗？

生：有蒸汽船、轮船、帆船、核潜艇。

师：剩下的两种船你们认识吗？我们观察一下，它们都是用木头做的，但是形态不同。它们分别是独木舟和摇橹木船。知道了这六种船的名字，你们能不能按照出现的先后顺序给它们排排队？

学生小组讨论。

生1：我认为最先出现独木舟，再是摇橹木船，接着是帆船、蒸汽船、轮船、核潜艇。

生2：我觉得核潜艇和轮船的顺序应该颠倒，应该先出现核潜艇，再出现轮船。

生3：我反对他的意见，泰坦尼克号是轮船，很早就出现了，但是那时候还没有核潜艇。

师：到底谁对谁错呢？我们先来选两个典型代表讨论一下。

出示摇橹木船和轮船图片。

师：这两种船谁先出现，谁后出现呢？

生：摇橹木船先，轮船后。

师：观点很一致，说说你们的理由，或者说说它们有什么不同的地方。

生1：首先可以看它们的材料，摇橹木船使用木头，轮船使用铁。并且它们的大小也不同，摇橹木船比较小，轮船比较大。

师：你提到了很重要的两个信息——材料和体积。

师：木头是来自大自然的材料，我们叫它天然材料，铁或者说钢材不能从大自然直接获取，我们叫它人工材料。历史上，我们先使用天然材料，再使用人工材料。体积呢，一般先小后大。还有其他发现吗？

生2：我觉得它们的驱动方式不同。摇橹木船通过人工划橹使船运动，而轮船是使用机械驱动的，更加先进。

师：对，它们的动力系统不同。摇橹木船使用人力，轮船使用机械力。

生3：我还有补充，摇橹木船只能载两三个人，而轮船可以载好几百人。

师：综合以上同学们的意见，我们认为摇橹木船先出现，轮船后出现。如果你是工程师，要对轮船继续进行优化和改进，你会从哪些方面进行哪些改进呢？

生1：我们可以对轮船的材料进行改进，让它更加安全耐用。同时我们还可以把轮船做得更大，让它可以装载更多的人或物。

生2：改进轮船的性能，让它能帮我们做更多的事。

生3：还可以改进轮船的动力，让它动力更足。

师：非常有道理，那你们认为可以选用什么动力类型？

生1：可以用电力，因为电力更环保。

生2：电力不持久，充电时间长，我认为不行。可以用核动力，核能很厉害；能给船提供足够的动力。

师：确实，核能是一种新能源，随着技术的发展也开始应用于生产生活的方方面面，比如核能发电站等。工程师们与同学们的想法不谋而合，也将其应用于船上，比如核潜艇。所以，从动力类型上来看，核潜艇应该出现在轮船之后。

综合考虑以上所有因素，这六种类型的船到底应该如何排序呢？

生：从独木舟到摇橹木船、帆船、蒸汽船、轮船、核潜艇。

【教学评析】

本环节充分展露学生的前认知，让学生有充足的时间去表达自己的观点，通过对船发展历程的了解和排序，培养学生观察、比较的能力和用证据说话的意识。借助对船发展历史的认识，让学生感受到船的演化与科技发展的内在关系，在思考、质疑、推翻、重建的过程中培养学生的科学思维。

【学习单】

"独木舟载物"实验记录单

序号	螺母放置个数及方法（用笔画圈表示螺母）	稳定情况（在□内打√）
1		□稳定　□侧翻
2		□稳定　□侧翻
3		□稳定　□侧翻
……	……	……

挑战1：一个一个地增加螺母，测试独木舟最多能稳定地承载几个螺母。

挑战2：用多种方法放置螺母，观测独木舟的稳定性。

第 2 课时　用浮的材料造船

核心问题：如何用浮的材料造船？

【教学目标】

1. 知道浮的材料可以制作船。

2. 能通过观察、比较的方法初步认识船的载重量和稳定性与船的结构有关。

3. 经历设计与制作竹筏模型并测试其载重量的过程，不断改进结构提高竹筏的载重量和稳定性。

4. 初步感受船的技术革新对人类社会发展带来的深远影响和变化。

【教学重难点】

重点：会用浮的材料制作船，能通过改变材料的结构改变船的载重量和稳定性。

难点：能利用科学的方法对竹筏进行测试与改进。

【教学准备】

教师准备：多媒体课件等。

学生准备：长木棍（长20 cm左右）5根、短木棍（长10 cm左右）4根、装水的水槽、橡皮筋8根、棉线2根、垫圈等。

【教学过程】

一、创设情境，提出问题

回顾上节课的"独木舟载物"实验，重现独木舟不稳定易侧翻的场景。

提问：小小造船师们，上节课我们探究了独木舟的载重情况。那么独木舟存在哪些不足呢？能怎样改进呢？

【设计意图】承接上节课的研究发现，提出本节课的任务，用浮的材料造一艘船——竹筏。

二、自主探究，合作交流

（一）设计、制作竹筏

1. 教师出示任务：用浮的材料做一个稳定、载重量较大的竹筏。

2. 教师出示活动要求：竹筏能稳定地浮在水面，牢固、不散架，载重量大。

3. 小组合作完成设计方案。

4. 展示设计图：以小组为单位展示设计图，说明设计理由及选择的材料。

5. 学生结合自己的设计方案进行制作。

（二）测试竹筏的载重量和稳定性

1. 过渡：各小组都制作好了各自的竹筏模型，那么你们的竹筏模型载重量如何？是否稳定？接下来，让我们测试一下。

2. 出示测试方法和注意事项。

3. 测试：学生测试竹筏的载重量和稳定性并汇报实验结果。

（三）比较竹筏和独木舟的不同

1. 交流：竹筏与独木舟的不同之处。

2. 学生汇报，小结。

【设计意图】让学生经历"设计—制作—测试—反思"的探究过程，从而认识到从独木舟到竹筏是一次技术的进步，通过改变材料结构可以改变船的载重量和稳定性。

三、总结反思，应用迁移

1. 竹筏与独木舟相比，有了哪些进步？

2. 我们的竹筏还有哪些不足之处？如何改进？

3. 出示"摇橹木船和明代宝船"的图片及介绍视频，提问：刚刚我们认识了摇橹木船和明代宝船，它们给你们改进竹筏模型带来了什么启发呢？

4. 教师总结：摇橹木船和明代宝船已经解决了材料的防水问题，稳定性好，且出现了"摇橹"和"风帆"等动力系统，载重量也有了很大的提升。我们可以从以上方面着手继续改进自己小组的小船。

5. 课后继续改进竹筏模型。

【设计意图】摇橹木船和明代宝船体现了船演化发展的路线，给学生提供了改进和优化竹筏的蓝本。改进竹筏是课堂的延伸和发展，让学生将有限的课堂研究延续到课堂外，旨在培养学生的创新精神和探究能力。

【精彩片段】——聚焦动机激发

师：上节课我们测试了独木舟的载重量，发现独木舟存在载重量小、容易侧翻的问题。作为小小造船师，我们得想办法对船进行改进，你们有什么好主意？

生1：我认为可以增大船的底面积。

生2：我认为可以用较轻的材料。

生3：我认为可以让船的形状变得更规则。

师：今天我们一起来造一艘能稳定地浮在水面、牢固不散架、载重量更大的船。你们打算用什么材料来做呢？

生4：我打算用木头来做，把几块木头捆在一起，做一个木筏。

生5：我准备用泡沫板，把泡沫板粘起来增大面积，增大载重量。

师：生活中很多材料都能用来造船，刚刚同学们说的都是能在水里浮起来的材料。现在利用你们手中的长木棍、短木棍、橡皮筋、棉线等材料，你们打算如何造这艘小船？

生6：我们打算使用尽可能多的长木棍，让船尽可能大一些，这样就能让它的载重量更大。然后用棉线和橡皮筋将木棍固定起来。

生 7：我们还打算用短木棍横着固定长木棍，这样可以让我们的小船更牢固。

师：你们说得都很有道理，下面请大家小组讨论你们想如何制作小船，完成小组设计图……

【教学评析】

通过上一节课的学习，学生知道了船的发展史，通过实验知道了独木舟载重量小和稳定性差的缺点。如何解决这个问题呢？本教学环节提供多种材料供学生进行选择、搭配、设计，不局限学生的思维，可以让学生发挥自己的创意，想到更多的设计方法，设计出不同的竹筏模型。学生经历设计、制作、测试的过程，初步明白改变材料的结构可能会改变船的载重量和稳定性；再加上和独木舟的对比，从而更容易理解改变材料的结构可以改变船的载重量和稳定性。

【学习单】

竹筏的设计方案

任务	用浮的材料制作一艘稳定性好、载重量大的竹筏
要求	1.能稳定浮在水面上；2.牢固不散架；3.载重量大
选择的材料	主体材料： 长木棍（　　）根	辅助材料： 短木棍（　　）根、橡皮筋（　　）根、棉　线（　　）根
设计图		

第 3 课时 用沉的材料造船

核心问题：用沉的材料可以造船吗？

【教学目标】

1.通过造船活动，知道沉的材料可以造船，并认识船的稳定性与其结构有关。

2.用评价和比较的方法，认识相同质量的橡皮泥、相同大小的铝箔做成船的体积越大，受到的浮力越大，越容易浮在水面上。

3.在造船活动中，经历"问题—设计—制作—测试—完善"的工程设计典型过程，并能通过改进船的形状来改进船的载重量。

4.在对船只进行测试、改进的过程中，体会不断改进设计对结果的影响，感受科学和技术紧密相连，以及它们为人类的发展做出的巨大贡献。

【教学重难点】

重点：设计、制作并改进橡皮泥船和铝箔船，使其能装载一定量的金属垫圈。

难点：改进小船，增强船的稳定性。

【教学准备】

教师准备：防水橡皮泥、铝箔纸、水槽、多媒体课件等。

学生准备：水槽、防水橡皮泥、铝箔纸、金属垫圈、实验记录单等。

【教学过程】

一、创设情境，提出问题

1.教师演示橡皮泥和铝箔纸的沉浮状态。

2.提问：小小造船师们，上节课我们探究了如何用木棍这种浮的材料造船，那么像橡皮泥和铝箔纸这种沉的材料可以造船吗？

【设计意图】通过回顾上节课的造船经验，引导学生观察在水中下沉的材料，激发学生探究用沉的材料造船的兴趣。

二、自主探究：设计、制作、测试橡皮泥船和铝箔船

1. 教师出示任务：用橡皮泥和铝箔纸造一艘能装载 20 个垫圈的小船。

2. 教师提问：思考一下，橡皮泥船和铝箔船设计成哪些形状能浮在水面？

3. 学生画船的设计图，汇报交流设计思路，然后根据设计图制作橡皮泥船和铝箔船，测试并记录橡皮泥船和铝箔船的载重量。

4. 教师提问：你们的小船完成装载任务了吗？如果完成了，想想看，你们是怎么做到的。如果没有完成，请你们尝试修改设计图，改进小船的结构，使它能装载更多的垫圈。

5. 学生改进小船并再次测试。

【设计意图】借助用橡皮泥和铝箔纸这两种沉的材料造船的活动，学生将再次经历"问题—设计—制作—测试—完善"的技术与工程学习过程。通过评价、比较和总结造船的经验，让学生体会到不断改进对结果的影响。

三、合作交流，总结方法

1. 教师提问：我们用了什么办法，让橡皮泥和铝箔漂浮在水面上？为了让船型橡皮泥和铝箔稳定地漂浮在水面上，我们又用了什么办法？

2. 教师出示渡船和双体帆船图片，提问：渡船和双体帆船是如何增强稳定性的？

3. 教师在学生回答的基础上总结：相同质量的橡皮泥、相同大小的铝箔做成船的体积越大，越容易浮在水面上；加宽船的底部可以使船更稳定。船在行驶中，稳定性十分重要，不然船就会侧翻，造成事故。

【设计意图】鼓励学生观察对比改进前后的小船。通过问题的研讨，让学生体会到形状对船只载重量和稳定性的影响。

【精彩片段】——聚焦自主建构

师：我们刚刚已经画出了船的设计图，接下来我们请一个小组来展示一下他们的设计图，并说一说为什么这样设计。

生1：我们小组选择用橡皮泥来做一艘小船，船的两头做成尖的，可以让船行驶得更快；中间做成平的长方形的样子，我们觉得这样可以增大船的稳定性。

师：你们的想法很好，至于这艘小船能不能达成你们要的效果，待会儿可以测试一下。下面我们再请一个小组来分享。

生2：我们小组选择的材料是铝箔纸，我们把铝箔纸做成一个长方体，这样可以把底部铺得更平展些，放垫圈的时候可以放得更多一些。

师：你们的想法也很棒。其他小组还有不同的设计吗？或者你们觉得这两个小组的设计图有没有可以改进的地方？

生3：我觉得可以把橡皮泥也做成长方体的形状，船的底部不能太厚，不然太重可能会沉下去。

师：你提的这个想法很好，等会儿制作小船的时候可以尝试一下。

生4：我觉得用铝箔纸做的长方体形状的船四周高度不能太低了，不然容易进水。

生5：但是也不能太高了，太高了像个柱子一样，船就会翻到水里。

师：你们说得都很有道理，用铝箔纸做船的时候要注意船舷的高度。同学们都考虑得很全面，但是具体怎么样还是要测试一下才知道。

【教学评析】

学生交流造船的设计思路时有理有据，能充分考虑到船的承重能力和稳定性，根据材料的特性设计出的船的外形各不相同，小组合作自主建构出船的模型，并能在交流中反思和优化自己的设计。学生在交流过程中语言表达能力得到了锻炼，同时质疑和创新能力也得到了提升。

【学习单】

"用沉的材料造船"实验记录单

选择材料					
设计图					
测试	没有放载重物（垫圈）	是否能漂浮：□是　□否			
	放载重物（垫圈）	次数	最大载重量（垫圈数量/个）	是否易侧翻	
		第一次		□是　□否	
		第二次		□是　□否	
		第三次		□是　□否	

第4课时　增加船的载重量

核心问题：怎样增加船的载重量？

【教学目标】

1.通过设计、制作并测试不同体积的铝箔船，认识船的载重量与船的体积大小有关，相同重量和相同大小的材料制作的船体积越大，船的载重量就越大。

2.能够运用具体尺寸设计和制作不同体积的铝箔船，并对各船进行载重量测试；能真实记录自己观察到的现象，并根据载重量数据展开交流研讨。

3.乐于对铝箔船载重量实验进行探究；了解人类的需求是科学技术发展的动力，认同技术的发展和应用影响着社会发展。

【教学重难点】

重点：通过设计、制作并测试不同体积的铝箔船，认识船的载重量和船的体积大小相关。

难点：设计出不同底面积的船，计算各船的体积，并分析归纳出提高船的载重量的方法。

【教学准备】

教师准备：12厘米×12厘米的铝箔纸、装水的水槽、弹珠、多媒体课件等。

学生准备：12厘米×12厘米的铝箔纸、装水的水槽、金属垫圈、刻度尺、学习单等。

【教学过程】

一、提出问题

1. 回顾：上节课我们的小小造船师们成功地将铝箔纸做成了小船并且浮在了水面上。随着社会的发展，人们需要越来越大的船来满足交通和运输货物的需要。想一想，怎样才能让一艘铝箔船装载更多的货物呢？

2. 揭示课题：这节课我们就来研究怎样增加船的载重量。

【设计意图】从上节课铝箔船的制作入手，结合教科书中货船图片和问题，引发学生思考增加船载重量的方法，调动学生的前认知，激发学生解决新问题的欲望。

二、自主探究：设计、制作和测试铝箔船

1. 教师介绍：在材料有限的情况下，怎样才能让一艘铝箔船装载更多的货物？

2. 学生猜测：底面积更大，体积更大，船舷更高等。

3. 教师出示边长为12厘米的正方形铝箔纸，提问：怎样设计三艘不同底面积的铝箔船？教师适时引导学生设计底面为方形的船，并进行整数的取值计算。

4. 教师以其中一艘船为例，指导学生绘制三艘铝箔船的设计图，根据设计图制作铝箔船，分别计算它们的底面积、船舷高和体积。

5. 教师提问：我们该如何测试铝箔船的载重量？测试过程中要注意什么？

学生讨论测试方法与注意事项。

6. 学生测试三艘铝箔船的载重量，并记录、汇报测试结果，教师汇总全班数据。

【设计意图】通过引导学生设计、制作底面为方形的铝箔船并测试其载重量的活动，培养学生的逻辑思维能力和动手操作能力，让学生在观察、比较、分析研讨数据的过程中归纳总结出规律，达成共识，提升推理论证能力。

三、合作交流，总结反思

1. 教师提问：船的载重量与什么因素有关？怎样提高船的载重量？

学生根据测试数据展开讨论分析。

2. 教师在学生回答的基础上小结：船的载重量不仅与船的材料、结构、货物放置的位置等多种因素相关，还和船的体积大小相关。用相同重量和相同大小的材料制作的船，体积越大，载重量越大。

【设计意图】通过追问其他因素对船载重量的影响，引导学生联系之前所学内容，综合分析相关因素，启发学生的发散性思维，让他们畅谈自己的发现、思考以及新的疑问，以期引发学生在课后进行更多的探索。

四、应用迁移：船舱分格的作用

1. 教师演示用弹珠测试铝箔船的载重量，提问：用弹珠作为重物测试时铝箔船很容易侧翻，怎样解决这个问题？学生尝试回答。

2. 教师介绍船舱的分格结构，课后再让学生亲自动手改装船舱，体验船舱分格的作用。

【设计意图】通过用弹珠测试铝箔船的载重量的活动，帮助学生了解船舱分格的作用，引导学生应用所学知识解决生活中的实际问题，体会不断改进船只的必要性。

【精彩片段】——聚焦动机激发

师：随着社会的发展，人们需要越来越大的船来满足交通和运输货物的需要。

上节课，我们尝试把铝箔纸做成小船浮在水面上，今天老师给大家准备了一些12厘米×12厘米的铝箔纸，我们要用这些铝箔纸制作铝箔船，让它装载更多的货物。你们觉得怎么做，铝箔船的载重量会更大一些呢？

生1：我觉得要把铝箔船的底面积做得大一些，底越大装的重物就会越多。

师：其他同学有不同的想法吗？

生2：我觉得要把船整体做大一点，就是体积要大。因为铝箔纸的大小是一样的，如果底面积太大，那船的高度就会太低，船就很容易沉。

师：你们觉得他说得对吗？还有不同的想法吗？

生3：我觉得可以把底面积做得稍微大一点，然后船做得高一点，这样重物可以摆高一点，载重量也会比较大。

师：你也很有想法。有的同学认为应该底面积大一点，有的觉得应该体积大一点，也有同学说应该把船做得高一点，也就是船舷要高一些。到底谁影响了船的载重量呢？我们来试一试吧。

【教学评析】

本节课的导入从生活实际出发聚焦问题，让学生知道人们需要越来越大的船来满足生产生活需求，初步体会到改进船只的必要性和重要性。在"制作一艘能装载更多货物的铝箔船"这一主线任务的驱动下，引发学生思考增加船载重量的方法，分析推理影响船的载重量的相关因素，充分调动学生的前认知，激发学生解决新问题的欲望。

【学习单】

设计不同底面积的铝箔船

船型	船型1	船型2	船型3
示意图			
船的底面积/平方厘米			
船舷高/厘米			
船的体积/立方厘米			

比较船的载重量

船型	最大载重量（垫圈数量/个）			我的发现
	第一次	第二次	第三次	
船型1				
船型2				
船型3				

第5课时　给船装上动力

核心问题：如何为船选择动力？

【教学目标】

1. 通过给模型小船安装动力并完成直行任务的活动，认识给船的模型加上动力，要经过安装、测试和调试的过程。

2. 通过学习船的动力发展历史，并且依据不同类型的船的需求为它们选择动力的活动，认识科学技术在改变着船的动力系统，推动着船的发展。

3. 能通过比较、分析、综合等方法，了解各种模型船的动力特点；能通过安装、测试和学习，将船的动力和船的用途建立联系，理解结构和功能的关联。

4. 能根据测试结果，以事实为依据，做出独立判断，为不同类型（各种用途）的船选择合适的动力。

5. 在学习船的动力发展史中，感受劳动人民的聪明才智；在好奇心驱使下，体验给船装上动力的成功和乐趣。

【教学重难点】

重点：给模型小船装上动力，通过测试，发现不同动力的特点；通过学习生活中船的动力的资料，了解模型小船的动力和真实小船的动力的差异。

难点：发现生活中不同船的动力特点，根据人类的不同需求，为船选择合适的动力。

【教学准备】

教师准备：船体、舵片、多媒体课件等。

学生准备：帆船、拉线动力小船、蒸汽小船、电动风力小船、电动螺旋桨小船、电动水轮小船的材料包和说明书，动力小船行驶能力测试记录单，舵片，计时器等。

【教学过程】

一、创设情境，提出问题

师：（出示船体和舵片）小设计师们，现在有一艘即将出海的船，你们能给它装上动力吗？

出示本节课的任务：为海船安装动力。

【设计意图】创设情境，以帮助即将出海的船装上动力的情境，引出本节课的学习内容——给船装上动力，以此激发学生的好奇心，在接下来的活动中，体验给船装上动力的成功和乐趣。

二、自主探究，合作交流

1. 组装模型小船

学生小组选材料包，按照相应的说明书组装六种动力小船。

2. 调试小船舵片，确保小船直行

（1）过渡：各小组都为模型小船安装好了动力，你们的小船能够完成测试任务吗？接下来，让我们测试一下。

（2）学生活动：下水测试小船。

（3）师生交流：同学们在测试中遇到了什么困难？怎么解决的呢？

3. 测试模型小船的行驶能力

（1）过渡：各小组都完成了小船舵片的调试，接下来我们要再次对小船进行测试了。

（2）总结测试方法，出示测试注意事项。

（3）学生活动：测试模型小船，完成记录单。

（4）交流：汇报测试结果，通过分析、比较等方法了解各种模型小船的动力特点，并且提出为海船安装动力的建议。

【设计意图】通过组装、测试和交流活动，帮助学生认识到制作船的模型要经过测试之后发现不足并进行调试的过程，同时能根据测试结果，以事实为依据，做出独立判断，为特定船只选择合适的动力，还能将船的动力和船的用途建立初步的联系，理解结构和功能的关联。

三、认知冲突，自主学习

1. 过渡：我们选择的动力并不能完成航海的目的，问题出在哪里呢？老师为大家准备了各种动力的学习资料。

2. 学生活动：领取并学习各动力的资料。

【设计意图】从实验室的模型小船过渡到生活中的船，拓宽了学生的视野，帮助学生全面认识各动力的特点，同时认识到实验室测试的局限性。

四、总结反思

1. 学生交流：

（1）为什么电动力不具备远航出海的能力呢？

（2）什么动力可以完成这个目标呢？

2. 教师总结：（1）电动力的持续性取决于电池，而电池的续航能力不能支撑船舶在海上持续地航行；（2）蒸汽动力、柴油机动力、核动力都可以单独完成这个目标，也可以进行动力之间适当的组合来完成这个目标。

【设计意图】通过交流、梳理各动力的特点，找出适合远航出海的动力，完成之前提出的"给即将出海的船选择动力"的任务。

五、应用迁移

学生交流：

（1）可以为快艇、游船选择什么样的动力？

（2）可以为潜水艇选择什么样的动力？

【设计意图】这部分内容是对本节课知识的一个深化和应用，学生根据对上述动力系统的评价和了解，为快艇、游船和潜水艇选择动力，也激发学生课后多方位获取相关知识的兴趣。

【精彩片段】——聚焦应用迁移

师：同学们，这里有一艘将要出海远航的船，你们能为它选择一个动力吗？

生1：我想为海船选择电动螺旋桨，因为根据我们的测试结果，电动螺旋桨的速度很快，成功完成了三次测试，载重能力、持续性和稳定性都很好。

生2：我觉得电动风力也可以安装，因为根据我们的测试结果，电动风力也能完成所有的测试，行驶速度也很快，和电动螺旋桨的速度差不多，行驶能力也很好。

生3：我觉得电动水轮也可以，理由和之前的两位同学是一样的，电动水轮的行驶速度和之前两位同学说的差异也不大。

师：同学们的发言都非常精彩，但是，接下来老师要告诉大家的是，生活中的海船并没有选择电力驱动，这又是为什么呢？老师为大家准备了一些资料，供同学们学习。

……（此处省略活动过程）

师：同学们说说看，为什么电动力不具备远航出海的能力呢？

生1：根据资料，我发现，电动力的续航能力不好，远航过程中电能的补充有很大的困难，所以没办法完成远航。

师：其他同学同意他的发言吗？有没有需要补充的？

生2：我补充，电动力的船，载重量大了之后，船就没办法动了，海船要装很多东西，所以不能用电动力。

【教学评析】

在创设情境环节，教师提出了本节课总的学习任务——为海船安装动力。这时，学生对动手给船安装动力充满好奇心和积极性，但是学生只能在实验室条件下测试模型船在安装了动力之后的效果，并且据此给海船选择动力。任务完成后，各个小组也达成共识，此时学生的学习动力会有所减弱。老师这时候提出一个事实：现实中的海船不是用电力驱动的！学生会产生强烈的好奇心：这是什么原因呢？并保持这份好奇心到谜底揭开。这样，在教学的过程中，学生的学习动机都会比较充足，保持积极心态和求知欲完成这节课的学习任务。

【学习单】

动力小船行驶能力测试记录单

第　　　小组

测试次数	第一次测试	第二次测试	第三次测试
能否持续行驶			
行驶时间/秒			
行驶时间平均值/秒			

说明：

1. "能否持续行驶"栏，能持续行驶打√；不能持续行驶打×。

2. "行驶时间/秒"栏，填写具体行驶时间。

第6课时　设计我们的小船

核心问题：要造一艘船，我们必须先做一些什么呢？

【教学目标】

1. 通过设计小船的活动，能提出在设计小船时要具体考虑船的大小、形状、材料、载重量、稳定性、动力系统等因素，知道小船设计的标准，从而掌握工程设计的一般过程。

2. 在小船的设计过程中，能应用创造性思维提出多种设计小船的方案，在交流中利用批判性思维评价和优化设计方案。

3. 提高综合运用所学知识解决问题的能力，敢于对小船的设计方案提出质疑、进行创新，并虚心听取别人的合理建议。

【教学重难点】

重点：按照小船设计的标准进行设计，提出多种设计小船的方案并将其可视化。

难点：评价和优化小船的设计方案。

【教学准备】

教师准备：学生实验材料一套、多媒体课件等。

学生准备：工程日志等。

【教学过程】

一、创设情境，明确任务（预设 5 分钟）

1. 通过前几节课的学习，我们对船已经有了许多的了解，本节课我们将化身"小小造船师"，一起设计一艘小船。

2. 揭示课题，提出任务：要设计一艘船，我们必须要先做些什么？（出示设计制作的一般流程）本节课我们将完成明确要求、制订方案两个流程。

3. 明确要求：（出示要求和学生实验材料）要求控制小船的制作成本，小船载重量达到 200 克，有自己的动力，能把货物运送到目的地。

【设计意图】在学习了船的相关知识后，让学生学以致用，设计出符合要求的小船。

二、提出问题，制订方案（预设 18 分钟）

（一）确定小船设计方案（预设 8 分钟）

1. 在设计小船时，我们要考虑哪些方面的内容？（教师根据学生的回答适时出示课件，形成小船设计的评价标准。）

（预设：船的大小、形状、材料、载重量、稳定性、动力系统、制作费用等。）

2. 小组讨论设计方案，合理分工，确定小船模型。

3. 合理的分工是设计小船的重要前提，你们是怎样分工的？（小组交流分工情况，教师评价各成员的职责。）

（二）绘制小船设计图（预设10分钟）

1. 确定了设计方案，在制作小船前工程师们还必须要绘制小船的设计图，请大家发挥小组的智慧把小船的设计图画在工程日志上，要求画俯视图和侧视图，并标注材料和结构等。

2. 根据小船设计的评价标准进行修改调整，让你们设计的小船更合理、更科学、更美观。

3. 学生分组绘制小船设计图。

【设计意图】在明确的任务驱动下，"造船师"开始了小船的设计。用工程师工作的标准要求学生，让他们体验工程设计的一般流程。

三、合作交流，论证方案（预设15分钟）

1. 组内论证：小组根据小船设计的评价标准论证设计图的合理性和可靠性。

2. 组间论证：利用"画廊漫步"形式组织小组展示、交流设计方案。

每组派几名学生按固定的走向去观摩其他各组的设计，学习别人设计的优点，也可以给对方小组提出建议。与此同时，每组要留守一名"方案解说员"，向来到本小组的"设计师"介绍自己小组的设计思路及细节，并记录这些"设计师"提出的建议。

3. 组内讨论：其他组提出的建议是否合理，是否要采纳？修改完善设计图，并转变为施工图。

【设计意图】通过"画廊漫步"形式，小组之间相互提出宝贵意见和改进建议，对别人的设计方案提出质疑的同时虚心听取别人的合理建议，进而对小船的设计再次进行修改和完善。

四、总结反思，课堂小结（预设2分钟）

1. 通过本节课的学习，你有什么收获？

2. 教师小结。

【设计意图】对本节课的内容进行梳理和总结，鼓励学生将课上的学习延伸到课外继续思考和探究。

【精彩片段】——聚焦自主建构

利用"画廊漫步"的形式，同学们按照固定参观路线，有序流动起来。首先是参观 1 组作品的场景。

1 组解说员：欢迎你们来参观我们 1 组的设计图，我给你们介绍一下。我们要用到的材料有泡沫板、泡沫胶、喷气装置，总费用 90 "造船币"。根据前面学习的知识，我们小组把船头设计成尖的，以减少水对小船的阻力。

生 1：我觉得你们选择的材料很少，使得造船费用很低，很不错，就是不知道能不能达到要求。

1 组解说员：我们组是为了控制造船费用做出了这样的选择。如果测试后发现不能达到要求，我们会在材料上做适当的改进。

生 2：根据你们的俯视图，我大致算了一下它的底面积，船的底面积很小，你们确定可以载重 200 克吗？这么小的底面积不会造成泡沫板的浪费吗？

1 组解说员：你说得很对，我们只初步考虑了设计需要的大小，没有考虑实际泡沫板的大小，我们应该尽量根据泡沫板的大小设计，不浪费材料还能保证船的大小，谢谢你的建议。

生 3：你们的小船形状没有问题，但是你们组把喷气装置直接安装在泡沫板上，而且安装在正中间，这样感觉很容易翻了。

1 组解说员：我们在设计的时候也考虑了在不同位置安装动力装置的可能性。因为我们设计的船型两头是尖的，不好放动力装置，就选择了放在中间。我们在后面的制作过程中会根据实际去进行调整，保证船不会侧翻。

生 4：我认为你们的船缺少船舵，也没办法分格，你们的船使用材料太简单，虽然费用少，但是浪费了那么大一块泡沫板，而且我觉得好像不能达到要求。

1 组解说员：你说得有点道理，那我们组等会儿针对这些问题再讨论下怎么改进我们的设计。

……

【教学评析】

通过前面 5 节课的学习，学生已经知道造一艘船要考虑船的大小、形状、材料、结构特点、载重量、动力系统等，同时在探究中已经积累了一些动手"造船"的经验，但要把想象变为实际的作品，要面对的困难是很多的。因此，教学中不仅要引导学生利用已有的经验、知识和技能去设计小船，还要为学生提供一些学习的支架，巧妙设置"画廊漫步"活动，组织学生优化和改进自己的设计方案。在生生互动、组间交流中，充分交换想法，实现自主建构，同时提升学生质疑能力和证据意识。

【学习单】

工程日志

一、设计方案

设计图 （图文并茂）	俯视图　　　　　　　侧视图
所需材料	
成本总价	
点赞	
收到建议	
改进方法	（此处写方法，并用另外一种颜色的笔在原图上修改并标注）

二、队员任务分工说明

岗位	任务
队长 （　　）	主持会议，引导讨论，统筹意见，管理纪律
会议记录员 （　　）	参与讨论，记录会议要点，填写工程日志
图纸设计师 （　　）	参与讨论，测量尺寸，绘画设计图
材料采购员 （　　）	计算成本，采购材料，管理制作工具

（温馨提示：组员分工要明确、细化，岗位设定仅供参考，可重新划分任务或补充任务。）

第7课时　制作与测试我们的小船

核心问题：如何制作和调整我们的小船？

【教学目标】

1.通过经历整个设计和制作过程，认识工程设计一般会经历"问题—设计—制作—测试—完善"等过程。

2.能用测试和比较的方法发现小船存在的问题，不断调整和优化小船，并从多个角度评价小船的制作过程。

3.能根据设计图通过合作完成小船的制作、测试，并对小船和小组表现进行评价。

4.通过小船模型的制作和测试，培养学生的合作精神，使学生感受到技术与工程在人类文明史上与科学有同等价值和地位，都为人类的发展做出了巨大贡献。

【教学重难点】

重点：根据设计图完成小船的制作、测试。

难点：调整和优化小船的制作。

【教学准备】

教师准备：学生实验材料一套、多媒体课件等。

学生准备：泡沫板、木板、铝箔、泡沫胶、小电动机、小风扇、电池、导线、开关、喷气装置、纸张、木条、钩码、气球、吸管、工程日志等。

【教学过程】

一、聚焦问题，明确任务（预设5分钟）

1.（出示部分小组的设计方案）上节课咱们班的小小造船师们已经完成了小船的设计方案，接下来就要将我们的想法变成现实。

2.揭示课题，提出任务：制作与测试我们的小船（板书课题）。

【设计意图】"造船师"的工作进入小船的制作和测试环节，学生会非常期待能够将自己的设计变为实物。

二、自主探究，制作小船（预设15分钟）

1.提问：怎样制作是比较合理的？

（组织方式、制作步骤、制作要求。）

2.明确要求：按照设计方案制作小船，及时调整相应的设计图与经费。

3.学生制作小船。

【设计意图】明确要求，制作环节中要让学生像工程师一样严格按照图纸进行选材和制作，感受设计的重要性。

三、合作交流，测试、评估与改进小船（预设15分钟）

1.明确测试标准

（1）载重量达到200克。

（2）有自己的动力系统。

（3）能行驶一段距离。

2. 测试小船，并记录三项指标达成情况，填写工程日志中的制作与调试单。

3. 从依据设计图制作、载重量、稳定性、航行方向、成本控制、分工合作等方面完成小组内自评，填写工程日志中的小组自评表。

4. 测试后交流：小船需要在哪些方面进一步提升？我们是如何改进的或我们打算如何改进？

5. 改进自己的小船设计，给小船做一张名片，填写工程日志中小船的名片。

6. 整理工程日志。

【设计意图】对照三项测试标准，不断调整、改进和优化小船。通过给小船制作名片，体验产品制成的全过程，收获知识和乐趣。

四、应用迁移，拓展延伸（预设3分钟）

自选挑战新项目

（1）在学校科技节上，挑战制作一艘大型纸船，并使其在水中行驶。

（2）自建一艘功能性更强的小船。

【设计意图】课本"纸船载人"的图片极具视觉冲击，鼓励学生制作一艘大型纸船，载着大家在水中行驶，也是对整个单元内容的实践应用和拓展延伸。

五、总结反思，课堂小结（预设2分钟）

1. 通过本节课的学习，你有什么收获？

2. 教师小结。

【设计意图】对本节课的内容进行梳理和总结，鼓励学生将课上的学习延伸到课外继续思考和探究。

【精彩片段】——聚焦自我监控

师：同学们，在刚刚测试小船的过程中，有没有很顺利、很成功的小船？

3组、4组、6组成员举手。

师：还有一半的小组没有举手，你们遇到了什么问题？

生1：我们的小船载重量不够，在放最后一个钩码时船沉了。

生2：我们的小船行驶一半就不动了，动力不足。

生3：我们的小船不能走直线。

师：看来经过刚刚的测试，有的小组做的小船问题已经暴露出来了，那你们刚刚在自评的过程中，想到如何调整了吗？

生1：我们小组考虑加大船的体积来增加小船的载重量。

生2：我们制作的是拉线动力小船，准备换成电动风力让小船行驶更远的距离。

生3：我们的小船要加舵片。

生4：我们小组的船虽然成功了，但是不够美观，我们准备再把小船美化一下。

师：看来无论是成功还是出现问题的小组都有自己的想法。没有成功的小组有调整和改进的方案，成功的小组也没有停下来，想到了让小船变得更好的优化方案。下面请每个小组按照你们的想法开始改进自己的小船设计，给小船做一张名片，并完成工程日志。

【教学评析】

通过前面5节课的知识铺垫，以及第6节课的设计，学生对自己的小船已经有了一份详细的设计单和框架。在实施设计方案、制作小船的过程中，学生遇到的困难比想象的要多。教师不仅要指导学生利用已有的知识与经验，必要时还要提供一些新的技能方法帮助学生制作小船。同时在制作过程中组织学生学会依据设计图进行制作，鼓励学生在改进过程中要努力达到测试标准。学生在测试与评估过程中，能够做到主动发现问题、分析问题、解决问题。在探究中，学生的模型建构能力得到锻炼，在自我监控中，培养科学思维。

【学习单】

工程日志

一、制作与调试单

第一次调试		
载重量：	行驶距离：	动力：
制作与调试中的问题		解决方法
第二次调试		
载重量：	行驶距离：	动力：
制作与调试中的问题		解决方法
最终测试成绩		
载重量：	行驶距离：	动力：

二、小组自评表

小组自评表						
依据设计图制作	载重量	稳定性	航行方向	成本控制	分工合作	综合评价
☆☆☆	☆☆☆	☆☆☆	☆☆☆	☆☆☆	☆☆☆	☆☆☆

三、小船的名片

船名：

队名：

小船照片（设计图）：

一、基本信息			
长		船体材料	
宽		动力	
高		成本	
二、性能			
最大载重量		最远行驶距离	
三、使用方法			
四、优势			

持续反馈与应用设计

项目式作业　船舶故事我来讲

【任务】 阅读以下材料，了解中国船舶发展历史。通过查阅相关资料，了解更多的中国船舶故事。

材料一

古代中国是当时世界上造船和航海技术的先驱。春秋战国时期就有了造船工厂，能够制造战船；汉代已能制造带舵的楼船；唐、宋时期，河船和海船都有突出的发展，发明了水密隔舱；明朝郑和七次下西洋的宝船，在尺度、性能和远航范围方面，都居当时世界领先地位。

材料二

新中国成立后，船舶工业有了很大发展，50年代建成一批沿海客货船、货船和油船。60年代以后，中国的造船能力提高得很快，陆续建成多型海洋运输船舶、长江运输船舶、海洋石油开发船舶、海洋调查船舶和军用舰艇、海监船，大型海洋船舶的吨位已达30万以上载重吨。除少数特殊船舶外，中国已能设计制造各种军用舰艇和民用船舶。

我国目前已经拥有3艘航空母舰。我国的航母舷号从16开始排序，这是为了纪念当年北洋水师的主力战舰"七镇八远"：即镇东号、镇西号、镇南号、镇北号、镇中号、镇边号、镇海号；定远号、镇远号、济远号、致远号、靖远号、经远号、来远号、平远号。所以辽宁舰舷号排号为16，延续编号为的是不忘历史。

材料三

轮船起初出现的时候，其作用主要是把各个大陆连接起来。那时候没有飞机，后来虽然发明了火车，但也只能在陆地上行驶。大国之间都是浩瀚的大海，在人类文明和经济演变的进程之中，水运业是最古老、最重要的影响因素之一。发现新大陆以来，各大洲之间相对隔绝和孤立状态的打破，要归功于水运业尤其是轮船航运业出现后带来的巨大的推动作用。

国家今天提出的"一带一路"倡议，同样也由海上和陆上两条线来推进，其中海上丝绸之路主要靠的还是轮船。水运业在人类历史发展进程之中发挥了重要的作用，因为它直接推动了商业和贸易的发展，促进了分工和交换的进程，推动了人类文明和科学技术的更新扩展。

【要求】继续了解中国船舶故事，将了解到的中国船舶故事以及读完之后的感受讲给同学们听。

单元教学反思

一、教学内容设计科学，助力学生积极思维

本案例的设计体现了思维型教学的五个原理，即动机激发、认知冲突、自主建构、自我监控和应用迁移。在第一节课中带领学生了解船的历史，借助船的发展史让学生感受到船的演化与科技发展的内在关系，激发了学生了解船的欲望，并提出探究的问题：不同的船有什么特点呢？为什么生活中有这么多种船？还有哪些东西可以造船？浮的材料能造船，那沉

的材料可不可以呢？……引发认知冲突。学生经历比较与分析、类比推理、归纳等思维过程，通过不断地自我监控和自主构建，明白船的材料、形状、体积、结构、动力对船的性能都会有影响，并将船的性能和船的用途建立联系，理解结构和功能的关联。最后设计与制作小船的两节课中，学生利用前面几节课所学的知识，自主建构完成自己的设计，并在交流论证与制作环节自我监控，不断完善设计。整个教学内容设计科学，符合学生的最近发展区，在整个过程中学生对知识和方法的应用迁移能力也得到了很好的体现。

二、单元情境贯穿始终，激发学生内在动机

学生本身就对制作一个小船很感兴趣，教师又通过多媒体课件，让学生了解到我们国家从昔日的"有海无防"到如今跻身世界前列的海上力量，从曾经的"一穷二白"到成为世界第一造船大国这段历史，学生油然而生的民族自豪感和荣誉感让他们更迫不及待地想要了解更多关于船的知识，教师因时顺势创设一个大单元情境，让学生化身"小小造船师"，一起设计、制作可以稳定航行且具有一定载重能力的小船，向船舶制造工程师致敬。

学生对船的设计和制作过程非常感兴趣，他们热衷于了解不同的船舶设计原理和材料选择，以及如何将这些知识应用于实际制作过程中……基于此，我们在教学中注重与学生分享相关的实例，以激发他们的兴趣，并鼓励他们积极参与课堂讨论。但学生在小船设计中对传统的船舶设计理念较为依赖，缺乏尝试新颖、独特设计的勇气，创新思维能力有待提高。因此，我们在教学中鼓励学生思考和尝试不同的设计理念，激发他们的创造力和想象力，组织一些创意比赛和团队合作项目，在合作和论证中擦出火花，以帮助学生锻炼创新思维和解决问题的能力。整个单元教学过程中，学生的自主探究能力和主动思考、交流能力都得到了很大的提升。

三、教学目标制定合理，着力学生持续学习

经过对《船的研究》这一单元的学习，学生能够理解船的载重量、稳定性和动力系统是由船的材料、形状、体积、结构、人类技术发展等多个因素决定的。学生通过亲身参与实验，能够深入理解船的性能受材料、形状和动力系统的影响。在教学过程中，注重培养学生的实践能力和探究精神，激发了他们对科学的兴趣和好奇心，使学生敢于对小船的设计方案提出质疑并虚心听取别人的合理建议。

四、不足和改进

在实施过程中，发现有些学生在设计和制作船模型时遇到了困难，需要更多的指导和支持。我们首先会进一步挖掘和分享与小船设计相关的实例，以激发学生的兴趣和好奇心。其次，鼓励学生尝试不同的设计理念和方法，帮助他们培养创新思维和解决问题的能力。最后，我们会在教学中更加注重团队合作和沟通技巧的培养，通过小组讨论和合作项目来提高学生的合作能力。因此，在今后的教学中，需要更加注重引导学生思考，提高解决问题的能力，提供更多的实践机会和个性化指导，以促进学生的全面发展。

案例提供者：章　琼，武汉市东西湖区黄狮海学校
　　　　　　曾　康，武汉市东西湖区幸福小学
　　　　　　李丰亚，武汉市东西湖区金银湖第二小学
　　　　　　褚丽芳，武汉市东西湖区吴家山第五小学
　　　　　　周　麟，武汉市东西湖区吴家山第三小学
　　　　　　魏文君，武汉市东西湖区百花学校
　　　　　　周泽怡，武汉市园博园学校
指 导 教 师：姚文勇，武汉市东西湖区教学研究室

物质的变化与化学反应

案例2 物质的变化

> 单元教学内容规划

（一）本单元学习指向的核心概念及学习进阶路线

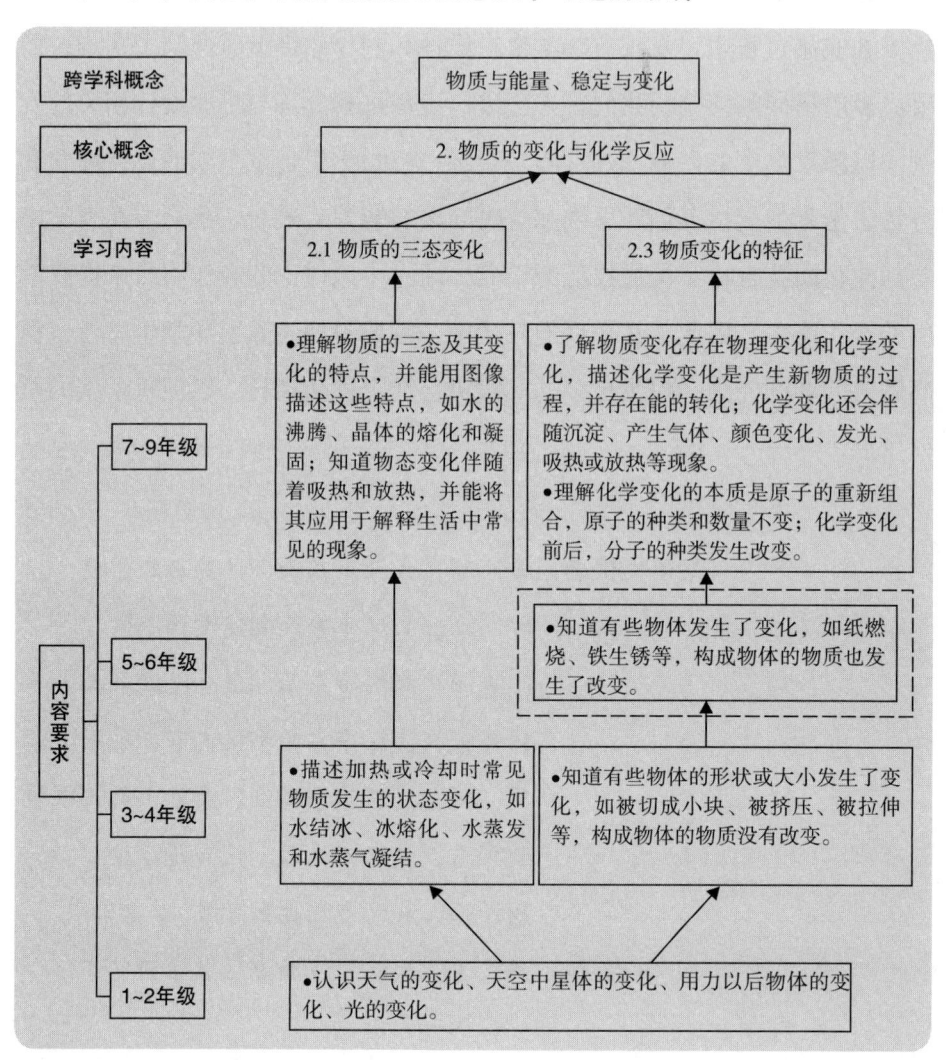

跨学科概念	物质与能量、稳定与变化
核心概念	2. 物质的变化与化学反应
学习内容	2.1 物质的三态变化　　2.3 物质变化的特征

内容要求：

7~9年级
- 理解物质的三态及其变化的特点，并能用图像描述这些特点，如水的沸腾、晶体的熔化和凝固；知道物态变化伴随着吸热和放热，并能将其应用于解释生活中常见的现象。
- 了解物质变化存在物理变化和化学变化，描述化学变化是产生新物质的过程，并存在能的转化；化学变化还会伴随沉淀、产生气体、颜色变化、发光、吸热或放热等现象。
- 理解化学变化的本质是原子的重新组合，原子的种类和数量不变；化学变化前后，分子的种类发生改变。

5~6年级
- 知道有些物体发生了变化，如纸燃烧、铁生锈等，构成物体的物质也发生了改变。

3~4年级
- 描述加热或冷却时常见物质发生的状态变化，如水结冰、冰熔化、水蒸发和水蒸气凝结。
- 知道有些物体的形状或大小发生了变化，如被切成小块、被挤压、被拉伸等，构成物体的物质没有改变。

1~2年级
- 认识天气的变化、天空中星体的变化、用力以后物体的变化、光的变化。

本单元聚焦"物质的变化与化学反应"核心概念，落实课标中"物质的三态变化""物质变化的特征"的学习要求。自然界的事物在不停地变化，这些变化与人们的生产生活密切相关。物质的变化可能给人们带来益处，也可能给人们带来危害。研究各种物质的变化，有助于帮助学生建立"世界是物质的，物质是变化的，变化是有规律的"科学自然观，形成"人类的活动都是利用了物质的变化"的认识，形成物质与能量、稳定与变化的跨学科概念。

1~2年级整体感知，认识天气的变化、天空中星体的变化、用力以后物体的变化、光的变化等，初步了解自然界中的各种变化。

3~4年级使用实验探究的方法，认识物体受力后形状或大小的变化、水的三态变化等，逐步了解这些物体只是形状或大小发生改变，构成物体的物质没有改变。

5~6年级使用归纳的方法，认识物质的变化分为两大类：一类是形态的变化，没有产生新物质；一类是产生新物质的变化。认识到物质变化与人类的生产生活关系密切。

7~9年级从宏观和微观两方面认识物质的变化分为物理变化和化学变化，理解化学变化的本质是原子的重新组合，也认识到物质的变化伴随着能的转化，有助于学生形成物质与能量等跨学科概念。

（二）本单元学习内容的组织线索

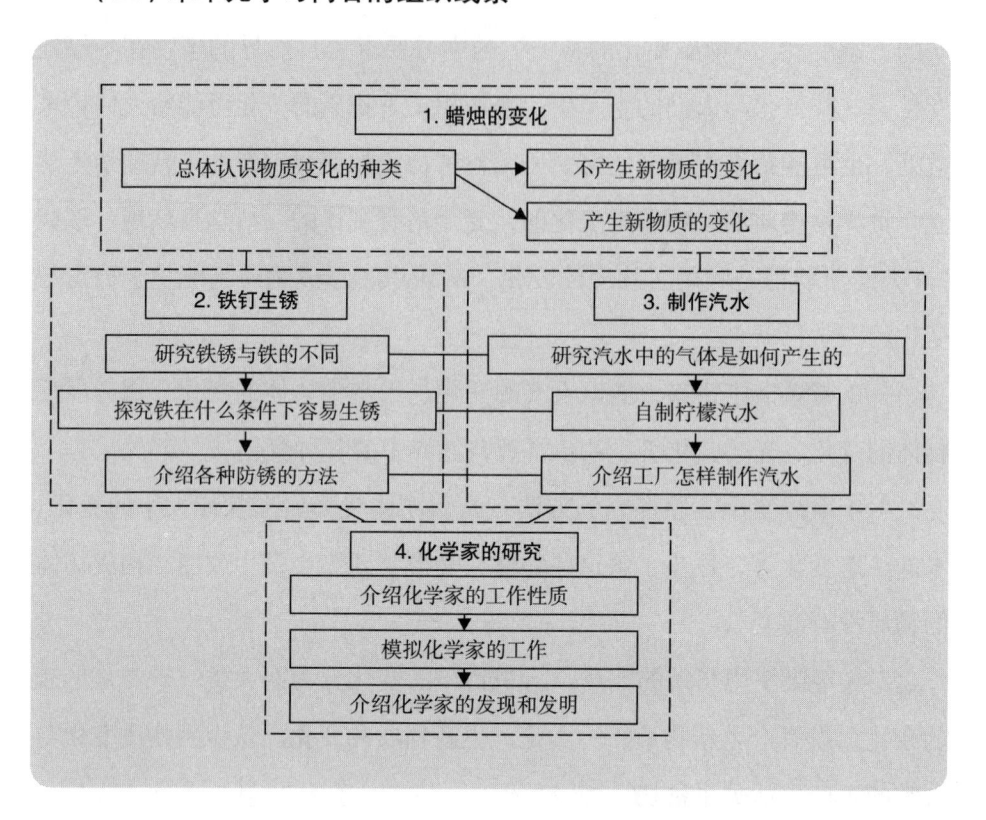

```
1. 蜡烛的变化
  总体认识物质变化的种类 → 不产生新物质的变化
                          产生新物质的变化

2. 铁钉生锈
  研究铁锈与铁的不同
  探究铁在什么条件下容易生锈
  介绍各种防锈的方法

3. 制作汽水
  研究汽水中的气体是如何产生的
  自制柠檬汽水
  介绍工厂怎样制作汽水

4. 化学家的研究
  介绍化学家的工作性质
  模拟化学家的工作
  介绍化学家的发现和发明
```

单元学习目标设计

核心素养	学习目标
科学观念	能举例说明物体发生变化时有些产生了新物质，有些则没有
科学思维	能寻找证据解释和判断物体发生变化时其构成物质是否变化
探究实践	能设计方案，探究身边物体的变化
态度责任	能基于证据得出结论，面对有说服力的证据时能调整自己的观点；乐于尝试运用多种思路和方法完成探究和实践

单元学习评价设计

"物质的变化"评价量表

评价维度	评价指标	评价等级 ★	评价等级 ★★	评价等级 ★★★	同伴互评	教师评价
科学观念	认识物质变化的分类	知道物质的变化可以分成两大类	能举例说明物质的两类变化	能有依据地分辨产生新物质和没有产生新物质的变化	☆☆☆	☆☆☆
科学思维	理解铁钉生锈的条件	能设计探究铁钉生锈条件的实验	能通过实验发现铁钉生锈的条件	能根据铁钉生锈的条件，解释防锈方法的科学原理	☆☆☆	☆☆☆
探究实践	运用物质变化的分类	能按照教材上的提示制作汽水	能成功制作汽水，并能解释汽水冒气泡的原理	能成功制作汽水，并能解释汽水变化的过程和原因	☆☆☆	☆☆☆
态度责任	学习化学家的研究方法	能够参与研究二氧化碳性质的实验	能够在研究二氧化碳性质的实验中使用正确的方法，观察到明显的实验现象	能够像化学家那样，利用归纳出的二氧化碳性质制造出灭火器	☆☆☆	☆☆☆

学生情况分析

学生经过几年的科学学习，积累了大量关于物质变化的经验和知识，诸如天气变化、天空中星体的变化、用力以后物体的变化、光的变化、水的三态变化等物质变化的具体事实，但对这些物质变化的认知大多停留在表面。在此基础上，本单元将学生对物质变化的认知引向深入，让学生经历完整的科学探究过程，引导学生学会从形态变化、颜色的改变、产生沉淀或气体、发光放热等方面，按照"是否有新物质产生"的标准（宏观角度）对物质变化进行分类，为中学从分子、原子层面（微观角度）解释物理变化、化学变化的本质奠定基础。

单元学习进程设计

单元主要概念	学习进阶	学习问题链	主要学习活动	思维型教学原理	课时建议
物质的变化与化学反应	记忆理解	问题一：在制作蜡烛过程中，蜡块发生了哪些变化？始终没有发生变化的是什么？蜡烛燃烧后产生了什么	现象分析：在动手实践中，对制作蜡烛和蜡烛燃烧进行分析，认识物质的两种变化	概念初始认识（动机激趣）（自主构建）	1
	理解运用	问题二：铁在什么条件下容易生锈	现象分析：通过探究实验理解铁钉生锈产生了新物质	概念具体化（自主构建）	1
		问题三：在制作柠檬汽水的过程中，什么时候的变化没有产生新物质？什么时候的变化产生了新物质	现象分析：以自制汽水活动为载体，进一步认识产生新物质的变化	概念深度理解（自主构建）	1
	评价创造	问题四：化学家是如何通过物质的性质和成分研究物质的变化，并发明新物质的	现象分析：通过化学家的研究使学生从更高层面认识研究物质变化的价值	概念迁移创造（应用迁移）	1

第 1 课时 蜡烛的变化

核心问题：在制作蜡烛过程中，蜡块发生了哪些变化？始终没有发生变化的是什么？蜡烛燃烧后产生了什么？

【教学目标】

1.在制作蜡烛和蜡烛燃烧的过程中，理解物质的变化有两大类：一类仅仅是形态发生了变化，没有产生新的物质；另一类会产生新的物质。

2.通过举例分析生活中的各种变化，对物质的变化进行比较和分类。

通过收集物质变化的证据来判断该变化是否产生了新物质。

3. 能在好奇心的驱使下，通过制作蜡烛、点燃蜡烛等实验保持探究热情。乐于交流合作，养成细致观察、及时记录的习惯和态度，产生进一步探究物质变化现象的兴趣和愿望。

【教学重难点】

重点：通过对比"制作蜡烛"和"蜡烛燃烧"过程中的现象，知道物质的变化有两大类。

难点：描述实验现象，收集物质变化的证据，判断该变化是否产生新物质。

【教学准备】

教师准备：小瓷勺、烧杯、多媒体课件等。

学生准备：蜡块、烛芯、模具、小刀、酒精灯、火柴、试管、试管夹、三脚架、石棉网、小瓷勺、烧杯、澄清石灰水、湿抹布等。

【教学过程】

一、视频激趣，揭示主题

1. 谈话：（播放"上海杜莎夫人蜡像馆"的相关视频）这些栩栩如生的名人主要是用什么材料制作的？

2. 师生互动：分享生活中哪些物品也是用蜡制作的。

3. 揭示主题。（板书：蜡烛的变化。）

【设计意图】视频导入激发学生的学习兴趣。运用谈话法引导学生观察生活，了解更多的蜡制品并揭示主题。

二、制作蜡烛，交流评价

（一）认识蜡烛的组成结构

谈话：蜡烛的结构包括哪几个部分？如何制作一个小蜡烛？

（二）小组实验

1. 谈话：请同学们认真观看视频，了解制作蜡烛的实验步骤并分享交流。

2. 播放制作蜡烛的视频。

3. 学生交流制作蜡烛的步骤

（1）切碎蜡块，得到蜡屑，并将蜡屑放入试管中；

（2）点燃酒精灯，加热试管，得到蜡油；

（3）把蜡油倒入模具，插入烛芯；

（4）等待蜡油凝固。

4. 教师出示实验注意事项

（1）注意用刀、用水安全，避免划伤、烫伤；

（2）分工明确；

（3）边做边仔细观察；

（4）及时记录现象。

5. 学生实验。

6. 教师提问：在制作蜡烛过程中，蜡烛发生了哪些变化？始终没有发生变化的是什么？（学生提到蜡熔化、凝固，教师及时指出这些变化没有产生新物质。）

【设计意图】通过制作蜡烛帮助学生养成边观察边记录的好习惯，在制作蜡烛的过程中培养学生交流合作的能力。

三、点燃蜡烛，探究发现

1. 谈话：科学研究常常借助一些工具来帮助我们更深入地了解事物。老师今天就带来了一些工具（出示小瓷勺、干燥的烧杯），请同学们设计实验，利用这些工具去探究蜡烛燃烧伴随着哪些现象，蜡烛燃烧产生了什么新物质。

2. 学生交流汇报实验方案。

3. 教师出示实验要求

（1）分工明确；

（2）边做边仔细观察；

（3）及时记录现象。

4.学生实验

（1）用小瓷勺去接触蜡烛火焰，观察小瓷勺上的变化。

（2）将烧杯倾斜着倒放在蜡烛火焰上方约2厘米处，观察烧杯内壁是否有水汽产生。

（3）将澄清石灰水注入烧杯，摇晃均匀，使烧杯内壁沾上一些澄清石灰水，之后倾斜着倒放在蜡烛火焰上方约2厘米处，观察烧杯内壁上澄清石灰水的变化。

【设计意图】科学探究是基于问题寻找解决方法的学习过程，科学问题是思维的引子，也是科学探究的起点。在这里教师以学生喜爱的实验入手，精心设置能够启发学生积极思考的问题场景。学生在惊奇疑惑的同时思维被激活，探究的热情被点燃，从而不断思考、探索，最终得出结论。

四、分类比较，建构模型

1.师生互动：刚才我们经历了制作蜡烛和蜡烛燃烧的过程，制作蜡烛和蜡烛燃烧有什么不同？

2.教师引导学生从现象和产物两方面进行比较。

3.师生互动，交流实验现象并进行分类：一种变化产生了新的物质，另一种变化没有产生新的物质。

【设计意图】本环节通过引导学生分析上述两种变化的特点，为下面的活动做铺垫，通过抽象概括进而建构模型，体现了对学生科学思维的培养。

五、学以致用，体会感悟

举例说明生活中的一些现象，判断是否产生了新物质，说明具体依据是什么。

【设计意图】让学生能够对两种物质的变化有更深层次的认识和理解。

【精彩片段】——聚焦动机激发

师：点燃一支蜡烛，你都观察到了哪些现象？你能描述一下吗？

生1：我看到蜡烛熔化了，靠近火焰的部分先熔化，而且有蜡油流下。

生2：蜡烛燃烧发出了亮光，蜡烛周围热了起来。

师：这些都是用自己的感官直接观察到的。科学研究还可以借助一些工具来帮助我们更深入地了解事物。老师今天就带来了一些工具。请同学们思考运用这些工具如何进行实验。

学生间分析交流，设计实验。

实验1：用小瓷勺去接触蜡烛火焰，观察小瓷勺上的变化。

实验2：用一只干燥的烧杯倾斜着倒放在蜡烛火焰上方约2厘米处，观察烧杯内壁是否有水汽产生。

实验3：将澄清石灰水注入烧杯，摇晃均匀，使烧杯内壁沾上一些澄清石灰水，之后倾斜着倒放在蜡烛火焰上方约2厘米处，观察烧杯内壁的澄清石灰水是否变白。

学生小组实验。

师：你们都观察到了哪些实验现象？

生：小瓷勺表面变黑了。

师追问：这个黑色的物质是什么呢？

生：可能是炭。

师：实验2你观察到了什么现象？

生：干燥的烧杯内壁有水珠产生。

师追问：这个水珠是怎么形成的呢？

生：可能是水蒸气遇到了冷的烧杯形成的。

师：实验3有什么现象产生？

生：烧杯内壁的澄清石灰水变白了。

师追问：以上三个实验说明蜡烛燃烧时有哪些产物？

生：炭、水蒸气、二氧化碳。

【教学评析】

该环节不仅培养了学生的科学思维，还培养了学生的探究实践能力。教师通过提供实验器材引导学生据此设计实验并进行小组合作探究。在设计、探究、合作、交流中培养学生的科学素养。通过一系列问题引导学生一步步获得知识，体现了学生学习的主体地位。聚焦对学生实验探究动机的激发，一步步指导学生进行实验探究。让学生明白实验探究的一般步骤，体会化学家的研究过程。为本单元之后的学习打好基础。

【学习单】

一、记录制作蜡烛、蜡烛燃烧的过程发生的现象

制作蜡烛：_____

_____。

蜡烛燃烧：_____

_____。

实验发现：在制作蜡烛的过程中，蜡块仅仅是_____发生了变化，没有产生_____；蜡烛的燃烧产生了_____。

二、判断下列变化现象属于哪一类变化，在对应的空格内打"√"

变化现象	没有新物质产生	有新物质产生
脸上的汗水慢慢没了		
澄清石灰水通入二氧化碳后变浑浊了		
苹果腐烂		
枫叶变黄		
白糖烧焦		
盐溶于水		
水的三态变化		
烟花绽放		
铁水变铁块		
火柴燃烧		

第 2 课时　铁钉生锈

核心问题：铁在什么条件下容易生锈？

【教学目标】

1. 通过观察生活中铁制品生锈的现象，推测铁生锈的条件。

2. 能设计实验探究铁钉生锈的条件，能独立操作并进行长时间观察记录。

3. 在方案设计和修改的过程中，愿意与同伴合作交流，积极反思自己的不足，学习他人的长处。

【教学重难点】

重点：探究铁生锈的原因。

难点：设计实验方案，坚持长时间观察并记录实验现象。

【教学准备】

教师准备：多媒体课件、铁钉、生锈铁钉、生锈铁块、锤子、砂纸、试管、试管塞、蒸馏水、食用油、干燥剂、放大镜等。

学生准备：学习单等。

【教学过程】

一、情境导入，聚焦问题

1. 教师提问：一场大雨过后，学校的保安叔叔在巡视的过程中发现操场的运动器材变样了（出示器材生锈图片），这些器材怎么了？你有解决办法吗？

学生交流回答。（预设：器材生锈，解决方案是喷漆。）

2. 教师追问：喷漆可以防止器材生锈的依据是什么？

学生交流回答。（预设：可以隔绝雨水的接触。）

3. 过渡：什么是生锈？什么情况下会生锈？如何防止生锈？本节课我们就以铁钉为例，一起来探究铁生锈背后的秘密。

【设计意图】通过情境化的问答了解学生已有知识的同时引出本节课的重点——铁生锈。

二、实践探究，解决问题

（一）铁生锈属于哪种变化？

1. 教师提问：上节课我们学习了物质的两种变化，铁钉生锈属于哪种变化？为什么？

学生交流回答。

2. 教师追问：想要知道铁钉生锈属于哪种变化，首先要知道铁锈是什么样的。你能描述铁锈吗？

学生尝试描述。

3. 教师介绍：（出示生锈铁钉）今天老师带来了一些生锈的铁钉，请同学们仔细观察。

学生采用肉眼、放大镜放大等方式进行观察。

4. 教师根据学生的观察结果小结：生锈的铁钉表面有一层红褐色的粉末，这些粉末十分松软，这就是铁锈。

5. 教师提问：根据现有信息，铁钉生锈属于什么变化？

学生交流。

6. 教师小结：铁钉生锈后发生了颜色的改变，应该属于产生新物质的变化。还有哪些证据能证明铁钉生锈属于产生新物质的变化？我们继续研究。

7. 教师提问：铁锈和铁一样吗？怎样证明？

学生提出自己的观点并阐述理由。

8. 教师介绍

实验器材：铁钉、生锈铁块、锤子、砂纸。

实验方法：分别用锤子敲击生锈铁块和铁钉，用砂纸摩擦生锈铁块和铁钉。

学生按要求开展实验并记录现象，交流结果。

9. 教师小结：铁是银白色的，有光泽，很硬；铁锈是红褐色的，没有光泽，很松软。铁生锈属于产生新物质的变化。

【设计意图】通过一系列由浅入深的观察引导学生发现铁与铁锈的差异，明确铁生锈属于产生新物质的变化。

（二）铁在什么条件下易生锈？

1. 教师提问：你还见过哪些生锈物品？这些物品一般都是在什么环境里？铁生锈可能与什么因素有关？

学生讨论猜测。

2. 教师追问：怎样设计实验方案，探究铁生锈的原因？

注意思考：（1）验证本组的猜测，需要选择哪些实验器材？

（2）实验中哪些因素需要改变？哪些因素需要保持相同？

（3）采取怎样的实验步骤？

（4）实验中需要注意什么？

学生交流，得出最佳实验方案。课后完成实验观察及记录。

3. 一周后，教师提问：通过一周的观察，哪个小组愿意分享你们的结果？

学生分享结果，交流讨论。

4. 教师小结

（1）在有水、有空气的环境里，铁钉生锈最快，尤其是与水、空气接触的地方，红褐色铁锈最多。

（2）在只有空气、没有水的环境里，铁钉不生锈。

（3）在没有空气、只有水的环境里，铁钉不生锈。

5. 教师追问：铁钉在什么条件下容易生锈？

学生回答。

6. 教师根据学生回答小结：铁在有空气和水的环境里容易生锈。

【设计意图】带领学生经历完整的科学探究过程，不仅让学生知道铁生锈的条件，还锻炼了学生自主设计实验、完成实验的能力。

（三）如何防止铁制品生锈？

1.教师提问：通过学习，最初我们提出的防止铁生锈的解决方法可行吗？防止铁生锈方法的依据是什么？还有哪些方法也可以防止铁生锈？

学生交流方法。

2.教师根据学生的回答小结：防止铁生锈方法的原理是隔绝水和空气。防止铁生锈的方法有喷漆、擦去水分并抹油、覆盖瓷釉等。

【设计意图】与导入呼应，使教学过程形成完整闭环。

三、总结全课

教师提问：通过本节课的学习，你有什么收获？

学生交流收获。

【精彩片段】——聚焦激发实验设计的引导

师：你们还见过哪些生锈物品？什么环境下铁容易生锈？请各小组讨论，1分钟后派代表分享你们的观点，注意控制讨论声音，不要影响其他组。

生1：我们组认为铁在潮湿的环境下容易生锈，因为家里卫生间的铁制品容易生锈，铁生锈和水有关。

生2：我们组有补充，我们组也认为铁在潮湿的环境下容易生锈，但除了和水有关，和空气也有关。

师：同学们的观点都集中于水和空气，那研究水的影响时要分为哪几种情况？空气呢？

生：研究水的影响时分为有水和无水两种情况，研究空气时分为有空气和无空气两种情况。

师：怎样同时研究水和空气的影响？

生：可以两两组合。

师：共有哪几种情况？

生：一共有4种情况——有水有空气、有水无空气、无水无空气、无水有空气。

师：应该选择哪种实验方法来验证我们的假设？

生：对比实验。

师：接下来，请各小组根据本组的假设讨论下列问题，完成实验设计。记录员需要完成学习单的填写。

……

师：哪个小组愿意分享你们组的方案？

生1：我们研究的问题是铁生锈的原因，我们组通过讨论认为铁生锈和水有关，我们需要的器材有打磨过的铁钉、试管、试管塞、水。实验方法是，将第一枚铁钉放在装有水的试管里，让铁钉的一半在水中就行；将第二枚铁钉放在空试管中，塞上试管塞。

师：其他组同意他们的方案吗？

生2：空气中也有水分，所以两个试管中都是有水、有空气的环境。

生3：可以用干燥剂，干燥剂可以吸水。

师：可行吗？

生1：可行。

师：还有其他方案吗？

生3：我们组研究的问题是铁生锈的原因，我们通过讨论认为铁生锈和水、空气都有关，我们需要的器材有打磨过的铁钉、试管、试管塞、水、干燥剂。实验方案是，将第一枚铁钉放在装有水的试管里，让铁钉的一半在水中就行；将第二枚铁钉放在装满水的试管中，再塞上试管塞；将第三枚铁钉放在空试管里，放入干燥剂，再塞上试管塞。

师：为什么装满水还要塞上试管塞？

生3：这样就只有水没有空气了。

生2：我认为水中也有空气，而且试管塞也不能完全隔绝空气。

生4：可以用蒸馏水代替普通水，蒸馏水中的空气很少，在水上倒一些油，油漂浮在水面可以隔绝空气。

师：大家同意他们的说法吗？

生：同意。

师：哪位同学能总结一下实验方案？

生：将第一枚铁钉放在装有水的试管里，铁钉的一半在水里，一半在空气里。将第二枚铁钉完全浸入蒸馏水里，在水面滴食用油。将第三枚铁钉放在空试管里，放进干燥剂，塞住试管口。每天坚持观察铁钉生锈情况。

【教学评析】

在这一过程中，教师为学生提供尽量多的时间，让他们来设计方案，体现学生的主动性。在交流小组的方案时，引导全班同学一起认真倾听，一方面帮助别的小组完善设计，另一方面修改自己小组的方案。由于学生的经验不足，对实验器材选择、环境条件的创设问题，考虑不一定周全，因此需要教师适当指导和补充，带领学生完成实验方案。

【学习单】

一、研究铁与铁锈的不同

实验方法	生锈的铁块	铁钉
用锤子敲击		
用砂纸摩擦		

我的结论：铁锈和铁_____同一物质。

二、探究铁钉生锈的条件

问题：_____

假设：_____

实验器材：_____

实验设计：(可画图)

实验记录：

环境	第一天	第二天	第三天	第四天	第五天	第六天	第七天
有水、有空气							
有水、无空气							
无水、有空气							

实验结论：_____

第3课时 制作汽水

核心问题：在制作柠檬汽水的过程中，什么时候的变化没有产生新物质？什么时候的变化产生了新物质？

【教学目标】

1. 通过观察和实践，知道白醋和小苏打混合会产生二氧化碳。

2. 通过比较、分析，能够概括出汽水中的气泡是二氧化碳以及制作汽水的方法。

3. 能够利用柠檬和小苏打等原料制作柠檬汽水，并根据目标口味需求优化原料配比。

4. 体验制作汽水的过程，能够基于柠檬汽水的配置结果反思和调整原料配比。

5. 感受到汽水制作的不易，激发出更大的兴趣去探究生活中的科学。

6. 理解人类生产生活与物质变化息息相关。

【教学重难点】

重点：知道白醋和小苏打混合会产生二氧化碳，能够利用柠檬和小苏打等原料制作柠檬汽水。

难点：根据目标口味需求优化原料配比，能够基于柠檬汽水的配置结果反思和调整原料配比。

【教学准备】

教师准备：多媒体课件、小苏打、食用色素、水、白醋、盐、糖、椰果、冰块、澄清石灰水、烧杯、导管等。

学生准备：柠檬、瓶子、凉开水、小刀等。

【教学过程】

一、爱心义卖——柠檬汽水

出示任务

1. 学校将举行爱心义卖活动，举办的时间是下午4点到5点。根据这一时间特点，我们班要增加一项清凉解暑的卖品——柠檬汽水。

2. 小组讨论选择什么方式获得柠檬汽水。

3. 每个人口味不同，这就要求我们要个性化制作。为了让顾客能买到合自己口味的柠檬汽水，本节课就让我们当一次"汽水研发员"，一起来制作汽水吧！

【设计意图】将制作汽水与班级任务联系起来可以激发学生的成就感，培养学生的集体意识。带着任务去学习，学生有了明确的方向，学习时会更有动力。

二、汽水中的奥秘

（一）探究气泡的奥秘

1. 提问：想一想，分别拿一瓶汽水和一瓶矿泉水摇晃，然后拧松一点瓶盖，会出现什么现象呢？这是为什么呢？

小组讨论。

2. 谈话：其实汽水中气泡的奥秘就藏在这些材料中（出示小苏打、

糖、水、白醋）。猜一猜，哪两种物质混合在一起可以产生气泡呢？接下来我们就用实验来验证。

3. 小组实验。实验结束后小组内进行交流。

4. 得出结论：白醋和小苏打混合在一起产生了气泡。

（二）气泡里面的气体是什么？

1. 提问：猜一猜，气泡里面的气体是什么呢？（预设：二氧化碳。）如果它是二氧化碳，那可以用什么方法来鉴别呢？

2. 我们之前学习过二氧化碳可以使澄清石灰水变浑浊，那现在就用澄清石灰水来鉴别二氧化碳吧。

3. 教师出示实验材料。

4. 小组讨论如何利用材料设计实验。

5. 小组分享实验设计，交流改进。

6. 教师出示实验视频，规范实验操作。

7. 小组讨论注意事项。

8. 小组实验。

9. 小组汇报实验结果：澄清石灰水变浑浊了，所以气泡里面的气体是二氧化碳。

【设计意图】对比摇晃后的汽水和矿泉水使学生关注汽水中的气泡，为接下来探究气泡的奥秘作铺垫。通过不同物质混合实验、气体鉴定实验引导学生一步步揭示汽水中的气体是白醋和小苏打混合产生的二氧化碳。

三、自制柠檬汽水

1. 通过刚才的实验我们已经知道了汽水中的气体是二氧化碳，现在就让我们亲手做一杯柠檬汽水吧！首先让我们仔细观看制作汽水的视频，学习制作方法并完成学习单。

2. 确定实验材料。（视频中用到了哪些材料呢？分别起什么作用呢？柠檬又起什么作用呢？）

3. 教师强调注意事项。

4. 尝试调制。

5. 优化方案。

6. 确定原料配比。

7. 品尝自制汽水，谈谈感受，思考此过程中是否有新物质产生。

【设计意图】学生在有趣的实验活动中感受发生了哪一类物质变化，使学生进一步理解两类变化的特征。从学习制作到尝试调制以及最后的品尝汽水，整个过程做到以学生为主体，发挥了学生的主观能动性。

四、工厂怎样制造汽水

1. 播放视频让学生感受汽水制作的标准化流程。

2. 查看某工厂的汽水配料表。知道汽水中含有防腐剂、调味剂等多种添加剂，长期饮用对身体有害：会导致肥胖、腐蚀牙齿、影响消化、造成骨质疏松，容易得糖尿病、痛风、脂肪肝等。

【设计意图】帮助学生认识工厂制造汽水与自制汽水有所不同，感受科学技术发展改变了人们的生活。认识到长期饮用汽水有害身体健康。

五、迁移

可以利用今天所学知识制作其他口味的汽水吗？请你们将想法转化为行动，为爸爸妈妈亲手做一杯符合他们口味的健康汽水吧！

【设计意图】下课不应成为科学学习的终点，鼓励学生课后继续制作不同口味的汽水，延续学生的探究欲望。并让学生将课上习得的本领和知识带到课后的实践中去。

【精彩片段】——激发做柠檬汽水的兴趣，关注生活中的物质变化

师：制作柠檬汽水需要哪些材料呢？

生：柠檬、水、小苏打。

师：可以从口感、特点、饮用场景等角度再补充些材料。

生：再加一些糖、盐、椰果、冰块、食用色素。

师：（出示材料）确定了材料，你觉得制作一杯柠檬汽水还需要考虑什么呢？

生：各种材料的加入量。

师：现在让我们来研究原料配比，形成配料单。

师：不同的人，对于甜度、加入的冰量、小料的种类和多少的需求都不一样，这就对我们提出了更高的要求。我们应该从哪些方面来考虑柠檬汽水的口感呢？

生：甜度、气体多少等。

师：谁能将甜度的划分说得更具体一点呢？

生：我们可以像奶茶店一样将甜度分为三分糖、五分糖、七分糖。

师：那怎么做才能改变气泡量呢？谁来说一说。

【教学评析】

本环节引导"汽水研发员"进行沉浸式探究。通过问题串唤醒学生的生活经验，激发学生学习兴趣，使学生积极主动地投入到探究实践中，在实际中理解、应用所学知识。从原料选择到确定配比，学生感受到一杯小小的汽水看似简单，实则蕴藏了诸多学问。最终通过多次尝试探索出原料配比范围，难度逐渐增加，全面提高了学生的科学素养。

【学习单】

实验用品	柠檬、食用小苏打、水、白糖
观察到的现象	气泡：不足____ 合适____ 过多____（在对应现象后打"√"）
品尝时的味道	酸度：_____ 甜度：_____
综合评价	
不足之处	
改进措施	
原料配比	柠檬____片、食用小苏打____g、水____mL、白糖____g
研究反思	

第4课时 化学家的研究

核心问题：化学家是如何通过物质的性质和成分研究物质的变化并发明新物质的？

【教学目标】

1. 能模仿化学家进行实验研究，并能通过实验现象归纳推理出二氧化碳的基本性质。

2. 知道人们利用二氧化碳的性质发明了二氧化碳灭火器。

3. 知道颜色是可以分解和合成的。

4. 通过阅读资料，了解化学家的发明和发现，对化学家的研究产生兴趣。

5. 在科学探究中，意识到观察、实验、判断要以事实为依据。

【教学重难点】

重点：能在实验中分析颜色的合成和分解。通过阅读资料，了解化学家的发明和发现，对化学家的研究产生兴趣。

难点：能模仿化学家进行实验研究，并能通过实验现象归纳推理出二氧化碳的基本性质。

【教学准备】

教师准备：密封有二氧化碳的试管、锥形瓶、橡胶管、橡胶塞、分液漏斗、小苏打、白醋、澄清石灰水、烧杯、蜡烛、蜡烛架、火柴、玻璃皿、玻璃导管、水、滴管、橡胶鞋、阿司匹林、多媒体课件等。

学生准备：吸水纸、夹子、粗线、黑色水笔等。

【教学过程】

一、初步了解化学家

1. 问题引入：同学们，我们把凡是从事科学研究工作并有一定成就的人都称为科学家，其实科学家存在着很多的分类，你知道有哪些类别的科学家吗?

2. 学生思考并交流。

3. 过渡：今天老师带了一个试管，这可不是普通的试管，因为老师提前在这个试管中装了一种气体，并将试管口进行了密封。面对这种未知的气体，你有哪些疑问？

4. 学生思考并交流。

5. 小结：关于这个未知的气体，大家都提出了想研究的问题，这些问题正是化学家们经常研究的问题。他们常常在实验室里做各种各样的实验，研究物质的性质、成分，并制造新物质。今天，我们就一起来了解一下化学家的研究。

【设计意图】让学生知道科学家存在着分类，并初步认识化学家主要研究物质的性质、成分，并制造新物质，从而引出课题"化学家的研究"。

二、探究物质的性质和成分

（一）模仿化学家的研究，探究二氧化碳气体的性质

1. 过渡：化学家会利用感官对未知的气体进行初步的观察，通过眼睛可以看到这种气体的颜色和透明度，通过闻可以知道这种气体的味道。老师提前给每个小组准备了一个装满这种气体的试管，以小组为单位看一看它的颜色和透明度，闻一闻它的味道，仔细地观察，认真地记录。

注意：闻的时候用手在瓶口轻轻扇动，使少量气体飘入鼻内即可。

2. 小组活动并交流汇报。（预设：通过初步观察，发现这种气体无色、透明、没有味道。）

3. 提问：你们能否根据我们上节课学过的内容，猜一猜这是什么气体？

4. 学生猜测。（预设：二氧化碳。）

5. 追问：用什么方法可以证明这种气体是二氧化碳呢？

6. 学生思考、交流验证的方法。（预设：用滴管吸取少量的澄清石灰

水滴入装有气体的试管中,然后振荡试管,观察现象。)

7. 教师补充方法及注意事项,提供实验材料。

8. 小组活动并汇报。(预设:澄清的石灰水变浑浊了,说明该气体确实是二氧化碳。)

9. 过渡:除此之外,二氧化碳还有哪些特殊的性质呢?为了探究二氧化碳更多的性质,化学家经常要用到多种方法。下面我们也试着来探究二氧化碳其他的性质吧!请看实验内容。

实验:通过将白醋和小苏打混合的方法制取二氧化碳气体,并把二氧化碳气体导入放有点燃两支蜡烛的烧杯中,观察发生的现象。

注意:烧杯中的两根蜡烛为一高一矮。

(创新点:将教材中的单孔橡胶塞改成双孔橡胶塞,用分液漏斗控制白醋流量,锥形瓶中只装小苏打,这样可以有效地控制二氧化碳产生的速度,也不用担心因反应速度太快而未来得及塞紧橡胶塞。)

10. 教师提供实验材料,小组实验并汇报。(预设:两根蜡烛先后熄灭,而且是矮的蜡烛先熄灭,高的蜡烛后熄灭。)

11. 追问:两根蜡烛先后熄灭说明了什么?

12. 学生思考、猜测并交流。

13. 小结:刚才的探究让我们知道了二氧化碳无色、无味、比空气重、能使澄清石灰水变浑浊、不支持燃烧,这些都是二氧化碳的性质。在生活中我们看到的二氧化碳灭火器正是利用了二氧化碳不支持燃烧的性质。

【设计意图】通过亲身体验,探究二氧化碳的性质。让学生了解化学家是如何研究物质性质的。在上节课已知小苏打和白醋会产生二氧化碳的基础上开展拓展实验,将澄清石灰水滴入装有二氧化碳的试管中,把二氧化碳导入装有高低蜡烛的烧杯中,在提问、猜测、实验的基础上,让学生在不同的实验阶段分析二氧化碳各种不同的性质,从而经历一个完整的化学家研究物质性质的过程。

（二）模仿化学家的研究，分析黑色的组成成分

1.过渡：刚才我们通过了一系列实验，初步知道了化学家是如何研究物质性质的，那么化学家又是如何研究物质成分的呢？

2.提问：老师让大家提前准备了黑色水笔，黑色是纯色吗？如果不是，那黑色是由哪些颜色构成的呢？

学生猜测。

3.讲述：同学们，你们的猜测一定正确吗？下面我们通过实验来证明，请看实验步骤。

步骤1：用黑色水笔在吸水纸一端画一个圆点。

步骤2：固定纸条，使画有圆点的一端能浸到水里，且保持圆点在水面之上。

步骤3：观察当纸条吸水后，黑点出现了什么变化。

4.小组活动并汇报实验结果。（预设：黑色是由多种颜色合成的。）

5.小结：通过刚才的分析，我们知道了黑色不是单色，而是由多种其他颜色混合而成的。不光是黑色，除了红、黄、蓝（美术三原色）之外的其他颜色也是混合而成的。

【设计意图】不少学生往往认为所有颜色都是单色的，所以在这里选择一个多种颜色合成的黑色进行分解研究，从而利用认知冲突让学生分析得出颜色是可以分解和合成的，并让学生认识化学家是如何研究物质的成分的。

三、介绍化学家的发明和发现

1.抛出问题：你们知道化学家发明过哪些新物质吗？

学生思考并交流。

2.讲述：老师这边有两样东西就是化学家发明出来的（出示橡胶鞋和阿司匹林），想知道这两个物品是怎么发明出来的吗？我们一起来了解一下。

3. 学生阅读资料并思考化学家分别研究了什么物质的性质和成分，才发明出了合成橡胶。（预设：因为天然橡胶产量不能满足人类发展的需求，化学家分析出天然橡胶的主要成分，并用人工的方法制造出了合成橡胶，解决了橡胶制品原材料不足的问题。）

4. 学生阅读资料，了解阿司匹林的发明过程。（预设：化学家分析出了柳树皮的主要成分——水杨酸，后来通过合成的方法制造出了镇痛药——阿司匹林。）

5. 过渡：当然，化学家在研究过程中不但发明了许多新物质，还在其他方面有许多新的发现，比如对我们的人体、我们周围空气的研究（视频介绍空气的组成）。

6. 讲述：不光光是空气，我们体内还有很多营养元素一直在维持我们身体的运行。我们一起来看看化学家发现的营养元素和这些元素的作用。

7. 学生阅读资料。

8. 小结：正因为这些营养元素的存在，我们身体的机能才能正常运行，但是这些营养元素分布在不同的食物中，所以为了身体健康，我们一定要均衡饮食。

9. 总结：同学们，今天我们通过实验模仿了化学家研究物质的性质和成分，通过阅读和观看视频了解了化学家的发明和发现。希望同学们在以后的生活和学习中，能够多像化学家一样思考和研究。相信在不久的将来，你们也一定会有所发现和发明。

10. 延伸：课后，有兴趣的同学可以查找资料，了解化学家更多的发现和发明，比如油漆、塑料、不粘锅……

【设计意图】利用图片、视频等资料让学生了解化学家的发现、发明，从而让学生知道化学家的研究最终能够制造出新的物质，并且这些新物质对人类的生产生活有着极为重要的影响，体现出科技对人类社会的重要性。

【精彩片段】——聚焦应用迁移，优化教材实验，利用分液漏斗控制二氧化碳产生的速度

师：同学们，在上节课中，我们利用柠檬和小苏打制作汽水，在制作过程中，有一个环节需要特别注意，你们还有印象吗？

生：加入小苏打后需要立即加盖，因为它们反应非常迅速。

师：今天我们把柠檬换成白醋，它的反应会不会同样迅速呢？你们有什么办法控制它的反应速度吗？

生：白醋和小苏打反应同样迅速，我们可以少加一点白醋，实验时操作快一点。

师：你们提出的方法可行，但是如果加入少量白醋，产生的二氧化碳量就会减少，加快操作速度也很不安全。今天老师给大家介绍一种仪器——分液漏斗，大家观察一下，它有什么特点呢？

生：分液漏斗下面有一个活塞，可以自由控制白醋的量，这样就可以有效控制白醋和小苏打的反应速度了。

师：那请同学们利用分液漏斗试一试实验效果吧！

【教学评析】

本环节在二氧化碳制取装置方面有所创新。教材上通过锥形瓶、带导管的橡胶塞组装装置，由于白醋和小苏打的反应速度很快，导致生成的二氧化碳有一部分被浪费。将课本中的单孔活塞改成双孔活塞，用分液漏斗控制白醋流速，锥形瓶中只装小苏打，这样可以有效地控制二氧化碳产生的速度，也不用担心反应速度太快，做到了可以精准地控制反应的速度。

【学习单】

在圈里填写二氧化碳气体的性质。

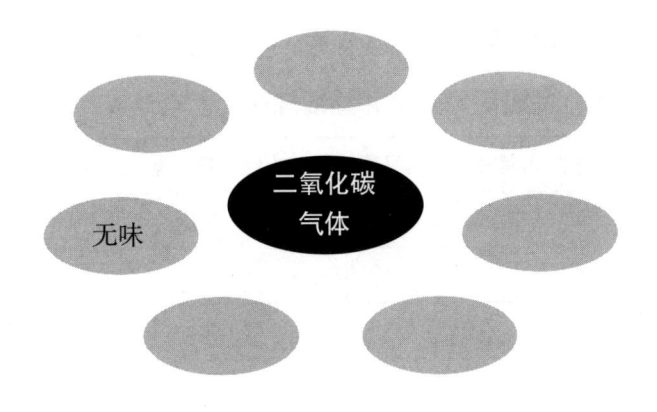

（气泡图，中心："二氧化碳气体"，周围气泡含"无味"等）

持续反馈与应用设计

项目式作业　我是一名"小小化学家"

【任务】

在我们生存的世界里，物质无处不在，物质的变化随处可见，树叶慢慢变了颜色，烛火在轻轻摇曳，老屋门上的锁长满锈斑……都在诉说着时光荏苒。同学们，让我们化身一名小小化学家，利用下面的物质发生的变化来研究它们的性质吧。

【要求】

通过制备紫甘蓝水检测不同物质的酸碱性。

一、材料

紫甘蓝、热水、杯子若干、食盐、柠檬、小苏打、碱面、白醋、牛奶、汽水、橙汁等。

二、步骤

1.查阅资料，尝试用不同的方法制备紫甘蓝水。

2.将适量的紫甘蓝水分别加入你想检测的物品中，如盐水、柠檬汁、小苏打水、碱水、白醋、牛奶、汽水、橙汁等，观察现象。

【资料卡】像白醋这样，能够使紫甘蓝水变红的物质，叫作酸性物质；像碱水这样，能使紫甘蓝水变绿的物质，叫作碱性物质；不能使紫甘蓝水变色的物质，叫作中性物质。像紫甘蓝水这样的物质，叫作酸碱指示剂。

基础性作业：完成记录表格并总结规律。

被测物质	加入紫甘蓝水后呈现的颜色（红、绿、紫）		我们发现
	预测	实测	
盐水			酸性物质：
柠檬汁			
小苏打水			
碱水			中性物质：
白醋			
牛奶			碱性物质：
汽水			
橙汁			

进阶性作业：制作一朵白色的纸花，请你利用上面的知识让纸花的颜色发生变化，成为一朵变色花，快动手试试吧！

单元教学反思

一、目标制订适切，学情分析准确

本单元在准确分析学生学情后有效制订学习目标，在学生已经积累了大量的诸如水、空气、土壤、动植物等物质变化的经验和认知后，开始本单元进阶式的学习，要求学生从科学观念、科学思维、探究实践、态度责任四个方面系统且深入地学习物质的变化及两类变化的本质区别，为中学从微观角度解释两类变化的本质奠定基础。

二、问题设计合理，教学循序渐进

本单元的逻辑关系是总—分—总，由四大核心问题展开。问题一对制作蜡烛和燃烧蜡烛的过程进行分析，让学生认识物质的两种变化，即一类仅仅是形态的变化，没有产生新物质，另一类是产生新物质的变化，有效地培养学生的科学思维能力。问题二、三则是对物质两种变化的理解运用，让学生进一步通过探究实践理解铁钉生锈和利用食用小苏打和白醋制作汽水过程中都产生了新物质。问题四则是从科学家分类的角度，介绍化学家研究物质成分、性质、用途等方面的学问，让学生对人类生产生活中的很多活动都利用了物质变化的事实加深认识。整个单元的教学循序渐进，让学生经历从现象到本质再到用途的完整学习，也明白了所学即所用。

三、评价机制多样，动机激发有效

本单元有非常详尽的评价量表，内容包含具体的评价标准、同伴互评、教师评价，评价内容具有可操行性、有效性、真实性。能够让教师更好地了解学生本单元的具体学习效果，也可让学生知道自己对本单元内容的掌握程度，有效地激发学生的学习动机。除此之外，项目式作业能对课标中要求的学业质量的考察进行进一步的强化。

案例提供者：张园园，西安市未央区大明宫小学
刘益真，西安市未央区凤凰城小学
屈婉婷，西安市未央区开元小学
庞　颖，西安市未央区杨善寨小学
康莉萍，西安市东元路学校
指导教师：商小红，西安市教育科学研究院
舒　俊，西安市未央区教师进修学校

物质的运动与相互作用

案例3 光与色彩

单元教学内容规划

（一）本单元学习指向的核心概念及学习进阶路线

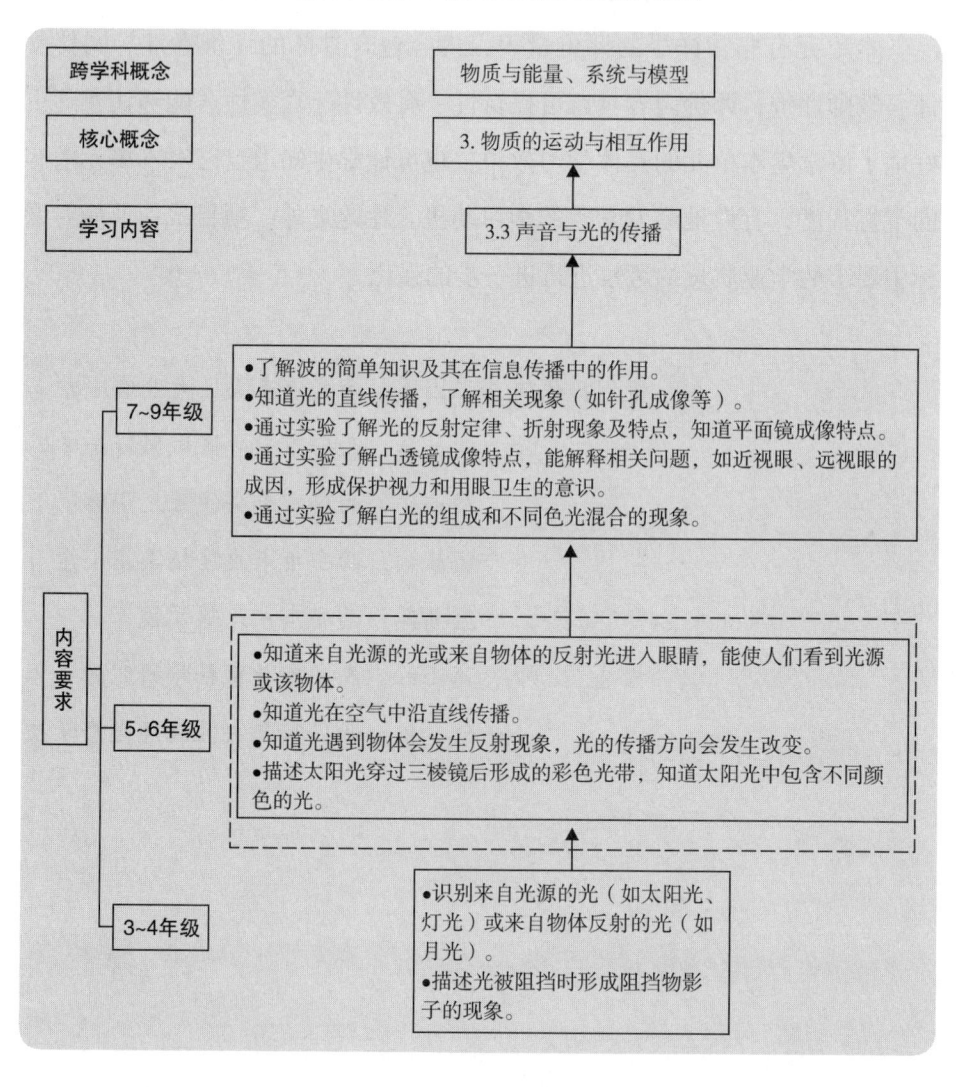

跨学科概念	物质与能量、系统与模型
核心概念	3. 物质的运动与相互作用
学习内容	3.3 声音与光的传播

内容要求

7~9年级
- 了解波的简单知识及其在信息传递中的作用。
- 知道光的直线传播，了解相关现象（如针孔成像等）。
- 通过实验了解光的反射定律、折射现象及特点，知道平面镜成像特点。
- 通过实验了解凸透镜成像特点，能解释相关问题，如近视眼、远视眼的成因，形成保护视力和用眼卫生的意识。
- 通过实验了解白光的组成和不同色光混合的现象。

5~6年级
- 知道来自光源的光或来自物体的反射光进入眼睛，能使人们看到光源或该物体。
- 知道光在空气中沿直线传播。
- 知道光遇到物体会发生反射现象，光的传播方向会发生改变。
- 描述太阳光穿过三棱镜后形成的彩色光带，知道太阳光中包含不同颜色的光。

3~4年级
- 识别来自光源的光（如太阳光、灯光）或来自物体反射的光（如月光）。
- 描述光被阻挡时形成阻挡物影子的现象。

本单元聚焦"物质的运动与相互作用"核心概念，落实课标中 5~6 年级"声音与光的传播"的学习内容要求。

光是能量的一种表现形式，人类能够通过视觉感知周围的世界有赖于光。了解与光有关的概念是帮助学生正确认识自然世界的一个重要部分。

3~4 年级通过辨别不同来源的光，应用分类的方法识别生活中的光源，并能运用推理的方法，分析并解释影子形成的原因。

5~6 年级主要运用模型建构的方法，指导学生利用建构的光的直线传播模型、反射和折射模型分析光的行进路线，认识光在传播过程中发生的光现象，并尝试解释与之相关的自然与生活现象。

7~9 年级根据物质的运动形式所具有的波动性，从波具有反射和折射特性、波可以传递能量出发，综合应用光线模型解释针孔成像、平面镜成像、水中物体"视深"现象，探究凸透镜的成像原理，并解释相关应用。

通过学习进阶，增强学生对"物质的运动与相互作用"这一核心概念的理解，提高他们解决问题的能力，形成物质与能量、系统与模型的跨学科概念。

（二）本单元学习内容的组织线索

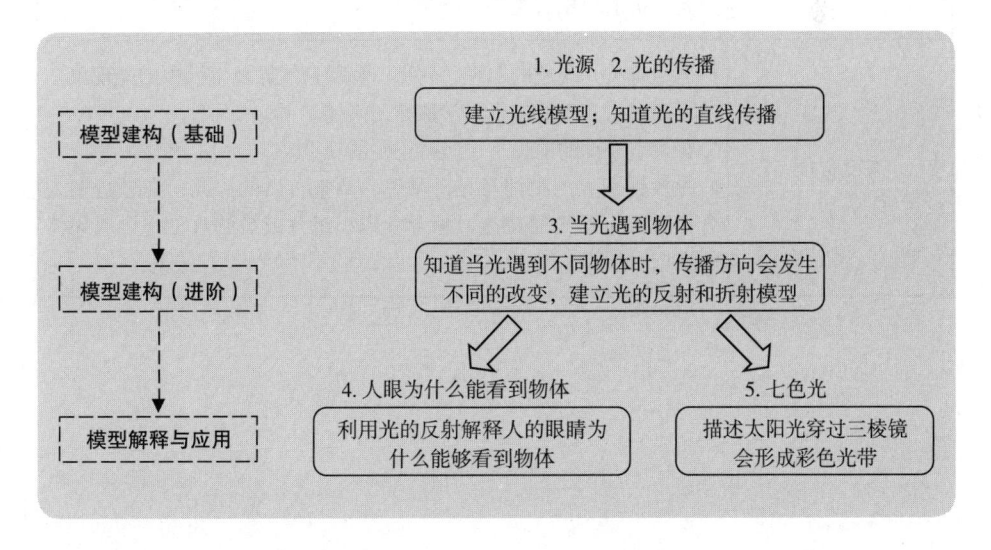

```
模型建构（基础）  →  1. 光源   2. 光的传播
                    建立光线模型；知道光的直线传播
                            ↓
模型建构（进阶）  →  3. 当光遇到物体
                    知道当光遇到不同物体时，传播方向会发生
                    不同的改变，建立光的反射和折射模型
                        ↓              ↓
模型解释与应用  →  4. 人眼为什么能看到物体    5. 七色光
                  利用光的反射解释人的眼睛为      描述太阳光穿过三棱镜
                  什么能够看到物体              会形成彩色光带
```

单元学习目标设计

核心素养	学习目标
科学观念	1. 能识别来自光源的光。 2. 知道光在行进中遇到物体时传播方向会发生改变。 3. 知道光源发出的光或物体反射的光进入眼睛，都能使我们看到光源或该物体。 4. 通过实验发现太阳光中包含不同颜色的光
科学思维	1. 建构有关光现象的概念模型，并利用模型解释生活中的光现象。 2. 能够获取光现象变化的证据信息，并通过论证、分析形成有关光的正确观点。 3. 能从不同视角提出研究思路，采用新的方法、利用新的材料，完成探究、设计与制作，培养创新思维
探究实践	1. 在观察、游戏和制作活动中，了解光遇到不同物体时会产生不同的光现象。 2. 初步学会设计、制作、安装适宜的实验装置，观察光的直线传播，并尝试设计制作简单的光学物品，知道光的反射、折射和色散等现象。 3. 通过光的色散实验，探究白光是由多种色光组成的。 4. 通过制造彩虹，了解彩虹现象和色光的混合，认识彩虹的形成与光的折射现象有关
态度责任	1. 运用有关光现象的原理，列举、解释自然界及生活中的光现象。 2. 表现出对光现象进行科学探究的兴趣。 3. 在尊重证据的前提下，坚持正确的观点。 4. 能接受别人的批评意见，反思、调整自己的探究；在进行多人合作时，愿意沟通交流，综合考虑小组各成员的意见，形成集体的观点

单元学习评价设计

"光与色彩"评价量表

核心素养	评价指标	评价等级 ★	评价等级 ★★	评价等级 ★★★	同伴互评	教师评价
科学观念	认识和区分光源	知道什么是光源	能够根据发光方式区分自然光源与人造光源	知道发光需要消耗能量	☆☆☆	☆☆☆
	认识光在空气中沿直线传播	了解光在空气中沿直线传播的特征	了解光在水中、玻璃中沿直线传播的特征	认识并运用光沿直线传播的原理，可以解释生活中的现象	☆☆☆	☆☆☆
	认识光的反射	观察不同物体表面的反光情况，了解几乎所有的物体都可以反射光	能解释人眼看到物体的原因	能举例说出光的反射现象	☆☆☆	☆☆☆
科学思维	理解光在空气中沿直线传播	找到光现象变化的证据信息，通过实验，观察与发现光在空气中的行进路线	能设计实验，利用正反证法，证明光在同一种介质中沿直线传播	能够结合实例，灵活分析光的行进路线	☆☆☆	☆☆☆
	理解光现象的发生	了解光现象的探究过程，尝试探究改变光的传播路径等活动	能在尊重证据的前提下，形成有关光的正确观点	能建构光反射的思维模型，分析解释光现象的原理	☆☆☆	☆☆☆
探究实践	探究光的反射现象	对光的传播现象产生兴趣，并乐意通过探究实验解决遇到的问题	在观察、游戏和制作活动中，了解光遇到不同物体时会产生不同的光现象	能结合反射、折射现象，设计制作简单的光学物品	☆☆☆	☆☆☆
	制造彩虹	通过做光从空气射入水中的实验，认识光会发生折射现象	能利用彩虹现象和光的色散实验，了解白光能色散成多种色光	通过制造彩虹，了解彩虹现象和色光的混合，认识彩虹的形成原因与光的折射现象有关	☆☆☆	☆☆☆
态度责任	解释生活中的光现象	关注生活中的光现象	乐意运用光现象原理发现自然界及生活中的光现象实例	对运用光现象原理进行发明创造有浓厚的兴趣	☆☆☆	☆☆☆

学生情况分析

五年级学生具有一定的生活经验，对光已经有了初步的认识，但对我们是怎样看见物体的、光是怎样传播的、光和色彩之间有什么关系等方面缺乏了解，相关概念也存在缺失，导致他们对诸多光现象难以上升到理性认识。同时，五年级学生处于具体形象思维到抽象逻辑思维的过渡时期，具备一定的比较、分析能力，但在比较、分析过程中，仍会同感性经验相联系，仍然具有很大成分的具体形象性，因此在教学中要注重呈现直观的、具体的、可操作性的内容，并注重启发式教学，帮助学生顺利从具体过渡到抽象，提高学生的思维能力。

同时，五年级学生还具有较强的好奇心和求知欲，学习热情较高，特别是对于能动手实验的内容很感兴趣，但学生的注意力持续时间较短，需要在课堂中及时提醒；小组实验时的分工、合作能力较弱，需要在平时多加培养。

单元学习进程设计

单元 主要概念	学习 进阶	学习问题链	主要学习活动	思维型 教学原理	课时 建议
物质的运动与相互作用	聚焦光的来源	问题一：光从哪里来	创设问题情境，讨论分析自然光源和人造光源，理解光源的概念	概念初始认识 （动机激发）	1
	探究光的传播方式	问题二：光在空气中是如何传播的	观察光在空气中的传播现象，知道光在空气中沿直线传播	概念具体化 （认知冲突） （自主建构）	1
		问题三：光在传播过程中遇到物体会怎么样	发现光在遇到物体后会发生反射和折射现象	概念深度理解 （自主建构） （自我监控）	1
	解释生活中的光现象	问题四：人的眼睛是怎样看到物体的	分析人眼看到物体的条件，设计制作潜望镜	概念生活应用 （自主建构） （自我监控）	1
		问题五：太阳光是什么颜色的	观察光的色散现象，认识白光会分解成多种色光	概念迁移创造 （应用迁移）	1

第1课时 光源

核心问题：光从哪里来？

【教学目标】

1. 通过对比太阳和月亮、幕布和电脑屏幕发光的区别，认识什么是光源；通过观察不同光源的特征，区分自然光源和人造光源。

2. 通过对比、分析、归纳，建构光源的概念模型，学会从不同角度对光源进行分类。

3. 通过观察蜡烛燃烧和细钢丝发光的活动，总结得出物体发光需要能量的结论。

4. 乐于研究光现象，乐于发现与分享。

【教学重难点】

重点：举例说明光源的特征，区分光源与反光物体。

难点：观察某些物体发光的过程。

【教学准备】

教师准备：多媒体课件等。

学生准备：火柴、蜡烛、细钢丝、两节电池、两个带导线的鳄鱼夹等。

【教学过程】

一、体验感知，激发兴趣

1. 提问：（关灯、拉上窗帘，让学生亲身感受）当你处在黑暗中时，最渴望的是什么？（预设：光明）

2. 提问：什么物体能给你带来光明？（预设：太阳、灯、蜡烛、火焰、手电筒等）

3. 提问：这些物体有什么共同点？（预设：都能发光）

4. 小结：这类能发光的物体就叫作光源（板书：能___发光的物体叫

作光源）。这节课，我们一起来认识光源。

【设计意图】通过黑暗体验，引导学生说出生活中各种各样的光源，并指出它们的共同点。"能"与"发光"之间加一个答题线，激发学生产生学习兴趣，顺利导入新课。

二、自主建构，认识光源

（一）光源的概念

1. 提问：太阳和月亮发光时有什么不同？

2. 学生讨论交流，总结区别。

3. 追问：你觉得哪个是光源？为什么？"源"是什么意思？

4. 总结：因为太阳能自己发光，发光的源头是自己，所以是光源。

5. 提问：你还能举出一对类似的例子吗？（引导学生比较幕布与电脑屏幕）

6. 师生交流得出幕布不能自己发光，不是光源，电脑屏幕能自己发光，是光源。

7. 小结：现在，将光源的概念补充完整（补充完整板书内容：能自己发光的物体叫作光源）。

8. 应用：环顾教室，找一找哪些物体是光源，哪些不是。

9. 学生观察、判断，教师适当补充，进一步强化对光源的理解。

（二）光源的分类

1. 提问：你还知道哪些光源？请举例。

2. 师生交流。

3. 提问：（出示各种光源的图片）这些都是光源，它们相同吗？

4. 学生论证各种光源的不同。

5. 讲述：大家发现了光源的许多不同之处，想要更深入了解光源，我们可以先尝试利用它们的相同之处对它们进行分类。

6. 师生交流初步对光源分类，并说出分类依据。

7. 提问（引导学生归纳分析）：大家的分类依据有很多种，你认为哪个分类依据更有利于人们综合应用光源，为人类的生活提供方便？

8. 引思：大家认为按光的来源来分，更有利于我们的生产生活。

9. 提问：按来源我们可以将光源分为哪几类？有没有可以合并的分类？（提示：观察它们属于人造物还是自然物。）

10. 统一认识：像太阳、萤火虫等自然形成的光源叫自然光源，它们是大自然中不被人类掌控与操作、没有经过加工和改良的光源。像蜡烛、灯等是人工制造的光源，属于人造光源，人造光源是随着人类文明的进步、科技的发展而人工制造出来的光源。

（三）对比物体发光的过程，认识物体发光需要能量

过渡：自然光源和人造光源虽然来源不同，但它们也有相同点，除了都会发光以外，还有什么相同点呢？让我们对比蜡烛、细钢丝两种人造光源和太阳、萤火虫两种自然光源的发光情况。

1. 点燃蜡烛，观察蜡烛发光的过程；给细钢丝通电，观察细钢丝发光的过程。

2. 出示视频：太阳和萤火虫发光的现象及光源分析。

3. 对比以上四种光源，并填表。

光源名称	操作	现象	消耗什么
蜡烛	点燃		
细钢丝	通电		
太阳			
萤火虫			

4. 分析：你发现这几种光源有什么共同点了吗？

5. 师生交流。

6. 小结：蜡烛燃烧时蜡油提供能量，细钢丝发光时电池提供能量，太阳发光消耗了核能，萤火虫发光消耗的是生物能。

7. 应用：你还能举出哪些物体发光需要某种能量的例子？

8. 师生交流。

9. 学生归纳：物体发光需要能量。

【设计意图】对比月亮和太阳、幕布和电脑屏幕发光过程，自主建构光源的概念；层层设疑，因势利导，认识到分类的意义及如何更好地进行分类；通过物体发光发热的实验，在观察现象的基础上利用表格归纳总结，体会光源发光是需要能量的。

三、拓展迁移——人造光源的发展

1. 最初，人类只会利用自然光源，直到人们开始创造性地使用火，开启了人类使用人造光源的先河。你能将以下光源按照人类创造应用它们的时间早晚排序吗？

2. 出示油灯、白炽灯、火把、高压氙灯、蜡烛、日光灯图片。

3. 学生讨论排序。

4. 出示视频资料。

5. 交流展示：请你尝试用以上六种人造光源向同学展示人类改造自然、利用自然的过程。

6. 学生展示。

【设计意图】根据已有经验，按出现的时间早晚对人造光源进行排序，并通过视频修正假设，在表达交流中体会人类发明创造的智慧。

四、小结评价

1. 同学们，今天我们认识了光源，请利用学习单检验自己的学习成果。

2. 学生利用学习单进行评价。

3. 师评：采用小组计分制进行课堂表现评价，包括态度、思维等方面。本节课结束后得分最高的小组获胜，获胜小组成员均可获得一枚乐学章，累计三枚乐学章可以换取一张心愿卡，由老师帮助完成一个小心愿。

4. 导入下节内容：光源发出的光是怎样传播到四周的？下节课我们一

起来研究。

【设计意图】通过自评和师评，对学习情况进行反馈和激励，并在光源的基础上提问光是如何传播的，激发学生继续探究的兴趣。

【精彩片段】——聚焦自主建构

师：白天，太阳给我们带来光明，晚上，月亮也能照亮你回家的路。太阳和月亮都能发光，那它们发光时有什么不同之处？

生：太阳是自己发光的，月亮是靠反射太阳的光发光的。

师：那你觉得太阳和月亮哪个是光源？

生：太阳。

师：为什么？"源"是什么意思？

生：因为太阳能自己发光，发光的源头是自己，所以是光源。而月亮自身不能发光，只能反射太阳的光，发光的源头不是自己，所以不是光源。

师：你还能举出一对类似的例子吗？比如说这个和这个（指一指面前的幕布和电脑屏幕）。

生：幕布不是光源，电脑屏幕是光源，因为幕布反射的是投影仪的光，而电脑屏幕是自己发光的。

师：现在，你能将光源的概念补充完整吗？

（手指板书的标题：能＿＿＿发光的物体叫作光源）

生：能自己发光的物体叫作光源。

师：请你环顾教室，找一找哪些物体是光源，哪些不是，并说明原因。

生：电灯、投影仪灯、饮水机提示灯等都是光源，因为它们都能自己发光；幕布、铁皮柜子、瓷砖、黑板边框不是光源，因为它们不能自己发光。

【教学评析】

本环节主要围绕"什么是光源"这一问题展开。以太阳和月亮不同的发光方式为切入点，引导学生思考两者的区别。接着又通过幕布和电脑屏幕的例子，引导学生自主建构光源的概念。在整个概念建构的过程突出教师主导、学生主体的理念，让学生在不断的思考和对比中自然而然地建构起光源的概念，有利于培养学生对比分析、归纳总结的科学思维能力。

【学习单】

评价内容	自我评价
我能说出光源的概念	☆☆☆
我能区分光源和非光源	☆☆☆
我知道物体发光的条件	☆☆☆
实验过程中我能主动和他人合作	☆☆☆
我能积极分享自己的观点并敢于质疑	☆☆☆

第 2 课时　光的传播

核心问题：光在空气中是如何传播的？

【教学目标】

1. 在观察活动中，发现光在空气中沿直线传播。

2. 设计研究光在空气中的传播路径的实验，能基于事实和证据，建构光在空气中传播路径的模型。

3. 初步学会设计、制作、安装适宜的实验装置，观察并发现光在空气中的传播路径。

4. 通过对光在空气中的传播路径的研究与发现，体验科学探究活动的乐趣，乐于合作与分享。

【教学重难点】

重点：认识光在空气中沿直线传播。

难点：设计实验，观察并发现光在空气中的传播路径。

【教学准备】

教师准备：手电筒、激光笔、线香、打火机、玻璃容器、水、半透明玻璃砖、多媒体课件等。

学生准备：手电筒、带孔纸板、光屏板、直尺、小铁夹等。

【教学过程】

一、观察现象，聚焦问题

1.（打开手电筒，射向黑板）提问：手电筒的光是沿什么样的路线传到黑板上的？

2.请大家结合自己的生活经验进行合理猜想，并说明猜想依据。

3.学生汇报：我的猜想是……依据是……

4.提问：大家的猜想是否正确呢？光究竟是怎样传播的？

【设计意图】营造探究氛围，利用手电筒这一生活中的物品激发学生的探究欲望。鼓励学生结合自己的生活经验对科学现象提出合理的猜想，并大胆地表达自己的猜想依据，做到带着明晰的问题探究，进而提高学生的自主探究能力。

二、精心研究，实验探索

（一）实验探究光在空气中沿直线传播

1.提问：你认为光是怎样传播的呢？

2.学生回答。

3.思考：有没有办法设计一个实验来证明你们的观点呢？

4.谈话：设计实验要证明的是假设的结果，我们的设计思路是假设光是沿直线传播的，那么当它……时，我们就一定会看到……

设计提示：

（1）用两个点可以确定一条直线。

（2）出示材料并介绍：1个手电筒、3张带小孔的纸板、1张光屏板、1把直尺、8个小铁夹。

（3）如果觉得用一种方法来证明说服力不够，我们也可以使用反证法来证明：如果光不是沿直线传播的，我们会看到什么现象？

5. 小组讨论：利用设计提示中的三点讨论实验方法。

6. 师生交流确定实验方法，补充实验注意事项。

7. 学生小组实验并记录，教师巡视指导。

8. 小组汇报现象。

9. 总结结论：光在空气中是沿直线传播的。

（二）激光笔光束演示实验，观察光在空气中沿直线传播

1. 谈话：手电筒发出的光束是发散的，我们不易观察到它的传播。如果只有一束光，我们观察起来会不会容易很多呢？

这是一支激光笔，它的特点是呈现单束光，我们来观察单束光是怎样传播的。（往墙上照射）光到哪里去了？光是怎么过去的呢？你能看到光的传播路线吗？不能，那想不想看？老师请来了一个好帮手。

2. 学生尝试探究：（搬出事先设置好的玻璃容器，点好线香制造烟雾）请一名学生上台帮忙打开激光笔，从各个方向射入玻璃容器。

3. 提问：你观察到了什么？

4. 追问：这些现象证明了什么？（预设：证明了光在空气中是沿直线传播的）

【设计意图】给学生一定的理论支持，告知在数学上用两点确认一条直线的办法，引导学生先思考，而不是直接出示实验过程。这既符合课标要求，也能很好地启发学生科学思考、锻炼学生合理设计实验的能力。利用线香呈现出的丁达尔现象展示激光在空气中如何行进，让学生在教室里就能直接观察到光的传播路径，再次验证实验结论——光在空气中沿直线传播。

三、科学阅读，拓宽眼界

1.（出示水及一块半透明玻璃砖）看到这两样物体，大家能提出哪些关于光传播的问题呢？

2. 学生提出问题：光在水和玻璃中是沿直线传播吗？

3. 学生假设：光在水和玻璃中是沿直线传播的。

4. 知识储备

（1）丁达尔现象：当一束光透过胶体，从垂直入射光的方向可以观察到胶体里出现一条光亮的"通路"，这种现象被称为丁达尔现象，也叫丁达尔效应。

（2）阅读提示：想要观察到光在水中的传播路线，可借用牛奶将水变为乳白色。

（3）操作提示：实验时激光笔要贴紧水或玻璃砖。

5. 观看实验操作视频。

6. 分析现象，得出结论：光在水和玻璃中也是沿直线传播的。

【设计意图】在上一环节学生已经知道光在空气中是沿直线传播的前提下，继续拓宽学生的眼界，利用水和玻璃这两种介质让学生更加直观地看到光的传播路线。

四、拓展应用，引入生活

1. 出示站队图：怎样知道他们站整齐了？你能借用光沿直线传播的原理来判断吗？

2. 学生思考、讨论。

【设计意图】将生活中站队的实际案例引入课堂中来，尝试利用所学知识分析实际的问题，做到从生活中来、到生活中去。

五、小结评价，自我检测

1. 学生总结本课内容。

2. 学生利用学习单检测学习效果。

【设计意图】温故方能知新，利用学习单检测所学内容，达到巩固加强的目的。

【精彩片段】——聚焦自主建构，完成实验设计

师：你认为光是怎样传播的呢？

生1：我发现汽车车灯前的光柱是直的，所以我认为光是沿直线传播的。

生2：我打开手电筒，发现光束是直的，所以我也认为光是沿直线传播的。

师：有没有办法设计一个实验来证明你们的观点呢？假设光是沿直线传播的，那么当它……时，我们就一定会看到……。请小组讨论后试着说说看。

生：假设光是沿直线传播的，那么如果在手电筒前放一个物体，这个物体就一定会被照亮。

……

师：要证明光沿直线传播，首先需要知道怎么才能确定一条直线，在数学上，我们用两个点来确定一条直线。这样我们就需要一些点，老师给大家提供1个手电筒、3张带小孔的纸板、1张光屏板、1把直尺、8个小铁夹，请以小组为单位讨论实验方法。

学生小组讨论。

生：我们设计的实验是将两张带小孔的纸板借助直尺正对放置，使两个小孔在一条直线上，用手电筒照射第一个小孔，看看光能不能通过第二个小孔，如果通过了，说明捕捉到了一束光；再将另一张带小孔的纸板也借助直尺与前两张纸板正对放置，使三个小孔在一条直线上，后面放光屏，若光屏上能看到光点，则说明光沿直线传播。

师：用一种方法证明的说服力不够，能尝试再用反证法来证明吗？如果光不是沿直线传播的会怎样？

生：把第三张带小孔的纸板摆的位置偏一点，看看光还能不能穿过投在光屏上。

【教学评析】

本课的重点是认识光在空气中沿直线传播。对于五年级的孩子们来说，能直接证明光在空气中沿直线传播，比认识光在空气中沿直线传播更有意义。由于光看不到，设计实验证实有困难，因此教师提供了设计实验的框架，引导学生利用数学原理设计验证实验，并在设计的过程中给予指导，再利用反证法加强实验的验证，使学生在能力范围内充分发挥主观能动性。同时，实验设计也唤醒了学生将生活经验运用于解决问题的潜能，使学习自然发生。

【学习单】

在下图中画出光的传播路线，并用箭头标示光传播的方向。

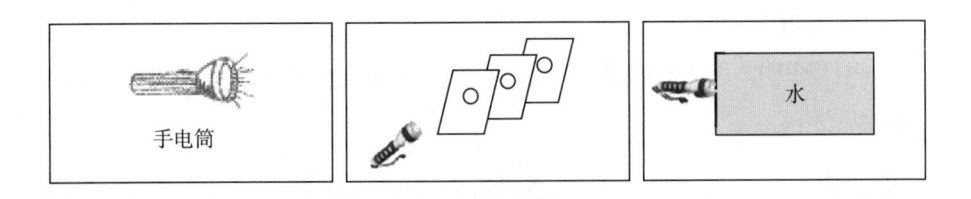

第3课时　当光遇到物体

核心问题：光在传播过程中遇到物体会怎么样？

【教学目标】

1. 知道光遇到物体会发生反射及折射现象。

2. 能够运用分类讨论的方法研究光在传播过程中遇到物体会发生的情况。

3. 对光的传播现象产生兴趣，并乐意通过探究实验解决遇到的问题。

【教学重难点】

重点：认识光的反射与折射现象。

难点：能分类讨论并设计探究光的反射与折射现象。

【教学准备】

教师准备：暗箱（纸屏、平面镜、不锈钢汤勺、光学玻璃砖、装有水的一次性透明水杯）、大镜子、多媒体课件等。

学生准备：激光笔、平面镜、不锈钢汤勺、一次性塑料水杯、水、光学玻璃砖、纸屏等。

【教学过程】

一、现象激趣，引发问题

1.引导：（出示激光笔）打开开关，它的光会射向哪里？

（出示神秘暗箱）这里面有几样物体，如果把它们一样样拿出来挡在激光笔前30厘米的地方，会发生什么？

2.学生猜测。

3.引发思考：对于这种情况，你能提出什么问题呢？（预设：光碰到物体会怎么样？）

【设计意图】利用激光笔与暗箱引起学生的好奇心，激发学生产生联系已有知识和经验解决问题的兴趣，鼓励学生大胆质疑，准备进入科学探究阶段。

二、关键问题初思考

1.激趣：从暗箱中依次取出各种物体，引发思考——你认为光碰到这些物体发生的现象一样吗？

2.引导学生猜测：请在学习单上用箭头表示光可能的传播方向。

3.学生完成学习单并汇报。

【设计意图】指导学生基于研究的问题，在已具备的科学观念基础上提出可验证的假设，预设光遇到物体后会产生的几种结果。

三、认识光的反射与折射现象

1.明确问题：关于光碰到物体会怎样，大家有不同的意见，怎么知道谁猜测的是正确的？

2. 学生回答：可以做实验来研究。

3. 提问：（出示实验材料）你会设计实验来研究吗？

4. 学生尝试根据老师提供的材料小组讨论，设计实验。

5. 师生交流实验方法并改进，明确实验需要注意的问题。

（1）将纸屏放在激光笔对侧，打开激光笔，观察纸屏上留下的光斑。

（2）在激光笔与纸屏中间分别放平面镜、不锈钢汤勺、光学玻璃砖、装有水的一次性透明水杯，观察光的传播有什么变化，并画图表示。

6. 学生分组实验并填写学习单。

7. 汇报实验现象，分析实验结果。

（1）（出示实验单现象栏）提问：你能根据这一栏的内容将光遇到物体后的现象进行分类吗？

（2）学生思考分类。

（3）小结：光遇到平面镜、汤勺后不能通过，而是被反射回来，可以分为一类；光遇到光学玻璃砖、装有水的一次性透明水杯后，会穿过去，可以分为另一类。

8. 提问：光遇到什么样的物体会被反射回来？遇到什么样的物体会穿过去？

9. 学生思考、分类、陈述。

10. 演示实验：利用激光笔、平面镜及光学玻璃砖演示讲解光的反射、光的折射。

11. 小结：光遇到物体时传播方向会发生改变，有两种情况。如果遇到的物体是不透明的，则会发生反射现象；如果遇到的物体是透明的，则除了反射，还会发生折射现象。

【设计意图】通过设计实验，运用类比观察思维，借助观察、比较、分析等思维方式收集证据，测试和修正假设来建构知识，得出结论。

四、拓展应用

1. 生活中有哪些地方有光的反射及折射现象？

2. 学生思考，类比寻找生活中光的反射及折射现象。

3. 交流反射及折射的应用（潜望镜、汽车的反光镜、放大镜等）。

4. 播放反射、折射的应用视频。

5. 布置作业：今天，我们一起探究了光的反射与折射现象。请在课后利用光的反射原理做一个光束打靶玩具。

【设计意图】通过生活场景中反射与折射的应用分析列举，训练发散思维及表达交流能力。在一个探究周期完成后，运用光的反射制作光束打靶玩具，使学生将探究过程中形成的科学观念、科学思维、探究实践、态度责任素养应用到新的情境中。

【精彩片段】——聚焦认知冲突

师：我们已经知道，光在空气中是沿直线传播的，如果在传播的过程中碰到了物体又会怎么样？

生1：会停止传播。

生2：如果是碰到了透明物体，它会穿过去。

师：想一想，还有没有别的情况发生？

生3：如果碰到镜子，会反光。

师：好，我们来总结一下，大家认为光碰到障碍物后会有三种情况，一是停止传播，二是穿过去，三是反光。

看来关于光碰到障碍物会怎样传播，大家有不同的意见，怎么知道谁猜测的是正确的？

生：可以做实验来研究。

师：实验应该怎样设计呢？是碰到任何障碍物都会产生这些情况吗？

生：应该是碰到不同的障碍物会产生不同的情况。

师：既然如此，如果老师给大家提供激光笔、平面镜、不锈钢汤勺、一次性塑料水杯、水、光学玻璃砖，你会如何设计实验来研究？

生：我们可以在光传播的路径中分别放不同的物体，然后观察光会怎么样。

师：为了便于观察，我们可以使用激光笔来作光源。为了观察得更清楚，除了光源，我们还需要准备什么？

生：最好有一个光屏，方便我们观察，另外教室中的灯也要关掉，太亮也会影响观察效果。

师：我们把纸屏放在什么地方合适？

生：可以放在最右边，也就是光源在左边，物体在中间，纸屏在最右边。

师：请大家注意，因为我们不确定光碰到障碍物会怎样传播，所以大家可根据实验情况来调节纸屏，确保观察效果。

现在大家可以尝试根据老师提供的材料小组讨论，设计实验。

【教学评析】

本课在学生已经认识光在空气中沿直线传播的基础上，提出光在传播过程中碰到障碍物会怎样？进而引导学生根据障碍物情况分类讨论。分类讨论并设计实验是本课的难点之一，学生基于生活经验，能够对光碰到不同物体后的变化作出一些判断，老师在学生经验的基础上，引导学生进行实验的设计，并适时给予正确方法的指导，验证光碰到物体会发生反射现象。这样的处理，有利于学生对光遇到物体后的变化建立整体的认识。

【学习单】

研究的问题	物体	猜想	现象（画图）	描述
光在传播的过程中碰到物体会怎样	平面镜			
	不锈钢汤勺			
	光学玻璃砖			
	装有水的一次性透明水杯			

以上四种光遇到障碍物的情况可分为_____类，一是光遇到_____会_____，这种现象叫_____；二是光遇到_____会_____，这种现象叫_____。

第 4 课时　人眼为什么能看到物体

核心问题：人的眼睛是怎样看到物体的？

【教学目标】

1. 通过观察和比较，分析出光的存在是人的眼睛能看到物体的重要因素。

2. 知道物体发出或反射的光进入我们的眼睛，我们才能看见物体。

3. 意识到需要用证据进行解释的重要性。

【教学重难点】

重点：探究人眼看到物体的条件。

难点：运用证据解释光的存在是人眼看到物体的重要因素。

【教学准备】

教师准备：暗盒、发光二极管、Z形管、大标靶、多媒体课件等。

学生准备：激光笔、平面镜等。

【教学过程】

一、创设情境，聚焦主题

1. 提问：生日会上，房间里的灯关了，蛋糕上的蜡烛照亮房间，童童提醒大家在吹蜡烛之前先找到灯的开关。为什么要先找到开关呢？

2. 追问：为什么在黑暗中我们看不到物体？人眼在什么条件下才能看到物体呢？

【设计意图】引领学生思考生活中常见的现象，激发学生产生联系已有知识和经验解决问题的科学兴趣。

二、我们怎样看到物体

1. 引导：今天我带来了一个暗盒，里面藏了一些东西，想看看里面有什么吗？（不能打开盒子）暗盒一侧有一个观察孔，谁来看看？

2. 提问：看不见暗盒中的物体，为什么？（预设：没有光）你有办法看见吗？（预设：再打一个孔，让光照射进来）

3. 教师出示光源（发光二极管），学生尝试将发光二极管插入孔中。

4. 分小组实验，观察记录

（1）实验指导：发光二极管接通方法、学习单介绍、用眼安全提示。

（2）学生领取材料进行实验，教师巡视指导。

（3）交流研讨。

5. 总结：人能看见光源，是因为光源的光进入了人的眼睛。人能看见不发光的物体，是因为不发光的物体能反射光，将光源的光反射进了人的眼睛。总之，人要看见物体，必须要有光进入眼睛。眼睛是光的感受器。

【设计意图】引导学生经历问题—证据—解释—表达的探究过程，培养学生的科学探究能力。

三、拓展迁移，认识潜望镜

1.（出示Z形管、平面镜、学习单）了解了光的反射，现在你能借助平面镜使光从A口射入，从B口射出吗？

实验要求：

（1）请以小组为单位尝试借助平面镜使光从A口进入，从B口射出，射中标靶的靶心。

（2）成功后，请在学习单中画出平面镜放置的位置，用"━━━"表示。

（3）实验中注意安全，不要将激光笔对着同学的眼睛。

（4）实验结束后，整理好器材，安静坐好，向老师举手示意。

2. 师生交流

提问：在这个实验中，光经过了几次反射？

（预设：光经过了两次反射，改变了传播路线，从 B 口射出。）

3. 提问：如果在 A 口处放一盆花，那么在 B 口处能看到这盆花吗？你能用光的反射和人眼看到物体的原理来分析吗？

师生交流。

4. 提问：你认为具有这个特点的装置可以用在什么地方？

学生交流：（1）潜望镜的由来——潜望镜的名称。

（2）潜望镜的广泛应用。

（3）潜望镜的迁移应用。

5. 提问：你想自己制作一个潜望镜吗？下面这些材料哪些可以用来制作潜望镜？（出示实验器材）

只要我们掌握了潜望镜的原理，用生活中的很多材料都可以自制一个潜望镜，今天的实践作业，就是制作一个潜望镜。

6. 学生制作潜望镜，利用镜子控制光的反射，通过操作与调整装置使光的反射现象多次发生，在用潜望镜观察物体的过程中体会光的反射。

【设计意图】设计有思维层次的探究活动培养学生的逻辑思维能力，帮助学生对知识进行深层次理解，做到对知识的应用迁移。

【精彩片段】——引导学生分析实验现象，归纳人眼看到物体的条件

师：生活中，我们可以看到很多自身发光的物体，如太阳、电灯，为什么我们能看见它们？

生：因为它们都能够发光，光进入了我们的眼睛。

师：那些本身不发光的物体，如书包、课本，我们又是如何看到的呢？

生：有光照射在这些不发光的物体上，然后我们就看到它们了。

师：眼睛是人体最重要的视觉器官，有光进入人眼后，我们才能看到物体。不发光的物体被光源照亮以后，人眼又是怎样接收到不发光物体的光信号呢？

交流引导：当有光源照射时，光会在不发光的物体上发生漫反射，进入人的眼睛里。不是只有镜子能反射光，其他物体也能反射光，只不过反射光的能力不一样。

师：有光照射在暗盒中时，用透明材料挡住观察孔，你能看见暗盒中物体吗？用不透明材料挡住呢？这又说明了什么？

生：用透明材料挡住观察孔，可以看见暗盒中的物体，用不透明材料挡住观察孔，就不能看到暗盒中的物体。

交流引导：透明的物体使光透过进入眼睛，不透明的物体吸收了所有的反射光，使眼睛不能看见物体。人眼要看见物体，必须要有光从物体发出或反射进入我们的眼睛（如：白天通常有自然光源——太阳、天黑有电灯）。眼睛是光的感受器。

【教学评析】

通过列举生活中常见的光源，让学生知道来自光源的光进入眼睛，能让我们看到光源。在此基础上引导学生分析人眼是如何看到不发光的物体的——光在不发光的物体上发生了漫反射，引导学生对人眼看到事物这一本能从感性认识上升到理性认识，通过观察和比较不同材料挡住暗盒是否能看到光，分析出光的存在是人的眼睛能看到物体的重要因素，意识到需要用证据进行解释的重要性。

【学习单】

一、观察暗盒实验，并填写实验现象

实验操作	实验现象	分析
关闭暗盒中灯光		说明人眼睛看到物体需要 ＿＿＿
打开暗盒中灯光		

二、如何放置平面镜能让光从 A 口射入，从 B 口射出，并射中 B 处的标靶？尝试利用平面镜和激光笔做实验，成功后，画出平面镜的位置和光的行进路线。

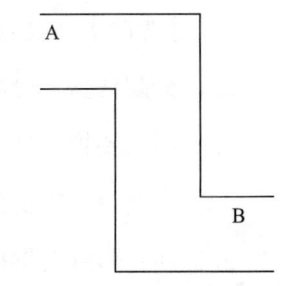

第5课时 七色光

核心问题：太阳光是什么颜色的？

【教学目标】

1. 通过动手操作，了解光的色散现象。

2. 利用彩虹现象解释说明太阳光由多种颜色的光组成。

3. 用两种方法制造"彩虹"，能描述太阳光穿过三棱镜后形成彩色光带。

4. 在探究的过程中，积极大胆地阐述自己的发现。

【教学重难点】

重点：通过实验认识白光由多种颜色的光组成。

难点：使用不同的方法制造彩虹。

【教学准备】

教师准备：多媒体课件等。

学生准备：喷壶、平面镜、水槽、水、三棱镜、白面板、三只白光手电筒等。

【教学过程】

一、创设任务，导入新课

1. 提问：（出示彩虹图片）这是什么？（预设：彩虹）

2. 激趣：老师一会儿要把彩虹搬到教室里来，你们相信吗？

【设计意图】通过观察彩虹并提出问题，激发学生探究彩虹的兴趣。

二、分解任务，分析彩虹的形成条件

1. 提问：要把彩虹搬到教室里，我们需要先了解些什么？

2. 师生交流：需要先了解彩虹是如何形成的，再进行模拟实验。

3. 提问：彩虹的形成跟什么有关？

（提示：可以先列出在什么条件下会出现彩虹。）

4. 师生交流：雨过天晴的天空或是瀑布、喷泉附近会经常出现彩虹。

5. 提问：根据这些场景，你认为彩虹的形成可能需要哪些条件？

6. 学生分析：彩虹出现时都有水、有光。

【设计意图】对彩虹的成因进行有依据的猜测，既展露了学生对彩虹形成原因的前概念，又培养了学生的相关科学素养。然而学生对制造彩虹的方法是没有准备的，依靠他们自己来设计多种实验方案难度较大。因此引入生活情境，为学生的探究操作提供多个方案，突破本课的教学难点。

三、解决问题，认识光的色散

（一）分解阳光，研究色散的原理

1. 质疑：有水、有光就一定能出现彩虹吗？雨过天晴的天空与瀑布、喷泉附近的水是什么状态？

2. 师生交流分析：水分散在空气中，受地球引力的影响，呈现水滴状。

3. 启思：我们可以用什么模拟水滴？你有哪些方法？

4. 提问：（出示三棱镜、水、平面镜、水槽、喷壶、白光手电筒、白面板）你会选择哪些材料？

5. 学生选择材料，设计实验。

6. 讨论实验注意事项。

7. 分组实验：尝试使用两种方法制造彩虹。

8. 师生交流实验情况：看到彩色光带。

9. 分析：为什么白光通过三棱镜会形成彩色光带？

（提示：光遇到水或玻璃会发生折射现象。）

10. 思维进阶：出示颜色不同的光通过三棱镜的折射角度对比图。

11. 分析、启思：根据以上证据，你能分析出来为什么白光通过三棱镜后会变成彩色的吗？

12. 师生交流讨论。

13. 结论：白光通过三棱镜后，在另一侧的屏上出现由红到紫各色光组成的光带，这种现象叫光的色散。

（二）了解牛顿研究光的色散实验

1. 讲述牛顿与七色光的科学史。

2. 学生观看视频。

3. 小结：牛顿用三棱镜可以将阳光分解成红、橙、黄、绿、蓝、靛、紫等多种颜色的光，证明阳光是由多种色光组成的。

（三）彩虹的形成原因

1. 提问：大自然中的彩虹是怎样形成的？大自然中有手电筒和三棱镜吗？

2. 师生讨论：大自然中的什么相当于手电筒和三棱镜？

3. 学生结合制造彩虹的活动经历解决问题。

4. 小结：彩虹是太阳光穿透雨滴时形成的。小水滴相当于三棱镜，太阳光相当于手电筒。

5. 拓展：当光按照一定的角度照射到空气中的小水滴上时，会发生色散现象，为形成彩虹创造了条件。由于光的色散现象与光照角度、观察角度都有关系，所以只有当光照的角度与我们所站的位置都适合时，我们才会看到彩虹。

【设计意图】引导学生选择不同工具、尝试多种方法制造彩虹，进而知道彩虹的形成与阳光的关系。在利用不同实验方法获得相同现象的过程中，让学生体验科学规律的存在，并把科学史融入科学探究中，真实体验科学家的探究过程，在情境中经历分享交流、质疑验证等环节，不断激发学生的思维。

四、能力提升

1. 提问：如果在圆盘上涂七种颜色，快速旋转时会看到什么？

2. 引导学生将白色卡纸剪成圆盘，将圆盘七等分，分别涂上红、橙、黄、绿、蓝、靛、紫七种颜色。快速旋转圆盘，观察现象。

【设计意图】选择较容易操作的不同色光混合方法——利用分色圆盘

陀螺混合，帮助学生认识不同色光能混合成白光或其他颜色的光，进一步感受不同颜色的光的变化特点，在活动观察中体会这一现象的发生原理。

【精彩片段】——聚焦动机激发

师：（出示雨后彩虹图片）同学们，这是什么？你们是否见过这样的景观？是在什么情况下见到的？

生：这是彩虹。有时雨过天晴后，就会看见彩虹。

师：彩虹是什么样子的？

生：彩虹像一座桥，虚幻又真实。

师：老师一会儿要把彩虹搬到教室里来，你们相信吗？

……

师：为什么我们通常只能在雨过天晴时看见彩虹？这说明什么？

生：彩虹的出现与天气有关。

师：（展示瀑布边的彩虹图片）那这种情境中为什么有彩虹出现呢？彩虹的出现需要哪些条件呢？

生1：瀑布周围的空气中有水雾，和雨后的天空相似，所以彩虹的出现需要空气中有水雾。

生2：还需要有阳光。

师：其实，只要空气中有水滴，而且阳光在观察者的背后以低角度照射，便可能观察到彩虹。彩虹最常在雨后初晴时出现，这时空气中尘埃少而充满小水滴，天空的一边有雨云而较暗，彩虹较容易被看到。另外，瀑布附近也常出现彩虹。

生：原来如此。

师：揭开了彩虹的神秘面纱，我们能不能试着自己制造彩虹呢？需要做哪些准备？

生：需要喷壶、晴朗有阳光的天气……

师：那我们来试一试。

【教学评析】

首先创设将彩虹搬入教室的激趣情境，引导学生分析如何在教室制造彩虹，逐步拆解任务，把探究内容聚焦到彩虹的成因上来。然后分析彩虹的形成条件，自主选择材料做光的色散的探究实验，分析成因环节，通过实验现象及不同色光的折射率等实验支架进行自主思考，认识光的色散现象。

【学习单】

我们的任务		制造出彩虹
方法一	我们的材料	
	我们的做法	
	我们的发现	
方法二	我们的材料	
	我们的做法	
	我们的发现	

持续反馈与应用设计

项目式作业一　科学实践：光的反射与应用

【任务】

光带来了温暖，照亮了万物，变幻出神奇。请你根据自己的兴趣和能力，结合本单元所学的知识，完成与光现象有关的作业。

【内容】

基础版：右图是潜望镜的内部结构图，请画出射入镜筒的光的传播路线。

进阶版：嗨，你好！我是电影《地道战》里的牛娃，你看过《地道战》吗？它讲的是民兵队长高传宝因地制宜，把地窖改造成家家通、户户连的地道，在敌众我寡的情况下，击退日本侵略者的故事。

如图所示是我们的地道简图，我们遇到了一个困难，乡亲们已经在地道里躲了三天三夜了，想确定外面是不是安全的，你能借助镜子帮队长看到外面的情况吗？请你画出镜子的位置和光传播到队长眼睛中的光的路径（不考虑镜子的固定问题）。

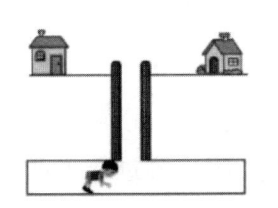

高阶版：太阳能是一种清洁的能源，人们为了利用太阳能发电，会使用光伏板将吸收的太阳能转化为电能。可是在现实生活中，却会发生光伏板反射，即太阳光照射到光伏板表面后，部分光因为反射而未能被吸收从而浪费。反射率越高，能够被利用的光就越少，光伏板的发电效率就越低。同时，光伏板反射还会造成周围环境的光污染，影响人们的视线，给行人和驾驶员带来安全隐患。

为了解决这一问题，提高光伏板将光转化为电能的效率，人们想了很多办法。

问题1：你认为要提高光能转化效率，从根本上要解决的问题是_____。

A. 增加光的反射　　B. 减少光的反射

问题2：以下的方法中_____能解决问题。

A. 选择低反射材料　B. 调整安装角度　C. 增加吸光材料

项目作业二　科学阅读：日食与月食

【任务】

日食和月食是人们比较关注的天文现象，在我国古代就有"天狗食月"的神话传说。请同学们化身为"小小天文学家"，根据本单元所学的内容了解和研究日食和月食形成的原因吧！

【要求】

1. 通过查阅资料、观看视频等方式，了解日食和月食的形成原因。
2. 尝试选择道具讲解并演示日食和月食的形成过程。

单元教学反思

光对于学生来说是抽象难理解的内容，结合平时对此单元的教学发现，因为思维逻辑不够连贯，学生的理解容易形成断层，从而影响学生对本单元内容的理解。

本单元在分析学生思维的难点后，结合课标要求，将内容进行了调整：首先建构光线模型，为后续的学习搭建讨论的框架，再通过光的传播到光在传播时遇到障碍物探究光的反射与折射现象，最后利用人眼为什么能看到物体和彩虹的形成进入深度应用，加深学生对光现象的理解。这样调整，以光的传播为主线，自然而然过渡到光的应用，尤其是问题三通过实验探究，把光的反射与折射现象对比观察，可帮助学生直观认识光的反射与折射，也避免分别讨论学习后，学生把两种光现象混淆的情况。

思维型科学探究教学要求学生使用不同的调查手段和工具，借助观察、发散、比较、分析等思维方式收集证据，培养学生的发散思维，训练学生从多角度综合收集证据，并对信息进行分析推理。如推理出物体发出或反射的光进入人的眼睛，都能使我们看到该物体。学生在教师有目的、有计划的引导下，逐步自我建构相关学习内容。

案例提供者：魏敏菲，西安市航天城第一小学

杨　力，西安市航天城第一小学

郭克尼，西安市航天城第一小学

张　丹，西安市航天城第一小学

晁　悦，西安市航天城第一小学

指 导 教 师：商小红，西安市教育科学研究院

能的转化与能量守恒

案例4　传热与保温

单元教学内容规划

（一）本单元学习指向的核心概念及学习进阶路线

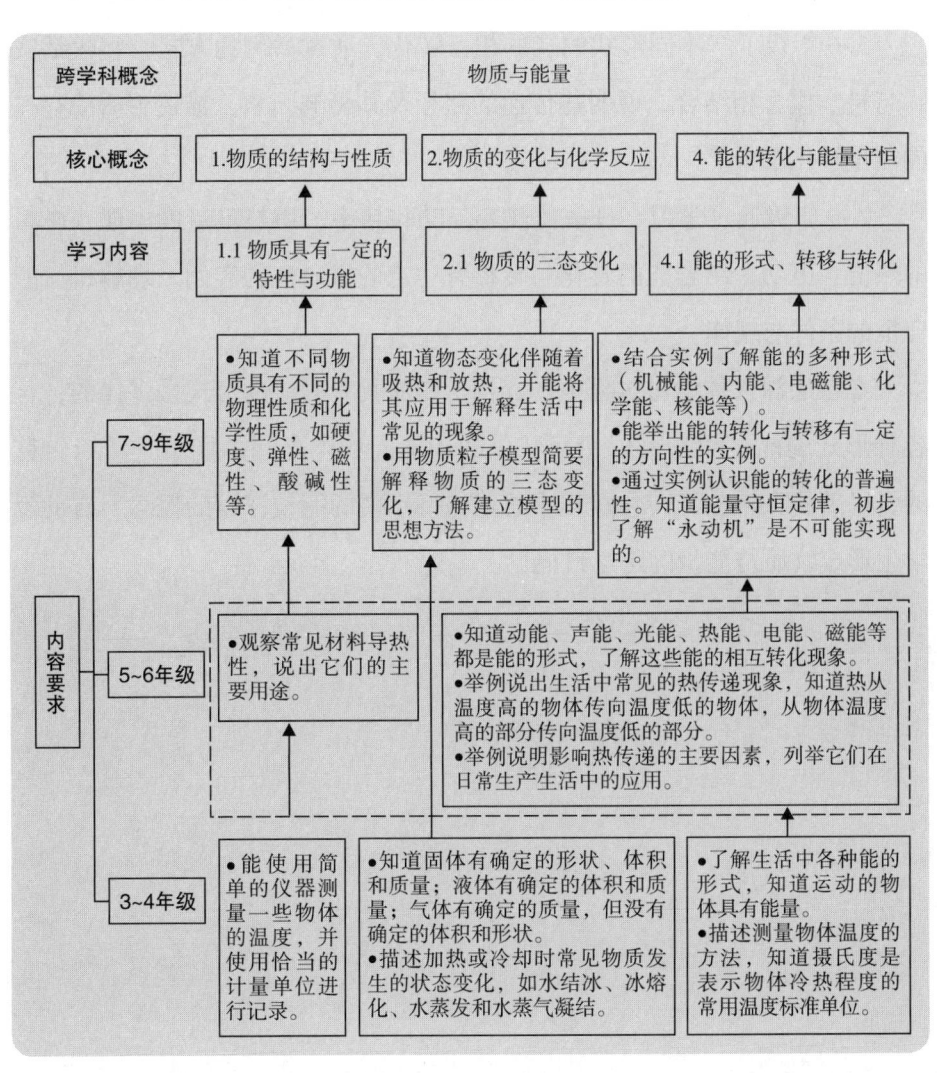

跨学科概念		物质与能量	
核心概念	1.物质的结构与性质	2.物质的变化与化学反应	4.能的转化与能量守恒
学习内容	1.1 物质具有一定的特性与功能	2.1 物质的三态变化	4.1 能的形式、转移与转化

内容要求

7~9年级
- 知道不同物质具有不同的物理性质和化学性质，如硬度、弹性、磁性、酸碱性等。
- 知道物态变化伴随着吸热和放热，并能将其应用于解释生活中常见的现象。
- 用物质粒子模型简要解释物质的三态变化，了解建立模型的思想方法。
- 结合实例了解能的多种形式（机械能、内能、电磁能、化学能、核能等）。
- 能举出能的转化与转移有一定的方向性的实例。
- 通过实例认识能的转化的普遍性。知道能量守恒定律，初步了解"永动机"是不可能实现的。

5~6年级
- 观察常见材料导热性，说出它们的主要用途。
- 知道动能、声能、光能、热能、电能、磁能等都是能的形式，了解这些能的相互转化现象。
- 举例说出生活中常见的热传递现象，知道热从温度高的物体传向温度低的物体，从物体温度高的部分传向温度低的部分。
- 举例说明影响热传递的主要因素，列举它们在日常生产生活中的应用。

3~4年级
- 能使用简单的仪器测量一些物体的温度，并使用恰当的计量单位进行记录。
- 知道固体有确定的形状、体积和质量；液体有确定的体积和质量；气体有确定的质量，但没有确定的体积和形状。
- 描述加热或冷却时常见物质发生的状态变化，如水结冰、冰熔化、水蒸发和水蒸气凝结。
- 了解生活中各种能的形式，知道运动的物体具有能量。
- 描述测量物体温度的方法，知道摄氏度是表示物体冷热程度的常用温度标准单位。

本单元主要聚焦"能的转化与能量守恒"核心概念，落实课标中"能的形式、转移与转化"的学习内容要求。

在物质的一切属性中，运动是最基本的属性。对应物质的各种运动形式，能有各种不同的形式，如在机械运动中表现为机械能，在热现象中表现为系统的内能。能在转移与转化过程中，总量保持不变。

3~4年级通过观察比较，能从宏观形式用温度表征冷热程度，熟练运用摄氏度作为单位来表示温度，同时认识生活中各种能的形式，初步建立运动的物体具有能量的概念。

5~6年级了解不同形式的能的相互转化，通过举例的方式，将生活实际与科学概念相结合，说明热传递的路径及其影响因素，描述生活中存在的能量转化现象。

7~9年级通过学习，理解比热容、功与功率、用热量量度内能、燃料的热值、电功，结合能的转化与转移有一定的方向性的实例，理解机械能守恒的条件与规律。

在层层深入的学习过程中，建构了物质具有的能的形式是多样的，且各种形式的能之间是可以相互转化的，不同物体之间的能量是可以转移的，以及能在转移与转化过程中总量保持不变的能量守恒的概念，有助于学生形成物质与能量的跨学科概念。

（二）本单元学习内容的组织线索

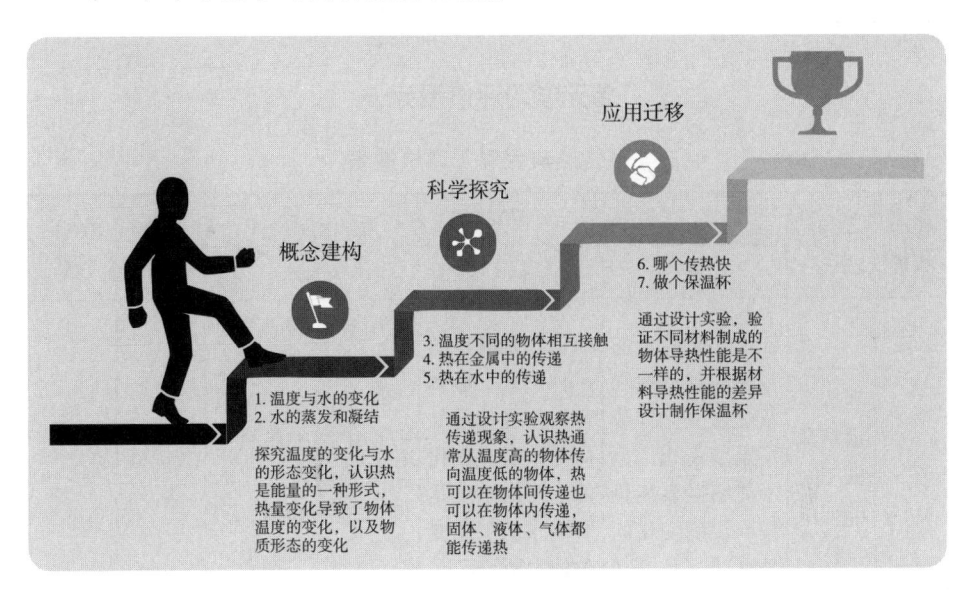

应用迁移
6. 哪个传热快
7. 做个保温杯

通过设计实验，验证不同材料制成的物体导热性能是不一样的，并根据材料导热性能的差异设计制作保温杯

科学探究
3. 温度不同的物体相互接触
4. 热在金属中的传递
5. 热在水中的传递

通过设计实验观察热传递现象，认识热通常从温度高的物体传向温度低的物体，热可以在物体间传递也可以在物体内传递，固体、液体、气体都能传递热

概念建构
1. 温度与水的变化
2. 水的蒸发和凝结

探究温度的变化与水的形态变化，认识热是能量的一种形式，热量变化导致了物体温度的变化，以及物质形态的变化

单元学习目标设计

核心素养	学习目标
科学观念	1. 知道热是能量的一种表现形式，热量变化导致了温度变化。温度是影响水的三态变化的主要因素。 2. 知道热通常从温度高的物体（或部分）传向温度低的物体（或部分）。 3. 能够举例说明热传递包括热传导、热对流、热辐射，不同物体的导热性不同
科学思维	1. 能运用箭头、画图等方式记录热传递的方向。 2. 能运用比较和归纳的方法从实验证据中发现物体导热性能的差异，并通过分析、推理等方法解释热现象。 3. 能举例说出多个证据以支持研究的观点，尝试应用多种方式认识事物
探究实践	1. 能熟练使用温度计测量各种热现象中的温度变化。 2. 能使用感温纸带、感温油墨等材料，采用重复测试的方式搜集证据。 3. 能根据热传递的原理进行知识迁移，制作保温杯
态度责任	1. 能通过小组合作学习的方式，亲历研究过程，形成科学探究的兴趣。 2. 养成运用探究证据进行信息加工、以事实为依据作出判断的科学探究习惯。 3. 认识到人类的好奇心和社会需求是科技发展的动力，认识到科学技术影响着我们的生活

单元学习评价设计

单元学习评价设计一

"传热与保温"评价量表

核心素养	评价指标	评价等级 ★	评价等级 ★★	评价等级 ★★★	同伴互评	教师评价
科学观念	理解热量与温度之间的关系	知道热是能量的一种表现形式以及热量变化导致了温度变化，但不能明确表述热量与温度变化的关系	知道热是能量的一种形式，能解释热量变化是如何导致温度变化的，明白温度是影响水的三态变化的主要因素	能用自己的语言解释热量及其与温度之间的关系，可以列举生活中热量变化导致温度变化的例子，能分析雾、雨、雪等自然现象形成的原因	☆☆☆	☆☆☆
科学观念	认识热传递	知道热会从一个地方传到另一个地方，但不清楚传热的方向。知道热传递有三种类型，但无法明确区分三者差异	理解热传递的方向是从温度高的物体（或部分）传向温度低的物体（或部分），能够识别并举例说出热传递的三种方式	能解释热会从温度高的物体（或部分）传向温度低的物体（或部分）的原因。能熟练地对热传递的三种类型进行举例对比，指出异同	☆☆☆	☆☆☆
科学思维	热传递方向	能使用箭头标记热传递的方向，但可能无法准确表达或理解其含义	能使用箭头和简单的图形来记录热传递的方向，虽然可能不够精确但大方向正确	能熟练使用箭头、画图等方法准确记录热传递的方向，并能清晰地表示复杂的热传递	☆☆☆	☆☆☆
科学思维	导热性差异	能运用比较的方法来观察实验中的现象，但还不能归纳出明确的导热性能差异	能通过比较实验结果，归纳出一些基本的导热性能差异，并尝试进行分析和推理，但仍需要指导和练习来提高准确性	能熟练运用比较和归纳的方法来发现和解释物体导热性能的差异，可以独立分析和推理热现象	☆☆☆	☆☆☆

续表

核心素养	评价指标	评价等级 ★	评价等级 ★★	评价等级 ★★★	同伴互评	教师评价
探究实践	使用温度计	了解温度计是用来测量温度的基本工具，但在实际操作中需要帮助才能正确使用，无法独立完成精确的温度测量	能独立使用温度计来测量温度，进行基本操作，但可能在读数或记录数据方面还存在小的误差	能熟练、准确地使用各种类型的温度计来测量不同热现象中的温度，并能正确记录和解释数据	☆☆☆	☆☆☆
探究实践	使用感温材料观察温度变化	知道感温纸带和感温油墨可以显示温度变化，但使用时可能需要指导，未能独立进行重复测试以搜集有效的实验证据	能使用感温纸带和感温油墨来观察温度变化，并尝试进行重复测试以搜集证据，但可能对测试结果的一致性和准确性把握不够	能有效使用感温纸带、感温油墨等材料，并能设计并执行重复测试以搜集可靠的实验证据，对实验结果的准确性和一致性有较高的掌握度	☆☆☆	☆☆☆
探究实践	制作保温杯	理解热传递原理的基本概念，但对于如何应用这些原理来制作保温杯缺乏清晰的思路和实践技能	在理解和应用热传递原理的基础上，尝试制作保温杯，但成品可能不够精细，保温效果有待提升	能深入理解热传递的原理，并能将这些知识迁移到实践中，成功制作出功能良好的保温杯，展示出优秀的设计和制作能力	☆☆☆	☆☆☆
态度责任	探究兴趣	能够参与小组合作学习，但可能对研究过程不够感兴趣，科学探究兴趣尚未形成或不明显	在小组合作中能够较积极地参与研究过程，表现出一定的科学探究兴趣，但仍有提升空间	在小组合作学习中展现出浓厚的科学探究兴趣，主动亲历研究过程，并能从中学习和成长	☆☆☆	☆☆☆
态度责任	进阶能力	尝试使用探究证据进行初步的信息加工，但在以事实为依据作出判断时仍需要较多的引导和帮助。对人类好奇心和社会需求推动科技发展的认识较为模糊，对科学技术如何影响生活的理解尚浅	能够运用探究证据进行信息加工，并尝试基于事实作出一些判断，但仍需进一步培养独立思考和批判性分析的能力。认识到人类的好奇心和社会需求是科技发展的动力，并能看到科学技术对生活的某些影响，但理解尚不全面	已经养成了良好的科学探究习惯，能独立地运用探究证据进行深入的信息加工，并以事实为基础作出合理的判断。深刻理解人类好奇心和社会需求是驱动科技发展的重要动力，清楚地认识到科学技术如何广泛而深远地影响我们的生活	☆☆☆	☆☆☆

单元学习评价设计二

"传热与保温"应用能力检测

1. 夏日炎炎，西瓜是防暑降温的必备之物。在没有冰箱的时代，人们通常用井水冰镇西瓜。汪曾祺在《夏天》一文里是这样写如何冰镇西瓜的："西瓜以绳络悬之井中，下午剖食，一刀下去，咔嚓有声，凉气四溢，连眼睛都是凉的。"

（1）冰镇前，西瓜的温度比较_____，井水的温度比较_____。

（2）冰镇中，热从_____传向_____。（均选填"西瓜"或"井水"）

（3）冰镇后，西瓜和井水的温度_____。

2. "开水养小金鱼"实验。

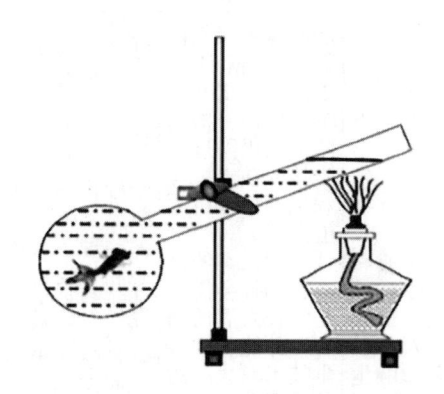

在大玻璃烧瓶内放一条小金鱼，然后迅速向烧瓶内注水，慢慢倾斜烧

瓶，用酒精灯的外焰给烧瓶的上部均匀加热，如上图所示。过一会儿，烧瓶上部的水会沸腾。

（1）这时候，烧瓶底部的小鱼（　　　）。

　　A.会马上热死　　B.在底部不受影响　　C.游到上部也没关系

（2）大玻璃烧瓶上部的水是_____（选填"冷"或"热"）的，底部的水是_____（选填"冷"或"热"）的，这种情况不容易发生_____。

3.小明和同学利用温度传感器来比较甲、乙、丙三根金属丝在加热过程中温度的变化（●为加热点）。

测量结果如下：

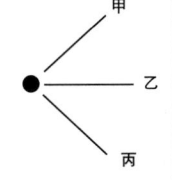

加热时间/秒		30	60	90	120	150
温度/℃	甲	30	35	40	45	50
	乙	40	48	58	65	70
	丙	32	38	43	50	61

（1）在这个实验中，甲、乙、丙三根金属丝（　　　）。

　　A.粗细可以不同　　　　　B.长短可以不同

　　C.测温点和加热点的距离要相同

（2）这种类型的实验叫作_____实验。

（3）从测量结果可以知道，三根金属丝导热最快的是_____，最慢的是_____。可见，不同金属导热的性能_____。

（4）假设这三种金属分别是铜、铝和铁，那么丙金属是（　　　）。

　　A.铜　　　　B.铝　　　　C.铁

学生情况分析

五年级的学生有了之前四年的科学学习经历，具有一定的科学思维能力，已经掌握了一定的科学学习方法，也能熟练使用温度计、酒精灯等实验仪器完成实验。同时学生对小组合作的学习方式较为熟悉，也习惯于通过小组合作的方式去探究现象背后的原因。

在知识思维水平上，五年级的学生对热的理解更多停留在温度上，学生在三年级时就已经对水这一常见物质的三态进行过研究，知道水变成水蒸气是蒸发，水蒸气变成水是凝结，也知道是温度导致了水的状态发生变化。学生能很轻松地列举出生活中的相关现象，并对现象产生的原因进行一定的解释，甚至知道在一定范围内，温度越高，蒸发越快；温度越低，凝结越明显。这些知识对本单元来说都是一个前概念，在教师的引导下学生可以将这些知识迁移到本课当中。

在生活经验的加持下，学生虽然对"热"有较为丰富的了解，但因为"热"这一个字在生活中多指人们对温度高低的直观感受，很容易把"热"与"冷"联系起来，进而把落脚点放到对温度高低的比较上。有的学生甚至会觉得温度高才是热，很少有学生在一开始就说出本单元探究的"热"是"热量"。

在学习动机方面，学生普遍对本单元教材上的测温实验兴趣不高，探索欲望较为欠缺，这主要是因为大部分学生在上课前就对诸如水的蒸发和凝结、热传递有一定的认识基础，在学习之前就已经知道温差越大，蒸发和凝结现象越明显；热会从温度高的物体（或部分）向温度低的物体（或部分）传递。而且对于加热时，物体内部热传递的方向学生基本都能回答正确。所以，为了提升学生的学习兴趣，我们需要在已有的知识层面上进行"拔高"，制造一些认知冲突。例如，提出问题"在蒸发和凝结过程中，与水接触的物体是否会进行热量交换，两者的温度是否会发生变化？""停止加热后，物体内部热传递的方向是什么样的？"，学生就会产生不同意见，进而自主进行问题探究，提高思维型科学探究的能力。

单元学习进程设计

单元主要概念	学习进阶	学习问题链	主要学习活动	思维型教学原理	课时建议
能的转化与能量守恒	概念建构	问题一：温度与水的变化背后的实质是什么	知道温度对水的物态变化的影响	动机激发	1
		问题二：热量变化是如何影响物态变化的	知道温度差对水的蒸发和凝结的影响	自主建构	1
	科学探究	问题三：温度差是怎么导致热传递出现的	探究温度不同的物体相互接触，温度差引发热传递，最后达到热平衡	自我监控	1
		问题四：热传递的方向是什么样的	以金属为实验对象，对比加热中和停止加热后，热在金属中的传递方向	认知冲突	1
		问题五：热对流发生的对象是谁	探究热在水中的传递	自主建构	1
		问题六：不同物质的导热性是否有差异	比较不同材料的导热性	自我监控	1
	应用迁移	问题七：人们是怎么应用热传递的	做一个保温杯	应用迁移	1

第1课时 温度与水的变化

核心问题：温度与水的变化背后的实质是什么？

【教学目标】

1. 深化物质通常以固态、液态、气态的形态存在的概念，探究温度变化与水的形态变化之间的联系，掌握水的凝固点和沸点。

2. 通过有关物态变化的实验探究，知道物态变化取决于温度变化，了解热是能量的一种表现形式，热量变化导致物体温度变化，当温度变化达到一定程度时，物态也会发生变化。

【教学重难点】

重点：观察在加热过程中，水的温度变化和形态变化的关系。

难点：根据实验现象，分析温度变化与热量的关系。

【教学准备】

教师准备：温度传感器、多媒体课件、教师平板。

学生准备：烧杯、酒精灯、火柴、三脚架、石棉网、铁架台、温度计、温度计夹子、热水、护目镜、湿布、水性彩笔、记录表等。

【教学过程】

一、视频激趣，揭示主题

1. 视频导入：播放视频，了解水在三态变化中的特征。

2. 提问：水的形态与什么因素有关？

3. 揭题：温度与水的变化。

【设计意图】用音乐和动画提升学生对水的三态变化的兴趣，以此导入课题，唤起学生之前学习的水的三态概念，提出新的探究问题。

二、深入探索，精解细察

（一）整理水形态的变化与温度的关系

1. 提问：水结冰时的温度与水沸腾时的温度分别是多少？

2. 追问：水结冰及沸腾时的现象是什么？

3. 讨论：水的温度发生变化时，它的形态可能会发生怎样的变化？

4. 小结：水的形态变化与温度有关，温度降低水结冰，温度升高水变成水蒸气。

【设计意图】用比较和分析的方式，让学生将水的温度变化与形态变化联系起来。

（二）观察水加热至沸腾时的变化现象（重点在温度和杯中水的变化）

1. 提问：怎么设计实验？

2. 准备：依次出示小组分工表、实验材料、实验记录表和实验注意事项。

3. 活动：指导学生分组实验，并完成实验记录表。回收实验材料。

4. 汇报：小组汇报实验现象及结果。

5. 小结：通过实验观察，我们发现水在加热过程中，温度会逐渐升高，直至沸腾。沸腾时，水中剧烈地冒气泡，但水温不变。停止加热后，过一会儿，水才会沸腾停止，温度随之降低，水量较之前变少了。

【设计意图】用小组实验的方式开展探究活动，在合作中体会协作的重要性。

（三）再次给水加热后，观察水加热时的变化现象（重点在杯壁上水的变化）

1. 演示：再次加热，用温度传感器观察水温的变化，并留意水的形态。

2. 视频：播放再次加热更长时间后水的变化视频。

3. 讨论：学生发言。

4. 总结：在再次加热过程中，温度升高，水会再次剧烈冒气泡直至沸腾，持续沸腾的过程中，烧杯内壁会出现小水珠。

【设计意图】这个实验是前一个实验的进阶，学生会发现持续沸腾过程中水温不再上升，水量会减少。同时，学生通过实验观察可以发现烧杯内壁出现小水珠，这个现象为下一节课水的凝结起到了铺垫的作用。

三、合作交流，互动分析

1. 提问：水在持续加热过程中，温度发生了怎样的变化？

明确：水在持续加热过程中，温度持续上升，到100 ℃时水沸腾了，但是温度不再上升。

2. 提问：停止加热后，温度发生了怎样的变化？水又发生了什么变化？

明确：停止加热后，水的温度持续下降，水不再沸腾。

3. 提问：撤掉酒精灯时，水的温度还是 100 ℃，但却没有继续沸腾了。由此，你认为水的沸腾过程跟什么有关？

明确：跟温度和热量有关。当水的温度达到 100 ℃ 后，只有继续提供热量，水才会沸腾。

【设计意图】对前面探索版块的实验现象进行梳理和深度思考。

四、拓展发散，知识串联

1. 拓展：水从常温持续下降到 0 ℃ 以下，以及冰从 0 ℃ 上升到常温后，会发生什么变化？

2. 小结：水从常温下降到 0 ℃ 以下会结冰；冰从 0 ℃ 上升到常温后会熔化成水。

3. 发散：在今天的实验中，我们看到杯内出现了小水珠，这些小水珠从何而来？下节课我们再来一起探究。

【设计意图】总结本节课的知识要点，同时对下节课进行铺垫。

【精彩片段】——视频导入，聚焦动机激发

播放水的三态变化与水的特征的相关视频。

学生一边听着节奏强劲的音乐，一边看着主人翁"水"在不同场景中的变化形态。随着视频的播放，不少学生开始跟着音乐摇摆，在观看视频的过程中复习了水的三态变化和水的特征。

看完视频后，当教师提出"水的形态与什么因素有关？"的问题时，学生纷纷举手，大家都认为水的形态与温度有关。

【教学评析】

采用视频导入的方式，通过播放水的三态变化和水的特征的画面，吸引学生的注意力。这种导入方式具有生动形象的特点，能够激发学生的学习兴趣，提高学生的参与度。在观看视频的过程中，学生一边听着节奏强劲的音乐，一边看着主人翁"水"在不同场景中变化形态，这种方式能够激发学生的学习兴趣，使学生更加投入地学习。同时，教师在视频播放结束后提出问题，引导学生思考，进一步激发了学生的学习动机。

【学习单】

水加热至沸腾的实验记录表

加热时间	2分钟	4分钟	6分钟	8分钟	沸腾时
水温变化					
水的变化					

水沸腾后的实验记录表

比较项	水沸腾后停止加热			水沸腾后继续加热		
	1分钟	2分钟	3分钟	1分钟	2分钟	3分钟
水温变化						
水的变化						

我的发现：1.水在加热至沸腾过程中_____热量，温度_____，停止加热时，_____热量，温度_____，继续加热时温度_____。

2.水沸腾时，温度_____，需要继续_____热量才会沸腾。

3.水的温度变化、形态变化与_____有关。

4.其他发现：_____。

第2课时　水的蒸发和凝结

核心问题：热量变化是如何影响物态变化的？

【教学目标】

1.理解水蒸发和凝结的原因在于水与接触物之间有温度差，在接触过程中，水的温度发生改变，继而导致其状态发生变换。知道温度差越大，水状态变换的速度就越快。

2.认识热是能量的一种形式，通过观察水的蒸发和凝结过程中伴随的现象，认识水在蒸发和凝结过程中，水和接触物之间由于存在温度差，两者之间会产生热传递，发生热量变化，继而导致温度变化，最终体现在水的物质形态发生变化。

【教学重难点】

重点：建立蒸发和凝结的概念，知道温度对水状态转换的影响。

难点：探究水的蒸发和凝结背后的原因，理解水在蒸发和凝结过程中，会与接触物产生热交换，继而带来温度变化，最终体现为水的状态转换。

【教学准备】

教师准备：多媒体课件、热成像仪、烧杯、亚克力板、教师平板。

学生准备：铁架台、亚克力板、电子温度计、装有热水的保温杯、干抹布、装有常温水的滴瓶、冰块、烧杯、学生平板。

【教学过程】

一、魔术激趣，揭示主题

魔术导入。

1. 演示："无"中生水。

2. 提问：水珠从哪里来？

（预设：热气遇到冷的玻璃，变成了小水珠附着在玻璃上，凝结。）

3. 过渡：不一会儿，杯中的小水珠又"消失"了，水珠去哪儿了呢？

（预设：蒸发掉了。）

4. 揭题。（板书课题）

【设计意图】以魔术导入的方式，让学生能直观地看到水蒸气凝结成水、水蒸发变回水蒸气的过程，能很快进入主题。

二、亲身体验，自主探究

1. 谈话：水为什么会有蒸发和凝结的现象？水和水蒸气的互相变换与什么因素有关？

2. 过渡：今天我们就来做一个蒸发、凝结实验。

3. 观察水的蒸发与凝结

（1）出示实验材料及实验步骤。

（2）小组实验。

（3）汇报实验现象，记录接触板的温度变化情况，绘制折线图。

（4）分析研讨。

（5）小结：凝结时接触板获得了热量，温度上升，与此同时与之接触的水蒸气失去了热量，温度下降，就变成了水；蒸发时接触板失去了热量，温度下降，与之接触的水获得了热量，温度上升，就变成了水蒸气。

发生变化的原因在于水与接触板之间发生了热传递，继而发生温度的变化，从而导致水的状态发生变换。

4.探究影响蒸发、凝结快慢的因素

（1）以凝结为例，设计对比实验。

（2）学生发言。

（3）梳理实验。

（4）小组实验。

（5）汇报实验现象。

（6）小结：水与接触板之间热量传递越多，温度变化越大，状态变换速度越快。

（7）拓展：蒸发也会是这样吗？

【设计意图】观察水的蒸发与凝结，探究影响凝结快慢的因素，让学生认识到温度差越大，水凝结的速度就越快。

三、合作交流，互动评价

1.通过热成像仪观察蒸发时的情况。

2.小结：水的蒸发和凝结速度与热量和温度有关，热量传递越快，温度变化越大，水和水蒸气互相变换的速度就越快。

【设计意图】利用热成像仪，将热变得可视化。通过形象的证据，让学生知道蒸发和凝结一样，温度差越大，蒸发速度越快。

四、能力转化，学以致用

1. 列举生活中的蒸发、凝结现象，如眼镜起雾。

2. 延伸：本节课，我们通过探究发现水在蒸发和凝结的过程中，水和接触板之间有温度差，接触后热量发生了传递，导致温度发生变化，继而引发水的状态转换。为什么会有这样的变化呢？下节课我们再一起研究。

【设计意图】回归生活，让学生用所学解释生活中的蒸发和凝结现象，发散学生思维。

【精彩片段】——聚焦自主建构

学生对生活中凝结和蒸发的应用很感兴趣，可以联想到不少生活中的实际现象。因此，我们展开了一场讨论。

学生提到露、雾等自然现象，还有学生会想到夏季把冰过的物品如矿泉水瓶、冰棒拿出来后，不一会儿，物品的外表面就会出现一层水珠，这就是典型的凝结现象。针对这一现象，在课堂上我让学生试着用当日所学来解释一下。学生通过对比发现水蒸气是不可见的，说首先我们看到的不是水蒸气，而是水蒸气凝结而成的小水珠，也就是凝结后形成的水，然后对这一自然现象用自己的话进行了解释。

戴眼镜的同学在联系生活实际时发现一个有趣的现象，就是眼镜在冬季很容易起雾，但是起雾的地方不一定相同。比如喝热水的时候，眼镜外的水蒸气遇到温度低的镜片，在镜片外面凝结成小水珠附着在眼镜外侧；但是戴口罩的时候，恰恰相反，眼镜内从口罩出来的水蒸气遇到温度低的镜片，在镜片内部凝结成小水珠附着在眼镜内侧。引导学生进行思考，他们会发现这些现象的背后就包含当日所学，即热的水蒸气和温度低的物体在哪里接触，哪里就会出现凝结现象。

【教学评析】

学生对蒸发较为熟悉，但是对凝结与凝固容易混淆，所以在开展探究活动之前，一定要让学生对蒸发和凝结的概念进行建构，强化对水和水蒸气之间互相变换的过程的认识，做到深入了解。学生通过学习要知道蒸发和凝结现象背后的实质是水的状态发生变换，导致这种变换发生的原因在于水与接触物之间产生热量交换，继而温度发生变化，导致状态变换。教学设计上层层推进，让概念在实验中得到验证，最终达到能让学生运用所学解释生活中相关现象的目的。

【学习单】

接触板的温度变化情况记录表

过程	初始时刻温度/℃	1分钟后温度/℃	2分钟后温度/℃
水蒸发			
水凝结			

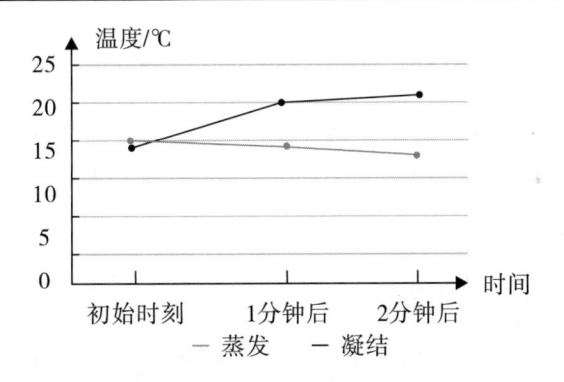

接触板的温度变化情况折线图

我的发现：凝结时接触板_____热量，温度_____，与此同时与之接触的水蒸气_____热量，温度_____，就变成了水。

蒸发时接触板_____热量，温度_____，与之接触的水_____热量，温度_____，就变成了水蒸气。

第3课时 温度不同的物体相互接触

核心问题：温度差是怎么导致热传递出现的？

【教学目标】

让学生通过模拟实验认识到不同物体之间会发生热量传递现象，热量通常由高温物体传递到低温物体，并发现热量传递的速度会由快到慢，最终达到热平衡。

【教学重难点】

重点：认识热通常从温度高的物体传向温度低的物体，并使两个物体的温度趋向平衡。

难点：设计并完成实验，观察热的传递方向和过程。

【教学准备】

教师准备：传感器设备、多媒体课件、教师平板。

学生准备：大烧杯、60 ℃左右的热水、凉水、试管、温度传感器、铁架台、夹子。

【教学过程】

一、情景激趣，揭示主题

1. 情景导入：出示生活中早餐店隔水加热牛奶的图片。

提问：把温度低的冷牛奶与温度高的热水相互接触，会发生什么？

2. 板书：冷牛奶温度上升，热水温度下降。

3. 揭题：今天我们一起来探究温度不同的物体相互接触会发生什么。

【设计意图】从生活经验入手，激发学生认同感，引导学生将科学知识与生活实际结合起来。

二、深入探究，精解细案

（一）预测热传递的方向

1. 提问：隔水加热的过程中，冷牛奶会慢慢变热，热从何而来？

2. 活动：让学生代表在平板上画出来。

3. 讨论：为了避免牛奶浪费，我们用试管中的冷水模拟冷牛奶，把它浸入热水中模拟温度不同的物体相互接触。还需要什么材料才能进行实验？（介绍温度传感器）

（二）预测不同位置的温度

1. 提问：为了验证猜测，温度传感器的探头位置应放在哪些位置？

2. 准备：依次出示小组分工表、实验材料、学习单和实验注意事项。

3. 活动：指导学生分组实验，并完成学习单。回收实验材料。

4. 汇报：小组汇报实验现象及结果。

5. 小结：通过实验观察，我们发现热量会从温度高的物体向温度低的物体传递，直至两者温度相等。

【设计意图】通过两个递进的预测，让学生亲历对不同物体之间的热传递情况进行分析的过程，合理设计实验。

三、合作交流，互动评价

1. 提问：外接触点和内接触点的温度是如何变化的？为什么会这样？

明确：分析折线图数据，发现热是从热水传向试管，再传向冷水的。

2. 提问：冷水的温度会不断上升吗？热水的温度会一直下降吗？

明确：两个温度不同的物体接触时，会在接触的过程中发生热传递，直至两者温度相等。

【设计意图】针对探究的问题进行研讨，学会分析图表数据，找到规律。

四、思维扩展，知识串联

1. 拓展：列举生活中温度不同的物体相互接触的例子。

2. 发散：在实验过程中，试管中没有和热水接触的部分也变热了，这是为什么？下节课再进一步学习。

【设计意图】拓展是将所学科学知识运用于生活实例，发散则是对下节课进行铺垫，增加课与课之间的衔接性。

【精彩片段】——聚焦自我监控

在探索部分，学生需要在在线表格上记录温度变化的数据，在线表格会根据数据自动生成相应的折线图。由于表格实时记录每一组学生的实验数据，这一步骤要求学生持续关注实验的变化，并进行准确的记录，各组可以互相查看实验数据，实现资源共享，为后续学生互评、分析总结热的传递方向，获得科学概念、纠错等提供证据支持。

学生在实际实验记录中，有时可能会出现因输入错误或操作错误而导致数据出现问题，这时共享表格的作用就非常明显了，学生通过对比不同组的数据，可以修正自己组的实验数据。

【教学评析】

在课堂活动中，为了更好地引导学生对隔水加热牛奶这一生活现象产生深入思考，我们需要在课堂上激发学生的认知冲突。为了让这个认知冲突明显，我们利用了温度传感器中的数据"说话"。传感器设置的几个点位很有讲究，在学生的认知里，起始时热水的温度最高，高于冷水，那温度变化就应该是在热水和冷水之间发生。在课堂上，我们一共放置了4个传感器，即在冷水和热水里各一个，测的是水的温度变化；在容器壁上还放有2个，测的是容器壁的温度变化。通过这样的细致测量，学生会发现热传递现象不仅是在冷水和热水之间发生，只要是接触的有温度差的物体间都会有热传递发生。这对后面一课也做了一个非常好的铺垫。

在信息化设备的加持下，让温度变得可视化，学生可以直观地感受到温度的变化情况，并通过对温度的监测，对数据进行分析，了解到了热传递和热平衡现象。

【学习单】

温度不同的物体相互接触后温度的变化情况

时间/分钟	0	2	4	6	8	10	12	14
烧杯中水的温度/℃								
试管外壁的温度/℃								
试管内壁的温度/℃								
试管中水的温度/℃								

我的发现：温度不同的物体相互接触后，温度高的物体温度会_____，温度低的物体温度会_____，最终两者温度会_____。

第4课时 热在金属中的传递

核心问题：热传递的方向是什么样的？

【教学目标】

依托感温油墨和传感器将热传递变得可视化，让学生通过模拟实验认识到热量的传递有一定的方向性，通常热从温度高的物体（或部分）传向温度低的物体（或部分）。了解三种热传递方式，即热传导、热对流和热辐射。

【教学重难点】

重点：理解热通常从温度高的物体（或部分）传向温度低的物体（或部分）。

难点：知道热传导实际上是热量的传导，掌握热传递的特点。

【教学准备】

教师准备：感温杯、茶宠、热水、传感器设备、多媒体课件、教师平板、透明水槽。

学生准备：铁夹子、试管夹、涂有感温油墨的金属条、金属圆片，酒精灯、火柴、装有水的烧杯、透明材料盒、实验记录单、学生平板。

【教学过程】

一、视频激趣，揭示主题

1. 视频导入：可擦笔书写字迹遇热消失。

2. 提问：字为什么消失了？

3. 谈话：揭示热传递现象。

【设计意图】用富有趣味的生活实例导入，激发学生的探究热情。

二、提出问题，自主探究

（一）把勺子放入热水中，猜测热是怎样传递到勺柄的

1. 提问：热是怎样传递到勺柄的呢？

2. 活动：让学生代表在平板上画出来。

【设计意图】结合前面所学，引导学生合理猜测。

（二）观察加热时，热在金属条、金属圆片中的传递

1. 提问：热量看不见，要如何观察热传递？

2. 准备：依次出示小组分工表、实验材料、实验记录单和实验注意事项。

3. 活动：指导学生分组实验，并完成实验记录单。回收实验材料。

4. 汇报：小组汇报实验现象及结果。

5. 小结：通过实验观察，我们发现热量的传递有一定的方向性，通常热从温度高的物体（或部分）传向温度低的物体（或部分）。热在固体中传递的方式叫作热传导。

【设计意图】用感温油墨将传热情况变得可视化，方便学生观察。

（三）停止加热后，热在金属条、金属圆片中的传递

1. 提问：加热时，我们能清晰地看到金属条、金属圆片的变色情况，进而知道热传递的方向。现在我们停止加热，金属条、金属圆片的颜色是怎么变的？在这个过程中热传递的方向又是什么样的？

2. 视频：播放停止加热后金属条和金属圆片的颜色变化视频。

3. 讨论：学生发言。

4. 演示：利用传感器进行实验。

5. 讨论：学生分析数据并发言。

6. 总结：在加热中，热量会从温度高的物体（或部分）传向温度低的物体（或部分），所以呈现出来的现象是从温度高的部分开始变色；停止加热后，热传递还是遵循这一规律，并且热量会在传递过程中损耗，所以呈现出来的现象是从温度低的部分开始变色。

【设计意图】这里属于进阶学习，在学生的原有认知里，对热传递的方向是从温度高的传向温度低的这点基本没有异议，但是停止加热后，由于部分学生还没有形成热量的概念，容易把对"热"这个字的理解与温度高低直接挂钩，所以设计这个部分，是为了让学生通过传感器的数据发现停止加热后，物体内部还在持续发生热传递，且依旧遵循温度高的传向温度低的规律，加深对热传递的认识。

三、合作交流，互动评价

1. 提问：本节课的"热"指的是什么？

明确：本课的"热"指的不是温度高低、冷热概念，而是热量。热传递指的是热量的传递。

2. 提问：热传递发生的条件是什么？

明确：当两个物体或同个物体不同部分存在温度差时，热量会从温度高的物体（或部分）传向温度低的物体（或部分）。在固体中的热传递，叫热传导。

【设计意图】对前面的探究进行深化，通过两个问题的研讨，让学生对热和热传递的概念进行梳理。

四、能力转化，学以致用

1. 发散：除热传导外，热传递还有哪些方式？

2. 出示视频。

3. 小结：热传递有一定的方向性，即热通常从温度高的物体（或部分)传向温度低的物体(或部分)。热传递有热传导、热对流和热辐射三种方式。

4.应用：生活中还有很多热传递现象。感温杯、茶宠应用展示。

【设计意图】对开课时的问题进行闭环学习，扩充更多生活应用，让学生体会到热传递现象在生活中是非常普遍的。

【精彩片段】——产生认知冲突，激发探索兴趣

实验分为学生小组实验和教师演示实验。学生小组实验使用的是涂有感温油墨的金属条和金属圆片，观察到加热时热量从高温部分传向低温部分。教师演示实验使用的是传感器，引导学生思考：停止加热后热是否还在金属中传递？如果还在传递，方向如何？

学生小组实验是遵循书上的实验，因为金属是热的良导体，实际操作起来热传导很快，现象明显，但也正因为这样，学生根据自己原有的知识就已经知道结论了。一节好的科学课，应该是学生能在课上学习到新的知识，觉得"哇，原来是这样！"而不是"看吧，我就知道是这样"。所以在授课中，我们需要加大难度，让学生产生认知冲突，进而激发其探索的兴趣。所以在这一部分设计上，舍弃了书上用的感温粉末，采用的是感温油墨反映温度变化，涂上感温油墨的金属条和金属圆片可以反复多次使用，一方面成本会降低，另一方面课前准备也会简单不少。

可是感温油墨仍然无法满足学生探究的需要，而传感器的出现能将热传递现象用数据体现出来，特别是对停止加热后的热传递方向的展现。

高年级的学生会在做完小组实验后，在潜意识里得到"颜色变化的方向就是热传递的方向"的结论，这其实是不对的。传感器能清楚记录加热中、停止加热后金属条内部温度变化的情况，并绘制成折线图。通过这些数据，我们不难发现离加热点最近的点无论是加热中还是停止加热后温度都是最高的，且这个点在停止加热后温度一直在下降；但是中间的点和最远处的点在停止加热后温度会有回升的情况。学生通过思考、讨论，发现停止加热后，金属条内部还在发生着热传递，虽然金属条的颜色此时是

从温度低的部分向温度高的部分变回来,但是金属条的热传递始终遵循着"热从温度高的部分传向温度低的部分"这一规律。

【教学评析】

在实际课堂教学中,依托停止加热后热传递的方向这一认知冲突,利用传感器这种信息手段,让整节课的难度适当提升,学生的探究欲望变得更加强烈,现象可视化也更加明显。这样的设计更有助于提升学生的科学思维。

【学习单】

"热在金属中的传递"实验记录单

实验材料	加热部位	加热时的实验现象	停止加热后的实验现象
均匀涂有感温油墨的金属条			
均匀涂有感温油墨的金属圆片			

我的发现:加热时,金属条和金属圆片_____的部分最先出现变色,由_____色变成_____色,热从温度_____的部分传向温度____的部分。

停止加热后,金属条和金属圆片_____的部分最先出现变色,由_____色变成_____色,热从温度_____的部分传向温度_____的部分。

第5课时 热在水中的传递

核心问题:热对流发生的对象是谁?

【教学目标】

通过实验探究认识热在水中是以热对流的方式进行热传递的。根据生活经验进一步推测热在空气中的传递方式,明白热对流的发生对象是液体和气体，将热对流迁移到生活应用当中。

【教学重难点】

重点：探究热在水中传递的过程。

难点：热对流的形成机制——冷水受热后，密度变化而向上运动。

【教学准备】

教师准备：多媒体课件、教师平板。

学生准备：试管、大烧杯、滴管、三脚架、石棉网、酒精灯、火柴、铁架台、试管架、感温粉末、红墨水、清水、湿布、护目镜。

【教学过程】

一、视频激趣，揭示主题

1. 视频导入：煮汤圆的时候，汤圆会在锅里上下浮动。

2. 提问：汤圆被煮熟是因为热量从下面的火传到锅，锅再传给水，水又传给汤圆，那没有固定形状、会流动的水之间是如何进行热传递的呢？

3. 谈话：揭题。

【设计意图】利用汤圆在水中的浮动，让学生对热传递在水中的表现有一个对照，引发学生对水的热传递进行思考。

二、提出问题，自主探究

（一）加热试管里的水

1. 提问：想象一下，在一根细长的试管中加入约三分之一容量的水，然后给试管中水的一端加热，水的另一端是否也会热起来？是怎样变热的呢？

2. 活动：指导学生根据各自的猜想，用箭头画出热在水中的传递方式。

3. 讲解：出示加热装置。安装时先将酒精灯放置在铁架台底部，再根据酒精灯及其火焰的大致高度确定试管的位置，并将其固定在铁架台上，要保证用酒精灯的外焰加热试管，同时试管口向上倾斜，与桌面大约成45°角。

4. 提问：水是无色透明的，很难观察到水的温度变化过程，有什么办法可以帮助我们观察？（预设：加入感温粉末。）

5. 活动：指导学生分组实验，并完成实验记录表。

6. 小结：加热时，试管底部热水上升，上方冷水下降，如此循环，从而完成热量的传递。

【设计意图】利用感温粉末将热传递现象可视化，方便学生观察。

（二）加热烧杯里的水

1. 准备：依次出示小组分工表、实验材料、实验记录表和实验注意事项。

2. 活动：指导学生分组实验，并完成实验记录表。回收实验材料。

3. 汇报：小组汇报实验现象及结果。

4. 小结：根据红墨水在水中的变化，可以推知加热后的水向上方流动，上方的冷水向下方流动，从而形成对流现象，使热量由热水传递到冷水。

【设计意图】对比前面的实验，容器变大，方便观察红墨水在水中的"运动"情况。

三、合作交流，互动评价

1. 提问：试管中的水是如何传热的？

明确：冷水受热后向上方流动，上方的冷水向下方流动，从而发生对流现象，水通过对流传热。

2. 提问：在烧杯底部的任意一侧加热，烧杯内的水都会变热吗？热是怎样传递到这杯水的各个部分的？

明确：烧杯内的水都会变热。水受热后，水的各部分之间发生相对运动，使热量由热水传递到冷水。

【设计意图】通过两个问题，引导学生对实验现象背后的原因进行思考，深化学生对热对流的理解。

四、拓展发散，知识串联

1. 拓展：生活中还有哪些热对流现象？

2. 发散：热对流能在液体中发生，那它能在气体中发生吗？

3. 小结：热可以在物体间和物体内传递，固体、液体、气体都能进行热传递，而热对流只能发生在液体和气体中。

【设计意图】对热对流现象进行总结，加深印象。

【精彩片段】——聚焦自主建构

热对流在生活中的应用其实还是挺多的，为了让学生对热对流和热传导有深入的了解，我们主要对这两种热传递方式的应用对象进行了比较。学生在比较中发现，热对流主要是针对液体和气体。空调、油汀等就是运用气体的热对流工作的。

除此之外，科学课上我们讲究更多的是知识迁移，比如教科五下第二单元学习关于船的研究，在这个单元里涉及沉浮概念。对空气和水来说，由于热胀冷缩，空气和水在温度变高的过程中，质量没有变化，可是体积会变大，进而导致其密度变小，就能"浮"在温度较低的空气、水的上方。对比热对流的内容，学生能更好地理解空调、取暖器等物品让空气进行热对流，热空气往上，冷空气往下，下面的冷空气被"加热"后，又会上浮，由此循环往复，最终让整个空间范围内的空气温度趋于相等，达到调节空气温度的作用。

【教学评析】

学生通过上一节课的学习，了解了热传导的传热方式，大部分学生会认为热在水中的传递方式也是热传导。本节课是在前面课程的基础上对热传递现象进行细致梳理的过程，通过实验引导学生认识热在水中的传递方式，并在实验中提醒学生观察水的流动情形，认识到热的这种传递方式与在金属中的不同，从而形成新的认识。通过生活中的实例，让学生体会到热传递主要存在三种基本形式：热传导、热辐射和热对流。水和空气都是能流动的物体，学生通过拓展活动推测出热在气体中也是通过热对流的方式传递，由此得出热对流的主要特点是只能发生在液体和气体之中。通过对现象的分析，学生对热传递的理解会进一步加强，认识和能力也会得到进一步提升。

【学习单】

热在水中传递 的情况记录表

加热的物体	试管里的水		烧杯里的水
加热的位置	底端	中间	底部中间
颜色变化			
运动轨迹			

我的发现：加热时，容器底部的水受热向_____流动，上方冷水向_____流动，水的各部分之间发生相对运动。

第6课时 哪个传热快

核心问题：不同物质的导热性是否有差异？

【教学目标】

1. 观察常见材料的导热性，并进行对比。

2. 通过实验探究知道不同材料制成的物体导热性可能存在差异，可以根据物质的导热性将其划分为热的良导体和热的不良导体，并能从热量传递的角度认识效率。

【教学重难点】

重点：进行不同材料物体热传导性能的对比实验。

难点：明确对比实验的关键要素，开展对比实验的设计。

【教学准备】

教师准备：金属导热性能演示器、多媒体课件、教师平板。

学生准备：大小相同的塑料勺、木勺、金属勺，烧杯，热水，蜡烛油，计时器，感温油墨，粗细和长短都相同的铜丝、铝丝、铁丝，加热架，酒精灯，火柴，湿布，护目镜。

【教学过程】

一、复习回顾，揭示主题

1. 复习导入：科学二年级教科版学习不同材料的餐具。

2. 提问：我们曾经学习过一个物品可能会由不同的材料组成，生活中这样的物品比比皆是，比如厨房里的锅和铲，为什么要这样设计呢？

3. 谈话：揭题。不同材料制成的物体在传热方面有什么不同呢？今天，我们就一起来探究哪个传热快。

【设计意图】用二年级旧知进行知识迁移，引导学生思考生活中热传递的应用。

二、提出问题，自主探究

（一）木勺、塑料勺、金属勺的传热比赛

1. 提问：在大小相同的木勺、塑料勺、金属勺的同一位置涂上感温油墨，将它们同时放入热水中，一段时间后，三种勺子上感温油墨的颜色变化情况如何？

2. 活动：让学生设计并完成实验记录表。

3. 汇报：通过感温油墨，发现不同的材料热传递本领不同，金属材料传热较快，塑料、木头传热较慢。

4. 小结：我们把像金属材料这样导热性能好的物体叫热的良导体；像塑料、木头材料这样导热性能差的物体叫热的不良导体。

【设计意图】利用感温油墨，一方面让现象更为明显，另一方面增强了探究的趣味性。

（二）比较铜丝、铝丝、铁丝的导热性能

1. 提问：金属是热的良导体，不同的金属传热本领是否有差异呢？我们来探究比较一下铜、铝和铁三种金属的导热性吧。

2. 准备：依次出示小组分工表、实验材料、实验记录表和实验注意事项。

3. 活动：指导学生分组实验，并完成实验记录表。回收实验材料。

4. 汇报：小组汇报实验现象及结果。

5. 小结：不同的金属材料，其导热性能不同。铜、铝、铁三种金属材料的导热性由强到弱的顺序为铜＞铝＞铁。

【设计意图】递进实验，让学生体会到虽同为金属，但仍存在传热差异。

三、合作交流，互动评价

1. 提问：不同材料的物体，传热的快慢相同吗？什么材料传热更快？

明确：不同。生活中常见的材料中，金属材料传热更快。

2. 提问：不同导热性能的材料，在生活中有什么不同的用途？

明确：导热性好的材料，可以用来制造锅、电脑散热配件；导热性差的材料，可以用来制作铲柄、隔热器具等。

【设计意图】对实验进行分析，梳理科学概念。

四、总结反思，应用迁移

1. 拓展：视频出示生活中的热的良导体和热的不良导体的应用。

2. 小结：不同材料制成的物体，其导热性能是不一样的。一般来说，金属材料的导热性能较好，塑料、木头等的导热性能较差。在常见金属材料中，又以铜的导热性能为佳。生活中有时需要利用导热性能好的材料来传热，有时又需要利用导热性能不好的材料来阻碍传热。

【设计意图】与生活相结合，让学生对热传递的应用有更加深入的认知。

【精彩片段】——聚焦自我监控

学生在"比较铜丝、铝丝和铁丝的导热性能"的预测环节当中，由于没有具体的生活经验，所以更多的是靠"猜"的方式进行预测，在这里就需要让学生对比实验现象，加深对三种金属导热性的比较。在这一部分，教学中可以增加一些生活中常见的金属进行对比，比如金、银，让学生充分讨论，亲历自我监控的过程。

【教学评析】

通过测试不同金属的导热性能，深化学生对"不同物体的传热本领不同"的理解，并通过研讨交流，使学生意识到生活中不同导热性能的材料有不同的用途。

【学习单】

不同材质勺柄温度变化情况记录表

种类	温度/℃				
	30秒	60秒	90秒	120秒	150秒
金属勺					
木勺					
塑料勺					

我的发现：金属勺、木勺和塑料勺之间对比，_____导热最快，_____导热最慢。

铜丝、铁丝、铝丝之间对比，导热快慢排序为_____>_____>_____。

第 7 课时　做个保温杯

核心问题：人们是怎么应用热传递的？

【教学目标】

1. 对比不同材料的导热性，选择合适的材料设计、制作保温杯。

2. 知道像空气这种热的不良导体可以减慢物体热量的散失，可以根据材料导热性能的差异设计、制作保温杯。

【教学重难点】

重点：根据热传递的原理设计、制作保温杯。

难点：研究哪种保温方法保温效果较好。

【教学准备】

教师准备：保温瓶内胆、多媒体课件。

学生准备：不锈钢杯及配套的盖子、陶瓷杯、塑料杯、热水、温度计、泡沫塑料、毛巾、一些包裹杯子的材料、冰块。

【教学过程】

一、故事激趣，揭示主题

1. 故事导入：竹篮打水煮茶的故事。

2. 提问：有什么办法可以用竹篮打水来煮茶？

3. 讨论：冰是水的一种形态，我们可以用竹篮装好一块冰，再用棉被这样的热的不良导体盖在上面，就可以起到"保温"的作用。

4. 揭题：今天，我们就一起来做个保温杯。

【设计意图】从故事入手，让学生在轻松的氛围中开始科学学习。

二、提出问题，自主探究

（一）比较哪杯水凉得慢

1. 提问：出示不锈钢杯、陶瓷杯和塑料杯，引导学生对比观察。如果在杯中倒入同样多的、相同温度的热水，你们觉得哪个杯子中的热水会凉得慢一些？为什么？

2. 活动：让学生分小组进行实验。

3. 汇报：陶瓷是热的不良导体，它可以减慢热量的散失，因此陶瓷杯中水的温度降得慢。

4. 小结：保温就是要尽量减少热量的损失。热的不良导体吸热慢，散热也慢。

【设计意图】先预测，再进行实验，让学生能体验到不同物质导热性的差异。

（二）交流、测试、比较各种方法的保温效果

1. 提问：怎样使杯中的热水凉得更慢一些呢？表中列举了五种保温方法，你们认为哪种的保温效果最好？

杯子状况	开始温度 /℃	10分钟后温度 /℃	降温多少 /℃
无盖的杯子			
加盖的杯子			
外包毛巾的杯子			
加盖、外包毛巾的杯子			
嵌入泡沫塑料中的杯子			

2. 准备：依次出示小组分工表、实验材料、实验记录表和实验注意事项。

3. 活动：指导学生分组实验，并完成实验记录表。回收实验材料。

4. 汇报：小组汇报实验现象及结果。

5. 小结：盖盖子比不盖盖子的保温效果好，利用热的不良导体——泡沫塑料包裹的方法保温效果最好。

【设计意图】用多组实验对比，引导学生思考并找到合适的保温方式。

（三）制作一个保温杯

1. 活动：引导各小组讨论保温杯的制作方法，要求杯外的包裹物厚度不超过3厘米。制作完成后，在杯中存放冰块，测试、比较各组自制保温杯的保温效果，分析自制保温杯的优缺点，并讨论需改进的地方。

2. 汇报：小组汇报实验现象及结果。

【设计意图】设置实际的设计要求，让学生完成设计与制作，并结合保温效果改进设计。

三、合作交流，互动评价

1. 提问：什么样的材料散热快？什么样的材料能减慢热量的传递？

明确：热的良导体材料吸热快，散热也快；热的不良导体材料吸热慢，散热也慢，能减慢热量的传递。

2. 提问：制作保温杯时，我们要从哪些方面考虑减慢热量的传递？实际效果如何？还可以在哪些方面做进一步的改进？

明确：要从制作材料、隔绝内外接触等方面考虑。

【设计意图】分析保温效果差异的原因，思考如何有效运用热传递的特性给生活带来便利。

四、拓展发散，知识串联

拓展：视频出示保温瓶内胆原理。

【设计意图】将生活中非常成熟的技术案例呈现给学生，让学生从这些生活实际当中体验到学习科学的重要性。

【精彩片段】——聚焦拓展迁移

在保温应用这个话题中，学生其实很容易把保温和升温弄混淆，其根本原因在于学生对温度的理解有时候局限于热方面，他们可能会认为只有温度高的物体才具有"热"，其实不然，比如冰激凌也具有一定的"热"，热是能量的一种，而不是指温度高低。在保温这个问题上，其实不是只有热水才需要保温，低温的东西同样也需要保温，像棉被、衣服这些物品的作用不是用于"取暖"，而是用来保温的。所以，生活中我们能看到夏季有的批发冰棒的店里，会在冰柜上铺上一层棉被，这正是因为棉被是一种热的不良导体，能减缓里面的冰棒与外界空气之间的热传递，防止冰棒因温度升高而融化。

【教学评析】

在这个片段中，首先指出学生常见的一个误区，即将温度和"热"混淆，通过引用冰激凌也具有"热"的例子，解释了"热"是指能量，而不是指温度。在教学中，可以通过实例或者图示来帮助学生理解这一概念，强调温度和"热"的区别。接着指出保温不仅适用于高温物体，低温物体同样需要保温，通过列举棉被、衣服等物品具有保温作用的生活实例，帮助学生理解保温的普适性。在教学中，可以通过实验或者观察生活中的例子来加深学生对保温的理解，并让他们意识到保温不仅仅局限于寒冷环境。在教学中，教师提到了夏季冰棒批发店使用棉被覆盖冰柜的情景，说明了棉被作为热的不良导体可以减缓冰棒与外界空气之间的热传递，延缓冰棒融化的速度。这个例子很好地将保温原理与实际应用联系起来，有助于学生将理论知识与实践结合起来，提高他们对知识的应用能力。

【学习单】

一、小组分工

设计人：_____　　材料员：_____

制作员：_____　　测试员：_____

展示员：_____

二、保温杯设计图

勾选所需要的制作材料：

□铝箔纸　□毛巾　□泡沫　□卡纸　□塑料瓶　□瓶盖

□秒表　□棉花

画出设计图：

三、我的发现：选择热的_____导体作为保温材料更好，这样能_____热量的传递。

持续反馈与应用设计

项目式作业一　热量传递实验

【任务】

设计并实施一个简单的实验来展示热量可以通过三种方式（热传导、热对流和热辐射）传递。例如，可以使用不同材质的金属棒，观察热在各种材料中的传导速度；使用液体演示热对流；利用太阳能灯或普通灯泡展示热辐射。

【要求】

记录实验数据，撰写实验报告，并解释观察到的现象。

项目式作业二　太阳能热水器制作

【任务】

用简易材料（如塑料瓶、黑色喷漆、胶带等）自制一个小型太阳能热水器，并测试其在不同天气条件下加热水的效率。

【要求】

记录热水器的温度变化，并分析影响加热效率的因素，比如太阳光的角度、水温初始状态等。

项目式作业三　保温箱设计挑战

【任务】

周末，林林一家要去户外野餐，天气很炎热，需要准备一个保温箱装水果，以免水果腐坏。请你设计一个保温箱，用来保持物品在一定时间内的温度。

【要求】

选择不同的保温材料，考虑保温层的厚度和密封性等因素。用温度计监测保温效果，并提出改进方案。最终呈现一个保温效果最佳的保温箱设计方案。

单元教学反思

通过本单元的教学，学生系统地学到了关于热的科学知识。从学生熟悉的水开始展开学习，在明确到温度会让物质的形态发生变化后，以水为例，讲授物质固态、液态和气态三者之间的转换关系，让学生明白水的热量发生变化导致水温发生变化，继而影响水的状态发生变换。紧接着通过对比水的蒸发和凝结现象，特别是让学生思考水在蒸发、凝结过程中与接触物之间产生热量交换，观察水在蒸发和凝结过程中伴随的现象是接触物温度发生了变化，加深对蒸发和凝结现象的理解。同时也让学生对比知道小水珠虽然都是水蒸气遇冷凝结而成的，但是热水杯子上部、内壁出现小水珠，而冰水杯子下部、外壁出现小水珠。此时，有的学生就会产生一些认知冲突，达到激发探究的目的。

在进行热传递的学习中，要解决的核心问题是让学生知道本课中的热不是物体的冷热程度，而是一种能量。通过实验探究，知道热量的传递有一定的方向性，通常热从温度高的物体（或部分）传向温度低的物体（或部分）。所以利用感温油墨，将"无形"的热量变得可视化，学生能通过数据比对很快地发现结论。但是随之而来的认知冲突就出现了，学生很容易误认为颜色变化的方向就是热传递的方向，更有甚者会认为热指的是冷热的热，所以觉得停止加热后，"冷"出现了传递。这些都需要老师在课堂上用实验的方式来证明给学生看。

本单元有着递进的理念，除了体现在本单元内容的层层递进外，纵观1~9年级的相关知识，不得不说，对学生整体的理解也有很大的帮助。

案例提供者：吴　瑕，武汉经济技术开发区军山小学

指 导 教 师：易传发，武汉市教育科学研究院

易正杰，武汉经济技术开发区教科研中心

生命系统的构成层次

案例 5　微生物与健康

单元教学内容规划

（一）本单元学习指向的核心概念及学习进阶路线

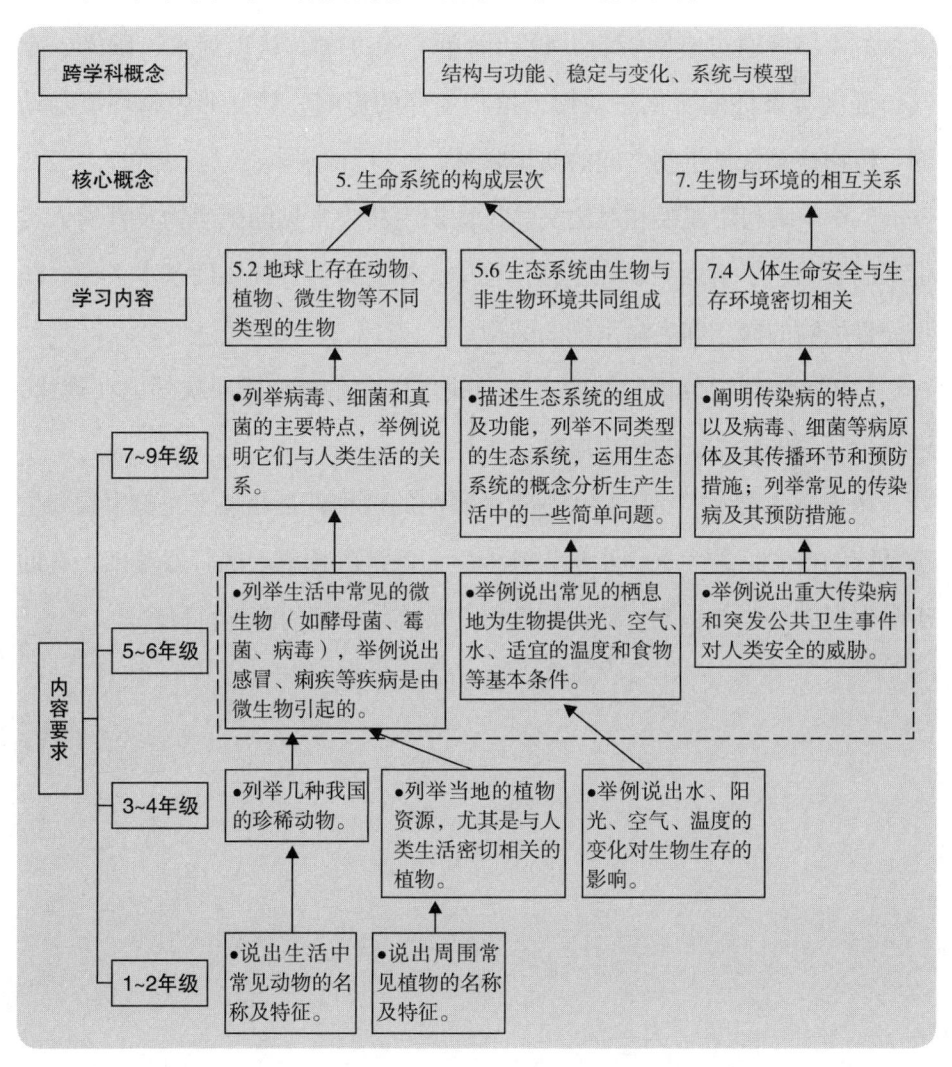

跨学科概念	结构与功能、稳定与变化、系统与模型
核心概念	5. 生命系统的构成层次　　7. 生物与环境的相互关系
学习内容	5.2 地球上存在动物、植物、微生物等不同类型的生物　　5.6 生态系统由生物与非生物环境共同组成　　7.4 人体生命安全与生存环境密切相关

内容要求：

7~9年级
- 列举病毒、细菌和真菌的主要特点，举例说明它们与人类生活的关系。
- 描述生态系统的组成及功能，列举不同类型的生态系统，运用生态系统的概念分析生产生活中的一些简单问题。
- 阐明传染病的特点，以及病毒、细菌等病原体及其传播环节和预防措施；列举常见的传染病及其预防措施。

5~6年级
- 列举生活中常见的微生物（如酵母菌、霉菌、病毒），举例说出感冒、痢疾等疾病是由微生物引起的。
- 举例说出常见的栖息地为生物提供光、空气、水、适宜的温度和食物等基本条件。
- 举例说出重大传染病和突发公共卫生事件对人类安全的威胁。

3~4年级
- 列举几种我国的珍稀动物。
- 列举当地的植物资源，尤其是与人类生活密切相关的植物。
- 举例说出水、阳光、空气、温度的变化对生物生存的影响。

1~2年级
- 说出生活中常见动物的名称及特征。
- 说出周围常见植物的名称及特征。

本单元聚焦"生命系统的构成层次"核心概念，落实课标中"地球上存在动物、植物、微生物等不同类型的生物"和"生态系统由生物与非生物环境共同组成"的学习内容要求。

动物、植物和微生物等都是地球上具有生命活力的物体，它们彼此紧密联系的同时又与环境相互作用和协调，构成生态系统的动态平衡。微生物是连接生物与生物、生物与环境的重要桥梁。

1~2年级通过简单的观察，了解生活中动物和植物的主要特征，初步形成生命观念。

3~4年级通过查阅资料并设计简单实验方案，认识到水、阳光、空气、温度等条件的变化对动物、植物生存的影响，建立非生物环境与动物、植物这类常见生物之间的初步联系。

5~6年级利用建模和对比实验，认识生活中常见的微生物及其给人类带来的影响，了解微生物在生存过程中，栖息地为其提供的基本条件。初步完善生物的概念和生命系统的结构。

7~9年级利用分析归纳的方法，找出生命系统构成层次的内在规律，进一步完善生命系统的构成层次。

认识微生物及其给人类生活带来影响的过程，是在逐步完善生物和生态系统的概念，并为进一步认识其他生命系统的构成层次打好基础，有助于学生形成结构与功能、稳定与变化、系统与模型的跨学科概念。

（二）本单元学习内容的组织线索

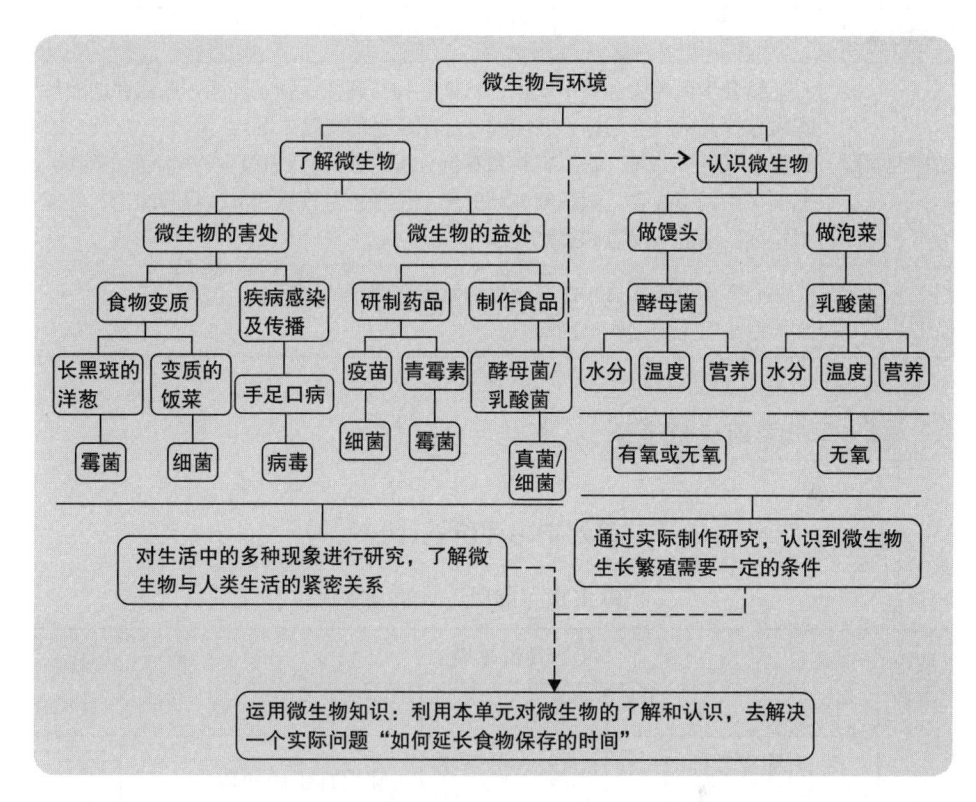

```
                            微生物与环境
                    ┌───────────┴───────────┐
                了解微生物      ─ ─ ─ ─ ─→  认识微生物
          ┌─────────┴─────────┐         ┌──────┴──────┐
      微生物的害处         微生物的益处    做馒头        做泡菜
      ┌────┴────┐        ┌────┴────┐      │             │
    食物变质  疾病感染   研制药品  制作食品  酵母菌        乳酸菌
    ┌──┴──┐  及传播    ┌──┴──┐   ┌──┴──┐  ┌─┼─┐      ┌─┼─┐
  长黑斑的 变质的 手足口病 疫苗 青霉素 酵母菌/ 水分 温度 营养 水分 温度 营养
   洋葱   饭菜           │   │   乳酸菌
    │     │    病毒    细菌 霉菌    │     有氧或无氧      无氧
   霉菌  细菌                    真菌/
                                细菌
```

对生活中的多种现象进行研究，了解微生物与人类生活的紧密关系

通过实际制作研究，认识到微生物生长繁殖需要一定的条件

运用微生物知识：利用本单元对微生物的了解和认识，去解决一个实际问题"如何延长食物保存的时间"

单元学习目标设计

核心素养	学习目标
科学观念	1. 能使用显微镜等观察工具，观察植物细胞的形态和简单微生物。 2. 能列举出生活中常见的微生物如酵母菌、霉菌、病毒，知道它们对人类的影响有利有弊。 3. 能结合微生物的生存条件等知识，简单描述微生物与环境之间相互依存的关系
科学思维	1. 能围绕微生物引起食品变化的相关问题作出自己的猜想，并尝试用分析、比较、建模等方法，理解生活中食品变化的过程。 2. 能利用上述概念，解释生活中果蔬发霉、食品变质、馒头发酵等现象发生的规律和原因，并将所学知识迁移到解决"如何延长食物保存的时间"的问题中。 3. 能用辩证的思维分析微生物对人类的影响

续表

核心素养	学习目标
探究实践	1. 能结合生活经验和所学知识，从微生物与其他生物、环境相互依存的角度提出可探究的科学问题，并能设计控制变量的实验方案。 2. 能运用观察、实验、查阅资料和案例分析等方式，认识微生物对人类的影响。 3. 能采用调查报告、画图或视频的形式记录或呈现探究的过程与结论，并能对探究活动进行反思和总结
态度责任	1. 关心人体健康并乐于探究微生物对人体健康的影响。 2. 能以事实为依据作出判断

单元学习评价设计

单元学习评价设计一

"微生物与健康"评价量表

核心素养	评价指标	评价等级 ★	评价等级 ★★	评价等级 ★★★	同伴互评	教师评价
科学观念	用显微镜观察	能在教师的指导下，正确使用显微镜观察植物和简单微生物	能在小组合作下，正确使用显微镜观察植物和简单微生物	能独立且正确使用显微镜观察植物和简单微生物	☆☆☆	☆☆☆
	认识微生物对人类的影响	能说出常见的对人类生活有害的微生物	能说出常见的对人类生活有害的微生物，且知道微生物对人类生活也有益处	能说出常见的对人类生活有害的微生物和有益的微生物，并能列举出对人类生活有益的微生物的具体例子	☆☆☆	☆☆☆
	认识微生物生存对环境的依赖	知道微生物生存需要一定的条件	能列举出微生物生存需要一定的条件的例子	能列举出微生物生存需要一定的条件的例子，并将此应用于食品保存之中	☆☆☆	☆☆☆

续表

核心素养	评价指标	评价等级 ★	评价等级 ★★	评价等级 ★★★	同伴互评	教师评价
科学思维	理解微生物对食品变化的作用	能在教师的引导下,对微生物引起食品变化的相关问题提出猜想,用分析比较等方法理解该问题	能围绕微生物引起食品变化的相关问题提出自己的猜想,并用分析比较、建模等方法,理解食品变化的过程	能围绕微生物引起食品变化的相关问题提出自己的猜想,并用分析比较、建模等方法,理解食品变化的过程,并将其迁移应用于解决"如何延长食物保存的时间"的问题中	☆☆☆	☆☆☆
	分析微生物对人类的影响	能结合生活实际,简单描述出微生物对人类的不利影响	能在小组讨论中,结合学习资料,归纳总结出微生物对人类生活的益处	能在各组资料分析中,独立对比总结出微生物对人类生活有利有弊的特点,辩证地看待分析微生物对人类的影响	☆☆☆	☆☆☆
探究实践	理解运用微生物对环境的依赖	能在教师的引导下,结合生活经验,提出可研究的微生物与环境相互依存的科学问题,并进行实验方案的设计	能在小组合作中,结合生活经验或所学知识,提出可研究的微生物与环境相互依存的科学问题,并进行实验方案的设计	能在小组合作中,结合生活经验或所学知识,提出可研究的微生物与环境相互依存的科学问题,并进行实验方案的设计,用调查报告等多种方式呈现探究过程和结论	☆☆☆	☆☆☆
	认识微生物对人类的影响	能在教师的引导下,结合生活经验,探究微生物对人体健康的不利影响	能在小组合作中,结合多位组员生活经验,探究微生物对人体健康的不利影响	能在小组合作学习中,结合生活经验和查阅资料、案例分析等方式,探究微生物对人体健康的不利影响	☆☆☆	☆☆☆

续表

核心素养	评价指标	评价等级 ★	评价等级 ★★	评价等级 ★★★	同伴互评	教师评价
态度责任	微生物与健康	能在他人的监督下，关注个人健康	能积极主动地关注个人健康	能在关注个人健康的同时，关心他人健康	☆☆☆	☆☆☆
	实事求是	能在教师的监督下，以事实作为判断依据	能在学习过程中，自我监督，以事实作为判断和研究依据	能在学习过程中，自我监督，以事实作为判断和研究依据的同时，要求他人实事求是	☆☆☆	☆☆☆

单元学习评价设计二

作业完成效果评价量表

项目	评价指标	评价等级 ★	评价等级 ★★	评价等级 ★★★	学生自评	教师评价
研究报告	研究报告完整度	只有文字表述作为报告的陈述材料	有一定的调查数据，结合文字表述，作为报告的陈述材料	有一定的调查数据并将数据处理成图像，结合文字表述作为研究报告的陈述材料	☆☆☆	☆☆☆
	数据和内容真实，具有参考价值	只有数据或文字内容，没有佐证数据或内容真实性的材料	能够为数据或文字内容提供一定的参考资料	能够为数据或文字内容提供参考资料，并为自行搜集的数据提供真实可靠的过程性图片或视频材料	☆☆☆	☆☆☆
	报告书写逻辑	报告文字有明显语病或错字	报告文字无明显语病或错字	报告文字无明显语病或错字，且语句精炼	☆☆☆	☆☆☆

单元学习评价设计三

试题：邻居家的老爷爷经常身体不适，去医院检查也没有发现身体有什么问题，服用了医生开的药之后能够很快恢复健康，但一旦把药停下来身体很快又会难受。乐于助人的你，决定去看望老爷爷，请尽快想办法调查清楚并解决这个问题吧。

调查计划：

调查报告：

解决方案：

学生情况分析

六年级的学生已初步具备基本的科学知识和实验探究能力，但都是对宏观世界进行的学习和研究，对微观世界的认识和了解十分匮乏。由于微观世界是学生很少关注和研究的角度，学生在学习此内容时会更具积极性和探究热情。

学生能在教师的引导下，在科学课堂上观察现象、发现问题，进而制订解决问题的办法，但对生活中蕴含的科学问题和科学观念的自主探究还较为缺乏，则更难以将知识与技能用以解决生活中的问题。

学生在本单元的学习完成之后，若能将学习到的微生物的科学知识以及研究方法，用以发现并解决生活中的一个实际问题，那将是学生自主学习能力提升的体现。

单元学习进程设计

单元核心概念	学习进阶	学习问题链	主要学习活动	思维型教学原理	课时建议
生命系统的构成层次	动机激发	问题一：果蔬变质的元凶是什么	创设"泡菜生花"情境，对"部分长黑斑的洋葱剩余部分是否变质"展开猜想与研究，认识霉菌	概念初始认识 （动机激发） （认知冲突）	1
	探究实践	问题二：霉菌为何会让果蔬变质	以研究"霉菌导致洋葱变质的原因"为例，建构细胞模型，认识霉菌对细胞的影响	概念具体化 （认知冲突） （自主建构）	1
		问题三：隔夜饭菜变质的原因是什么	在探寻隔夜饭菜变质的原因中，设计探究方案，分析比较细菌与霉菌的异同		1
	理解运用	问题四：微生物对人类都是有害的吗	在反驳"微生物唯害论"中，分析案例，客观看待微生物对人类的影响	概念深度理解 （自主建构） （自我监控）	1
		问题五：影响酵母菌发酵的因素是什么	在分析馒头发酵失败的原因中，通过对比实验探究温度对馒头发酵的影响		1
		问题六：微生物生存需要什么条件	在微生物食品评鉴活动中，分析制作泡菜、馒头的方法，归纳推理微生物与环境的关系		1
	评价创造	问题七：如何延长水果保存的时间	在果农水果滞销导致大量水果腐烂的情境中，合理设计多种方案解决水果保存问题，根据方案完成保存黄桃的任务	概念迁移创造 （自我监控） （应用迁移）	1

第1课时　探究果蔬变质的元凶

核心问题：果蔬变质的元凶是什么？

【教学目标】

1. 知道引起洋葱变质的霉菌是一种微生物。

2. 能以"肉眼观察下未变黑的洋葱，在显微镜下看到了霉菌"为证据，发表自己关于"部分长黑斑的洋葱，剩余部分也可能变质"的见解。

3. 能针对"部分长黑斑的洋葱剩余部分是否变质"这一问题，进行猜想与假设，并基于假设设计较为完整的探究计划。

4. 有践行科学、健康的饮食习惯的意识。

【教学重难点】

重点：能针对"部分长黑斑的洋葱剩余部分是否变质"这一问题，进行猜想与假设，并基于假设设计较为完整的探究计划。

难点：有依据地发表观点，根据探究计划搜集支撑观点的证据。

【教学准备】

教师准备：显微镜、未长黑斑洋葱、玻片、清水、滴管、微生物相关学习资料。

学生准备：长黑斑的洋葱。

【教学过程】

一、情境导入，激发动机

（一）观察"泡菜生花"，联系生活实际

1. 教师出示"泡菜生花"图片，学生结合生活经验思考交流"生花"的原因。如：用了不干净的筷子从泡菜坛子里夹泡菜；天气太热，泡菜坛子存水圈内的水干了。

2. 教师引出"微生物"，明确本课时目标是认识微生物从而解决泡菜"生花"后还能不能吃的问题。

3. 学生结合生活经验提出"长黑斑的果蔬"与"生花"的泡菜类似，教师出示相应图片，通过对比观察促进类比思维。

（二）交流生活经验，引发认知冲突

交流讨论：对于这样长黑斑的果蔬，你或你的家人是怎么处理的？

【设计意图】"泡菜生花"的情境既是为本单元后续的学习作铺垫，也是通过学生对这一问题的回答，暴露学生对微生物的前概念，在比较分析中引发认知冲突，进而激发学生对食品安全的探究兴趣。

二、探究新知，自主建构

（一）交流观点，聚焦问题

1. 教师引导学生组内讨论"你会食用只有部分长黑斑的水果吗？"，组员发表观点和理由，并得出统一的组内观点。

2. 各小组对"是否可食用只有部分长黑斑的水果"有依据地发表看法，如：

（1）会食用，因为剩余部分并没有变质；

（2）会食用，因为剩余部分虽然轻微变质但并不会影响人体健康；

（3）不会食用，因为剩余部分也已经变质而且会对人体健康造成威胁。

3. 教师引导学生进行生生互动提问，问题聚焦于"如何判断剩余部分是否变质"。

（二）基于问题，展开研究

1. 教师出示以下实验材料：显微镜、部分长黑斑的洋葱、未长黑斑的洋葱、玻片、清水、滴管、刀片、镊子。学生分小组，利用思维导图或图文结合的方式初步设计实验方案（见下图）。

2. 组间交流展示实验方案，通过生生互动，完善实验方案。

3. 学生阅读操作指南，学习洋葱表皮细胞玻片的制作方法。

4. 各小组依照实验方案，合理选择实验材料完成实验，用画图或拍照等方式记录现象。

```
┌─────────────┐   ┌─────────────┐
│ 长黑斑洋葱  │   │ 长黑斑洋葱  │
│ 的长黑斑部  │   │ 的未长黑斑  │   ┌─────────┐
│     分      │   │    部分     │   │ 未长黑斑│
└──────┬──────┘   └──────┬──────┘   │  洋葱   │
       │                 │          └────┬────┘
       └────────→ ( 显微镜 ) ←────────────┘
```

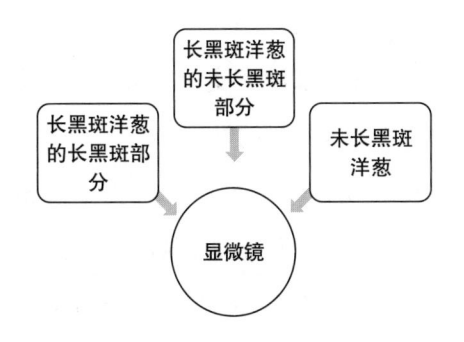

初步实验方案

5. 学生根据讨论和实验，完成学习单中的内容。

洋葱是否变质问题论证评价量规

项目	分数		
	1分	2分	3分
小组协作	无分工协作，由少数组员完成任务	有基本的分工，协作有时不顺畅	分工清晰，小组协作较顺畅
完成时间	未在规定时间内完成	在规定时间内基本完成	提前三分钟及以上完成
文字及图画设计	缺少文字和图画设计	设计了部分文字和图画说明，但是部分说明较为混乱，缺少条理	合理设计了文字和图画说明，对各个图像能够做出合理的解释
材料利用	材料利用不充分，只使用了少部分材料	材料利用比较充分，但个别成员对材料使用错误	材料利用充分，并且小组成员都能正确使用材料
总结展示	一人上台展示，表述不完整	一人或两人上台汇报，表述较完整，表达能力较强	小组成员共同分工汇报，能详细说明制作过程，表达能力强

【设计意图】通过小组自主学习的方式，充分调动学生动手动脑的积极性，让学生在自学和互帮互助的学习中更深刻地掌握显微镜的使用方法，在实践中探索和学习。

三、交流论证，达成共识

1. 各小组利用学习单，展示讲解小组的实验现象和实验结论，其他小组同学补充或提出修改建议。

学生通过观察发现肉眼看起来明显变质的部分，在显微镜下看到明显的大片的深色物质；肉眼看起来没有变质的部分，在显微镜下也看到了少部分的深色物质。从而引出本课时的学习目标"霉菌"。

教师仔细倾听，及时发现各小组展示过程中值得这堂课关注和研讨的点。比如，个别小组会提出"与发霉处距离不同，实验现象也会有所不同"，这对其他同学来说会是非常宝贵的完善对比实验的启发。

2. 教师将全班各组所观察到的三种样本的图像共同投影屏幕，形成对比。

3. 学生纵向对比其他小组的实验现象，发现洋葱发霉的规律和特点：发霉不严重的洋葱，其剩余部分在显微镜下只观察到少量的霉菌甚至没有霉菌；发霉严重的洋葱，其剩余部分在显微镜下容易观察到大量霉菌。

4. 学生归纳总结得出"部分长黑斑的洋葱，其剩余部分也有可能发生变质"的结论。

【设计意图】让学生在他人的实验方案和结论中得到启发，同时培养学生总结反思、与他人沟通交流的能力和有依据地质疑他人的能力。

四、总结梳理，应用迁移

1. 教师梳理

科学研究思维：提出问题—作出猜想—设计实验—进行验证—得出结论。通过显微镜，可以看到肉眼看不到的微小世界。

2. 学生思考

对家中长黑斑的水果蔬菜进行统计，并为家人提供处理的建议？思考如何让他们采纳你的建议？说一说"生花"的泡菜还能吃吗？

【设计意图】教师梳理科学研究思维以加强学生对科学研究思维的理解，同时为学生架起宏观世界与微观世界的桥梁；学生思考并为家人提出建议的过程是自我反思和自我监督的过程，此外学生课后对家中长黑斑的水果蔬菜进行统计，是将课堂上的学习延伸到了生活，同时跨学科运用到

案例5　微生物与健康

了数学的知识，而处理长黑斑的水果蔬菜的建议则能作为学生学习本节课的反馈。

【精彩片段】——聚焦认知冲突

师：同学们，对于这个只有部分长黑斑的水果，你的家人是如何处理的，你赞同他们的做法吗？为什么？

生1：老师，我的妈妈会把坏的部分去掉之后，食用这个水果好的部分，我赞同她的做法，因为它只有一部分坏了，其他没有长黑斑的部分并没有变坏，还可以食用。

生2：我的家人会把坏了的水果丢掉，我赞同他们的做法。因为我曾经看过讲发霉水果的科普视频里面说，就算这个水果从外表看只有这一部分变坏了，但实际上水果里面其余部分也都变坏了，只是肉眼看不到而已。

生3：老师，我反对上一位同学的看法，因为我曾经吃过这种水果，只要把坏的部分削掉就可以吃了，我并没有拉肚子也没有生病。我们应该珍惜食物。

生4：我的家人曾经把一个橘子变坏的部分去掉，没有坏的部分给我吃，我吃了之后发现竟然是苦的，这说明就算是看起来没有变坏的部分也已经变坏了，所以我不会吃只有部分长黑斑的水果。

师：同学们对于同一个问题，都有自己不同的观点。其实我们的争论点在于，只有部分长黑斑的水果，它的剩余部分是否变质。

【教学评析】

在本环节教学中，教师引导学生关注生活中的问题——长黑斑的水果该如何处理，并用批判和质疑的思维去看待自己及他人从生活中获得的经验，产生认知冲突，学生会更有兴趣和动力展开后续的科学学习和研究。

【学习单】

我认为部分长黑斑洋葱其余未长黑斑部分_____（选填"有"或

"没有")变质,因为_____。

观察样本	猜测的现象(填写文字或画图)	显微镜观察到的现象
未长黑斑洋葱任意部位		
长黑斑洋葱长黑斑部位		
长黑斑洋葱未长黑斑部位		

实验后,我观察到_____,所以我认为部分长黑斑洋葱其余未长黑斑部分_____(选填"有"或"没有")变质。

第2课时 打破微观世界的壁垒

核心问题:霉菌为何会让果蔬变质?

【教学目标】

1. 知道洋葱表皮细胞及其简单结构,认识到霉菌的生长会影响细胞的健康。

2. 将洋葱表皮细胞图像,与房间结构类比,抽象概括出洋葱表皮细胞结构,进而建构简单的细胞结构模型。

3. 针对霉菌对细胞的影响进行猜想与假设,通过模拟细胞染色活动以及显微镜观察被染色的细胞,验证猜想并认识到霉菌的生长与洋葱变质之间的关系。

4.对探究微观世界具有好奇心和热情。

【教学重难点】

重点：制作洋葱表皮细胞模型，并利用模型进行霉菌影响细胞的模拟实验。

难点：对洋葱表皮细胞的结构有一定认识，从而展开霉菌对细胞结构影响的猜想。

【教学准备】

教师准备：显微镜、玻片、透明塑料盒、绿豆、黑墨水、注射器等。

学生准备：密封袋、长黑斑的洋葱等。

【教学过程】

一、情境导入，激发动机

1.仔细回忆上节课中，利用显微镜观察霉菌来判断洋葱是否变质时，除了观察到霉菌，你还观察到了什么？它们是什么样子的？

2.结合你所掌握知识说一说，它们是什么？

【设计意图】学生基于上节课所观察到的现象开展本课学习，暴露学生关于洋葱表皮细胞图像和结构的前概念，更有利于知识的生成，也更符合科学探索的过程。

二、探究新知，自主建构

（一）类比并认识洋葱表皮细胞的简单结构

1.学生观察洋葱表皮细胞永久性装片，记录观察到的细胞形状及结构。教师介绍细胞核、细胞质、细胞膜、细胞壁的结构名称及其作用。

细胞核：遗传物质。

细胞质：细胞膜内除了细胞核以外的物质，大部分是水分。

细胞膜：防止有害物质进入细胞。

细胞壁：支撑和保护细胞。

2. 教师出示"一个人的房间"的内部照片，学生将细胞结构与房间结构进行类比。

3. 学生阅读科学家命名细胞的资料，了解"细胞"的由来。

【设计意图】学生通过类比细胞结构和房间结构的，体会科学家命名"细胞"的过程。

（二）制作简易细胞模型，模拟霉菌对细胞的影响

1. 教师提供材料，学生结合洋葱表皮细胞形状、结构和作用，对洋葱表皮细胞模型进行设计，如利用透明塑料盒模拟细胞壁、密封袋模拟细胞膜、水模拟细胞质、绿豆种子模拟细胞核，并交流完善。

2. 分组利用材料，根据设计完成洋葱表皮细胞结构模型的制作，并进行展示交流和评价。

3. 学生基于自制的洋葱表皮细胞模型，对长了霉菌的细胞的变化进行猜测。

4. 用显微镜观察分别用黑墨水染色的健康洋葱表皮细胞和长了黑斑的洋葱表皮细胞，完成学习单。

【设计意图】通过类比，认识细胞的结构及其作用，进而建构细胞模型，以便后续认识霉菌对细胞结构的影响。

三、交流论证，达成共识

（一）展示观察结果，分析原因

1. 学生展示在上一环节中完成的学习单，教师展示在学生实验过程中所拍摄的细胞图片。其中健康的洋葱表皮细胞的内部没有被黑墨水染色，而长了黑斑的洋葱在显微镜下，其成片的细胞内部被大量黑墨水填充，看不清细胞及细胞结构。

2. 学生根据此现象，分析长了霉菌的洋葱，其细胞结构可能发生的变

化，如：霉菌周围的细胞几乎都被黑墨水染色，且看不到细胞壁的清晰形状，证明细胞壁已经被严重破坏。

（二）利用细胞模型，模拟霉菌对细胞的影响

学生利用实验材料（黑墨水、针筒）在细胞模型上演示其猜想，如：霉菌会破坏细胞壁，从而吸收细胞质内的水分，导致细胞失去了生存的条件，并演示"利用针筒抽取密封袋内的水分"。霉菌破坏细胞壁之后，外界的有害物质就会进入细胞，从而破坏细胞，并演示"利用针筒往装了水的密封袋内注射黑墨水"。

【设计意图】通过对细胞模型进行模拟实验，将霉菌对洋葱细胞的影响可视化和具体化，从而帮助学生更好地理解微生物与生物之间的相互作用。学生在观察中利用对比的方式进行自我监督，通过先实践后反思再完善的方式，培养学生的思维能力。

四、总结梳理，应用迁移

1. 教师将各组被黑墨水染色的细胞模型拼接汇总展示，学生分析食用长霉菌的水果对人体健康的影响。当水果长了很多霉菌，意味着水果中已经有了大量的有害物质，这些有害物质会危害人体健康。

2. 教师补充知识：霉菌产生的有害物质为霉菌毒素，并介绍危害性极强的"黄曲霉毒素"对人体的危害，致毒剂量及常见易变质产生黄曲霉毒素的食品；学生阅读资料，对今后的食品安全提出建议。

【设计意图】将微生物对生物健康的影响由植物引申到人体，学生能进一步体会到科学与人类健康密切相关，从而更加关注自身健康问题。

【精彩片段】——自主建构洋葱细胞结构模型

师：从一个细胞到我们所处的这一个房间，它们的结构也有许多相似的地方，请同学们对比这两张图片，找找它们哪些结构是相似的？你这样判断的原因是什么？

生1：我认为细胞壁和墙壁是相似的，因为细胞壁的作用是支撑和保护细胞，而墙壁的作用也是支撑和保护，它们的作用是一样的。我还认为细胞膜和墙漆是相似的，细胞膜能防止有害物质进入细胞，墙漆也能防止灰尘和脏东西进入墙面。

生2：老师，我反对他的说法，如果像他说的墙漆的作用就是保护墙面，可是细胞膜的作用是保护细胞，并不是保护细胞壁。我认为墙漆确实是和细胞膜相似的，因为墙漆可以防止外面的雨水通过墙面流进房间，从而保护房间。

生3：老师，我认为房间里的这个人相当于细胞核，因为他们都只有一个。

生4：细胞核里是遗传物质，人体内也有遗传物质，它们也有类似的功能，所以这张图片房间里的那一个人可以视为细胞核。

师：经过同学们的类比，细胞的大部分结构都能在房间中找到类似的结构，但是细胞质还没有找到这个房间却好像已经空了，房间里难道没有可以与之对应的物体吗？请同学们再看一看，细胞质——细胞膜内除了细胞核以外的物质，大部分是水分。这个房间除了有看得见的结构，还有很多肉眼看不见的物质充满了整个房间。

生：老师，我认为细胞质相当于房间内除了人以外的其他物质，大部分是空气。

【教学评析】

本环节教学将细胞结构与房间结构的图片进行类比，学生对细胞结构的作用的认识更加生动和具体。学生在讨论细胞结构与房间结构的对应关系时，有理有据地发表看法，分别从结构和功能上进行分析，有利于锻炼思维能力，进一步开展模型的建构。

【学习单】

我认为的洋葱表皮细胞图像	
实际观察到的洋葱表皮细胞图像	
长了霉菌的洋葱表皮细胞图像	

第 3 课时　探寻隔夜菜汤的秘密

核心问题：隔夜饭菜变质的原因是什么？

【教学目标】

1.用显微镜观察隔夜菜汤，知道饭菜变质是因为细菌大量滋生；知道细菌是一种体积比霉菌还小的微生物，且多种多样。

2.能从微观角度，归纳推理隔夜菜汤变质的原因，利用分析、比较的方法，发现细菌与霉菌的异同。

3.从微生物的结构特点提出研究假设，设计探究实验并与他人交流完善实验方案。使用显微镜观察隔夜菜汤中的微生物，获取信息，用分析和比较的方法，判断结论与假设是否一致；通过查阅资料完善探究报告。

4.对微生物对人类生活的影响保持好奇心和探究兴趣,有践行科学、健康的生活方式的意识。

【教学重难点】

重点:从微生物的结构特点提出研究假设,设计探究实验并展开探究获取信息,判断结论与假设是否一致。

难点:用分析和比较的方法,判断结论与假设是否一致。

【教学准备】

教师准备:存放多日的菜汤、光学显微镜、滴管、玻片等。

学生准备:家中剩菜。

【教学过程】

一、情境导入,激发动机

1.桌上陈列经过长时间存放的菜汤,教师创设"食用隔夜饭菜导致拉肚子"的情境。

2.学生结合生活经验和已学知识,提出自己对于隔夜饭菜导致拉肚子的原因的猜想,可能是"饭菜变质"。

3.教师追问"是什么导致的食物变质呢?",引导学生结合霉菌导致果蔬变质的知识,容易得出"霉菌"或"其他微生物"导致食物变质的结论。教师根据学生的回答,展示课题"探寻隔夜菜汤的秘密"。

【设计意图】创设生活真实情境,让学生在联系生活经验进行思考的同时,暴露对于微生物的前概念并在比较中引发认知冲突,促使学生主动探究食用隔夜饭菜拉肚子的原因。

二、探究新知,自主建构

(一)思维碰撞,共议实验方案

1.学生根据教师为每组提供的一份长时间存放的菜汤,口述初步实验方案(见下图)。

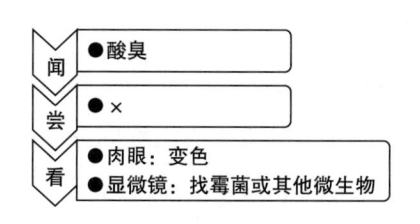

```
闻 ● 酸臭
尝 ● ×
看 ● 肉眼：变色
   ● 显微镜：找霉菌或其他微生物
```

初步实验方案

2. 以小组为单位，利用思维导图初步设计"用显微镜探寻隔夜菜汤的秘密"的实验方案。

3. 小组展示交流其实验方案，他人对其进行提问和建议。学生在交流实验方案的过程中，进一步明确实验目的和方法。

4. 学生辨析各种实验方案的优劣，最后全班统一实验方法为用显微镜寻找证据证明是霉菌或其他微生物导致食物变质的。

（二）分组探究，观察记录现象

1. 教师通过视频或图文的方式为学生介绍制作液体玻片标本（涂片）的方法。

2. 学生根据完善后的实验方案，分组分工合作进行"探寻隔夜菜汤的秘密"的探究实验并记录现象。

3. 教师在组间巡视，通过手机拍摄收集实验过程中出现的典型现象，如：镜头下只看到了水痕；显微镜下迅速移动的小黑点，有的小黑点较多而有的较少等。

（三）分析现象，推测隔夜菜汤中微生物的特点

1. 教师将学生实验过程中搜集到的现象投屏，学生对"镜头下只看到了水痕""小黑点迅速移动"等的原因进行猜想。

2. 通过生生对话，进一步明确：迅速移动的小黑点就是食物中直径很小的、具有生命的微生物。

【设计意图】学生通过自主设计实验方案，对隔夜菜汤中的微生物的特点有进一步的猜想，进而在实验过程中会更加注意观察微生物。

三、交流论证，达成共识

（一）基于问题，展开论证

1. 学生对"小黑点"继续思考并提出疑问"它是什么微生物？它是霉菌吗？"基于自主思考对该微生物类别进行猜想。

2. 教师提炼学生猜想并板书：霉菌、细菌、病毒。

3. 学生思考"有没有什么办法可以帮助我们看到这个微生物的具体形状？"，结合自己的知识经验，分享办法。

（二）阅读资料，寻找证据

1. 学生分组阅读资料：光学显微镜、电子显微镜的观察范围介绍，霉菌、细菌、病毒等微生物的直径大小，上节课所观察到的细胞的直径大小。

2. 学生结合资料，有理有据地表达导致隔夜菜汤变质的是哪种微生物的观点。如"它应该是细菌这种微生物，因为光学显微镜的放大倍数较小，看不到病毒，看得清楚霉菌，只有细菌能看到但是看不清楚。"

3. 教师展示食物中常出现的各种细菌的图片，如李斯特菌、金黄色葡萄球菌、沙门氏菌、痢疾杆菌、变形杆菌等及其对人体造成的危害。

【设计意图】通过光学显微镜观察菜汤，帮助学生建立微观世界与实际生活间的紧密联系，同时通过"细菌"认识到光学显微镜的局限，引出电子显微镜，让学生感受工具的发展与科学进步之间的相互促进，同时通过图片拓展学生对细菌种类的认识。

四、总结梳理，应用迁移

1. 教师梳理回顾：猜想——食物变质是由微生物引起的，现象——显微镜下观察到移动的小黑点，结论——细菌是引起食物变质的微生物。

2. 教师展示长了霉菌的面包和米饭，让学生认识到霉菌也会导致饭菜变质且肉眼容易观察；细菌导致的饭菜变质肉眼不易观察但是可以通过气味等判断。

3. 学生结合本课所学，对"为什么平时食用隔夜饭菜并没有拉肚子？"做出合理解释，如"平时食用前经过高温加热，可以杀死微生物""时间短，微生物没有很多""食物里的微生物很少，所以不会拉肚子。"等

【设计意图】学生思考日常生活中隔夜饭菜食用前加热的目的，既能将所学知识延伸并且渗入生活，又能关注自己及家人的身体健康，养成良好的饮食习惯。

【精彩片段】——自主探究"隔夜菜汤的秘密"

教师将学生实验过程中搜集到的现象投屏，如"镜头下只看到了水痕，没有看到微生物""一些迅速移动的小黑点"等，学生对各种现象进行解释或猜想。

生1：我们组只看到了水痕，没有看到霉菌或者任何其他的微生物，可能原因是我们取的那一部分菜汤里面没有微生物。

生2：老师，我们组一开始也没有看到微生物，只看到一些水痕，但是后来我们换了一位同学观察就看到了，因为他转动细准焦螺旋的速度很慢，而我转得很快导致错过了微生物。

师：与观察洋葱表皮细胞相比，这个现象说明这个微生物有什么特点？

生1：我认为是因为这个微生物很小，比洋葱表皮细胞都要小很多，导致我们转动太快就看不到它。这个微生物和洋葱表皮细胞相比，就像一只蚂蚁和一个篮球，就算它们在操场的同一个地方我们也会先看到篮球，要想看到蚂蚁就需要蹲在地上仔细地观察。

生2：我认为它会移动说明这个微生物是活的。

生3：我不同意他的观点，我们也观察到了小黑点移动，但是它都是在我们移动玻片的时候移动的，所以这不能说明是小黑点自己有生命，自己在移动。

生4：我们也发现在我们移动玻片的时候这些小黑点会移动，但是过一会之后有的小黑点就不移动了，有的还是会移动，那就可以说明那些仍

在移动的小黑点是有生命的。

师：对，就像刚刚那位同学比喻的蚂蚁和篮球，有的小黑点可能是像篮球那样，需要人拍一拍才会动，它们没有生命，但是有的小黑点就像蚂蚁一样是活的，它们自己也会移动。

教师总结并进一步明确：迅速移动的小黑点就是食物中直径很小的，具有生命的微生物。

【教学评析】

在探究隔夜菜汤变质原因的过程中，全班讨论共议实验方案并分组进行实验探究。实验过程中，学生根据使用显微镜所观察到的各种典型现象，推测隔夜菜汤中微生物的特点。学生与学生之间发生认知冲突，以此不断展开论证，在发表自己观点的同时聆听并学习他人观点，从而促进学生关于隔夜饭菜变质的原因的自主建构。

【学习单】

我猜测是＿＿＿＿＿＿导致隔夜饭菜变质。

"用显微镜探究隔夜菜汤的秘密"的实验方案	
我观察到的现象	

经过观察和学习，我认为是＿＿＿＿＿＿＿＿导致隔夜饭菜变质。

第 4 课时　认识微生物的双面性

核心问题：微生物对人类都是有害的吗？

【教学目标】

1. 知道流感、猩红热、手足口病等是由微生物引起的，微生物能研制药品和疫苗。

2. 通过分析"常见/重大微生物传染性疾病及其解决办法"的案例，将各种微生物影响人体健康的问题进行比较和分类，发展思维的批判性和客观性。

3. 能运用案例分析的方式了解微生物对人类的影响，并用统计图表记录整理，分析微生物的利弊和传播途径。

4. 具有珍爱生命，践行科学、健康的生活方式的意识。

【教学重难点】

重点：通过分析"常见/重大微生物传染性疾病及其解决办法"的案例，将各种微生物影响人体健康的问题进行比较和分类。

难点：在比较微生物影响人体健康问题的解决办法的过程中，通过分析认识到微生物对人类生活影响的双面性。

【教学准备】

教师准备：常见/重大微生物传染疾病及其解决办法的案例资料、提前被阳光充分照射或者用紫外线灯照射 2 分钟的夜光粉。

学生准备：6 位小卧底（6 位手上提前涂抹了不同颜色的夜光粉的学生）。

【教学过程】

一、情境导入，激发动机

1. 教师创设情境："小明在学习了前面的内容之后，对微生物避之不及，认为微生物对人体健康都是有害的"。

2. 学生结合前三课时所学及其生活经验，说出人类面临过的微生物造成的健康问题。如霉菌导致水果变质、细菌导致饭菜变质进而导致人拉肚子，新冠病毒导致人体健康受损。

3. 教师将学生的回答提炼板书，并追问"微生物对人类有没有益处？有哪些益处呢？"

4. 教师根据学生的回答进行板书。少数学生能打破思维定式回答"益生菌有利于肠道健康"或"乳酸菌制作酸奶"等。

【设计意图】基于学生实际学习情况创设故事情境，学生在联系生活经验和所学知识进行思考的同时，暴露对于微生物与人体健康的前概念，并在比较中引发认知冲突，促使学生进行学习和探究。

二、探究新知，自主建构

（一）观察并描述你所知道的常见传染性疾病

1. 教师展示"猩红热""流感""手足口病"等小学生常见的传染性疾病图片。

2. 学生尝试将疾病名称与疾病图片进行匹配，以此反映学生对于中小学生间常见疾病的了解，同时引导学生关注个人健康问题。

3. 教师鼓励曾经患病的学生交流其患病经历，包括时间、身体感受和治疗过程等。

（二）"常见/重大微生物传染性疾病及其解决办法"案例分析

1. 教师提供以上疾病的致病原因及治疗方法的资料介绍。教师提供"常见/重大微生物传染性疾病及其解决办法"案例资料，资料中应包含以下内容的详细图文信息：疾病暴发时间，造成的影响，解决办法，药品制造方法，研究过程等。

2. 学生利用资料，分组完成自主学习任务：

（1）学习相应微生物疾病问题，完成学习单一的内容。

（2）组内尝试用科学的语言交流解释致病原因及治疗方法，并完成学习单二的内容。

（3）分工合作完成案例分析的思维导图。每个小组只负责研究1~2种疾病问题，如1种常见疾病和1种重大传染性疾病。

3.组内分工，确定组员案例分析结果分享的角色。

【设计意图】学生在比较和分析多种疾病的解决方法的过程中，会发现微生物是造成疾病的原因，同时也是治疗或预防疾病的途径和方法。

案例分析活动评价量规

项目	分数		
	1分	2分	3分
小组协作	无分工协作，由少数组员完成任务	有基本的分工，协作有时不顺畅	分工清晰，小组协作较顺畅
案例分析	该组所负责案例，仅小部分完成或小部分正确	该组所负责案例，大部分完成或大部分正确	该组所负责案例，全部完成且全部正确
问题解答	不能解答同学的提问	对于同学的提问，能从资料中找到答案进行解答	能用自己的话对同学的提问作出清晰的解答

三、交流论证，达成共识

（一）交流汇报各组研究结果

1.各组将研究内容呈现，交流汇报所研究微生物的危害、预防或治疗的方法，其他组及时作出评价或提问。

2.学生归纳总结，发现微生物的双面性。如通过医学手段同样可以利用病毒制作出可以预防相应疾病的疫苗。

3.观看视频，进一步了解微生物在医学方面对人类健康的益处。

【设计意图】学生通过交流汇报，了解更多微生物造成的健康问题的影响及解决办法，将多种疾病对比分析，最后归纳总结，进一步认识到微生物给人类带来的益处，从而对微生物的认识更加客观和全面。

（二）关灯显踪，看见"密切接触"的威力

1.学生思考总结多种传染性疾病传播途径的相同点：飞沫、密切接触。

2. 教师再创"疾病卧底"小情境，关闭教室所有灯光并拉上窗帘以营造黑暗环境，鼓励学生仔细观察不同颜色夜光粉亮度和路径。

3. 学生经过观察和思考后，描述现象并推测源头和感染者。

【设计意图】借助夜光粉，将细菌和病毒的传播路径可视化，帮助学生认识到微生物利用密切接触进行传播的威力，养成健康的生活习惯。

四、总结梳理，应用迁移

1. 教师讲述自己关于生活中对微生物类传染性疾病预防措施的感受。

2. 学生联系日常生活中常见的预防微生物类传染性疾病的方法，并试着用自己的话解释其原因。如勤洗手，预防密切接触传播的细菌和病毒；提前接种疫苗，预防病毒类疾病；佩戴口罩，防止病毒细菌等通过呼吸进入身体，因为病毒细菌很小，只有口罩才能够将其挡在身体外。

【设计意图】将学习内容及时延伸到学生的日常生活，既是对学习效果的检验，也是为下一课时的内容作铺垫。

【精彩片段】——自主建构微生物的双面性

师：同学们，经过小组合作完成案例分析之后，我们将每个组的研究结果都汇总在了表格之中，请你们再次分析所有结果，认真比较，大胆表达你所发现的关于微生物的新认识。

生1：我发现猩红热是由细菌这种微生物造成的，而治疗猩红热的药物——青霉素，却是从青霉菌这种霉菌里面提取的。

生2：我发现流感一般是由病毒造成的，而治疗它的药物是利用细菌生产出来的。

生3：手足口病是由病毒造成的，虽然它也有药物可以治疗，但是它传染性很强，患病之后治疗时间很长，所以最好的方式是接种疫苗来进行预防，疫苗明明是为了预防引起手足口病的病毒，但是疫苗却是利用细菌或病毒生产制作的。

教师展示青霉菌图片，并追问"青霉菌在我们的生活中很常见，回忆一下在你们的生活中，曾经在哪里或者在什么物体上见过这样的青霉菌？

生1：老师，我曾经在我们家一个抽屉里面发现了一个发霉了的橘子，上面就长了很大一片这样子的青霉菌。

教师展示长了大片青霉菌的橘子的图片。

师：青霉菌长在水果上，会导致水果变质，但是科学家从青霉菌里提取到的青霉素却可以治疗人类因为其他细菌所患的疾病。所以，你准备如何来描述微生物？

生1：有利有弊。

生2：双刃剑。

生3：同一种微生物在不同地方出现，对人类的影响是不同的。

【教学评析】

小组通过图文结合或思维导图的方式将案例分析的研究结果进行整理，并在全班交流中汇总呈现。学生在倾听其他小组对案例的分析，对全班研究结果进行横向和纵向地对比的过程中，反思开课时自己对微生物健康问题的认识。学生通过不断的自我监控，发展了思维的批判性和客观性。

【学习单】

学习单一

疾病名称	暴发时间	传播途径	致病原因
流感	春、冬	飞沫、密切接触	病毒

学习单二

疾病名称	解决办法	药品制作主要方法
流感	隔离 + 利巴韦林药品	利用细菌发酵获得药品

第5课时 "生气"的微生物（1）

核心问题：影响馒头发酵的因素是什么？

【教学目标】

1. 知道酵母菌发酵需要适宜的温度。

2. 能较全面地分析影响酵母菌发酵的因素；基于实验观察到的证据，运用分析与综合的思维方式，得到酵母菌发酵需要适宜温度的结论。

3. 能针对影响酵母菌发酵效果的因素提出猜想，并针对猜想设计控制变量的实验方案，分析比较实验结果与假设是否一致，反思并进一步完善实验方案。

4. 在实验探究过程中保持好奇心与实事求是的态度，乐于探究生活中关于微生物的问题。

【教学重难点】

重点：设计温度对酵母菌发酵效果的影响的实验，并进行实验验证。

难点：基于实验现象和逻辑，分析得出温暖的温度更有利于酵母菌发酵，过高的温度导致酵母菌失去活性的结论。

【教学准备】

教师准备：显微镜、酵母菌粉、玻璃棒、滴管、温水、沸水、玻片、活面馒头、死面馒头、微波炉等。

学生准备：透明打包盒、面粉等。

【教学过程】

一、情境导入，激发动机

（一）了解常见微生物制作的食品及其原理

1.教师创设情境：微生物食品制作比赛，出示几种常见的利用微生物制作的食品，如酸奶、馒头、泡菜。

2.学生思考其原材料分别为牛奶、面粉、新鲜蔬菜，以及其制作原理为发酵。

（二）猜测死面馒头的成因

1.教师以自己作为食品制作比赛的参与人，分享自己制作的微生物食品——死面馒头，鼓励学生大胆猜测老师活面馒头制作失败的原因。

2.学生结合生活经验对失败原因进行猜想：没有放酵母，发酵不成功，发酵时间太短等。

【设计意图】以生活中常见的馒头为研究对象，更易提起学生的研究兴趣，同时培养学生观察身边事物的习惯；学生对出现死面馒头的原因进行猜想的过程，也是暴露学生对微生物生存条件的前概念的过程。

二、探究新知，自主建构

（一）根据制作过程分析发酵失败的原因

1.教师展示自己制作活面馒头过程的关键步骤图片和网上制作活面馒头的图文教程，逐一形成对比。网上教程是用温水溶解酵母菌，而教师是用开水溶解酵母菌；其他条件完全相同，相同发酵时间之后，温水溶解酵母菌的面团体积膨胀了一倍，开水溶解酵母菌的面团体积几乎没有发生变化。后续步骤均完全相同。

2. 学生再次对死面馒头出现的原因进行分析。通过观察对比两组馒头的制作过程，小组讨论进一步分析发酵失败的原因，聚焦于溶解酵母菌的水温过高杀死了酵母菌、温水有利于酵母菌的发酵这两点。

（二）设计温度影响发酵的实验方案

1. 教师引导学生关注活面馒头中的大量气孔，提出"气孔是由酵母菌代谢产生二氧化碳形成的"。

2. 以小组为单位，初步讨论设计证明"水的温度过高会导致酵母菌失去活性、温水有利于酵母菌的发酵"的对比实验方案，分别从微观和宏观角度确定验证观点的实验方案。

（1）微观方案

取两颗酵母菌粉分别放在两个载玻片上，分别滴上一滴温水和一滴沸水，盖上盖玻片，并放到显微镜下观察现象。

（2）宏观方案

相同条件：面粉的量、酵母菌的量、水的量、容器。不同条件：水的温度。方法：将面粉揉成面团并装入透明打包盒中密封，每过一段时间观察并记录面团的变化。

3. 全班分小组进行交流汇报，其他小组及时作出评价并提问。

（三）根据实验方案，分组实验，完成实验报告

1. 四人小组自行分工，共同完成两种实验，通过图文结合的方式记录实验现象，并完成学习单。

2. 教师在组间巡视，及时记录学生行为及实验现象，关键是记录学生用显微镜观察到的酵母菌在两种水温下的实验现象。

温度影响发酵实验评价量规

项目	分数		
	1分	2分	3分
小组协作	无分工协作，由少数组员完成任务	有基本的分工，协作有时不顺畅	分工清晰，小组协作较顺畅
实验步骤讲解	仅凭语言表达	语言表达＋图文结合	语言表达＋材料演示＋图文结合
实验现象	完成实验但无明显实验现象	任意一种实验有较明显实验现象	两种实验都有较明显的实验现象

【设计意图】学生自行设计对比实验，且从宏观和微观两个角度进行观察，有助于学生多角度思考问题并促进其宏观世界与微观世界的连接。

三、交流论证，达成共识

（一）分析实验现象并发现问题

1. 学生分别从微观和宏观两个角度分享实验现象。

（1）微观：两种温度的水滴在酵母菌粉上，在显微镜下观察其气泡都会在短时间内大量增加。

（2）宏观：短时间内面团没有明显变化，需在相同条件下每隔5分钟观察记录。

2. 教师引导学生从"温度"角度思考原因。学生提出"一滴沸水滴下的瞬间温度下降"的观点，进一步思考如何直接改变酵母菌所处的温度，提出"直接加热酵母菌，比如用微波炉加热"。

（二）优化微观实验方案并再次实验

1. 教师现场用微波炉加热酵母菌粉。

2. 学生利用显微镜重复微观方案的对比实验，观察并记录实验现象。

3. 再次分享交流实验现象，并得出结论：过高的温度让酵母菌失去活性、温暖的温度适宜酵母菌的生长。

【设计意图】学生经过多次实验设计，体会科学实验的严谨性，同时也体会到科学实验并不是一蹴而就的；学生在利用显微镜观察酵母菌时，会与之前观察细菌形成认知冲突，从而对微生物的多样性有一定认识，并且可以进一步激起学生的探究兴趣。

四、总结梳理，应用迁移

1. 小组对比展示其制作完成的两组面团的气孔，并对后续现象进行有依据地预测。

2. 为保证实验的科学性，教师引导学生思考两组面团后续发酵的注意事项。

3. 在家长的协助下，将完成实验的两组面团分别进行蒸制。

【设计意图】将对面团发酵的观察，延伸到学生的课后和生活，可帮助学生用科学研究的眼光去看待生活中的事物；学生通过将发酵完成的面团，在家中完成加工，进一步验证课上关于酵母菌发酵温度的猜想的同时，获得形象事物与抽象思维的成就感，也为下一课时的内容作铺垫。

【精彩片段】——自主探究温度对酵母菌发酵的影响

师：老师要赢得微生物食品制作比赛就看同学们的了，经过大家初步探究温度对酵母菌发酵的影响，你们有什么发现吗？

生：在宏观方案的实验中，从完成用酵母菌和面团到现在，两种面团都没有出现教程里面那种面团很蓬松的现象，但是可以观察到用温水溶解酵母菌的一组的面团中已经出现了一些小气孔，而且此面团与用开水溶解酵母菌那一组相比，会更大一点点。而用开水溶解酵母菌的那组面团上几乎没有什么气孔。

师：可能是什么原因造成面团没有那么大呢？

生1：我认为应该是发酵的时间太短了，我们可以每隔5分钟左右观察一次面团，并把两组面团的位置在打包盒上作标记。

生2：微观方案的实验中，我们观察到用温水和用开水溶解的两颗酵母菌粉在显微镜下的变化几乎是一样的，都很快会看到一些类似于花纹的图案，实际上它们都是由酵母菌在水中溶解后发酵产生的气泡，让水流动而出现的图案。

师：那这样的现象，是不是就和利用面团发酵来研究温度的现象不相符呢？这能证明高温不会让酵母菌失去活性吗？

生1：老师，我认为这能够证明高温不会让酵母菌失去活性，因为我们利用显微镜观察发现就算是开水溶解的酵母菌也能看到它的发酵，可以说明开水其实是可以让它发酵的，只是它可能在那样的温度下发酵效果没有那么好，速度会很慢。

生2：我反对他的观点，我们在显微镜下观察到的开水和温水溶解的酵母菌，发酵效果是差不多的，说明它们的速度也是差不多的。那么用开水和温水溶解酵母菌发酵制作馒头，现象也应该是差不多的，而事实却不是这样。

生3：我认为可能是一滴沸水滴下的瞬间温度下降变成了温水的温度，所以在显微镜下它们的现象是差不多的。

生4：所以我们可以直接加热酵母菌，比如用微波炉加热。

师：经过修改完善实验方案，再次实验后你们有什么新发现，能得出什么结论吗？

生1：在其他条件相同的情况下，未被加热过的酵母菌在显微镜下观察到气泡逐渐增加；用微波炉加热过的酵母菌经过相同时间，气泡数量和大小都几乎没有变化。

生2：沸水溶解的酵母菌组，面团未出现明显气孔，且面团大小未改变；温水溶解的酵母菌组，面团表面已出现大量明显气孔，且面团体积变大了。

生3：我的结论是，过高的温度让酵母菌失去活性、温暖的温度有利于酵母菌的发酵。

【教学评析】

学生按照实验方案进行实验时发现，实际观察到的实验现象与其所预测的现象相反，这是一个很好的提升学生科学探究能力和科学思维的切入点。让学生反思实验过程中可能出现的问题，进而根据问题去思考解决的办法，学生在分析和思考的过程中完成知识和思维的建构。

【学习单】

实验方案	实验现象
宏观方案：	
微观方案：	

我认为_____是影响馒头发酵的因素。

第6课时 "生气"的微生物（2）

核心问题：微生物生存需要什么条件？

【教学目标】

1. 初步认识到微生物的生长依赖环境所提供的合适条件，如适宜温度、营养、水分。

2. 利用分析、比较的方式，建立"泡菜生花"与温度之间的联系。能根据馒头发酵成功的条件，对"泡菜生花"的原因进行归纳推理；准确表达观点，反思探究过程与结果。

3. 能采用视频或小论文的形式，呈现探究乳酸菌和酵母菌生存条件的过程，并对探究活动进行反思和总结。

4. 保持对微观世界的好奇心和探究热情；能基于证据和逻辑发表自己对制作微生物食品的建议。

【教学重难点】

重点：食物制作过程中成功经验的分享与分析。

难点：从食物制作过程中发现微生物与环境之间的相互关系。

【教学准备】

教师准备：投票卡片、评鉴表等。

学生准备：自制的馒头和泡菜、制作馒头和泡菜的过程记录（如照片、视频等）。

【教学过程】

一、情境导入，激发动机

1. 教师组织自制微生物食品评鉴活动开幕式，鼓励学生结合制作经历制订评鉴标准。

2. 学生分小组讨论评鉴标准，并有理有据地介绍其评鉴标准，教师引导其他小组学生进行提问或补充，通过全班讨论将标准合理化和统一化。

自制微生物食品评鉴标准

食品名称	看	闻	尝
馒头	气孔多少 / 回弹速度	香 / 酸	软 / 甜 / 硬 / 酸
泡菜	泡菜水的清澈程度	香 / 臭	酸 / 脆 / 咸 / 软

【设计意图】通过学生自主制订评鉴标准，提升学生在评价过程中的参与积极性，同时培养学生从不同角度分析问题的能力。

二、探究新知，自主建构

1. 教师充当活动主持人，组织学生开展微生物食品评鉴活动。

2. 各组学生打乱组号，将食品摆放在展台上，并通过电脑播放食品制作过程的记录和介绍视频。

3. 全班自由评鉴食品，完成学习单中的评鉴表并进行投票，其中每个评鉴项目每组有 3 票且最多只能给本组投一票。

4. 组织学生统计每组得票情况，并书写奖状。

自制微生物食品展示活动评价量规

项目	分数		
	1 分	2 分	3 分
小组协作	无分工协作，由少数组员完成任务	有基本的分工，协作有时不顺畅	分工清晰，小组协作较顺畅
视频介绍	制作要点记录不完整，只有一部分记录	制作要点清晰，但没有文字标注	制作要点和条理清晰，且在重要之处标有文字介绍
问题解答	不能解答同学的提问	对于同学的提问，能从资料中找到答案并进行解答	能通过自己的话对同学的提问作出清晰的解答
总结展示	一人上台汇报，表述不完整	一人或两人上台汇报，表述较完整，表达能力较强	小组成员分工汇报，能详细说明制作过程，表达能力强

三、交流论证，达成共识

（一）聆听并学习其他小组制作经验

1. 学生仔细观看馒头综合得票最高小组的制作过程视频，该组分析其食品制作成功的关键。

2. 其他学生经过聆听和学习，对比本组制作过程，分享其他影响馒头发酵的因素并进行讨论，得出统一观点：温度、时间的长短、面粉与酵母菌粉的比例都会影响馒头的制作。

3. 学生仔细观看泡菜综合得票最高小组的制作过程视频，该组分析其食品制作成功的关键。

4. 其他学生经过聆听和学习，对比本组制作过程，分享补充其他影响泡菜制作成功的因素并进行讨论，得出统一观点：温度的高低、时间的长短、泡菜坛的密封性、盐和水的比例等都会影响泡菜制作。

（二）分析总结微生物与环境的关系

1. 教师将自己比作酵母菌，阐述酵母菌在馒头发酵的过程中，与其环境的相互作用，并鼓励学生用角色扮演的方式，大胆思考制作泡菜的过程中，乳酸菌与其所在环境的相互作用。

2. 学生经过小组讨论，尝试分析解释乳酸菌与环境的关系。

3. 酵母菌、乳酸菌都属于微生物中的一种，根据我们的学习，你能够尝试归纳总结出微生物的生存条件是什么吗？微生物与环境是怎样的关系？

【设计意图】通过对比分析馒头和泡菜的制作过程，认识到酵母菌和乳酸菌的生存条件虽然都是适宜的温度，但乳酸菌需要隔绝氧气才能够繁殖。乳酸菌制作的泡菜中一旦出现了其他微生物如霉菌等就不可再食用，进一步认识到微生物的双面性。

四、总结梳理，应用迁移

1. 辩一辩：学生思考在夏季还是秋季更合适做泡菜？为什么？

学生基于乳酸菌生长需要温暖的温度这一条件，会更多倾向于在夏季制作泡菜，这是从直观的感受和学习了本节知识后的直接运用，但夏季制作泡菜的速度虽快却不利于保存。

2. 教师为学生普及泡菜发明的历史、蔬菜成熟周期以及泡菜与新鲜蔬菜存储时间的长短，引导学生思考秋季制作泡菜的优点是能延长食物存储的时间，且在蔬菜较少的冬季也能食用多样的食物。

【设计意图】通过引导学生多角度辩证地看待和思考问题，认识到科学的客观多变性。

【精彩片段】——自主思考乳酸菌与环境的相互作用

师：老师假设自己是面团里的一个酵母菌，想跟你们分享一下我在馒头里面的一些经历。在见到水之前，我是一个沉睡的酵母菌，有一天醒来发现自己在一个热乎乎的温泉里，于是我在温泉里开心地游啊游，在我快要游得没有力气的时候，突然天上掉下了我最喜欢的食物——面粉。太棒啦！正好可以补充一下体力。于是我大口吃面粉，大口喝热水，吃饱啦——嗝——打了一个响亮的饱嗝。我就这样幸福地吃了玩，玩了吃。在我正开心的时候，我周围却渐渐的热了起来，是火山爆发了吗？不行，太热了！然后我就什么也不知道了。你能结合制作泡菜的经历，给我们讲一讲泡菜坛子里的乳酸菌的经历吗？

生1：我是一个乳酸菌，本来我正在一颗姜上幸福地晒着太阳，不知道谁把我丢到了一个封闭的水池里，水池里乌漆嘛黑，里面的水也是咸的，一点也不好喝，不过还好我有好多兄弟姐妹，并且没有我的敌人。原本以为是一场噩梦，没想到竟然是美梦，我就这样在这个房子里幸福地生活了下来。

生2：我也是一个乳酸菌，但是我的经历就没有那么幸福了，我也被关进了一个漆黑的水池里，一开始还好好的，我和我的家人们每天吃饱喝足，健康平安。突然有一天不知道是我们的哪个敌人发现了我们所在的这个地方，竟然悄悄地跑了进来和我们抢食物，还挑衅我们，把我和我的家人们都打得遍体鳞伤。慢慢地，我发现这个地方的敌人越来越多，把门都挤坏了，门只能打开着，我们不能在这样的环境里生存，身体越来越虚弱。就在我以为我快要撑不下去的时候，不知道是谁帮了我。他不仅修好了门，还把这里所有的敌人都消灭了,并给我们送来了新的食物和其他朋友。我这才活了下来。

【教学评析】

学生通过角色扮演、讲述故事的方式,再次回忆制作微生物食品的过程,进一步体会微生物与环境的相互作用,从而认识到不管是植物、动物还是微生物都像人的生存一样,需要一个适合自己生存的环境条件。

【学习单】

第_____组评鉴表

组别	馒头			泡菜		
	看	闻	尝	看	闻	尝
第1组						
第2组						
第3组						
第4组						
第5组						
第6组						
第7组						
第8组						
我们认为馒头最佳的是第_____组;我们认为泡菜最佳的是第_____组。我们组成功经验中最重要的是_____。						

第7课时 解决水果保存的问题

核心问题:如何尽可能延长水果保存的时间?

【教学目标】

1. 能基于对温度、氧气等因素对微生物生存的影响的了解,将所学知识迁移到解决"如何延长食物保存的时间"问题中。能简单描述微生物与生存环境之间相互依存的关系。

2.利用分析、比较、归纳等方法，建立"微生物需要适宜的温度、水分、氧气"与延长黄桃保存时间的方法之间的联系。

3.能从微生物生存条件及微生物与微生物之间的相互作用的角度提出保存水果的办法，并用多种方式表达自己的想法，通过分析对方案进行反思和改进。

4.保持对微生物与健康的好奇心与探究热情；践行科学、健康的生活方式的同时，具有采取行动节约食物资源的意愿和推动可持续发展的责任感。

【教学重难点】

重点：设计"长期保存成熟黄桃"的实验方案。

难点：有依据地利用本单元所学知识，解释实验方案中各个步骤所对应的微生物学原理。

【教学准备】

教师准备：水果罐头、果干等。

学生准备：成熟的黄桃等。

【教学过程】

一、情境导入，激发动机

1.教师向学生展示果农水果滞销，大量水果长时间堆积的真实情境。

2.学生根据生活经验，结合微生物的相关知识进行有依据的猜想，分别从水果和果农的角度思考可能出现的现象。

3.教师提供"水果滞销对消费者的影响"的资料，帮助学生认识到水果滞销对社会带来的影响。

4.教师引导学生从果农的角度出发，思考解决由水果滞销引起的水果腐烂问题的方法。

【设计意图】以一个与生活紧密相关的真实的情境中需要解决的问题作为切入点，调动学生探究的积极性；学生对大量水果长期堆积可能产生的现象进行猜想，是学生对前几课时所学内容的一个反思与小结。

二、探究新知，自主建构

1. 教师组织创办"延长水果保存时间"主题活动。

2. 学生思考并分享交流"延长成熟黄桃的保存时间的方法"，形成初步计划，如放入冷库、制作果干、制成罐头等。

放入冷库：较低温度会影响微生物的繁殖速度。

制作果干：水分被晒干的过程中，微生物也被晒死了。

制成罐头：密封之后，水隔绝了空气，不利于微生物繁殖。

3. 教师提炼并板书学生提出的保存方法，清晰地展示各种方法的异同。

4. 学生对各种方法的优缺点进行评价、对其原理进行分析，教师在板书中通过思维导图将其进一步细化，从而使学生明确，对于过于成熟的黄桃，更加合适的延长存放时间的方法是"制作果干""制成罐头"。

5. 设计"果干""罐头"的制作方案。各组根据其确定的黄桃保存方法，通过头脑风暴和小组讨论初步确定制作方案。

【设计意图】通过以"保存黄桃"为研究对象，作为"延长水果保存时间"的研究主题，将研究目标具体化；学生对各种保存方法进行优缺点评价和原理分析，是培养学生自主学习能力的过程，引导学生从多个角度看待和分析问题，进而从学生提出的方法中确定研究方案，以培养学生自主确定学习目标和选择学习策略的能力。

三、交流论证，达成共识

1. 小组通过简单的思维导图介绍其制作方案，其他学生对制作方案进行提问和补充，使制作方案更加有理有据。如：

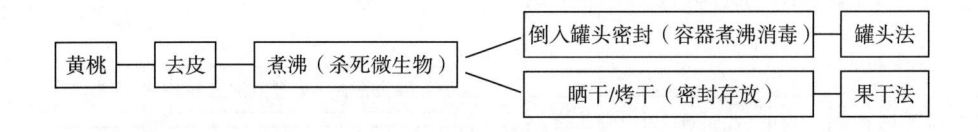

黄桃 → 去皮 → 煮沸（杀死微生物） → 倒入罐头密封（容器煮沸消毒） → 罐头法
　　　　　　　　　　　　　　　　 → 晒干/烤干（密封存放） → 果干法

对于认为不需要将果肉煮沸，而是直接将其烤干的小组，教师应当对他们的意见给予充分肯定,并引导其设计对比实验,证明自己的观点。

2. 教师引导学生逐步分析罐头法保存黄桃的方案中,各个步骤所对应的科学知识。

3. 教师引导学生逐步分析果干法保存黄桃的方案中,各个步骤所对应的科学知识。

4. 学生思考预测这些操作可能会出现的现象。例如,果肉煮沸时间较短、果肉烘烤时间较短、装果干或罐头的容器没有消毒或漏气。

5. 归纳微生物的生存条件:微生物的生存和繁殖需要适宜的温度、水分和一定气体条件,以及营养等。

6. 学生根据讨论和反思,结合他人的建议进一步完善本组的设计方案,并根据本组选择的保存方案完成学习单。

【设计意图】通过提问的方式,引导学生将两种保存方法的原理进行梳理,是对微生物生存需要一定条件的验证与应用。

四、总结梳理,应用迁移

1. 教师介绍面临粮食短缺的国家的情况,以及我国每年的粮食浪费情况。

2. 学生就"节约粮食与食品安全之间的关系"发表观点。

【设计意图】本单元是通过研究变质的食物,认识了微生物,并在认识到微生物的害处和益处的过程中了解到微生物的基本特点和生存条件,所以这个问题实际上是让学生在关注节约粮食的同时,践行科学、健康的生活方式。

【精彩片段】——将知识迁移应用到"延长水果保存时间"

小组展示其制作方案,并介绍。

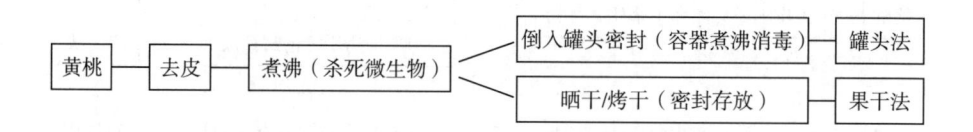

黄桃 → 去皮 → 煮沸(杀死微生物) → 倒入罐头密封(容器煮沸消毒) → 罐头法
                                → 晒干/烤干(密封存放) → 果干法

生1：去皮是因为水果表面有很多细菌和农药；煮沸是为了杀死果肉中的微生物，因为果肉中也有可能有细菌。

生2：用盖子密封的科学原理是可以隔绝空气，从而抑制那些需要氧气才能生存的微生物；可以避免外面的那些细菌跑进去，造成水果变质。

生3：将果肉放在阳光下晒，既可以杀菌，又可以让果肉中的水分蒸发，从而防止其他细菌在上面生长。

生4：制作果干也应该将果肉煮沸，利用高温杀死微生物，更有利于果干存储。

师：同学们的分析都有理有据，但我们的设计方案仍然不够完善。假设按照这个方案，我们分别制作了一罐水果罐头和一袋果干，结果放了两天之后准备拿出来吃却发现它们都变质了。你认为还可以增加哪些步骤以完善设计方案。

生1：果肉煮沸时间要足够长，才能保证杀菌完全；果肉烘烤或晾晒的时间也要足够长；装果干或罐头的容器也要用开水煮沸，来消灭容器上的细菌。

生2：罐头盖子也要消毒，因为它上面也有可能有细菌。

生3：做罐头的时候，罐头里面的水要尽量加满，因为这样就可以保证罐子里面没有空气。

【教学评析】

为解决果农水果变质的真实问题，学生结合本单元的微生物知识，通过小组合作设计并完善"延长水果保存时间"的方案。学生结合所学知识，分析本组和其他小组方案合理性，在这过程中将知识进行了进一步的梳理和应用，发展了科学思维。

【学习单】

我认为，将黄桃＿＿＿＿＿＿，可以大大延长保存的时间。

步骤	原理
第一步：	
第二步：	
第三步：	
第四步：	
……	
最后：	

持续反馈与应用设计

项目式作业　微生物与生活

1. 制作"我的微生物手册"

目标：通过观察和研究了解你身边的微生物世界。

做什么：列出一个月内你遇到的微生物事件；分析微生物事件对你造成的影响；制作微生物手册，呈现出微生物事件发生的原因。

分析反思：你的生活是如何被以上事件中的微生物影响的？如何避免再次受到类似微生物的影响？说出你的依据。

2. 水果罐头保存说明

目标：通过探究实践进一步认识微生物生存需要一定的条件。

做什么：列出你认为保存水果罐头的注意事项；通过设计实验方案探究各项注意事项；根据实验结果，撰写水果罐头保存说明，如应当用清洁干燥的餐具取出水果。

分析反思：不恰当的水果罐头食用方法是如何缩短其保存时间的？如果一直不食用水果罐头，它仍会变质的原因是什么？各种不同的保存方法是如何影响水果罐头的保存时间的？说出你的依据。

3. 制作"我的食品保存指南"

目标：结合生活经验和所学知识，从微生物与其他生物、环境相互依存的角度提出可探究的科学问题，并进行实验。

做什么：列出你的生活中需要注意保存方法从而保证食品安全的食物；确定所列各种食物适宜的保存方法（如果蔬冷藏、鲜肉冷冻、面包密封冷藏、鲜肉风干或制成腊肉等）；将各个食物分别按照所适宜的方法进行保存。

分析反思：不恰当的保存方法是如何影响食品安全的？所列的保存方法对应的微生物知识是什么？解释你是如何得到这个结论的？

单元教学反思

在本单元学习之前，大部分学生的视野都聚焦在宏观世界，这个我们用肉眼所观察到的世界，只有少部分课外知识丰富的学生了解显微镜、细胞和微生物等内容，所以将宏观世界和微观世界进行有效连接，并以此为切入点拓展学生对微观世界的研究兴趣是设计本单元的目的和初衷。

在正式进入"变质的食物是否建议继续食用的看法和原因"这一问题的研究时，教师要和学生深入交流才能对学生的前概念了解充分，从而根据不同班级的情况更好地把握课堂的节奏。第1课时的内容以"部分变质的水果是否建议食用"为研究主题，打开本单元学习的入口，让学生在认知上形成冲突从而有了强烈的探究和学习的兴趣。第1课时作为本单元的基础，既要培养学生的科学探究思维又要教学显微镜的正确使用方法，对于部分学生来说学习负担较重，但如果是基于学生完成了显微镜的使用的学习之后，再进行本单元的学习，则可以在规范学生显微镜使用的同时，拓展学生微观世界的视野。

第1课时到第3课时的学习给学生建构了"霉菌、细菌和病毒都是微生物"的概念，在第 4 课时中通过了解"各种微生物导致的疾病及其解决办法"，进一步认识到微生物的利弊；在第 5 课时和第 6 课时之中，通过对酵母菌和乳酸菌的实际利用去制作馒头和泡菜，加深学生对微生物生存条件的认识；最后，学生利用前面 6 个课时中所学到的微生物的种类、特点和生存条件等知识，来解决生活中的一个实际问题"如何延长水果的保存时间"，既能让学生尝试自主探究，教师也能通过这个问题的解决过程和效果来评价学生之前的学习目标达成度。

在学习前三课时的过程中，学生有浓厚的学习兴趣且动手能力能够较好地解决课时问题；但在第 4 课时中，学习内容的特点由具体转为抽象，而学生在学习的过程中其思维方式不易及时转变，且思维能力难以与之匹配，因此在教学此课内容前，需要对学生的思维进行充分的引导和训练；在第 5 和第 6 课时的学习中，由于需要将"看"与"做"相结合，对学生的手眼协调和抽象思维的能力要求更高，这对 6 年级的学生来说是有一定难度的，教师需要合理利用小组合作的特点和优点，让学生学会合理分工合作完成学习；当学生能较为顺利地完成前面 6 个课时的学习任务，最后一课的内容无论是实验设计还是分组实验对学生来说都是水到渠成的。

整个单元的学习整体是总—分—总的结构，从生活中的实际问题出发展开学习，再回到生活中去解决一个实际的问题，对思维能力和动手能力都有一定要求，教师在教学过程中要关注这部分能力稍弱的学生的学习状态，发现问题并及时解决。

案例提供者：慕雪颖，重庆科学城驿都实验学校
　　　　　　李　健，重庆高新区教育事务中心
　　　　　　况　维，重庆科学城驿都实验学校
指导教师：邵发仙，重庆市教育科学研究院

生物体的稳态与调节

案例6 健康生活

📂 **单元教学内容规划**

（一）本单元学习指向的核心概念及学习进阶路线

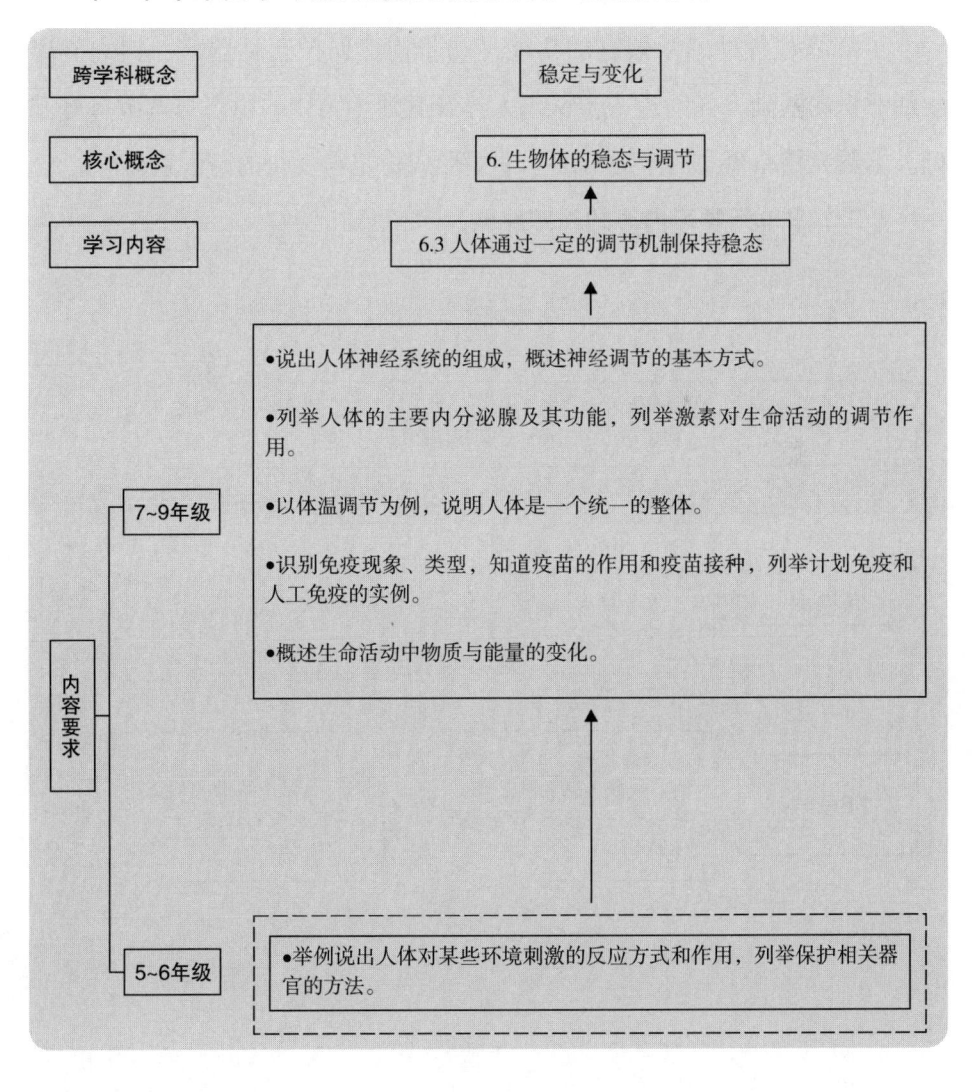

跨学科概念	稳定与变化
核心概念	6.生物体的稳态与调节
学习内容	6.3 人体通过一定的调节机制保持稳态
内容要求 7~9年级	• 说出人体神经系统的组成，概述神经调节的基本方式。 • 列举人体的主要内分泌腺及其功能，列举激素对生命活动的调节作用。 • 以体温调节为例，说明人体是一个统一的整体。 • 识别免疫现象、类型，知道疫苗的作用和疫苗接种，列举计划免疫和人工免疫的实例。 • 概述生命活动中物质与能量的变化。
内容要求 5~6年级	• 举例说出人体对某些环境刺激的反应方式和作用，列举保护相关器官的方法。

本单元聚焦"生物体的稳态与调节"核心概念，落实课标中"人体通过一定的调节机制保持稳态"的学习内容要求。

生物体是一个在内部和外部不断进行物质循环、能量流动和信息交流与反馈的开放系统，能通过自我调节机制维持稳态。

5~6年级在通过多种活动了解脑和各种感觉器官功能的基础上，初步构建保护感觉器官和健康生活与生物体稳态之间的关联。

7~9年级通过初步认知人体是一个统一整体的概念，进一步构建生命活动中物质与能量的变化与生物体稳态之间具体的因果关系。

了解脑和各种感觉器官的功能是初步构建保护感觉器官、树立健康生活意识的基础，并为进一步认识人体及其他生物体的稳态与调节打好基础。本单元核心概念的学习有助于学生形成稳定与变化的跨学科概念。

（二）本单元学习内容的组织线索

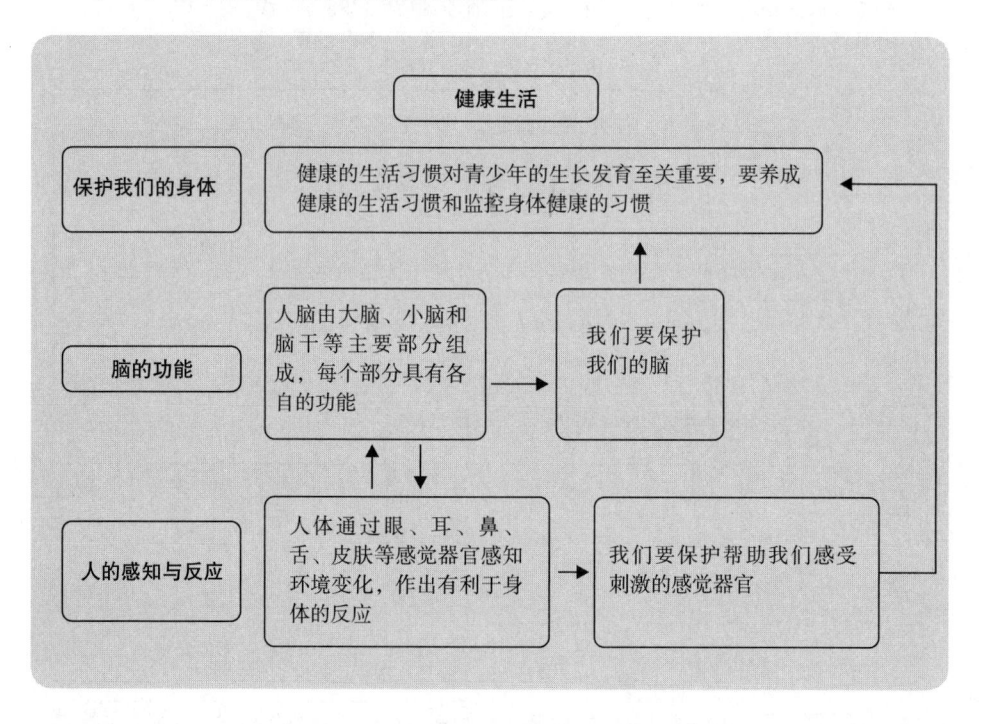

单元学习目标设计

核心素养	学习目标
科学观念	1. 能举例说出人体对某些环境刺激的反应方式和作用，能列举保护脑及五种感觉器官的方法。 2. 知道人脑的主要组成部分
科学思维	能通过查阅资料，归纳总结保护脑和感觉器官的主要措施
探究实践	1. 能体验并描述人体对环境刺激的各种反应。 2. 能制订科学的作息时间表
态度责任	1. 乐于体验五种感觉器官和脑的功能。 2. 能树立健康意识，自觉改正不良生活习惯

单元学习评价设计

单元学习评价设计一

"健康生活"评价量表

核心素养	评价指标	评价标准 ★	评价标准 ★★	评价标准 ★★★	同伴互评	教师评价
科学观念	举例说出人体对某些环境刺激的反应方式和作用	知道人体会对某些环境刺激作出反应，但不能举例	能举例说出人体对某些环境刺激的反应方式和作用，但仅限于个别感觉器官的反应	能举例说出人体对某些环境刺激的反应方式和作用，举例全面、具体，描述清晰、准确	☆☆☆	☆☆☆
	列举感觉器官的保护方法	知道要保护感觉器官，但不能列举保护这些感觉器官的方法	能列举部分感觉器官的保护方法	能列举全部感觉器官的保护方法	☆☆☆	☆☆☆
	说出人脑的主要组成部分及大脑、小脑和脑干的主要功能	知道人脑的主要组成部分，并能说出大脑的主要功能	知道人脑的主要组成部分，并能说出大脑和小脑的主要功能	知道人脑的主要组成部分，并能说出大脑、小脑和脑干的主要功能	☆☆☆	☆☆☆

续表

核心素养	评价指标	评价标准 ★	评价标准 ★★	评价标准 ★★★	同伴互评	教师评价
科学思维	查阅并归纳出保护感觉器官和脑的主要措施	能在教师指导下查阅资料并归纳保护感觉器官和脑的一些措施	能独立查阅相关资料，获取关于保护感觉器官和脑的知识，但不能归纳出主要措施	能独立查阅并归纳出5条以上保护感觉器官和脑的主要措施	☆☆☆	☆☆☆
探究实践	体验并详细描述人体对环境刺激的各种反应	能在教师的指导下，体验并简要描述人体对环境刺激的各种反应	能在教师的引导下，体验并详细描述人体对环境刺激的各种反应	能认真体验并详细描述人体对环境刺激的各种反应	☆☆☆	☆☆☆
探究实践	制订科学的作息时间表	能在教师的指导下制订作息时间表	能独立制订作息时间表，但不够科学	能独立制订科学的作息时间表	☆☆☆	☆☆☆
态度责任	进行观察和记录	对各种体验活动表现出一定的兴趣，并能在他人带动下进行观察和记录，但是态度不够认真	对各种体验活动表现出一定的兴趣，并能在他人带动下认真观察记录	对各种体验活动表现出浓厚的兴趣，并能积极主动地进行观察和记录	☆☆☆	☆☆☆
态度责任	树立健康意识，改正不良生活习惯	能通过学习，树立健康意识，但不能改正不良生活习惯	能通过学习，树立健康意识，并在他人监督下改正不良生活习惯	能通过学习，树立健康意识，自觉改正不良生活习惯	☆☆☆	☆☆☆

单元学习评价设计二

1. 过年放烟花时，你的哪些感觉器官会作出反应？分别是何种反应？

2. 感觉器官感知外界刺激后，会在人脑中形成各种感觉，脑是人体的重要器官，你知道哪些保护脑的措施呢？

措施1：＿＿＿＿＿＿＿＿＿＿＿＿＿＿＿＿＿＿＿＿＿＿＿＿＿＿。

措施 2：_____。

措施 3：_____。

3.感觉器官和脑对人体有重要意义，关注身体健康，我们需要养成哪些良好的生活习惯（包括睡眠、饮食、运动等方面）？

好习惯 1：_____。

好习惯 2：_____。

好习惯 3：_____。

学生情况分析

学生在孩提时就已经认识了感觉器官，在低年级的科学课上又对这些器官的功能进行了初步了解和体验，因此，本学段学生对脑和五种感觉器官已有充分的感性认识。但人的感知与反应，以及它们与脑的关联学生并不了解。学生对人体在不同环境刺激下利用感官感知并作出反应的现象能够进行观察，但描述得不够准确，也很难认识到脑是认知、情感、意志和行为的生物基础，对于人体器官的保护也知之甚少，只有简单的生活经验，没有具体的作息计划。

学习是个循序渐进的过程，学生需要在多种思维型探究实践活动中对人的感知与反应、脑的结构与功能，以及如何健康生活进行了解和认知，在层层递进的知识体系中学习知识、训练思维、提升能力，并应用于生活实际。

单元学习进程设计

单元主要概念	学习进阶	学习问题链	主要学习活动	思维型教学原理	课时建议
生物体的稳态与调节	动机激发	问题一：眼、耳、鼻、舌、皮肤等感觉器官是怎样帮助人体感知外界变化的	亲身体验人体在不同环境下对外界刺激的反应方式	概念初始认识（动机激发）（认知冲突）	1
	探究实践	问题二：感觉器官感受外界刺激时会在人脑形成各种感觉，脑由哪几部分结构组成？主要功能分别是什么	认识人脑的组成部分，通过活动认识大脑的特征及脑的主要功能	概念深度理解（自主建构）	1
	指导操作	问题三：关注身体健康，搜集整理自己的身高数据及体重指标，判断自己的发育正常吗	搜集整理自己的身体生长数据，绘制统计图，分析变化规律	概念具体化（应用迁移）	1
	评价创造	问题四：分析对健康有益的生活习惯和对健康有害的生活习惯，判断自己的生活习惯对健康有益吗	分析对健康有影响的生活习惯并提出改进措施；制订科学的作息时间表	概念迁移创造（自我监控）（应用迁移）	1

第1课时 人体的感知与反应

核心问题：眼、耳、鼻、舌、皮肤等感觉器官是怎样帮助人体感知外界变化的？

【教学目标】

1. 知道眼、耳、鼻、舌、皮肤等感觉器官能帮助人体感知外界变化。

2. 列举保护眼、耳、鼻、舌、皮肤五种感觉器官的方法。

3. 能观察并描述人体在不同环境刺激下，利用感觉器官感知并作出反应的现象。

4. 对探究人体对环境刺激的反应感兴趣，并乐于体验人体对外界刺激的反应。

【教学重难点】

重点：知道人体通过感觉器官感知外界的变化。

难点：观察、描述人体在不同环境刺激下利用感官感知并作出反应的现象。

【教学准备】

教师准备：眼罩、2个分别盛有冷水和温水的玻璃杯、盲文图书、吸管、卡纸、剪刀、手电筒、颜色不同的玻璃纸、多媒体课件等。

学生准备：学习单、笔等。

【教学过程】

一、创设情境并提出问题

1. 出示能够引入本单元学习主题的图片并提出问题：我们是怎样感知外界的各种变化并作出反应的？

2. 播放雷雨天电闪雷鸣的视频，并提出问题：雷雨天，我们通常有什么反应？身体的哪些器官能帮助我们感知天气的变化？

3. 讲述：今天这节课，我们来研究人体的感知与反应。

【设计意图】播放雷雨天气现象视频，能够激活学生的相关经验，帮助学生更准确地描述自己在雷雨天的感受和反应，体验感觉器官感知到的环境刺激。由此，可以引入本课时学习主题，聚焦人的感知与反应，并转入科学实践活动教学。

二、认识人体对环境刺激的各种反应

（一）交流人体对环境刺激的各种反应

1. 组织学生观察"相声表演、路过餐馆、手摸冰雕"图片并提问：结合自己的生活经验说一说，在这些环境的刺激下，人体会作出什么反应？

2. 引导学生通过交流得出结论。

3.组织学生观看"望梅止渴"图片并提问：看到杨梅时，人会产生什么反应？为什么有的人没有吃到杨梅，也会产生嘴里发酸的感觉？

4.讲解：吃过杨梅的人看到杨梅时，即便不吃，嘴里也会有酸的感觉，进而产生唾液。这种反应与人们以前吃杨梅时，口腔受到的刺激和作出的反应有关。

5.引导学生基于前面的分析得出结论：当我们处于不同环境时，我们的感觉器官会感受到外界的刺激，人体便会作出相应的反应。

（二）体验人体对外界刺激的反应

1.感受眼睛对强光刺激的反应

①组织学生进行模拟活动：两人一组，一人带上眼罩，片刻后摘掉眼罩，说说有什么反应；另一人观察戴眼罩的同学眼的变化。然后互换角色，再做一次。

②引导学生交流并在学习单中记录自己的感受。

2.体验人体对刺耳的噪声和美妙的音乐的反应

学生聆听刺耳的噪声和美妙的音乐，交流感受并在学习单中记录。

3.感受皮肤对冷热刺激的反应

①发给每组学生2杯水（45~50 ℃的温水、冷水），让学生用双手逐一触摸装有温水和冷水的玻璃杯杯壁，片刻后说说双手的感觉。

②组织学生交流并在学习单中记录感受。

4.感受皮肤对触觉刺激的反应

①发给每组一本"盲文图书"进行"阅读"，体会有视觉障碍的人"阅读"时的感受和反应。

②组织学生交流感受——比较阅读普通图书和"盲文图书"有什么不同的感受，并把自己的感受记录在学习单中。

5.提出问题，引导学生交流人体对环境刺激的各种反应及其作用，讨论保护感觉器官的主要方法。

【设计意图】这一环节的活动使学生感受各种刺激,活动过程中让学生充分交流,并在交流中引导学生发现,在感觉器官感知到不同的环境刺激后,人便会作出相应的反应。体会到人在感觉器官的帮助下才能正常生活,从而激发学生保护感觉器官的意识。

三、拓展应用

1. 播放学生感兴趣的电影片段,再展示一段静态的电影胶片(图片)。

2. 提出问题:为什么经过电影放映机的播放,静态的图像就能"动"起来?

3. 组织学生阅读相关资料(包括教科书),了解视觉暂留现象及其应用。

4. 找两位学生到讲台前观察延时"色光叠加"现象,引导学生利用视觉暂留原理解释观察到的现象。

5. 指导学生动手制作"小鸟入笼"玩具。

【设计意图】这一环节的设计意图是为了培养学生的创新精神,可以通过"小鸟入笼"游戏,鼓励学生利用视觉暂留原理设计、制作更多有趣的玩具。

【精彩片段】——明确探究问题,引发认知冲突

师:请同学们观察"相声表演、路过餐馆、手摸冰雕"的图片,结合自己的生活经验说一说,在这些环境刺激下,人体会作出什么反应呢?

学生小组讨论后汇报。

生1:当我们观看相声时,主要是通过眼和耳感受外界的刺激。看到滑稽的表演、听到有趣的事时,我们的身体会产生愉悦感。

生2:当我们的鼻子闻到香味时,身体会产生饥饿的反应。

生3:当我们的手不小心碰到冰冷的物体时,手指上的皮肤会使我们感受到冷的刺激,于是手会马上缩回来。不仅手指能感受到冷的刺激,我们身上其他部位的皮肤也能感受到冷的刺激。

师：那么请同学们再看看这幅图片（女孩看到树上的杨梅，说："好酸啊！"）。看到杨梅时，人会产生什么反应？为什么有的人没有吃到杨梅，也会产生嘴里发酸的感觉？

生：看到杨梅，有的人嘴里有酸的感觉，并产生唾液。这是因为他们在之前吃过杨梅，知道杨梅的味道是酸的。

师：吃过杨梅的人看到杨梅时，即便不吃，嘴里也会有酸的感觉，进而产生唾液。这种反应与人们以前吃杨梅时，口腔受到的刺激和作出的反应有关。那么基于前面几种情况的分析，同学们能得出什么结论呢？

生：当我们处于不同环境时，我们的感觉器官会感受到外界的刺激，人体便会作出相应的反应。

师：是的。人在感觉器官的帮助下才能够感知外界事物，正常生活，所以我们要保护好我们的感觉器官。

【教学评析】

教师创设学生熟悉的问题情境，活动中学生充分交流，并在交流中发现在不同环境的刺激下，人的感觉器官会作出相应的反应。本节课结合看相声、闻气味、摸冰雕等活动图片激发学生学习动机、引发认知冲突，引导学生深入思考，帮助学生明确探究问题。

【学习单】

请在下表中记录人体对外界刺激的感知、反应及其作用。

外界刺激	感知	反应	反应的作用

第 2 课时　脑的功能

核心问题：感觉器官感受外界刺激时会在人脑形成各种感觉，脑由哪几部分结构组成？主要功能分别是什么？

【教学目标】

1. 知道人脑是由大脑、小脑、脑干等组成的。

2. 能简要描述大脑外形特征。

3. 初步了解大脑、小脑和脑干的主要功能；知道脑是认知、情感、意志和行为的生物基础。

4. 能从睡眠、压力、情绪等方面，列举为保护脑的健康采取的主要措施。

【教学重难点】

重点：通过实践活动探究大脑、小脑和脑干的主要功能。

难点：认识到脑是认知、情感、意志和行为的生物基础。

【教学准备】

教师准备：核桃仁、豆腐、两个用大小不同的纸揉成的看似一样大的纸团、多媒体课件（或脑的挂图）等。

学生准备："反应尺"游戏所需的直尺、学习单、笔等。

【教学过程】

一、创设情境并提出问题

1. 出示图片，引导学生观察图片中的情境，提出问题：踢球时，我们的感觉器官和运动器官是怎样协调一致完成动作的？

2. 学生发表自己的观点。

3. 讲述：看来，大家对这个问题的看法不太一样。那么，究竟哪种说法对呢？为了找到答案，这节课我们就来探究脑的结构与功能吧。

【设计意图】这一环节教师通过学生的回答，了解学生的前概念水平，让教学活动有的放矢。教师在此过程中也能够引导学生将注意力聚焦到脑的作用上来。

二、认识脑的结构与功能

（一）认识脑的主要组成部分

1. 出示脑的图片，引导学生认识脑的主要组成部分。

2. 讲述：我们的脑在颅骨内，主要由大脑、小脑和脑干3个部分组成。

（二）通过类比的方式认识大脑的大小、形状、硬度等特征

1. 承接前一个环节提出问题，引出认识大脑的活动

①在人脑内部结构中，哪个部分最大？

②认识大脑，可以从哪几方面入手？

2. 引导学生从大小、形状、硬度等方面认识大脑

（1）了解大脑的大小

①讲述：请同学们伸出双手，把两只手握成拳头并拢在一起，放在额头前，这就相当于你的大脑的大小。

②学生活动：观察小组同学的拳头，并谈一谈各自的发现。

③讲述：由于同学之间存在个体差异，大脑的大小会有差别，但是因为你们年龄相仿，所以大脑大小相差不大。跟老师的拳头相比，同学们的拳头就小多了，由此可见，大脑是随着年龄的增长而在不断地变大、变重。

（2）认识大脑的形状

①提出问题：你们知道我们的大脑表面是什么样的吗？

②讲述：大家进一步观察我们的双拳——除了大小跟大脑差不多外，这两个并拢的拳头的形状也跟大脑相似。大脑表面凹陷下去的部分叫作"沟"，隆起的部分叫作"回"。

③组织学生观察拳头，感知大脑的"沟"和"回"，加深对"沟"和"回"的认识。

④讲述：其实，大脑的形状更像一个核桃仁。

⑤组织学生观察大脑图片和核桃仁，使学生认识到大脑的形状跟核桃仁的相似性——都分为左右两部分，表面都凹凸不平。

⑥提出问题，启发学生思考并讨论：仔细观察核桃仁，找一找核桃仁上的"沟"和"回"。想一想大脑表面这么多的"沟"和"回"有什么作用？

⑦引导学生观察两个大小一样但皱缩程度不同的纸团，讨论两个纸团的不同之处，同时引导学生寻找纸团上的"沟"和"回"，并比较两个纸团上"沟"和"回"的不同之处。

⑧将两个看似大小一样的纸团展开，引导学生仔细观察并认真思考：打开的纸团是什么样？说明了什么？

⑨讲述：从这两个打开的纸团，我们可以看出，这些凹陷的"沟"和隆起的"回"能增大大脑皮层的表面积。这样，大脑就能帮助我们存储大量的信息。

（3）了解大脑的硬度

①引导学生用手指轻触豆腐，感受它的硬度。

②讲述：大脑质量的80%是水，所以它是软软的，跟我们平时吃的豆腐差不多，由此可见，我们的大脑很脆弱，经不起磕碰，同学们一定要保护好自己的大脑。

（三）通过活动，体会大脑和小脑的功能

1. 提出问题：脑有哪些功能呢？

2. 引导学生通过活动体会脑的功能，启发学生思考并讨论脑的功能。

（1）"反应尺"游戏

①讲解游戏规则和注意事项。学生两人一组活动，把相关数据记录在学习单中。

②提出问题：脑在这个活动中起到了什么作用？通过数据分析，我们能发现什么规律？这说明了什么？

（2）"快速记数"游戏

①讲解游戏规则，组织学生进行游戏。

②提出问题：大脑在这个活动中起到了什么作用？引导学生对大脑的功能进行思考和讨论。

（3）"金鸡独立"或"走平衡木"

①讲解活动规则，学生分组活动。

②提出问题：脑在这个游戏中起到了什么作用？

（4）引导学生基于体验活动总结大脑和小脑的功能。

（四）了解脑的更多功能

1.出示脑的功能的相关资料，组织学生阅读资料。

2.组织学生交流讨论，结合自己的生活经验，谈谈脑的其他功能。

【设计意图】在教学中，教师通过激发学生的探究热情，引导学生循序渐进认识脑的主要结构和功能。这些直观的教学方法，能有效地化解教学难点，使学生对脑的认识更加具体、形象、深刻。

三、拓展应用

1.出示图片：判断哪种做法是保护脑的行为。

2.结合本节课对脑的认识，思考还有哪些保护脑的措施。

3.举例说说自己生活中哪些好习惯是保护脑的行为，还有哪些地方需要改进，并尝试从睡眠、饮食等方面制订一个"保护大脑规划表"。

【设计意图】这一环节的设计是在学生对大脑认识的基础上，使学生意识到大脑是人体的重要器官，思考如何来保护大脑，并着力引导学生尝试着从睡眠、饮食、避免长期精神压力等方面为自己制订具有可行性的规划表。

【精彩片段】——自主探究大脑和小脑的功能

师：同学们，刚才我们认识了脑的主要组成部分和大脑的大小、形状等特征。那么，脑有哪些功能呢？

生1：脑可以让我们快速地记忆。

生2：脑可以让我们作出准确的判断。

生3：脑可以指挥我们的身体运动。

师：为了更好地让同学们认识到脑的功能，接下来我们分小组合作，通过科学实践活动来探究脑的功能，在探究过程中，同学们要善于把自己的发现和感受与其他同学交流。

教师讲解"反应尺"游戏规则和注意事项，学生进行游戏。

师：脑在这个游戏中起到了什么作用？

生：脑使我们快速地作出反应。

师：通过分析数据，同学们发现了什么规律？说明了什么？

生："反应尺"游戏，捏住直尺的位置越低，读数越小，说明反应时间越短，反应速度越快。

教师讲解"快速记数"游戏规则和注意事项，学生进行游戏。

师：在这个活动中，是脑的哪个部分帮助我们记住这些数字的？

生：是大脑帮助我们记住这些数字的。

师：这个活动证明我们的脑有什么功能？

生：这个活动证明我们的脑有记忆功能。

教师讲解"金鸡独立"游戏规则，学生进行游戏。

师：同学们，脑在这个活动中起到了什么作用？

生：在这个活动中，脑起到了让我们身体保持平衡的作用。

师：同学们，这个活动证明我们的脑有什么功能？

生：这个活动证明我们的脑有保持身体平衡的功能。

师：在这个活动中，同学们知道是脑的哪部分帮助我们保持身体平衡的吗？

生：是小脑帮助我们保持身体平衡的。

师：通过实践探究活动，我们体验到了脑的功能，接下来让我们观看视频或阅读相关资料，看看脑还有哪些功能呢？

【教学评析】

本环节的教学，教师通过设计"反应尺""快速记数"游戏，使学生认识到大脑具有对刺激作出反应和记忆等多种功能，通过"金鸡独立"游戏使学生认识到小脑具有保持身体平衡的功能。通过多个探究实践活动，引导学生在合作探究中实现概念深度理解，完成知识自主建构，力求从思维层面使学生深刻认识脑的功能。

【学习单】

1. 把"反应尺"游戏数据记录在下表中。

游戏次数	手指捏住直尺的位置
第1次	
第2次	
第3次	
第4次	

2. 下面的数字卡片来自我们的教科书，试根据记忆，补上缺失的数字。

9	22	（　）
16	（　）	12
（　）	（　）	6
80	（　）	3

第3课时　保护我们的身体（1）

核心问题：关注身体健康，搜集整理自己的身高数据及体重指标，判断自己的发育正常吗？

【教学目标】

1. 了解人体生长发育的主要阶段和一般规律。

2. 对自己身体的生长变化感兴趣。

3. 能通过调查、阅读资料等方式获得自己从出生到现在的身高数据，用表格和折线统计图的方式整理记录身高数据。

4. 积极参与探究实践活动，愿意与同学交流自己的观点。

【教学重难点】

重点：了解人体生长发育的主要阶段和一般规律。

难点：根据自己身高数据绘制折线统计图。

【教学准备】

教师准备：0~18岁身高变化曲线图。

学生准备：搜集自己从出生到现在的身高和体重数据。

【教学过程】

一、创设情境并提出问题

谈话：同学们注意过自己的身高在这一年中大约长了多少厘米吗？每年身高增长得一样快吗？本节课我们就从身高变化入手，探究身体的生长发育有怎样的规律。

【设计意图】引导学生从关注自己的身高变化入手，探寻生长变化规律。

二、了解我们的生长发育

（一）整理数据并绘制身高变化折线统计图

1. 谈话：课前老师布置同学们搜集自己从出生到现在的身高和体重数据，大家都带来了吗？

2. 请一两位学生展示数据。组织学生利用学习单中的表格整理身高数据。

3. 提问：同学们，你们从这些数据中获得了哪些信息？从出生到现在，你们的身高变化有什么规律？

4. 绘制身高变化折线统计图

①教师讲解绘图方法。

②学生独立绘制身高变化折线统计图，教师巡视指导。

5. 分析图表，交流身高变化规律

①分组讨论：身高变化有什么规律？

②集体交流。

③小结：身体在持续长高；每年增长的高度不同，婴儿期身高增长最快。

（二）计算体重指数，判断自己的发育是否正常

1. 谈话：在刚才的活动中我们发现，同样是10岁或11岁，同学们的身高差异还是挺明显的，课前我们还搜集了体重数据，时间关系，我们就不整理绘图了，请几位同学分享一下各自的体重数据。

2. 请高矮胖瘦差异明显的学生分享自己的体重，教师记录在黑板上。

3. 提问：我们能从这组数据中能看出什么？

4. 讲述：体重指数的概念及体重指数标准。

5. 学生计算自己的体重指数，并对照标准判断自己的发育是否在正常范围内。

6. 统计全班同学体重指数分布情况并记录在学习单中。

7. 研讨：导致部分同学体重不在正常范围内的原因是什么？

【设计意图】教师在课前布置任务，让学生尽量完整地搜集自己出生以来的身高和体重数据，目的是为了顺利地实施教学活动。因为一般情况下很难从一堆数据中发现规律，所以教师指导学生通过绘制图表进行统计，目的是可以将规律更直观地呈现出来；通过收集身高、体重数据并进行分析，让学生自己发现问题，并进一步思考导致这种问题产生的原因。

三、拓展应用

1. 这节课同学们对自己的身体变化有了哪些了解？

2. 阅读资料，了解人体生长发育的阶段性和青春期的主要特点。

【设计意图】这一环节让学生明确了自己正处于青春发育期阶段，要

关注自己身体的变化和青春期发育的特点，以及了解保健常识。

【精彩片段】——自主探究身高变化规律

师：同学们，课前老师让大家搜集自己从出生到现在的身高数据，你们搜集到了吗？

学生展示自己从出生到现在的身高变化数据。

师：请同学们把自己的身高数据按照年龄顺序填写在表格中。

学生整理身高数据，填写身高变化统计表。

师：同学们从这些数据中获得了哪些信息？从出生到现在，身高变化有什么规律？

生：从数据中我发现每长大一岁，我的身高也在跟着变化，身高变化的规律是年龄增长，身高也随着增长。

师：同学们根据身高数据发现了这样的规律，那么是不是像同学们所说的那样呢？为了让同学们更加一目了然，接下来我们根据这些数据绘制身高变化折线统计图。

教师讲解绘图方法，学生独立绘图。学生分组讨论身高变化规律。

师：同学们，通过讨论你们发现身高变化的规律了吗？

生：通过折线统计图，更清楚地看到我们的身高增长与年龄变化有关。

师：从出生到现在，同学们的身体每一年都比上一年高，即在持续长高中；每年增长的速度不同，婴儿期身高增长最快。

【教学评析】

绘制图表之前教师指导学生整理数据，让几名学生展示的目的是暴露搜集信息时存在的问题，并给出规范整理数据的样例。一般来说，图表可以将规律更直观地呈现出来。先看数据找规律，再绘制图表发现规律，教师给予学生思考的方法和方向，让学生在不断思考中寻找答案。

【学习单】

1. 利用下表整理身高数据。

年龄	身高
1岁	
2岁	
3岁	
……	

2. 在下表中记录全班同学体重分布情况。

体重等级	人数
正常	
低体重	
超重	
肥胖	

第 4 课时　保护我们的身体（2）

核心问题：分析对健康有益的生活习惯和对健康有害的生活习惯，判断自己的生活习惯对健康有益吗？

【教学目标】

1. 对自己的健康状况感兴趣。

2. 如实记录自己一周的生活情况，分析哪些生活习惯对健康有益，哪些生活习惯对健康有害，知道睡眠、饮食、运动等因素会影响我们的身体健康。

3. 结合自身情况制订科学的作息时间表。

4. 能够关注自身健康状况，自觉改正坏习惯，逐步养成健康的生活习惯；与同学合作完成模拟体检活动，知道并能积极宣传定期体检的好处。

【教学重难点】

重点：知道影响身体健康的因素。

难点：制订科学的作息时间表。

【教学准备】

教师准备：小学生作息时间表范例、模拟体检活动器材、与模拟体检项目一致的体检登记表、有关生活习惯的多媒体课件等。

学生准备：记录自己一周的生活情况，包括睡眠、吃饭、运动、娱乐、上学、写作业等。

【教学过程】

一、创设情境并提出问题

1. 谈话：每一年学校都会组织同学们进行健康体检，有的同学在体检过程中会发现体重指标不在正常范围内，那么造成体重指标不在正常范围的原因是什么呢？该怎样矫正呢？

2. 导入：本节课我们要分析影响健康的因素，制订科学的作息时间表。

【设计意图】这一教学环节的目的是结合体检活动及发现的问题，进一步探索影响健康的主要因素，引导学生养成健康的生活习惯。

二、养成健康的生活习惯

（一）交流一周的生活情况

1. 谈话：一周前，老师布置同学们记录自己一周生活的主要内容及所用时间，大家都记录了吗？

2. 学生分组交流一周的生活情况。

3. 集体研讨：哪些生活习惯对健康有益，应该坚持下去；哪些生活习惯会对身体造成伤害，应该改正？

①提出问题，引导学生思考、讨论：哪种作息时间安排更合理，哪些生活习惯更健康？

②出示教科书插图，或播放一些学生日常生活图片（或视频），组织学生观看并讨论：哪些生活习惯对健康有益？哪些生活习惯会对身体造成伤害，应该怎样改正？

③引导学生基于讨论，归纳出对健康有益的生活习惯和对健康有害的生活习惯，并分析不良生活习惯对身体造成的伤害。

4. 小结：睡眠、饮食、运动等因素会影响我们的身体健康。亲近自然、热爱运动是有益于健康的生活习惯，爱吃零食、熬夜看书、长时间使用电子产品是不好的生活习惯。

（二）制订科学的作息时间表

1. 谈话：同学们，我们来制订一份科学合理的作息时间表，以约束自己的行为，逐步养成健康的行为习惯。

2. 出示一份科学的小学生作息时间表范例。

3. 谈话：这份作息时间表与我们的作息时间有什么不同？我们应该怎样安排自己的作息时间呢？参照这份作息时间表，结合前面总结出来的健康生活习惯和自己平时的生活安排，为自己制订一份科学的作息时间表，并记录在学习单中。

4. 组织学生交流各自的作息时间表，互相评议并进行改进。

①评议：大家看看这位同学的作息时间表，他的时间安排合理吗？这样安排有什么优点？还有什么需要改进的地方？应该怎样改进？

②在评议的基础上修改自己的作息时间表。

③小结：按照自己制订的作息时间表安排自己每天的生活，把计划变成现实。长此以往，就会养成健康的生活习惯。

（三）组织学生进行模拟体检活动，了解体检的意义

1. 安排场地、器材及人员分工，组织学生进行模拟体检。

2. 小结：一般情况下，处于不同发育阶段的人容易出现的健康问题是

不一样的，因此健康体检的项目也会有所不同。少年儿童的体检侧重于生长发育是否正常，身高、体重是重要的指标。无论哪个年龄段的人，定期体检都有助于监测自己的健康状况，及时发现健康问题，显著提高各种严重疾病的早期诊断率和治愈率。因此，我们要提醒家人定期体检。

【设计意图】组织学生观看图片或视频，有助于激活学生的生活经验；让学生制订作息时间表是引导学生对每天的时间进行合理规划，更加科学地安排好自己的生活；组织学生进行模拟体检活动是帮助学生形成定期体检的意识。

三、拓展应用

1. 教师结合所教学生近视检出率引出问题：近视是怎样形成的？

2. 出示眼球结构简图或相关视频，帮助学生了解眼的结构和成像原理。

3. 出示图片引导学生了解容易引起近视的不良习惯，简单分析近视的形成原因，提醒学生注意用眼卫生，保护好自己的眼和视力。

【设计意图】这一内容以学生的近视检出率引出问题，可以更有效地引发学生的学习兴趣。

【精彩片段】——自主建构健康的作息时间表

师：同学们，在思想上认识到自己生活习惯中存在的问题，只是走向健康生活的第一步。要想切实提高健康水平和生活质量，最关键的一步是改变不良的生活习惯，养成与自己学习、生活相适应的健康生活习惯。下面，我们来制订一份科学合理的作息时间表，以约束自己的行为，逐步养成健康的生活习惯。

出示一位同学的作息时间表。

师：这是一位同学的作息时间表。这份作息时间表与大家的作息时间有什么不同？

引导学生对比作息时间表，说出与自己作息时间的不同之处。

师：同学们，我们应该怎样安排自己的作息时间呢？

生1：要根据家到学校的距离决定起床和吃早饭的时间。

生2：要根据父母的下班时间决定吃晚饭的时间。

生3：周一到周五的作息时间应与周末的作息时间有所区别。

出示一份科学的作息时间表范例。

师：同学们，我们可以参照这份作息时间表，结合前面总结出来的健康生活习惯和自己平时的生活安排，为自己制订一份科学的作息时间表，填写在学习单上。

组织学生交流各自的作息时间表，互相评议并进行改进。

师：大家看看这位同学的作息时间表，他的时间安排得合理吗？这样安排有什么优点？还有什么需要改进的地方？应该怎样改进？

组织学生互相评议作息时间表，找出不足并提出改进意见。

师：请同学们根据刚才的评议结果，查找自己的作息时间表中存在的问题，并进行修改。

组织学生在评议的基础上修改自己的作息时间表。

师：大家今后就按照自己制订的作息时间表安排每天的生活，把计划变成现实。长此以往，就会养成健康的生活习惯。

【教学评析】

在制订作息时间表的过程中，教师通过"范例指导—独立制订—互相评价—查找问题—逐步完善"的过程，引导学生在自主探究中，自主建构作息时间表，通过实践活动帮助学生自觉改正坏习惯，逐步养成健康的生活习惯。

【学习单】

制订一天的作息时间表。

时间	活动安排	时间	活动安排

持续反馈与应用设计

项目式作业　做自己的"健康监测员"

【任务】

青春期是身心发育的关键时期，对于这样一个重要的人生阶段，健康生活就显得尤为重要。那么，让我们做自己的"健康监测员"，关注自己的身体健康吧！

【要求】

1.根据表格中的身体健康和生活习惯的评价标准，用涂星的方式评价自己的健康状况和生活习惯。

评价标准	评价结果
1.合理作息，保证良好的睡眠	☆☆☆
2.身体健康，能抵抗一般的传染性疾病	☆☆☆
3.体重标准，身体匀称，肢体协调	☆☆☆
4.眼睛明亮，视力正常	☆☆☆
5.牙齿健康，无龋齿、疼痛、出血现象	☆☆☆
6.头发有光泽、有韧性，无头屑	☆☆☆
7.皮肤有弹性，肌肉有力量，运动或行走轻松自如	☆☆☆
8.营养均衡、丰富，不偏食，不挑食	☆☆☆
9.交替进行各种学习活动	☆☆☆
10.饭后和睡前不做剧烈运动	☆☆☆

2.对身体健康和生活习惯"评价结果"进行分析，找出自己存在的不足，并完成分析报告。

分析报告（存在不足）	1.
	2.
	3.
	4.
	5.
	……

3.根据对自己的健康状况和生活习惯的分析，完成一份"健康生活计划书"。

管理项目	管理办法
合理饮食	
充足睡眠	
健身运动	
讲究卫生	
情绪管理	
压力调节	
……	

单元教学反思

思维型探究教学是一种以学生为中心的教学方法，它强调学生的主动性和探究性，通过引导学生主动思考、主动探究，培养学生的创新意识和实践能力。

　　本单元属于生命科学领域的内容，设计意图是使学生通过多种活动，了解脑和各种器官的功能，养成健康生活的意识和习惯。本单元每一课时的教学设计环环相扣，课与课之间层层递进，在探究实践过程中，学生的思维得到了训练和发展。

　　教学情境的创设，能迅速地将学生带入课堂，激发学习动机。例如，第1课时"人体的感知与反应"教学中，教师出示雷雨场景，引导学生基于日常生活经验，分析在不同环境刺激下，人体会作出哪些反应；第2课时"脑的功能"教学中，首先呈现的是一群孩子踢足球的情境，引导学生主动思考我们的感觉器官和运动器官是怎样协调一致完成各种动作的，脑在其中起到了什么作用，从而激发学生的学习动机，聚焦学习主题。

　　引发认知冲突，能够促进学生思维递进，进行深度思考。例如，第1课时"人体的感知与反应"，在"交流人体对环境刺激的各种反应"教学环节中，组织学生观看图片并引导学生思考和讨论："在这些环境的刺激下人体为什么会作出反应？"。这样的问题能够引发学生的认知冲突，促使他们在深度思考的基础上分析、交流自己的观点，最终得出结论：我们的感觉器官能够感受到外界的刺激，所以人体会作出各种反应。

　　"合作探究"是一种建立在合作的基础上，在教师的组织下以小组为单位的学习方式。在这种模式下，学生是主体、是中心、是知识的自主建构者。例如，第1课时"人体的感知与反应"中，体验人体对外界刺激的反应而进行的各种体验活动；第4课时"保护我们的身体（2）"中，让学生"制订作息时间表"活动等。这些教学环节，让学生在合作探究的基础上自主建构，促进了学生的思维发展，提升了学生的创新意识和实践能力。

　　本单元教学以健康生活习惯的养成为落脚点，引导学生初步了解生活习惯与人体健康的关系，尝试从制订科学的作息时间表入手，自觉改正坏习惯，逐步养成健康的生活习惯，让学生明确健康的生活习惯对青少年的生长发育至关重要，在总结反思的过程中实现自我监控。

本单元每一课的拓展应用环节都会设计一些活动或提出一些问题，如通过"小鸟入笼"游戏体验视觉暂留现象；交流怎样保护脑，认识到保护好我们的脑是健康生活的基本保障；针对小学生体检中的近视现象，分析近视形成原因，提醒学生注意用眼卫生，保护好自己的眼和视力等，引发学生思考的同时，联系生活实际，实现知识迁移。

大单元教学设计力求体现思维型探究实践活动的特点，横向来看，每一课要研究的核心问题形成了问题链，纵向来看，从小学5~6年级到初中7~9年级又形成了知识体系，问题与问题环环相扣，内容之间层层递进，在循序渐进的学习过程中，学生在多种思维型探究实践活动中对人体的感知与反应、脑的结构与功能，以及如何健康生活进行了了解和认知，在探究中学习知识、训练思维、提升能力，并应用于生活实际。

案例提供者：郭　阳，抚顺市教师进修学院
　　　　　　孙　莉，抚顺市顺城区中心小学校
　　　　　　聂东红，抚顺市东洲区碾盘乡中心小学校
指 导 教 师：刘天成，辽宁教育学院

生物与环境的相互关系

案例7　环境与我们

▼ 单元教学内容规划

（一）本单元学习指向的核心概念及学习进阶路线

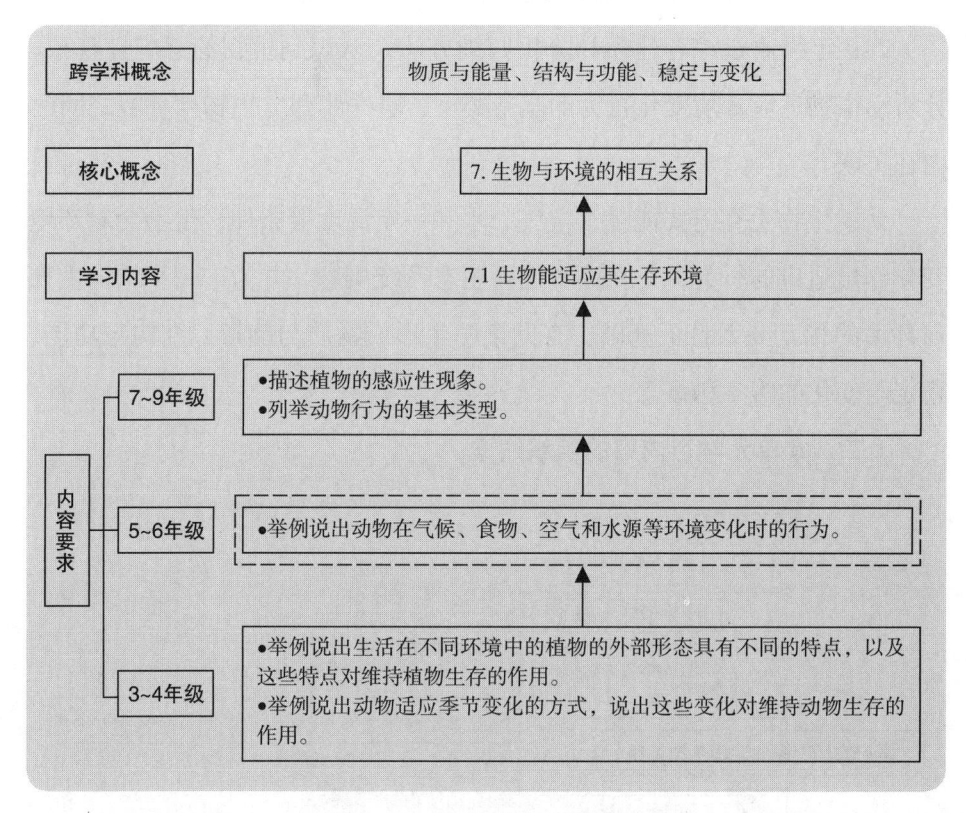

```
跨学科概念 ────────── 物质与能量、结构与功能、稳定与变化

核心概念 ──────────── 7. 生物与环境的相互关系
                              ↑
学习内容 ──────────── 7.1 生物能适应其生存环境
                              ↑
          ┌─ 7~9年级 ── • 描述植物的感应性现象。
          │              • 列举动物行为的基本类型。
          │                    ↑
内容要求 ─┼─ 5~6年级 ── • 举例说出动物在气候、食物、空气和水源等环境变化时的行为。
          │                    ↑
          └─ 3~4年级 ── • 举例说出生活在不同环境中的植物的外部形态具有不同的特点，以及
                         这些特点对维持植物生存的作用。
                       • 举例说出动物适应季节变化的方式，说出这些变化对维持动物生存的
                         作用。
```

本单元聚焦"生物与环境的相互关系"核心概念，落实课标中"生物能适应其生存环境"的学习内容要求。

地球上每一种生物的生存都与环境密切相关，生物生存需要能量，需要空气、水、一定的温度等条件，依赖于由生物和非生物所构建起的环境。

同时，每一种生物或非生物的变化都会直接或间接地影响环境中其他生物及非生物，生物与环境的相互作用与相互协调构成了生态系统的动态平衡。

3~4年级通过查阅资料和设计探究实验，认识到生活在不同环境中的植物的外部形态特点与维持植物生存的关系，不同动物适应季节变化的方式与维持动物生存的联系。

5~6年级通过建模和对比实验，认识到动植物生存需要水、空气、一定的温度等条件，动植物能适应气候、食物、空气和水源等环境变化，建立动植物的适应行为与环境变化的关联。

7~9年级通过综合建模和分析归纳方法，认识到植物的感应性现象，分析动植物适应环境变化行为的基本类型，进一步建立生物与环境之间的内在关联。

认识生物生存需要能量、空气、水和一定温度等条件，生物会对环境变化作出适应的行为，是在逐步建立生态系统概念，并为进一步认识生物与环境的相互关系打下基础，有助于学生形成物质与能量、结构与功能、稳定与变化的跨学科概念。

（二）本单元学习内容的组织线索

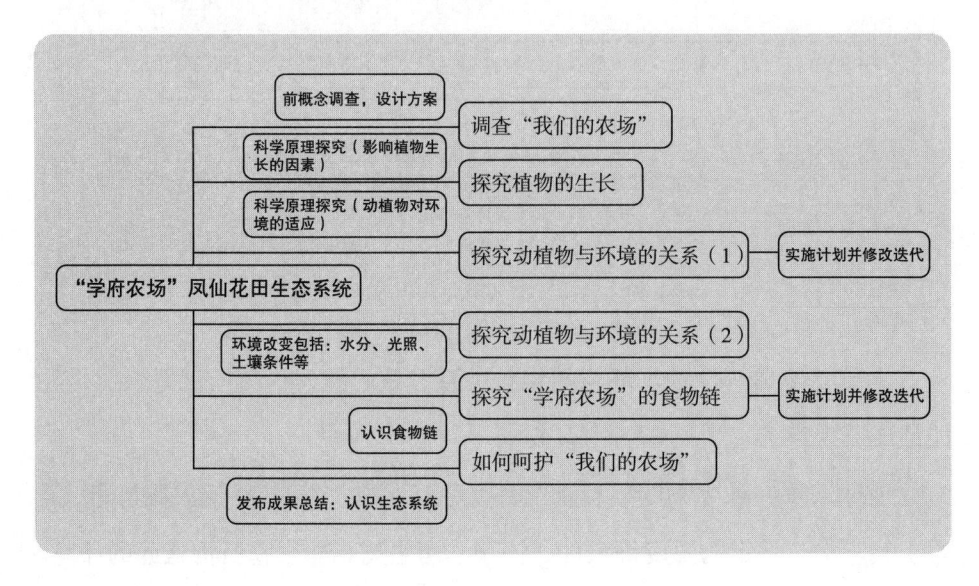

单元学习目标设计

核心素养	学习目标
科学观念	生物能适应环境变化
科学思维	能分析不同动植物在气候、食物、空气和水源等环境变化时的行为
探究实践	能通过观察、测量、设计实验、制订计划、调查、统计等，分析生物生存所需条件，认识生物在环境变化时的适应行为，建构生态系统的概念
态度责任	养成良好的生活习惯，关注生物资源保护

单元学习评价设计

单元学习评价设计一

"环境与我们"评价量表

核心素养	评价指标	★	★★	★★★	同伴互评	教师评价
科学观念	知道植物生长需要一定的条件	能在教师的指导下成功种植凤仙花	能小组合作种植凤仙花，并记录凤仙花的成长	能自主种植凤仙花，并连续观察凤仙花的成长	☆☆☆	☆☆☆
科学观念	知道动植物都会适应新环境	能在教师指导下，理解动植物会适应环境	能在教师引导下，通过对比实验，理解动植物对环境的选择适应	能通过自主对比观察，发现动植物会适应新环境	☆☆☆	☆☆☆
科学观念	认识食物链，理解能量传递	通过课堂学习，知道食物链以及能量的传递	在教师引导下，理解食物链以及能量的传递	能在长期观察实验中理解食物链及能量的传递	☆☆☆	☆☆☆
科学思维	学会对比实验分析动植物对环境的适应性	能在教师的指导下设计对比实验并记录实验数据	能在教师引导下，小组合作完成对比实验，并改进后续实验	能自主完成对比实验，并能自行总结经验，改进实验	☆☆☆	☆☆☆
科学思维	利用"模型"理解食物链	通过教师引导，利用"模型"认识食物链	在教师引导下，能说出食物链以及能量的流动	能自主分析凤仙花田的食物链，并理解能量流动的过程	☆☆☆	☆☆☆

续表

核心素养	评价指标	评价等级 ★	评价等级 ★★	评价等级 ★★★	同伴互评	教师评价
探究实践	能制订种植计划并实施	学会制订种植计划并实施	学会制订种植计划，并能改进种植计划	自主制订计划，并通过结果改进计划，适时调整并运用到凤仙花田的种植中	☆☆☆	☆☆☆
探究实践	学会科学记录并分析实验数据	能按照课堂要求观察分析数据	根据凤仙花的生长情况制订长期观察计划	自主制订观察计划并长期观察，能通过分析数据调整计划	☆☆☆	☆☆☆
态度责任	养成科学探究的兴趣	表现出对植物生长条件进行科学探究的兴趣	表现出进一步探究动植物与其生活环境联系的兴趣	能在课后坚持观察，关注更多动植物活动与环境之间的关系	☆☆☆	☆☆☆
态度责任	认识生物多样性，保护环境	意识到植物生长与环境的关系	关注生物多样性，培养保护资源的意识	体会自然事物是相互联系的，保护一种生物就是保护很多种生物	☆☆☆	☆☆☆

单元学习评价设计二

"我们的学府农场"种植计划

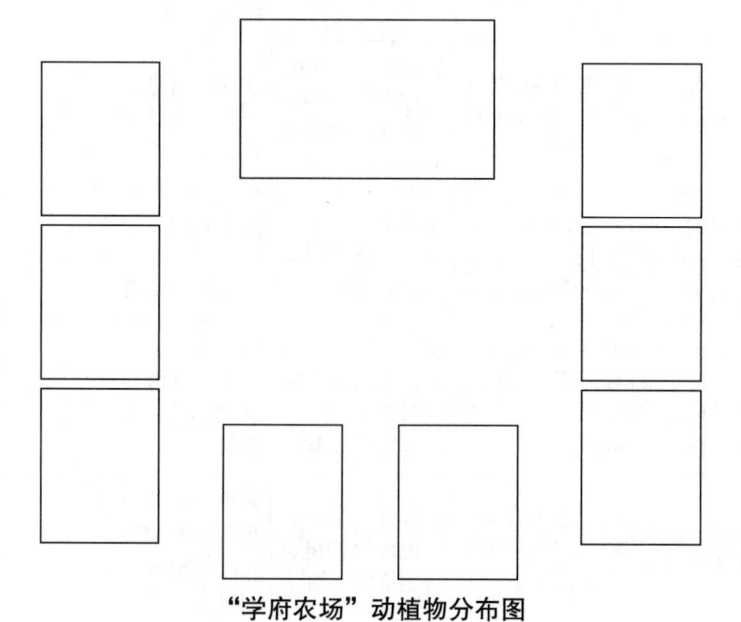

"学府农场"动植物分布图

通过调查，我认为"学府农场"的环境条件为＿＿＿＿＿＿＿＿

＿＿＿＿＿＿＿＿＿＿＿＿＿＿＿＿＿＿＿＿＿＿＿＿＿＿＿。

通过第 2 课学习，我建议优化农场种植的措施是＿＿＿＿＿＿

＿＿＿＿＿＿＿＿＿＿＿＿＿＿＿＿＿＿＿＿＿＿＿＿＿＿＿。

通过第 3 课学习，我建议优化农场种植的措施是＿＿＿＿＿＿

＿＿＿＿＿＿＿＿＿＿＿＿＿＿＿＿＿＿＿＿＿＿＿＿＿＿＿。

通过第 4 课学习，我建议优化农场种植的措施是＿＿＿＿＿＿

＿＿＿＿＿＿＿＿＿＿＿＿＿＿＿＿＿＿＿＿＿＿＿＿＿＿＿。

通过第 5 课学习，我建议优化农场种植的措施是＿＿＿＿＿＿

＿＿＿＿＿＿＿＿＿＿＿＿＿＿＿＿＿＿＿＿＿＿＿＿＿＿＿。

提示：根据每次课的结论修改补充种植计划，可用文字或绘图方式记录。

学生情况分析

在系统教学之前，学生通过之前的学习，已经历对生物个体基本特征的观察、认识、研究活动。学生对于生物与环境的联系已有一定的了解，但比较零散、模糊。学生能认识到动植物之间"吃与被吃"的关系，但对其背后存在的能量传递的认识是欠缺的；学生能说出在不同环境中生活着不同的动植物，但对于"环境"所包含的因素的认识还比较肤浅，许多学生仅停留在温度对生物生活的影响，却无法从生物生存需求的角度思考环境对生物生活的影响。

在实践研究方面，学生已经掌握了一定的方法技能，如观察、记录、对比实验的设计与实施等。在本单元教学活动中，学生将通过研究生物与环境的关系，进一步学习对比实验控制变量的探究技能，发展运用数据对实验现象进行分析、解释的能力。在研究生物与环境关系的过程中，学生还将学习用简单图示的方法梳理较为复杂的生物关系。另外，学生还将通过经历较长时间的观察实践活动，促进科学探究能力的发展。

单元学习进程设计

单元主要概念	学习进阶	学习问题链	主要学习活动	思维型教学原理	课时建议
生物与环境的相互关系	前概念调查设计方案	问题一："学府农场"有什么样的动植物呢	"学府农场"现状调查，分析植物生长与环境之间的关系	概念初始认识（动机激发）（自主建构）	1
	科学原理探究	问题二：哪些因素会影响植物的生长呢	探究植物生长需要的条件	概念具体化（认知冲突）（自主建构）	1
		问题三：动物会选择什么样的环境呢	探究动物对环境的选择与适应，环境改变对动物行为的影响		1
		问题四：当环境改变后，动植物能适应吗	对比"种植盒"与"学府农场"的异同，将"种植盒"的凤仙花移植到"学府农场"	概念深度理解（自主建构）（自我监控）	1
		问题五："学府农场"中的食物链关系是什么样的呢	观察发现农场中的捕食关系，认识食物链		1
	发布成果总结	问题六：怎样更好地呵护"学府农场"呢	认识生态系统，根据新知识和种植经验修订"种植方案"并实施	概念迁移创造（应用迁移）	1

第1课时 调查"我们的农场"

核心问题："学府农场"有什么样的动植物呢？

【教学目标】

1. 能通过实地观察发现不同地点生长着不同的植物，认识周围常见植物的名称和特征。

2.能在教师的指导下，用图画文字结合的方式描述和记录植物的形态以及不同环境条件下动植物适应环境的行为。

3.能在教师的指导下，从对动植物的观察中提出新发现和新问题。

4.学会用测量、统计、图示等方法记录并分析实验数据。

5.认识到植物可以美化人类的生活环境；产生认识植物的兴趣，养成珍爱生命、爱护植物的意识；初步理解人类与植物共同生存在地球上，两者相互作用、相互影响。

6.主动与他人合作，积极参与交流和讨论，尊重他人。

【教学重难点】

重点：运用科学的观察方法对学府农场的动植物进行观察记录。

难点：交流观察新发现，分析动植物生存与环境之间的关系。

【教学准备】

教师准备："学府农场"平面图等。

学生准备：调查记录表、拍摄的照片等。

【教学过程】

一、引入情境，聚焦问题

1.教师引导：经过一个暑假，我们的"学府农场"现在是什么样呢？我们一起来看看吧。

2.教师提问："学府农场"里的动植物生长情况如何？什么样的环境更适合动植物生长繁殖呢？我们可以设计一个调查计划吗？

【设计意图】创设情境，铺垫基础。激发学生的探究兴趣，认识观察对象，奠定整个单元的学习基础。

二、产生认知冲突，作出合理假设

学生根据已有认知作出假设，猜测动植物会对环境进行选择、适应；阳光、水分、土壤等环境条件的改变都会影响动植物的生长。

【设计意图】制造认知冲突，引导学生根据已有认知作出假设。

三、小组合作，制订"学府农场"调查计划

1. 教师引导学生制订一个"学府农场"调查计划。"学府农场"调查计划包括两方面内容：通过拍照、图文记录的方式在"学府农场"搜集动植物资料并记录在学习单中；实地对比、记录不同环境中动植物的生长情况。

2. 学生小组合作制订"学府农场"调查计划。

【设计意图】通过小组合作制订调查计划，让学生体会动植物的生存需要一定的环境。

四、自主探究，动植物现状调查

1. 学生根据计划进行调查，拍照、画图记录植物种类，小组合作找到不同地方的植物并观察它们的生长情况。

2. 学生展示搜集到的动植物资料。农场中不仅有各种植物，同时还有蚯蚓、蚜虫、蝴蝶等各种动物。

3. 教师引导学生交流搜集到的不同环境中动植物的生长情况，并进行全班讨论。阳光充足与荫凉处的植物生长情况不同；土壤中的营养是否充足也会影响植物生长等。

4. 学生根据调查结果初步制订"学府农场"种植计划。

5. 教师总结：动植物生长跟环境有关，光照、水分、土壤等环境条件会影响动植物生长；制订计划、提前规划更有利于开展计划。

【设计意图】学生通过自主探究，搜集证据，交流讨论，发现动植物的生长与环境有关，促进了学生自主探究能力的发展。学生通过实施调查计划，明白了制订计划、提前规划更有利于计划顺利开展。初步制订"学府农场"种植计划，锻炼了学生的思维，促进了科学核心素养的发展。

五、总结反思，拓展延伸

1. 教师拓展：为了让"学府农场"里的动植物更好地和谐共生，我们可以怎样改进种植方案呢？

2.学生迁移思考：如何让环境中的动植物和谐相处。

【设计意图】利用"如何让环境中的动植物和谐相处"这一问题引导学生反思，促进知识的迁移运用。

【精彩片段】——自主探究植物生长的影响因素

教师组织学生进行"探究不同环境下植物生长情况的不同"活动的交流，以小组为单位分别展示自己的照片、图文资料。

展示在阳光充足处的凤仙花和靠近墙壁的荫凉处的凤仙花的生长对比图。

生：通过对比这两张图片我们发现，阳光是否充足对植物的生长很重要。第一幅图阳光充足，凤仙花植株较高，而且周围还有较多草类，虽然杂草太多会对凤仙花的生长有一定影响，但正是由于阳光充足，凤仙花和小草才能生长得更好；相反，在靠近墙壁的地方，由于长时间阳光照射不足，凤仙花明显较矮。所以我们小组认为，阳光是影响植物生长的重要因素。

展示每周按时浇水的凤仙花和被园丁忽略的角落的凤仙花的生长对比图。

生：通过对比这两张图片我们发现，水分对植物的生长很重要。在园丁定期浇水的凤仙花田，凤仙花植株较高，而且枝叶繁茂，花朵较多，但是在被园丁忽略的角落的凤仙花却长势平平，甚至有些凤仙花植株没有开花。所以我们小组认为，水分也是影响植物生长的重要因素。

展示植株茂盛的凤仙花田和植株较少的凤仙花田的对比图。

生：通过对比这两张图片我们发现，植株越多，生物种类也越多。植株较多的凤仙花田，不仅凤仙花比较多，杂草也多一些，而且我们还能在里面看到一些小虫子和蚯蚓等生物，说明这里的环境不仅适合植物生存，也适合动物生存；反观另一块地，不仅植株少，而且土壤也结块了，没有发现任何小动物活动的痕迹。所以我们小组认为，环境条件的好坏对动植物的生存都很重要。

师：同学们观察得真仔细，能够找到对动植物生存重要的条件。如果要设计自己的"学府农场",同学们认为该如何设计?让我们一起设计一下吧。

【教学评析】

在本环节活动中,户外观察活动对学生的吸引力是很强的。通过观察记录"学府农场"目前的动植物生长情况,不仅可以为学生进行本单元的探究奠定一个良好的基础,同时也为后续完成自己的农场种植计划积累经验;"找到动植物生存会受到哪些环境因素的影响"是本单元整体探究最重要的部分,也是突破和落实核心素养的重要抓手。在探究过程中,通过实地调查、科学记录、自主设计等活动,培养了学生的科学探究能力和科学思维素养。

【学习单】

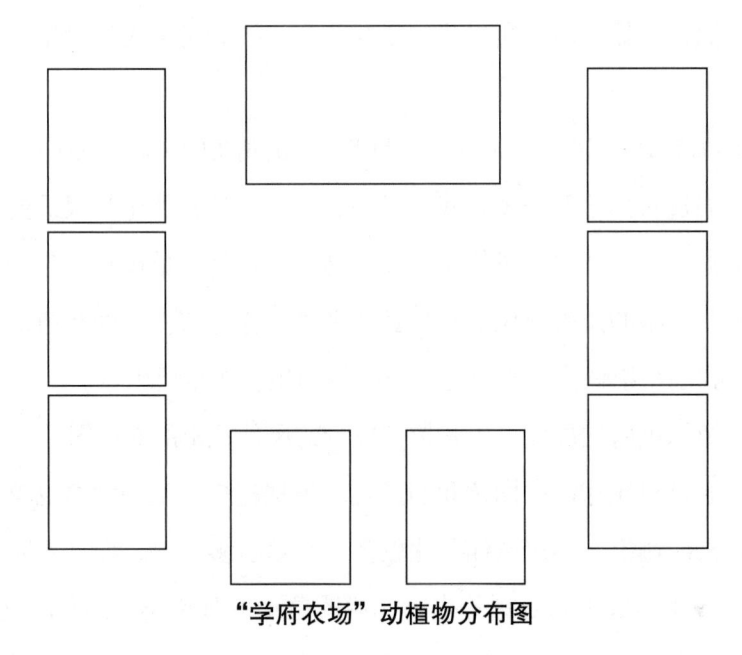

"学府农场"动植物分布图

第 2 课时　探究植物的生长

核心问题：哪些因素会影响植物的生长呢？

【教学目标】

1. 通过观察和比较植株在不同光照、水分条件下的生长情况，认识到阳光和水分等是影响植物生长的重要条件。

2. 基于对植物生长情况的观察，提出环境对植物有一定影响的推测。

3. 在教师的指导下，能用图画的形式来记录植物的生长状态，并通过比较、分析的方法对实验结果进行分析。

4. 通过控制变量开展对比实验，探究植物对光照、水分等条件的需求。

5. 在实践探究中，如实记录观察到的现象，基于事实调整自己的想法，形成实事求是的科学态度。

6. 主动与他人合作，积极参与交流和讨论，尊重他人。

【教学重难点】

重点：运用对比实验的方法分析光照、水分等条件对植物生长的影响。

难点：通过实践研究，在持续的观察中收集证据，基于事实调整自己的想法并得出结论。

【教学准备】

教师准备：提前准备浸过不同量红墨水的凤仙花的茎，提前 4~7 天用黑色卡纸遮住凤仙花植株上的一片叶子，提前 1 天用塑料袋罩住凤仙花某个局部的叶并密封，多媒体课件等。

学生准备：提前准备的不同条件下生长的凤仙花植株、软尺、红墨水、杯子、黑色卡纸、透明塑料袋、小刀、实验记录单等。

【教学过程】

一、创设情境,激发探究兴趣

1. 教师引导:上次课后,同学们都拿到了自己的凤仙花并进行了种植,现在,你们的凤仙花都长得好吗?一起来分享交流一下吧。

2. 教师提问:每个人的凤仙花植株生长情况都不一样,是什么原因导致的呢?如何设计实验证明光照、水分和土壤(土壤组成成分和施肥与否)等条件会影响植株的生长呢?其他因素也会影响植株的生长吗?如何改进我们的种植计划呢?

【设计意图】创设真实的情境,组织学生交流自己种植的凤仙花生长情况的不同,激发学生的探究兴趣,确定探究重点。

二、制造冲突,作出假设

1. 教师提问:阳光和水分对植物生长有影响吗?

2. 教师引导:第5小组的同学提出了一个很有价值的问题,阳光不是种子萌发必需的条件,那幼苗在生长过程中需要阳光吗?学生基于已有认知作出假设,有同学认为需要,有同学认为不需要。

3. 教师追问:光对植物生长有什么作用?并引导学生进行关于"光对植物生长的影响"的思考。

4. 教师追问:水分对植物生长有什么作用?并引导学生进行关于"水分对植物生长的影响"的思考。

【设计意图】制造认知冲突,引导学生根据已有认知作出假设。

三、进行实验,分析环境对植物生长的影响

1. 教师引导学生设计实验,探究问题的答案。

2. 学生制订计划,通过对比实验比较不同光照条件下植株的生长情况,尤其以叶片变化为观察重点;观察不同水分条件下植株状态;根据实验结果完善种植计划。

3. 学生依据计划进行实验,搜集证据,探究光照和水分条件对植株生

长的影响。

【设计意图】通过小组合作实验，自主探究光照和水分条件对植株生长的影响，促进学生科学思维和探究能力的发展。

四、研讨交流，概括总结

1. 学生处理信息得出结论，并进行交流讨论。通过小组合作实验，验证充足的光照和适量的水分条件是植株健康生长的重要条件。

2. 师生共同总结：光照、水分等环境条件会影响植物生长；后续应继续完善种植计划，并增加监测项目；种植过程中，不仅要按照计划实施，更重要的是要随时监测并改进计划。

【设计意图】通过学生进行交流讨论得出结论，培养学生积极参与交流与讨论的意识，明白科学结论的得出离不开交流与讨论，促进学生科学思维的发展。

五、迁移应用，拓展延伸

1. 教师拓展：环境会对植物的生长产生影响，也同样会对农场里的动物活动产生影响吗？

2. 学生课外继续探究：动物与环境之间的相互关系。

【设计意图】激发学生课外探究兴趣，将"探究植物与环境的相互关系"中学到的知识技能，迁移应用到"探究动物与环境之间的相互关系"中去。

【精彩片段】——自主探究光照对凤仙花的影响

探究实验：光照条件对凤仙花植株生长情况的影响

师：很多同学都发现了，将凤仙花放在阳台种植和放在室内种植，植株的生长情况是不同的。同学们能设计一个实验探究阳光会对凤仙花的生长产生影响吗？

生1：我们可以设计对比实验进行探究，只有光照条件改变，其他条件都不变。

生2：我们可以用卡纸将叶片遮住，观察对比会出现什么现象，据此探究阳光对凤仙花生长的影响。

教师组织学生进行对比实验设计的讨论。

师：看来同学们都有了一定的对比实验的经验基础，能够提出自己的想法，那么请大家以小组为单位进行探究实验吧。

教师出示实验提示：

1. 提供课前一周用黑色卡纸遮住一片叶子的凤仙花植株，将黑色卡纸取下，引导学生仔细观察这片叶子与其他凤仙花叶子的不同。

2. 小组成员用文字或图画的形式记录实验发现，并讨论彼此的发现。

3. 动作轻缓，珍爱生命。

分发实验材料，小组进行实验，教师巡视指导。

实验结束后组织学生整理实验材料并统计实验数据，汇报实验结果。

师：这片被遮住的叶子发生了什么变化？说明了什么？

生1：被遮住的叶子变黄了，没有被遮住的叶子是绿色的。

生2：这说明阳光对植物非常重要。没有阳光，植物就无法进行光合作用，也就不能健康生长了。

师生共同总结：充足的光照是植物生长必需的环境条件。

【教学评析】

在本环节中，教师依托"凤仙花的生长与环境之间的关系"这一核心问题，帮助学生建构"光照对植株生长有重要作用"的科学概念模型，引导学生运用对比实验的方法设计实验，收集、整理、分析实验数据，注重培养学生的实证意识。通过引导学生结合自己的实验计划开展实践研究，帮助学生发展科学学科的核心素养。

【学习单】

1. 光照条件对凤仙花植株生长情况的影响（填下表）。

实验组别	改变的条件	相同的条件	植株生长情况	实验结论
1组				
2组				

2. 探究水分条件对凤仙花植株生长情况的影响（填下表）

实验组别	改变的条件	相同的条件	植株生长情况	实验结论
1组				
2组				

第3课时　探究动植物与环境的关系（1）

核心问题：动物会选择什么样的环境呢？

【教学目标】

1. 在教师的指导下，认识到当环境改变时，为适应环境变化，动植物会有一些特殊行为。

2. 知道生活在不同环境中的植物的外部形态具有不同的特点，以及这些特点对维持植物生存的作用。

3. 能分析不同动植物在气候、食物、空气和水源等环境变化时的行为。

4. 学会记录在不同环境条件下动植物适应环境的行为；通过测量、统计、图示等方法记录实验数据并分析。

5. 通过应用控制变量法开展对比实验，探究蚯蚓对光照、水分等条件的需求。

【教学重难点】

重点：会设计对比实验，认识到动植物会通过改变自身适应环境。

难点：利用控制变量法设计实验，并用统计的方法整理分析数据。

【教学准备】

教师准备：蚯蚓对环境的选择实验箱[1个底部全铺湿布的长条盒子（无盖、内侧涂黑），用于遮光的纸板1个，镊子1把，蚯蚓10条；1个干净长方形盒子，2份干土，1份水，镊子1把，蚯蚓10条]，学生种植的凤仙花图片、实验记录汇总表、多媒体课件等。

学生准备：种植凤仙花计划单、学习单等。

【教学过程】

一、创设情境，引发思考

教师提问：（多媒体课件展示凤仙花田里出现蚯蚓的图片）老师发现有些同学的凤仙花田里出现了蚯蚓，它能和凤仙花友好共处吗？蚯蚓会对生存的环境进行选择和适应吗？它最喜欢的环境需要满足什么条件？什么样的环境更适合动植物生长繁殖呢？

【设计意图】创设真实情境，引发学生思考，激发学生对"动物对环境的选择与适应"的探究兴趣。

二、小组讨论，作出假设

组织学生进行小组讨论，猜测光、干燥或潮湿环境会影响蚯蚓的选择，并根据已有认知作出假设。

【设计意图】制造认知冲突，引导学生根据已有认知作出假设。

三、设计实验，探究影响因素

1. 教师引导：设计一个对比实验验证我们的猜测！

2. 学生小组讨论制订探究计划，设计对比实验：在"蚯蚓对光的选择"实验中，只有光照条件改变，其他条件均保持不变；在"蚯蚓对干燥或潮湿环境的选择"实验中，只有干燥或潮湿环境条件改变，其他条件均保持不变。

3. 小组探究：按照制订好的探究计划开展对比实验，并在学习单中记录实验数据。

4.小组汇报质疑，交流讨论形成全班共识：一些环境因素会影响动物的生存。

【设计意图】通过小组合作实验，自主建构并验证：动物的生存也需要一定的环境，它们的身体特点和环境也存在着联系。

四、分析总结，揭示动物适应的秘密

1.教师引导学生分析其他动物与环境的关系。企鹅、青蛙等为适应环境都形成了一些特征。企鹅生活在冰天雪地的南极，它的身体储存着大量脂肪、身体呈流线型、趾间有蹼会游泳、以浮游动物为食。生活在池塘、稻田等地的青蛙，身体颜色与环境一致，有利于自我保护，后腿健壮善跳跃觅食……

2.教师总结：世界各地的环境条件千差万别，不同的地区生活着不同的动物。各种动物的生活都需要一定的环境条件，而动物在长期生活繁衍的过程中，逐渐具备了适应环境的独特本领。

【设计意图】引导学生进行自我监控，分析其他动物与环境的关系，归纳总结动物的行为与环境密切相关，动物需要一定的环境条件，并在适应环境的变化过程中练就一身本领。

五、拓展迁移，完善种植计划

1.教师拓展：同动物一样，在阳光、水分、空气、土壤等条件改变的时候，凤仙花的根系、叶片等也会发生相应的变化来适应这些变化，这就是植物生长的秘密。

2.教师提问：为了让凤仙花生长得更好，我们可以怎么做呢？让我们一起修改完善种植计划吧！

3.教师引导学生思考如何让环境中的动植物和谐相处，更有利于生命的生长繁殖。

【设计意图】引导学生迁移思考如何让环境中的动植物和谐相处，以更有利于生命的生长繁殖，促进学生迁移应用能力的提高，核心素养的发展。

【精彩片段】——自主探究蚯蚓对环境的选择

教师出示凤仙花田里出现蚯蚓的图片。

师：老师发现有些同学的凤仙花田里出现了蚯蚓，它能和凤仙花友好共处吗？它也会像凤仙花一样对环境进行选择并适应环境吗？它最喜欢的环境需要满足什么条件呢？

生1：我们之前就认识蚯蚓，蚯蚓可以帮助疏松土壤，所以我认为它能和凤仙花和谐相处，甚至能促进凤仙花的生长。

生2：我认为蚯蚓也不是什么地方都会出现的，下雨之后我看到很多蚯蚓爬出地面，所以我认为蚯蚓更喜欢潮湿的地方。

师：同学们的猜测需要通过实验来验证。我们选择最有争议的两个条件分别进行实验验证，如蚯蚓对光照条件的选择、蚯蚓对干燥或潮湿环境的选择。

师：请各小组进行讨论，在"蚯蚓对光照条件的选择"实验中，哪些条件需要改变？哪些条件保持不变？

学生进行设计对比实验的讨论。

学生代表汇报：只有光照条件改变，其他条件均保持不变。

教师总结，形成共识：在对比实验中，只能改变一个条件，其他条件都不能变。

师：那么"蚯蚓对干燥或潮湿环境的选择"实验中改变的条件是什么呢？

生：干燥或潮湿的环境。

教师出示实验提示：

1. 两个实验开始时都要把10条蚯蚓放在盒子中间。

2. 等待3分钟后，对蚯蚓数量进行统计，并及时记录数据。

3. 每组对比实验重复3次。

4. 实验过程中动作轻缓，珍爱生命。

教师分发实验材料，小组进行讨论并实验，教师巡视指导。

实验结束后，整理实验材料并统计实验数据，汇报实验结果。

师：适宜蚯蚓生活的环境具有什么样的特点呢？

生：根据小组实验的结果，我们发现蚯蚓更喜欢生活在黑暗、潮湿的地方。

小组汇报质疑，进行交流讨论，直至形成全班共识。

师：动物的生存也需要一定的环境，它们的身体特点和环境也存在着联系。

【教学评析】

本环节的主要任务是帮助学生分析、理解动物在环境改变时需要调节自身以适应环境。在"蚯蚓对环境的选择"实验中，利用对比实验进行探究，教师需要注意在教学过程中培养学生严谨的科学意识，用科学的思维和严谨的数据进行实验分析，从而得出科学的结论。开放式的探究活动，可以帮助学生更容易地理解蚯蚓对环境的选择和适应。

【学习单】

蚯蚓对光照的选择实验记录表

实验次数	光明一侧的蚯蚓数	中间的蚯蚓数	黑暗一侧的蚯蚓数	我们的解释
1				
2				
3				

蚯蚓对干燥或潮湿环境的选择实验记录表

实验次数	干燥一侧的蚯蚓数	中间的蚯蚓数	潮湿一侧的蚯蚓数	我们的解释
1				
2				
3				

第 4 课时 探究动植物与环境的关系（2）

核心问题：当环境改变后，动植物能适应吗？

【教学目标】

1. 知道当环境改变时，动植物都会努力适应新环境。

2. 了解植物生长的必要条件，知道科学的植物移植方法、步骤。

3. 知道比较环境异同的探究方法，能够设计并实施对比实验，并根据探究结果，对移植方案进行迭代修改。

4. 在探究活动中，依据事实独立思考，并乐于和他人交流分享；表现出进一步探究动植物与其生活环境联系的兴趣；意识到动植物要依赖于环境而生存，保护环境就保护了许多动植物。

【教学重难点】

重点：理解环境改变会影响植物的生长；制订移植方案。

难点：认识到环境的变化与植物生长之间是联动的关系；根据设计方案和实际条件完成移植，并对移植方案进行迭代修改，坚持对凤仙花进行管理和观察记录。

【教学准备】

教师准备：多媒体课件等。

学生准备：计划表、观察记录表、凤仙花、学习单等。

【教学过程】

一、创设移植情境，比较异同

1. 教师引导：如果要把"种植盒"里面的凤仙花移植到"学府农场"里面需要考虑哪些条件？学府农场适不适合凤仙花生长呢？

2. 学生结合之前学习过的内容，回忆凤仙花生长的条件，思考水分、光照、土壤等条件可能会影响植物的生长，制订环境条件比较分析的研究计划。

3. 教师引导学生明确思考方向：比较"学府农场"和"种植盒"环境条件的异同。

【设计意图】创设凤仙花移植的真实情境，激发学生学习兴趣，以任务驱动学生学习，让学生明确思考方向：比较"学府农场"和"种植盒"环境条件的异同。

二、依托经验，推测植物生长条件

1. 教师提问：把"种植盒"里的凤仙花移植到"学府农场"哪个位置最为合适呢？

2. 学生根据之前的学习经验可能认为，不论发芽与否，凤仙花都需要栽种到阳光能照射到的地方，并坚持浇水施肥等养护措施。

【设计意图】引导学生基于已有的经验思考移植凤仙花的合适位置，进而产生认知冲突，思考植物的生长条件。

三、自主建构，设计移植方案

1. 教师提问：应该从哪几个方面比较环境条件的不同？

2. 学生结合所学知识认为，应做实验比较水分的不同（室内定期浇水和室外雨水情况）、温度的不同（室内温度和自然环境温度）、光照强度的不同（室内阳光照射和室外阳光照射）、土壤条件的不同等内容。

3. 学生比较"学府农场"与"种植盒"环境条件的异同，进行实地调查，搜集并记录证据。学生分析"学府农场"是否适合凤仙花的生长，制作思维导图，梳理总结"学府农场"与"种植盒"环境条件的异同。

4. 教师提问：应该如何设计移植方案？

5. 学生根据所学知识交流、讨论，在学习单中完成方案，并按照自己的设计方案，以小组或班级为单位移植一到两株凤仙花。

6. 教师示范：给学生详细讲解移植的过程。

（1）准备好和移植相关的工具和材料：土壤、一把园艺铲、一把勺子、种植盒、凤仙花、水。

（2）用勺子把凤仙花从种植盒中取出来，小心不要破坏了根。

（3）用园艺铲将"学府农场"的土壤轻轻地疏松一下，挖好大小合适的坑，把凤仙花放在合适的位置，再小心将土填上，轻轻地压一下凤仙花周围的土壤。

（4）给凤仙花浇适量的水。

7. 学生学习移植凤仙花的方法，并坚持养护凤仙花。

8. 学生根据实际移植的情况迭代修改设计方案。学生完善方案后，将全部凤仙花移植到"学府农场"中。

【设计意图】引导学生学会充分利用各种条件制订计划。观察"学府农场"与"种植盒"环境条件的异同，并归纳整理。比较分析"学府农场"是否适合凤仙花的生长，找到适合凤仙花生长的环境条件。学生意识到迭代修改方案的重要性，学会根据调查结果迭代修改方案。能够根据方案实施，学习移植凤仙花的方法，培养学生的动手能力。

四、自我监控，明确植物生长条件

1. 学生进行交流、总结，再次明确植物生长的条件。种子发芽之后需要阳光的照射，因此应该把凤仙花栽种到能晒到阳光、土壤颗粒适中的地方。如果水分不足要及时补充水分，营养不够要及时增加营养。在自然环境下生长，如果水分、光照条件无法达标，则需要人为干预。

2. 学生讨论后得出结论：植物生长需要适量的水分、空气、适宜的温度、光照、营养等条件。

【设计意图】通过"凤仙花"移植活动的交流总结，实现学生对学习过程的自我监控，了解植物的生长受到多种环境条件的影响，知道植物生长的条件这一科学概念。

五、迁移应用，尝试解释动物行为与环境的关系

1. 教师引导：如果动物生长的环境改变了，动物是否还能健康生长？根据之前做过的蚯蚓盒实验和生活经验，我们能够知道当环境改变的时候，动物的行为也会发生变化。我们生活的环境总是变化的，动物的行为也总是会发生变化的。

2. 教师展示青蛙、丹顶鹤一年四季行为的变化。

（1）教师展示青蛙冬眠、捕食等行为的图片，引导学生思考为什么青蛙会有不同的行为，这和环境有什么关系？

（2）教师展示四季变化的图片，引导学生思考四季变化让青蛙产生了怎样不同的行为变化？

（3）教师展示丹顶鹤繁殖、筑巢、迁徙等行为的图片，引导学生思考丹顶鹤的行为与环境有什么关系？

3. 学生思考：冬天很冷，青蛙储存能量，进入冬眠状态；夏天很热，青蛙捕食昆虫，获取能量。春季，丹顶鹤可以在东北进行配对、繁殖、筑巢等活动；温度变冷后，丹顶鹤会迁往南方度过寒冷的冬天。

4. 师生共同总结动物的行为与环境变化之间的关系：温度高，食物丰富，动物会大量捕食，动物活动增多；温度低，食物减少，动物会减少活动，以度过寒冬，或者迁往温暖的地方。

【设计意图】引导学生基于蚯蚓盒实验和生活经验，结合教师提供的青蛙、丹顶鹤一年四季行为的变化，思考动物行为与环境变化的关系，将学到的知识迁移到解释动物行为与环境的关系中去，知道环境改变后，动物的行为也会发生变化。

【精彩片段】——自主探究"学府农场"与"种植盒"环境条件的异同

师："学府农场"有很多空地，同学们把自己栽种的凤仙花移植到"学府农场"中吧！这样既能装饰校园，又能愉悦心情。大家还可以一起欣赏美丽的风景，交流种植感受，凤仙花也不用待在"小盒子"里面生长了。

生：太好了！我迫不及待要把凤仙花移植到"学府农场"中去了，让它们在更宽敞的地方生长！

师："学府农场"适不适合凤仙花生长呢？如果要把"种植盒"里的凤仙花移植到"学府农场"里需要考虑哪些条件？

生1：我认为应该比较水分的不同（室内定期浇水和室外雨水情况）、温度的不同（室内温度和自然环境温度）、光照强度的不同（室内阳光照射和室外阳光照射）。

生2："学府农场"和"种植盒"里的土壤应该也不同，不过土壤不是植物生长的必要条件，应该不用比较土壤条件吧？

生3：我觉得不对！虽然土壤不是必要条件，但是土壤能够提供营养，土壤的干湿程度和颗粒大小能够为种子和根提供水分和空气等，这些可是会影响植物生长的必要条件，因此土壤条件也是重要的对比内容。

师：同学们太会思考了！那么应该把凤仙花移植到学府农场的哪个位置呢？

生1：我知道！如果凤仙花是种子，没有光照也可以；如果凤仙花发芽了就要移植到阳光能照到的地方。另外，凤仙花生长还需要合适的土壤、水分、温度、营养和充足的空气。

生2：不论凤仙花有没有发芽，都应该放到有阳光照射的地方，凤仙花很快就会发芽，发芽之后需要阳光！

师：既然如此，同学们设计一个对比实验，来验证你们的观点吧！

学生设计方案、实施方案……

【教学评析】

在本环节教学中，学生将之前所学的知识充分应用到实践中，思考如果要移植凤仙花需要考虑哪些环境条件。此时学生的学习兴趣被大大激发，所探究讨论的事情也是他们非常感兴趣的。在探究的过程中，会产生一些认知冲突，有的学生可能会对分析"学府农场"与"种植盒"的土壤条件产生疑问，认为土壤并不是植物生长的必要条件，为何要比较？而在讨论和实验后，学生会发现，土壤能够提供一些条件，以保证植物的生长。另外，学生可能会考虑不完善，认为没发芽的凤仙花可以不用晒太阳，这里的认知冲突同样需要探究和实验来解答。学生在探究实践的过程中自主建构知识，对科学概念的理解也更加深入。

【学习单】

探究一：将"种植盒"里的凤仙花移植到"学府农场"里

我认为应该考虑的环境因素有：_____。

探究二：比较"学府农场"与"种植盒"环境条件的异同

1. 我认为两种环境的相同点：_____。

2. 我认为两种环境的不同点：_____。

3. 设计实验比较环境因素是否会对凤仙花的生长造成影响：

（1）改变_____因素，改变方法_____，其他条件不变，凤仙花_____（选填"能"或"不能"）苗壮成长。

（2）改变_____因素，改变方法_____，其他条件不变，凤仙花_____（选填"能"或"不能"）苗壮成长。

（3）改变＿＿＿＿因素，改变方法＿＿＿＿，其他条件不变，凤仙花＿＿＿＿（选填"能"或"不能"）茁壮成长。

（4）改变＿＿＿＿因素，改变方法＿＿＿＿，其他条件不变，凤仙花＿＿＿＿（选填"能"或"不能"）茁壮成长。

探究三：预测"学府农场"是否适合凤仙花的生长

作出假设：学府农场的环境条件是＿＿＿＿＿＿＿＿＿＿＿＿＿＿＿＿＿，＿＿＿＿（选填"适合"或"不适合"）凤仙花生长。

凤仙花生长所需要的条件：＿＿＿＿＿＿＿＿＿＿＿＿＿＿＿＿。

设计方案：

初步实施方案：

以小组或班级为单位移植一到两株凤仙花，记录凤仙花生长情况。

第＿＿＿天，凤仙花生长情况：＿＿＿＿＿＿＿＿＿＿＿＿＿＿＿＿。

第＿＿＿天，凤仙花生长情况：＿＿＿＿＿＿＿＿＿＿＿＿＿＿＿＿。

第＿＿＿天，凤仙花生长情况：＿＿＿＿＿＿＿＿＿＿＿＿＿＿＿＿。

第＿＿＿天，凤仙花生长情况：＿＿＿＿＿＿＿＿＿＿＿＿＿＿＿＿。

第＿＿＿天，凤仙花生长情况：＿＿＿＿＿＿＿＿＿＿＿＿＿＿＿＿。

迭代修改（根据实际种植情况修改设计方案）：

完善并实施方案，记录凤仙花的生长情况：

总结凤仙花生长所需要的条件：＿＿＿＿＿＿＿＿＿＿＿＿＿＿＿＿＿＿＿＿＿＿＿＿＿＿＿＿＿＿＿＿＿＿。学府农场的环境条件＿＿＿＿（选填"适合"或"不适合"）凤仙花生长。

第5课时 探究"学府农场"的食物链

核心问题:"学府农场"中的食物链关系是什么样的呢?

【教学目标】

1. 知道一定区域内的生物之间因为食物关系,构成很多"链条"状的联系,像这样的食物关系,叫作食物链,动植物所需的能量(养料)在食物链上的生物之间依次传递着,多条食物链彼此交错连接形成食物网。

2. 能够通过对"模型"的观察、分析与讨论,认识食物链。

3. 能通过分析生物与生物之间的关系,准确描述"学府农场"凤仙花田中的食物链。

4. 能够通过对"学府农场"凤仙花田的观察、分析与讨论,发现凤仙花田中生物与生物之间的相互联系和相互影响。

5. 能够拓展迁移,理解、分析其他食物链。

6. 体会自然事物是相互联系的,保护一种动物就是保护很多种动物。

【教学重难点】

重点:研究动植物之间的食物关系,认识食物链和食物网。

难点:掌握食物链的描述,形成"生物与生物之间是相互关联的一个整体"的认识。

【教学准备】

教师准备:多媒体课件等。

学生准备:放大镜,印有落叶、瓢虫、蜘蛛、蟋蟀、蚯蚓、蚜虫、凤仙花、小草、小鸟等可能出现在凤仙花园里的生物套筒,学习单等。

【教学过程】

一、再进农场,观察凤仙花生长状态

1. 教师带领学生到"学府农场"的凤仙花田中进行观察,并记录观察到的生物。

2. 教师引导学生观察凤仙花田里凤仙花生长的环境条件，凤仙花的生长状态，特别关注凤仙花叶子的状态。

【设计意图】以真实的观察活动引入本课的主题，充分激发学生学习、探究的兴趣。

二、观察交流，探讨叶子生小洞的成因

1. 教师提问：同学们观察一下凤仙花叶子，你发现了什么？为什么叶子上会出现这些小洞？说说你的想法。

2. 学生思考叶子上小洞的成因，分小组交流讨论，发现"小虫子吃叶子，因此叶子上有很多小洞"。

【设计意图】从学生观察角度提出疑问，激发学生探究兴趣，引发学生思考，暴露学生有关食物链的前概念，引发认知冲突。

三、自主探究，认识"学府农场"里的食物链（网）

1. 教师引导：请同学们寻找"学府农场"里的捕食关系，并在学习单中进行记录。

2. 学生在"学府农场"里寻找捕食关系，认识食物链和食物网，用生物套筒将这些生物按照"谁吃谁，谁就套谁"的关系套起来。

3. 教师引导学生正确描述和写出凤仙花田里的食物链，帮助学生从"学府农场"认识群落的概念。

【设计意图】教师引导学生从真实情境中认识食物链和食物网，突破学习重难点，自主建构食物链（网）的概念。教师引导学生结合自身对"学府农场"凤仙花田中的食物链的分析，认识群落的概念。

四、总结反思，认识食物链与生态失衡的关系

1. 教师引导学生思考"学府农场"凤仙花田的食物链中每一环节的重要性。如果"学府农场"凤仙花田中的食物链任一环节的生物灭绝了，会

有什么现象出现？

2.学生小组交流讨论，分享想法，发现食物链中每一环节生物的重要性。

3.教师引导学生明确"生态失衡"现象，知道食物链中每一环节都至关重要，缺少任意一环节都可能会导致"生态失衡"。

【设计意图】引导学生根据自己在"学府农场"中观察到的食物链进行思考，从而认识到食物链中每一环节生物的重要性。了解"生态失衡"现象，知道缺少食物链中任一环节将导致"生态失衡"。

五、迁移应用，分析其他生态系统的食物链

教师拓展：出示不同于"学府农场"的其他生态系统，例如，池塘、森林、海洋生态系统等，引导学生正确分析、描述和写出其中的食物链。

【设计意图】通过列举其他生态系统，引导学生进行拓展迁移，分析其他生态系统中食物链的组成，让学生对新概念进行验证、应用和巩固，促进概念的迁移。

【精彩片段】——自主建构"学府农场"食物链

师：同学们，凤仙花叶子上的小洞是因为有蚜虫吃叶子而留下的。你们觉得凤仙花田里谁会吃掉这些小蚜虫呢？

生：瓢虫……

师：你们觉得凤仙花田里谁会把瓢虫吃掉呢？

生：小鸟……

师：请同学们在学习单中写出你在凤仙花田里找出的生物，然后在生物套筒中找出这几种生物，最后将它们按"谁吃谁，谁就套谁"的关系套起来。

学生进行实验探究。

师：探究结束的同学请在学习单上用箭头将它们的捕食关系表示出

来，箭头表示的是"谁被谁吃"，也是能量流动的方向，然后尝试写出食物链。

学生尝试写出食物链。

师：我们发现凤仙花田里有不止一条食物链，这些食物链错综复杂，形成一张网，因此我们把这样的网称为食物网。同学们请思考，如果食物链中的任意一环节的生物遭受伤害，甚至灭绝，会出现什么问题？例如，凤仙花田里的这条食物链（凤仙花叶子→蚜虫→瓢虫→小鸟）中，如果瓢虫灭绝，凤仙花田会出现什么问题。

生：小鸟的食物大量减少，小鸟的数量减少；蚜虫少了天敌，大量繁殖，凤仙花叶子被大量捕食，叶子遭受破坏；凤仙花不能进行充足的光合作用，营养不足，凤仙花会死亡……

师：其他环节的生物灭绝呢？

生：跟它有关的生物都会受到影响，说明食物链每一环的生物都非常重要。

师：凤仙花田里各种各样的生物相互依赖、相互依存，这些各种各样的生物形成一个物种集合，我们称之为群落。

【教学评析】

本课时主要围绕"凤仙花田里的食物链和食物网"这一问题开展，学生通过亲身观察凤仙花田，分析凤仙花田里生物的捕食关系，尝试自主建构"食物链"的科学概念，并通过"生物套筒"探究食物链的表达方式，对食物链的表达方式更加了然于胸。教师通过引导学生思考"学府农场"凤仙花田食物链中每一环节的重要性，提出"生态失衡"概念，让学生体会到食物链中的每一环节都至关重要，缺少任意一环都可能会导致此生态系统失衡。

【学习单】

1. 寻找凤仙花田里的生物

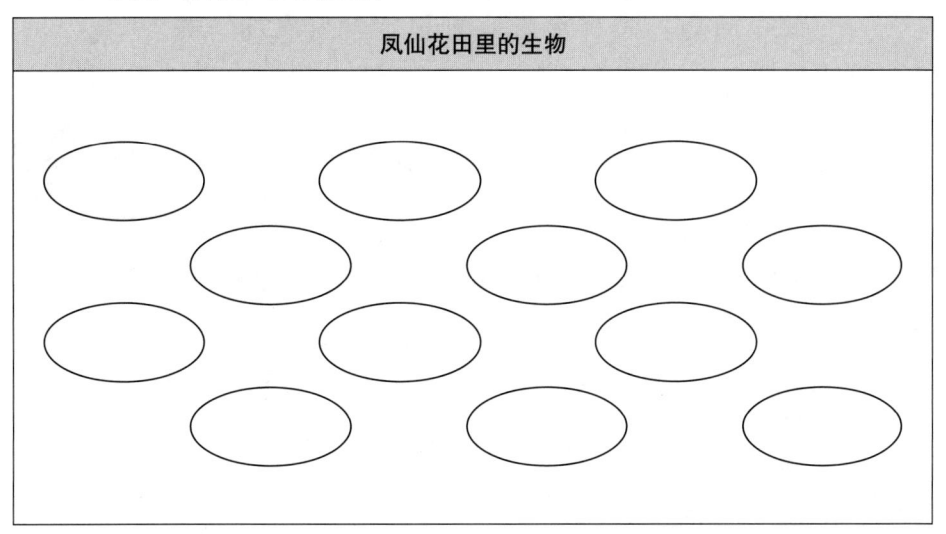

凤仙花田里的生物

2. 记录凤仙花田中的食物链。

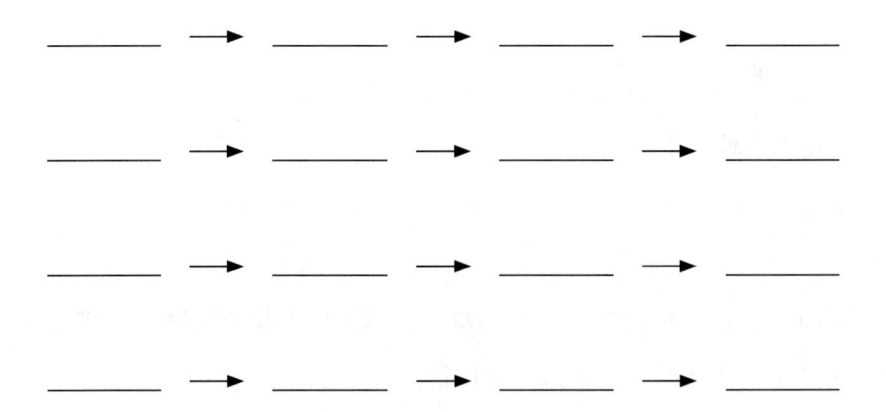

_____ → _____ → _____ → _____

_____ → _____ → _____ → _____

_____ → _____ → _____ → _____

_____ → _____ → _____ → _____

第 6 课时 如何呵护"我们的农场"

核心问题：怎样更好地呵护"学府农场"呢？

【教学目标】

1.知道生态系统的定义，明确我们所研究的"学府农场"就是一个生态系统。

2.知道生态系统中某一成分的数量和所占比例发生改变，将影响生态系统的平衡。

3.能够通过对"模型"的观察、分析与讨论，认识生态系统。

4.能结合生物的生存条件以及动物与植物相互关系等知识，简单描述生物与环境之间相互依存的关系。

5.能够通过对"学府农场"的观察、分析与讨论，发现凤仙花田中生物与环境之间的相互联系和相互影响。

6.小组沟通交流，完善小组种植计划，形成最终的种植方案并实施方案。

7.乐于与他人进行沟通交流和辩论，基于证据反思和调整探究。

【教学重难点】

重点：分析、总结"学府农场"中的成分及其相互关系，认识生态系统。

难点：1.初步建构生态系统的概念，形成"生物与生物、生物与非生物之间是相互关联的一个整体"的认识。

2.根据不断迭代完善的种植计划，形成最终的种植方案，并在"学府农场"实施。

【教学准备】

教师准备：多媒体课件等。

学生准备：学习单、种植计划书等。

【教学过程】

一、创设情境，综合分析影响因素

1. 教师带领学生到"学府农场"进行观察，发现不同小组种植的凤仙花生长情况有所不同，动物的出没情况也不同。

2. 教师引导：请同学们思考分析"学府农场"中与植物生长、动物生存有关的环境条件，如阳光、空气、温度、水分、土壤、空间等。

3. 学生从真实情境中观察分析植物生长、动物生存的影响条件，并在学习单中进行记录。

【设计意图】从观察学生亲自种植的凤仙花中引入本课主题，具有真实性，学生对自己种植的凤仙花兴趣浓郁，能有效激发学生探究分析的动机。

二、比较归纳，认识生态系统

1. 教师提问：同学们，根据这一段时间的研究，"学府农场"里除了植物与动物这些生物成分之外，还有没有其他成分呢？

（预设：与植物生长及与动物生存有关的土壤、水分、空气、阳光、温度、湿度等环境条件。）

2. 教师根据学生回答情况，从前几课探究植物生长条件、蚯蚓对环境的选择等角度启发学生思考。

【设计意图】从学生观察的角度提出疑问，引发认知冲突，激发学生的探究兴趣，引导学生自主思考，除生物成分外生态系统还有哪些成分。

三、交流讨论，认识生态系统的性质

1. 教师通过引导学生认识、分析"学府农场"中的生物成分和非生物成分，引出新概念——生态系统。

2. 教师提问：生态系统中某一成分发生改变，对其他成分是否会有影响？

3. 学生观察"学府农场"中不同小组凤仙花的生长情况，并在学习单中进行记录。

学生通过观察，发现有些小组种植区域阳光充足，植株长势良好；有些小组植株数量太多，植株间隔太小；有些小组浇水过勤，植物烂根影响生长；有些小组土块凝结，导致土壤中蚯蚓太少等。从而发现生态系统中某一成分发生改变，会影响生态系统的平衡。

【设计意图】引导学生从真实情境中认识、分析生态系统的组成成分，自主建构生态系统的概念，并通过观察"学府农场"发现生态系统的性质，从而突破教学重难点。

四、分析改进，完善种植方案

1. 教师引导：请同学们根据新认识，并结合目前的观察结果和种植经验，继续完善种植计划，形成小组最终的种植方案！

2. 学生根据新学习到的科学概念和知识，结合自己的种植经验，自主反思，改进完善计划。学生进行组内交流讨论，继续完善小组的种植计划。小组之间展示种植计划，与他人分享交流，自主选择是否接纳他人建议，完善小组的种植方案。

【设计意图】引导学生结合自己的种植经验、新学到的科学知识，进行自主反思、自我监控，改进完善种植计划。通过与他人交流，采纳他人合理建议，对种植计划进行完善，形成最终的种植方案。

五、应用迁移，尝试实施最终方案

1. 教师引导：请同学们根据自己的种植方案，在"学府农场"中尝试实施，验证方案的可行性，对比实施该方案前后的种植效果。

2. 学生继续了解、分析其他生态系统的性质，如池塘生态系统、海洋生态系统等。

【设计意图】引导学生进行实施最终方案前后种植效果的对比，充分认识植物生长与环境的关系，认识生态系统的性质。引导学生继续了解、分析其他生态系统的性质，让学生对新概念进行验证、应用和巩固，促进概念迁移的产生。

【精彩片段】——讨论生态系统的组成，引发认知冲突

师：同学们，根据上节课的学习，我们认识了食物链和食物网，我们知道"学府农场"里的植物与蚯蚓、蚜虫、瓢虫、小鸟等多种动物之间相互联系。那么，"学府农场"里除了这些生物成分存在，还有没有其他的成分呢？

生：没有（或者难以作答）。

师：我们来回顾一下前面我们探究种植盒中凤仙花生长所需的条件有哪些？

生：阳光、水分、土壤、温度……

师：那么这些会影响植物生长的条件是否也是我们"学府农场"里的一部分？

生：是的。

师：再回顾一下前面我们探究"学府农场"中的蚯蚓对环境的选择，我们发现蚯蚓喜欢什么样的环境？

生：黑暗、潮湿的环境。

师：这说明环境中的光照与湿度条件会影响蚯蚓的生存。其他不同的动物是不是对环境条件有不同的要求？

生：是的。

师：没错，像阳光、空气、水分、温度、湿度等这些非生物成分也是"学府农场"里重要的一部分。我们把像"学府农场"这样，生物和环境所形成的整体称之为生态系统，它包含生活在"学府农场"中的所有生物以及它们赖以生存的非生物成分。

【教学评析】

本环节主要围绕"'学府农场'里除了生物成分，是否存在其他成分"这一问题展开。通过教师提问引发认知冲突，学生亲身观察"学府农场"中的情况，在教师的引导下分析"学府农场"里影响植物生长及动

生存的条件，认识生态系统的概念。教师通过引导学生回忆旧知并迁移到新知的学习中去，实现了旧知的巩固与迁移，促进了新知的掌握与理解，发展了核心素养。

【学习单】

1. 总结影响植物生长及影响动物生存的条件。

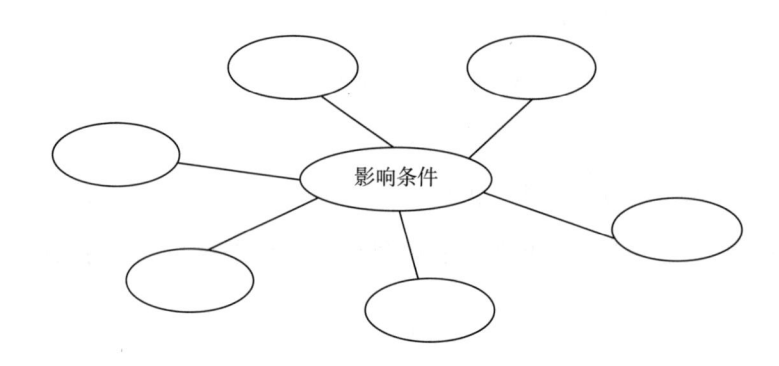

（影响条件 示意图）

2. 认识生态系统

（1）什么是生态系统？

_____。

（2）观察对比"学府农场"中各小组植物的生长情况。

观察到的现象	我的发现
例如，我观察到（　）组的植株数量比其他组的多很多，导致植株间隔太小，植株生长得不如其他组的好。	

持续反馈与应用设计

项目式作业　守护"深圳红树林"行动

【任务】

深圳湾湿地生态系统，保存有深圳最完好、面积最大的一片原生红树林，也是东亚—澳大利西亚候鸟迁飞区的越冬地和中转站，每年有约10万只候鸟越冬或经停，具有重要的生态价值和社会价值。多年来，深圳在深圳湾开展系列红树林湿地修复行动，深圳湾逐步实现城市与湿地、人与自然和谐共生。红树林生态系统的改善不仅依赖于政府的大力支持，更离不开每一位公民的维护，作为一名小学生，我们更要有生态文明观念，做红树林生态系统的守护者！

【要求】

参观游览深圳湾红树林生态公园，拍摄动植物照片，认识了解红树林的动植物，通过查阅资料记录鸟类的迁徙活动，了解红树林生态公园湿地恢复行动，以及通过数据对比分析生态环境的改善与动植物活动之间的联系。

请根据自己的能力和兴趣，选择以下自己喜欢的方式来记录自己的这次科学考察：

▲基础版：拍摄红树林里的动植物照片（至少各5种），通过查阅资料、网络资源等方式为它们制作标签，并向家人介绍你认识的红树林中的动植物。

▲中阶版：通过长期观察，对比鸟类迁徙活动前后动植物活动的不同，找到它们之间的相互关系，以"红树林里的生物关系"为主题绘制手抄报。

▲高阶版：制作红树林生态系统模型，通过对比分析找到红树林中的动物与动物之间、动物与植物之间的相互捕食关系，生物与非生物之间的相互依存的生态关系，以保护"红树林的生态环境"为主题制作思维导图或者宣传海报等，对比红树林生态环境恢复前后不同的生物活动，宣传环境保护的重要性。

温馨提示：还可以根据本地的动植物生存状况，选择自己感兴趣的问题，对动植物生存进行科学考察，完成自己的守护行动！

单元教学反思

在整个学习过程中需要注重个性化、创造性、团队协作反馈等方面的工作，从而提高学生的学习兴趣。

1. 尊重学生的差异性：本单元教学涉及多方面的知识，包括学生的基础水平、学生自主种植凤仙花的可实施性等，因此在教学过程中需要尊重学生的差异性，了解每个学生的学科能力水平和兴趣爱好，制订个性化的教学计划。

2. 注重培养学生的独立思考能力：在制订种植计划以及计划迭代过程中，需要注重培养学生的独立思考能力，让学生在独立思考的过程中发现问题，寻找解决方案，从而培养学生的创造力和解决问题的能力。

3. 加强团队协作：从单独种植观察凤仙花到移植凤仙花、种植小组的凤仙花田，整个过程都离不开小组成员之间的合作，因此需要加强团队协作，让学生在课堂上进行友好的合作，从而提高学生的综合素质和能力。

4. 精心设计多媒体课件，制订合理评价机制：在种植过程中，需要精心设计多媒体课件帮助学生更好地理解动植物生活与环境之间的关系，使教学内容更加生动形象，让学生更容易理解和接受。

5. 加强课后辅导和反馈：植物的生长过程是长期观察的过程，需要加强反馈，及时帮助学生解决学科问题和疑惑，提高学生的学习积极性和学习效果。

案例提供者：张锦滔，深圳市南山区第二外国语学校（集团）学府一小
　　　　　　董安琦，深圳市南山区第二外国语学校（集团）学府一小
　　　　　　唐海丽，深圳市南山区第二外国语学校（集团）学府一小
　　　　　　温紫荆，深圳市南山区第二外国语学校（集团）学府一小
指导教师：童海云，深圳市教育科学研究院

生命的延续与进化

案例8 一起做大自然的观察师

单元教学内容规划

（一）本单元学习指向的核心概念及学习进阶路线

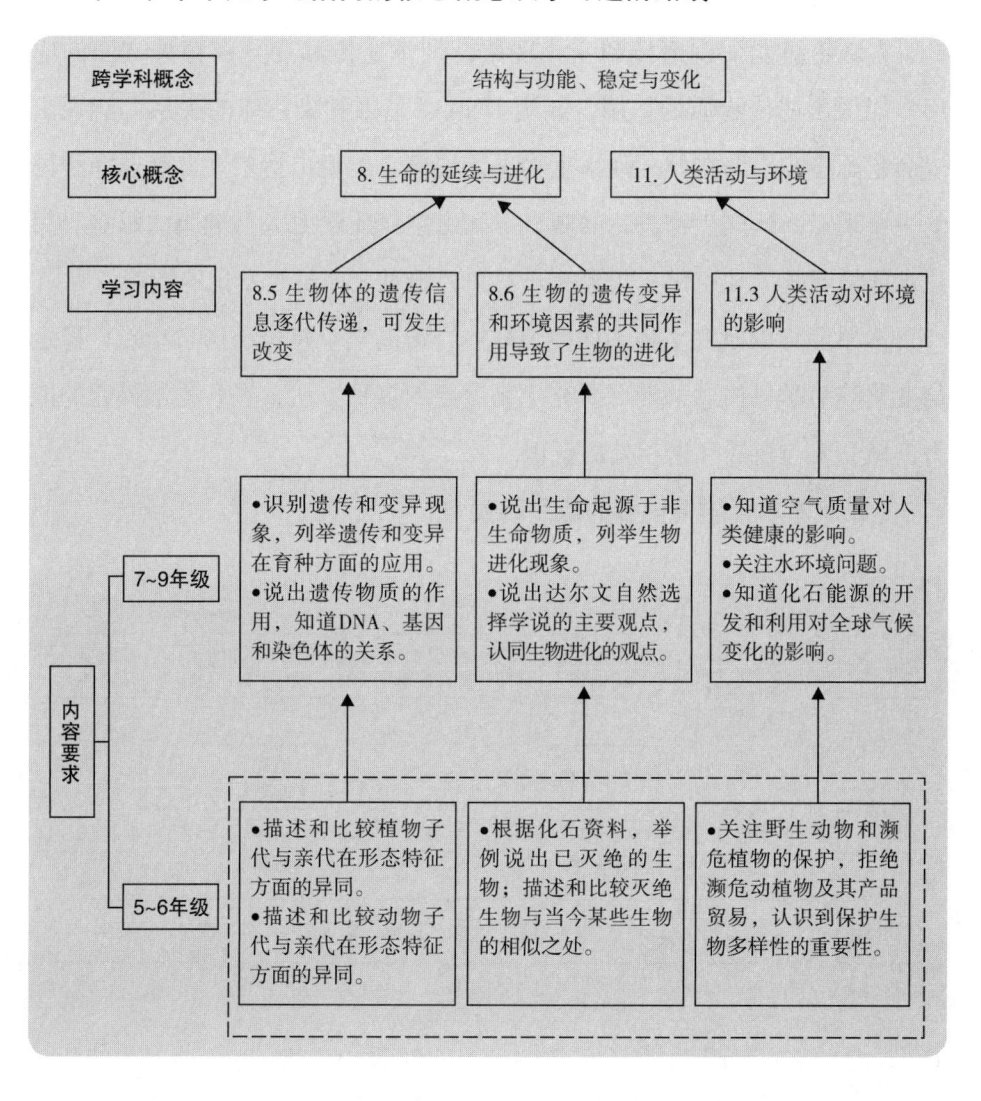

跨学科概念	结构与功能、稳定与变化		
核心概念	8.生命的延续与进化		11.人类活动与环境
学习内容	8.5 生物体的遗传信息逐代传递，可发生改变	8.6 生物的遗传变异和环境因素的共同作用导致了生物的进化	11.3 人类活动对环境的影响
内容要求 7~9年级	• 识别遗传和变异现象，列举遗传和变异在育种方面的应用。 • 说出遗传物质的作用，知道DNA、基因和染色体的关系。	• 说出生命起源于非生命物质，列举生物进化现象。 • 说出达尔文自然选择学说的主要观点，认同生物进化的观点。	• 知道空气质量对人类健康的影响。 • 关注水环境问题。 • 知道化石能源的开发和利用对全球气候变化的影响。
内容要求 5~6年级	• 描述和比较植物子代与亲代在形态特征方面的异同。 • 描述和比较动物子代与亲代在形态特征方面的异同。	• 根据化石资料，举例说出已灭绝的生物；描述和比较灭绝生物与当今某些生物的相似之处。	• 关注野生动物和濒危植物的保护，拒绝濒危动植物及其产品贸易，认识到保护生物多样性的重要性。

本单元聚焦"生命的延续与进化""人类活动与环境"核心概念，落实课标中"生物体的遗传信息逐代传递，可发生改变""生物的遗传变异和环境因素的共同作用导致了生物的进化""人类活动对环境的影响"的学习内容要求。

5~6年级能描述和比较植物、动物子代与亲代在形态特征方面的异同。能根据化石资料，举例说出已灭绝的生物；能描述和比较灭绝生物与当今某些生物的相似之处。能关注野生动物和濒危植物的保护，拒绝濒危动植物及其产品贸易，认识到保护生物多样性的重要性。

7~9年级能识别遗传和变异现象，列举遗传和变异在育种方面的应用。能说出遗传物质的作用，知道DNA、基因和染色体的关系。能说出生命起源于非生命物质，列举生物进化现象。能说出达尔文自然选择学说的主要观点，认同生物进化的观点。知道空气质量对人类健康的影响。关注水环境问题。知道化石能源的开发和利用对全球气候变化的影响。

本单元将以研究生物多样性为载体，帮助学生建构结构与功能、稳定与变化等跨学科概念，学习研究生物世界的多种方法，提升科学探究的能力，树立人与自然和谐相处的意识。

（二）本单元学习内容的组织线索

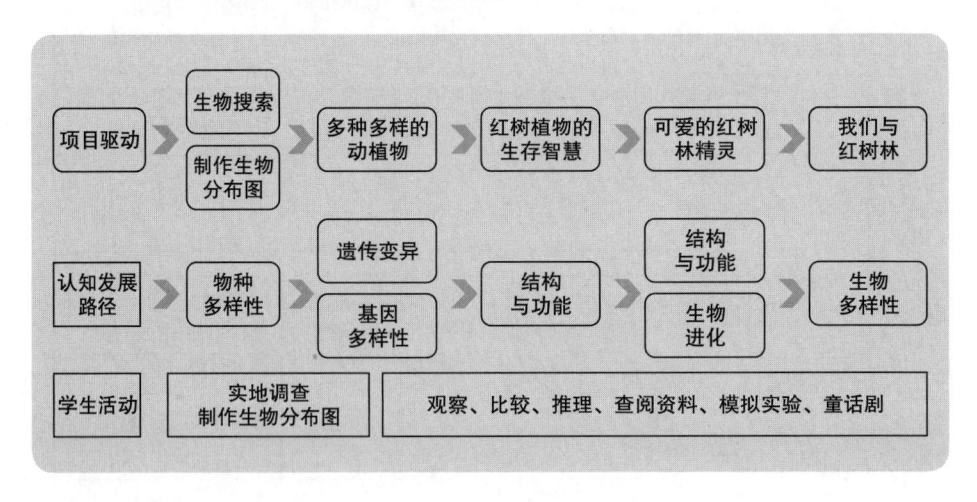

项目驱动	生物搜索 / 制作生物分布图	多种多样的动植物	红树植物的生存智慧	可爱的红树林精灵	我们与红树林
认知发展路径	物种多样性	遗传变异 / 基因多样性	结构与功能	结构与功能 / 生物进化	生物多样性
学生活动	实地调查制作生物分布图	观察、比较、推理、查阅资料、模拟实验、童话剧			

单元学习目标设计

核心素养	学习目标
科学观念	1. 通过实地调查与对比分析，能够描述生物亲子代具有相似性以及生物是多种多样的。 2. 能举例说明灭绝生物和当今红树林生物的相似之处，认识生物具有进化现象。 3. 能够描述植物、动物的某些结构具有帮助其维持自身生存的相应功能。 4. 能够描述生物与生物、生物与环境之间相互依存，并举例说出人是自然的一部分，人类活动对动植物有影响
科学思维	1. 能够分析、比较实地调查收集的生物信息，发现生命世界普遍存在遗传变异、进化现象。 2. 能比较全面地分析生物多样性的意义并列举保护措施。 3. 能进行初步的创意设计，用文字、语言等表达自己对生物多样性的理解
探究实践	1. 能运用查阅资料、实地调查、对比分析等方式搜集生物种类的信息，用科学语言记录整理搜集到的信息，同时运用分析、比较、推理、概括等方法发现生命世界普遍存在遗传变异、进化现象。 2. 有依据地对古代生物与当今红树林生物的关系进行猜想，结合搜集的信息判断结论与猜想是否一致
态度责任	1. 对生物多样性、生物的结构与功能的探索表现出兴趣。 2. 乐于分享自己调查到的信息，愿意与他人进行沟通交流和讨论。 3. 了解人类活动对动植物有影响，愿意采取行动保护生物多样性

单元学习评价设计

"一起做大自然的观察师"评价量表

核心素养	评价指标	评价等级 ★	评价等级 ★★	评价等级 ★★★	同伴互评	教师评价
科学观念	认识生物亲子代特征	能在教师的引导下，描述植物、动物、人类的亲子代具有的个别相似特征与不同特征，对遗传信息逐代传递的认识不足，仅能基于生物的外形，认识生物多样性	能在教师引导下描述植物、动物、人类的亲子代具有的部分相似特征与不同特征，对遗传信息逐代传递有一定的认识。能从生物的性状，认识不同物种间的生物具有多样性	能够从多个方面描述植物、动物、人类的亲子代具有的相似特征与不同特征，发现生物体的遗传信息逐代传递，可能发生改变。初步具有遗传变异的观念，并认识到不同物种间、同一物种内的生物都具有多样性	☆☆☆	☆☆☆
	认识生物的进化现象	知道灭绝生物和当今生物的相似之处，认识生物具有进化现象，知道植物、动物的某些结构的特点	知道灭绝生物和当今生物的相似之处，认识生物具有进化现象，根据教师的引导可以少量举例说明。知道植物、动物的某些结构具有帮助自身生存的相应功能	知道灭绝生物和当今生物的相似之处，认识生物具有进化现象，并能自主举例说明。知道植物、动物的某些结构具有帮助自身生存的相应功能，并能对生物灭绝和没有灭绝的原因产生联系思考	☆☆☆	☆☆☆
	认识生物与环境之间的相互联系	能简单举例生物之间的食物链、食物网关系，知道生物与生物之间相互依存	能举例说明生物与生物、生物与环境之间的相互联系，知道保护生物多样性的重要性	能举例说明生物与生物、生物与环境、人类与环境之间的相互联系，不仅知道保护生物多样性的重要性，还知道哪些措施可以保护生物多样性	☆☆☆	☆☆☆

续表

核心素养	评价指标	评价等级 ★	评价等级 ★★	评价等级 ★★★	同伴互评	教师评价
科学思维	理解生物多样性的意义	能用文字、语言等简单表达自己对生物多样性的理解	在教师指导下，能进行1~2种创意设计，用文字、语言等表达自己对生物多样性的理解，但不系统	能自主进行初步的创意设计，用文字、语言等准确表达自己对生物多样性的理解；能自主分析生物多样性的意义并列举保护措施	☆☆☆	☆☆☆
探究实践	搜集生物多样性的信息	能运用查阅资料、实地调查等方式搜集生物种类的信息	能运用查阅资料、实地调查、对比分析等方式搜集生物种类信息，可以用简单科学语言记录整理搜集到的信息，在教师引导下简单运用分析、比较、推理、概括等方法发现生命世界普遍存在遗传变异、进化现象	能运用查阅资料、实地调查、对比分析等方式搜集生物种类的信息，可以用科学语言记录整理搜集到的信息，自主运用分析、比较、推理、概括等方法发现生命世界普遍存在遗传变异、进化现象；能对古代生物与当代生物的关系进行猜想，结合搜集的信息判断猜想与事实是否符合	☆☆☆	☆☆☆
态度责任	保护生物多样性	对生物多样性的探索表现出兴趣，了解人类活动对动植物有影响	对生物多样性的探索表现出兴趣，经教师鼓励，愿意分享自己调查到的信息、愿意与他人进行沟通交流和讨论	对生物多样性的探索表现出浓厚兴趣，主动分享自己调查到的信息、主动与他人进行沟通交流和讨论；了解人类活动对动植物有影响，主动采取行动保护生物多样性	☆☆☆	☆☆☆

学生情况分析

学生通过低年级的学习及生活经验，已经体会到地球上存在多种多样的生物，包括动物、植物和微生物。所以对于生物的多样性，学生是具有模糊零散的认知的。但是,学生对于不同生物以及同种生物不同个体间的异同了解较少,不明白产生这种异同的根本原因是生物的遗传与变异。五年级学生已经初步了解生物与环境的相互适应,对生物之间的食物链关系以及生物与非生物之间的相互关系也有一定的了解,但是对生物多样性和人类生存环境之间的重要关系了解不够全面。

本单元以研究生物多样性为载体,帮助学生建构生物多样性、生物的遗传变异、生物进化及结构与功能等科学概念,学习研究生物世界的多种方法,提升科学探究的能力,树立人与自然和谐相处的意识。

单元学习进程设计

单元主要概念	学习进阶	学习问题链	主要学习活动	思维型教学原理	课时建议
生命的延续与进化	实地调查	问题一:我们身边有哪些动植物	创设情境:红树林自然保护区需要制作一份生物导览图,提供给游客参观使用。学生调查红树林生物,制作生物分布图	概念初始认识(动机激发)(自主建构)	2
	理解运用	问题二:红树林动植物子代与亲代有什么异同?为什么	合作探究:汇总子代与亲代照片资料,了解动植物遗传、变异现象,体会种群内动植物的多样性	概念具体化(认知冲突)(自主建构)	1
		问题三:红树林中的植物有哪些与环境相适应的结构和功能	合作探究:通过模拟实验、查阅资料等方式探究红树植物的叶、根、胚轴的特殊结构与功能		1
		问题四:红树林中的动物有哪些与环境相适应的结构和功能	合作探究:通过查阅资料等方式探究栖息在红树林的鸟类身体的结构与功能		1
	评价创造	问题五:以红树林为例,生物多样性对我们有什么意义	问题解决:搜集资料,撰写调查报告,以童话剧的形式分享探究成果	概念迁移创造(应用迁移)	1

第1、2课时　制作红树林生物分布图

核心问题：我们身边有哪些动植物？

【教学目标】

1. 认识到福田红树林自然保护区中生活着不同种类的生物；认识到不同环境中生活的生物种类和数量不同。

2. 能通过调查的方法，收集有关福田红树林自然保护区生物多样性的有效信息，能在调查中使用工具查找生物的相关信息；能用制作生物分布图等方法呈现调查结果。

3. 能运用分区域调查的方法研究生物多样性；能根据实际需要制订可行的调查活动方案；能根据调查，科学记录福田红树林自然保护区生物的种类及分布情况。

4. 表现出对调查福田红树林自然保护区生物多样性的浓厚兴趣；能够与小组成员分工合作，分享自己的调查结果；在调查过程中珍爱生命，尊重事实；意识到福田红树林自然保护区环境与生物是相互影响的。

【教学重难点】

重点：分小组、分区域进行"生物大搜索"，制作红树林生物分布图，了解不同的环境中生活着不同的生物。

难点：认识红树林生物的多样性，会利用生物分布图整理信息，展示调查成果。

【教学准备】

教师准备：平板电脑、有关福田红树林自然保护区生物的资料、多媒体课件等。

学生准备：放大镜、双筒望远镜、红树林生物图鉴、小铲子、记录本、笔等。

【教学过程】

一、创设情境

（一）任务驱动

教师展示本次活动的目的：红树林是一种特殊的湿地生态系统，不仅可以维护海岸线的稳定，还是许多海洋生物的栖息地和繁殖地。理解福田红树林自然保护区对于保护深圳生物种类的多样性起到至关重要的作用。为了让更多人了解红树林的重要性，保护区工作人员邀请同学们当红树林的小小科普员。小小科普员的任务是清晰辨别红树林保护区的动植物种类，并制作福田红树林自然保护区生物分布图，以便游客在参观时更加便利。

（二）动机激发

教师提问：红树林中有哪些生物？让我们像科学家那样做大自然的观察师，一起来研究红树林中生物的多样性吧！

【设计意图】通过学习红树林的背景知识，让学生了解到红树林对维护海岸线生态平衡的重要性，引发他们对生物多样性保护的关注和兴趣。同时，通过让学生像科学家一样进行观察和研究，激发学生的兴趣和热情，让他们自觉地投入到科学探索中去，培养其科学探究的能力，掌握科学探究的方法，以及对大自然的热爱和敬畏之心。

二、自主探究

（一）设计调查方案

1.明确调查任务

为了有效地开展调查工作，教师出示福田红树林自然保护区地图，明确调查任务为：小组分区域调查生物种类和数量，观察生物之间的联系，选择感兴趣的生物重点调查。

2.制订调查方案

学生根据任务要求，制订详细的调查方案，包含调查目的、调查地点、调查用具、调查方法、成果展示的形式等内容。

（二）开展调查

教师带领学生走进福田红树林自然保护区，组织学生按照调查方案，分组探究，在生物图鉴和平板电脑等工具的支持下，开展生物大调查活动，在学习单中记录生物种类、数量。

【设计意图】福田红树林自然保护区面积广阔，生物种类繁多，为了有效开展调查工作，需要设计详细的调查方案。通过让学生参与调查方案的制订，激发其主动性和创造性，培养其解决问题的能力和团队协作精神。通过深入了解调查任务和方法，提升学生的实践操作能力和科学思维水平。通过实地调查，让学生亲自参与到科学研究中，提升其搜集整理信息的能力和实践经验，增强其对生物多样性的直观认识。

三、自主建构

1. 各小组间交流调查结果，汇总整个班级调查到的生物种类和数量，并将各小组调查到的生物标注到班级大表上，共同完成福田红树林自然保护区生物分布图。

2. 学生分享交流后的感受，深刻地认识到福田红树林自然保护区中生活着不同种类的生物，不同环境中生活的生物种类和数量不同。

【设计意图】通过汇总调查结果和交流总结，让学生全面了解福田红树林自然保护区的生物多样性，加深对生态系统的认识和理解。同时，通过分享感受，促进学生之间的交流和合作，培养其团队精神和表达能力。

四、拓展迁移

1. 学生尝试用电脑软件设计《福田红树林自然保护区生物分布图》，打印制作成精美的彩色图册，供参观红树林自然保护区的游客使用。

2. 学生利用假期时间，争做红树林自然保护区小小科普员，向游客科普红树林动植物的种类、数量、特性等相关信息。

【设计意图】让学生将所学知识应用到实际中去，制作图册和担任科普员的活动，可以加深学生对于红树林的认识。同时，这也为学生未来的社会参与和环保行动奠定了良好的基础。

【精彩片段】——创设情境，激发学生学习动机

教师带领班级学生到达福田红树林自然保护区。

师：同学们，受到工作人员的邀请，我们来到了美丽的福田红树林自然保护区。这里有种类繁多的动物和植物，红树林自然保护区对于保护深圳生物种类的多样性起到至关重要的作用。现在工作人员想请你们帮忙，制作一份福田红树林自然保护区生物分布图，这样游客在参观时就能清晰地知道每个地区的生物种类啦！

生：老师，什么是生物分布图呀？

教师展示某小学生物分布图。

师：你们看老师手中这份就是，请同学们仔细读一读，看看你能得到什么启发。

生：原来给生物做一个地图，就是生物分布图啊！

师：没错！红树林中有哪些生物？让我们像科学家那样做大自然的观察师，一起来调查红树林中生物的种类和分布，为红树林制作一份生物分布图吧！

【教学评析】

本环节教师带领学生走进物种丰富的红树林自然保护区，以"制作一份红树林生物分布图"这一任务驱动学生的学习过程，学习研究区域内生物多样性的方法，并为下一节课比较动植物子代与亲代的不同提供丰富的学习素材。通过大量生动的案例，激发学生的探究兴趣。

【学习单】

1. 完成福田红树林自然保护区生物记录表。

序号	植物种类	数量	序号	动物种类	数量
1			①		
2			②		
3			③		
4			④		
5			⑤		
……			……		
我的发现：一共发现了____种植物，____种动物。 其他发现：_____。					

2. 福田红树林自然保护区生物分布图。

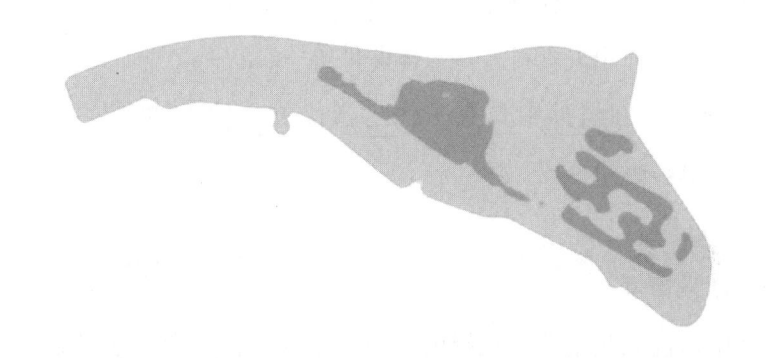

第3课时 深圳红树林中的动植物

核心问题：红树林动植物的子代与亲代有什么异同？为什么？

【教学目标】

1. 知道动植物子代与亲代存在着相同与不同；了解遗传现象，即亲代与子代相似的现象；理解变异现象，即亲代与子代间及子代之间存在差异的现象；认识到变异使得动植物多种多样。

2. 能分析、比较实地调查收集的生物信息，发现生命世界普遍存在遗传变异、进化现象。

3. 能运用观察与比较的方法，发现动植物子代与亲代的异同；能运用查阅资料的方法，了解孟德尔及其关于遗传变异的研究。

4. 能持续关注身边动植物子代与亲代的异同，继续对遗传与变异现象、规律保持好奇心，意识到生物遗传变异现象与人类生活的联系。

【教学重难点】

重点：能够类比分析得出动植物多样性的原因是遗传和变异。能够知道并阐释遗传是生物稳定性的基础，变异是生物多样性的前提。

难点：能对动植物的遗传变异现象做出合理的推测和解释。

【教学准备】

教师准备：收集红树林中具有子代与亲代关系的生物图片、孟德尔及其遗传变异研究的相关资料、多媒体课件等。

学生准备：红树林中具有子代与亲代关系的生物图片（或植物标本）、学习单等。

【教学过程】

一、创设情境

1. 教师课前收集上节课拍摄的红树林生物子代和亲代的照片。

2. 教师提问：上节课在美丽的福田红树林自然保护区，我们见到了许多可爱的动物与植物，这些生物在这里安家、繁衍后代，请你回忆红树林中生物的子代与亲代是一模一样的吗？

3. 学生回忆并思考，有些学生觉得生物子代与亲代是一模一样的，也有的学生觉得生物的子代与亲代虽然有很多相似的地方，却也有些不相同的地方。

4. 教师总结：这种思考的差异是很正常的，因为生物的子代与亲代之间的关系并非简单的复制，而是涉及遗传与环境的综合影响。这也正是我们今天探讨的重点。

【设计意图】引起学生认知冲突，激发学习动机。在这个部分中，教师引导学生回忆，从而更深入地思考生物的子代与亲代之间的关系，更好地促进学生的思考和讨论。

二、自主探究

1. 教师出示几组植物子代和亲代的照片，学生观察并在学习单中记录异同点。

2. 教师出示几组动物子代和亲代的照片，学生观察并在学习单中记录异同点。

【设计意图】让学生观察较多的案例，搜集证据证明自己的观点。在这个环节中，教师出示更多的图片，让学生有更多观察和比较的机会，从而更深入地理解生物的子代与亲代之间的相似与不同之处。学生通过观察和记录，将更直观地理解生物遗传的规律。

三、自主建构

1. 学生交流观察的结果，总结规律：生物的子代与亲代既有相似也有不同。

2. 学生阅读孟德尔杂交实验的资料，发现生物子代与亲代既有相似也有不同的原因是遗传与变异。

【设计意图】通过提供学习资料，让学生自己总结出遗传与变异对生物的影响。在这个环节中，教师将增加学生之间的合作和交流，让学生共同总结出规律，并且通过阅读资料来深入理解遗传与变异对生物的影响。通过讨论和阅读资料，学生将更深入地理解遗传规律与变异现象对生物进化的重要性。

四、拓展迁移

请学生调查自己与家人相貌特征的异同，并试着用本节课所学知识解释原因。

【设计意图】帮助学生认识到遗传与变异对所有生物的影响。在这个部分，学生将会意识到遗传与变异对于人类的重要性，将学到的知识应用到实际生活中，通过调查和分析家庭成员的相貌特征，加深对遗传与变异的理解，培养学生运用科学知识解释现象的能力。

【精彩片段】——自主探究动植物子代与亲代间的异同

教师课前收集红树林中植物或动物子代和亲代的照片。

师：上节课在美丽的福田红树林自然保护区，我们见到了许多可爱的动物与植物，请同学们来介绍一种让你印象深刻的动物或植物。

生1：我印象最深刻的是秋茄，因为它……

生2：我看到了可爱的黑脸琵鹭，它在捕食时嘴巴在水里不停地扫来扫去。

生3：我喜欢跳来跳去的弹涂鱼……

师：同学们分享的所见所闻真有趣，看来你们观察得很认真哦！通过调查，我们已经知道红树林中有许多不同种类的动植物。老师这里展示了两张秋茄的照片，它们来自不同的个体。左边图片来自亲代，右边图片来自子代，它们是一个"家庭"的成员。它们完全相同吗？

生1：它们的叶片的形状一样。

生2：它们开的花的颜色一样。

生3：它们叶片的大小不一样，花蕊的颜色不一样。

教师继续展示多组生物子代与亲代的照片，并提供阅读资料，引导学生大量观察比较子代与亲代的相同点与不同点，将发现记录在学习单中，并思考为什么会有相同点与不同点。

学生观察交流后记录并汇报。

生1：红树林中植物或动物子代和亲代间有相似的地方是因为遗传，例如，木榄亲代和子代都具有特定的生长形态或根系结构，这些特性有助于它们在咸淡水交汇的复杂环境中生存和繁衍。同样，红树林中的动物如黑脸琵鹭遗传了亲代的生存技能和行为模式，如觅食、避难和繁殖等。

生 2：红树林中植物或动物子代和亲代间之所以出现不同，是因为遗传过程中会出现变异。

师：抓住了关键信息！红树林中植物或动物亲代和子代间相同点主要源于遗传，而不同点则主要源于变异。这些相同点和不同点共同构成了红树林生态系统的多样性和复杂性，使得生物能够更好地适应这个特殊的生态环境并繁衍。

【教学评析】

本环节探究生物子代与亲代的异同、原因和影响。从上节课在红树林中观察到的大量的生物中，找到子代与亲代的相同点和不同点，并思考原因。学生在这节课中积累了很多生物的遗传与变异的案例，搜集证据证明自己的观点。在教学过程中，教师出示更多的图片，让学生有更多观察和比较的机会，从而更深入地理解生物的子代与亲代间的相似与不同之处。通过观察和记录，学生可以更直观地理解生物遗传的规律性并认识到遗传与变异对生物的影响。

【学习单】

请在下图中记录红树林中动植物亲子代的异同。

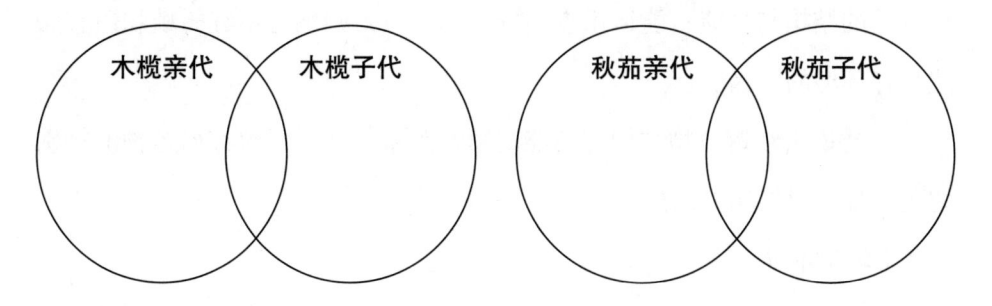

蜗牛亲代　蜗牛子代　　　黑脸琵鹭亲代　黑脸琵鹭子代

我发现：_____。

第 4 课时　红树植物的生存智慧

核心问题：红树林中的植物有哪些与环境相适应的结构和功能？

【教学目标】

1. 明白植物生存必需的条件；明白海边生存环境的特殊性，为植物的生存带来了困难；理解红树植物的特殊结构适应了海边的生存环境。

2. 能分析、比较大多数植物适宜生存的环境与海边生存环境的不同，对红树植物具有的本领进行合理的推测、总结。

3. 能通过模拟木榄、秋茄胚轴掉落在滩涂和海水时的情境，分析胚轴的结构对于种子传播的意义；能通过观察红树植物叶片上的盐粒，分析红树叶片的结构与功能；能运用查阅资料的方法，归纳总结红树植物适宜海边生存环境的原因。

4. 能说出红树植物结构与功能的紧密关系；通过了解红树植物的特别之处，加深对红树林的热爱。

【教学重难点】

重点：通过实验、观察、阅读资料的方法，发现红树植物特殊的结构与其对应的功能。

难点：归纳总结红树植物适宜海边生存环境的结构与功能。

【教学准备】

教师准备：木榄和秋茄的胚轴，模拟滩涂湿润泥土环境的装置，装满水的水槽（模拟海水涨潮环境），桐花树和老鼠簕的叶片（泌盐功能），红树植物的板状根、指状根、膝状根、支柱根、笋状根的图片和文字资料，红树植物的胚轴、根、叶片的相关图片和资料，多媒体课件等。

学生准备：学习单等。

【教学过程】

一、创设情境

1.教师提问：我们在红树林搜索到了很多红树植物，它们形态各异，但它们都同样面临着许多生存挑战。请你阅读资料并思考它们面临着哪些挑战？

2.教师展示：资料1"植物生长必须的条件"；资料2"海边滩涂环境的特殊性"。

3.学生阅读并交流：海浪的冲击、含盐量很高的海水，给普通植物生长、繁衍后代都造成了很大的困难。

4.教师讲述：红树植物如何在如此特殊的环境下生长，这节课我们一起来探究红树植物的生存智慧。

【设计意图】在这个部分中，学生将通过阅读资料和思考，了解红树植物面临的挑战，激发学生探究兴趣，从而引发对其生存智慧的探究和思考。

二、自主探究

1.教师提供普通植物的根及不同形态的红树植物根（板状根、膝状根、指状根、支柱根）的图片及文字资料，供学生阅读。

2.教师提供木榄和秋茄这两种红树植物繁衍后代方式的资料，供学生阅读。

3. 教师提供分别装了湿润泥土和水的水槽，木榄、秋茄的胚轴，学生进行模拟木榄和秋茄的胚轴掉入滩涂和海水中的实验。

4. 教师提供老鼠簕和桐花树的叶片和相关阅读资料，让学生仔细观察两种植物的叶片上有什么？可以戴上手套后用手指蘸取一小颗尝一尝味道。

【设计意图】在这个环节中，学生将通过阅读相关资料和模拟实验，体会红树植物的奇特之处，更深入地了解红树植物的结构与繁殖方式，从而加深对其生存智慧的理解。

三、自主建构

1. 学生交流讨论并在学习单中记录讨论结果：红树植物的根有几种类型，与普通植物的根相比，在形态和功能上有什么异同？

2. 学生交流讨论并在学习单中记录讨论结果：木榄和秋茄通过胚轴在滩涂上繁衍后代，比起用种子繁衍后代有什么优点？

3. 学生交流讨论并在学习单中记录讨论结果：老鼠簕和桐花树叶片上有什么，叶片有什么功能？对于植物有什么意义？

【设计意图】在这个部分中，学生将通过讨论和交流，共同总结红树植物的特殊结构和功能，加深对其生存智慧的认识。学生自我建构概念：红树植物的结构与功能是相互适应的。

四、拓展迁移

教师提问：其他的植物有哪些厉害的生存智慧？人类学习了哪些植物的智慧来方便我们的生产生活？

【设计意图】在这个环节中，学生通过思考和讨论，拓展对植物生存智慧的理解，以及人类如何借鉴植物的智慧来改善生产和生活。这些思考与讨论，使学生明白许多植物的结构与功能都是相互适应的，并且植物的生存对我们人类有重大意义。

【精彩片段】——自主探究红树植物胚轴的结构和功能

教师出示资料（木榄和秋茄这两种植物繁衍后代的方式居然是"胎生"，它们的种子成熟后依然留在树上，种子继续由母体供养，不眠不休地生长着，直到长出长长的胚轴，而一切准备就绪后，胚轴就会离开母体）。

师：胚轴将进行怎样的旅行呢？木榄和秋茄是怎样繁殖后代的呢？现在老师提供分别装了泥土和水的水槽，木榄、秋茄的胚轴，今天我们来模拟木榄和秋茄繁衍后代的场景，请同学们思考我们应该怎样做？

生1：我们应该先模拟胚轴长在树上的样子，用手拿着胚轴模拟它长在树上的样子，但要注意不要弄错了方向，尖尖的一端是朝下的。

生2：然后分别让胚轴掉落在湿润泥土和水中，模拟胚轴掉落在滩涂和海水中的样子。

师：同学们考虑得很细致！待会就请同学们来试一试，仔细观察胚轴掉在湿润泥土和水中的过程，并思考用胚轴来繁衍后代比用种子繁衍后代有什么优点。

学生进行模拟实验并汇报。

生1：老师，我发现胚轴掉落在滩涂时，它尖尖的一端朝下，刚好可以扎入泥土。通过查阅资料我们知道，扎入泥土的一端很快就会长出根来，最快几个小时就可以了，我们打算今天放学的时候来看看。

生2：当胚轴掉入水中时，秋茄的胚轴会斜着漂浮在水里，这样胚轴上的小叶片就会浮在水面之上。我猜测当胚轴掉在海水中后，会随海浪漂浮，到达合适的滩涂，才会开始扎根生长。

生3：秋茄和木榄采用"胎生"的方式繁殖后代，在母体上它们的种子已经发育出了胚轴，当胚轴掉落在滩涂上，尖尖的一端就可以插入土壤，固定自己后很快便能生根；如果是掉落在海水中，胚轴可以漂浮，并且外皮很坚硬，不容易腐烂。我觉得秋茄和木榄真聪明，它们生活的环境恶劣，海浪的侵袭影响种子的传播，而发育成胚轴后后代的存活率将大大增加！

【教学评析】

本环节通过提供真实的红树胚轴，模拟红树植物繁衍后代的场景并结合阅读资料，帮助学生了解红树植物胚轴的结构与功能。红树植物与我们平时所熟悉的植物是如此不同，尤其是植物也有"胎生"这种繁衍方式，学生对此感到特别好奇，对于探究充满了热情。实物观察、模拟实验和阅读资料这三种学习方式丰富、有趣、生动，充分调动学生的感官，又提供了足够的时间和阅读资料，促进学生思维的发展。

【学习单】

1.请在下表中记录红树林植物的结构与其功能。

植物名称	结构	功能

2.我发现红树植物生存面临的威胁有＿＿＿＿＿＿＿＿＿＿＿＿＿＿＿，它们身体的哪个部分，通过什么功能来克服困难？＿＿＿＿＿＿＿＿＿＿

＿＿＿＿＿＿＿＿＿＿＿＿＿＿＿＿＿＿＿＿＿＿＿＿＿＿＿＿＿＿＿＿。

第 5 课时　可爱的红树林精灵

核心问题：红树林中的动物有哪些与环境相适应的结构和功能？

【教学目标】

1. 知道红树林中栖息的鸟类的特殊结构与海边的生存环境是相适应的；了解有些古代生物已经不复存在，鸟类与一些古代生物相似。

2. 通过比较鸟类喙和足的特点，对鸟类身体结构的功能进行描述，并对鸟类的生活习性作出合理的推测。

3. 能够通过观察比较，收集证据，推测鸟类的身体结构与生活习性的关系；能基于证据表达自己的观点。

4. 意识到每一种生物都有它生存的智慧，体会保护生物多样性的意义；通过观察和交流活动，表现出探究古代生物的兴趣。

【教学重难点】

重点：根据图片资料信息，描述鸟类身体结构与其生活习性的关系。

难点：通过化石信息分析，找寻与化石生物相近的现代生物。

【教学准备】

教师准备：红树林中鸟类的图片、喙和足的特写图片及相关资料、多媒体课件等。

学生准备：红树林中鸟类的图片、喙和足的特写图片及相关资料、学习单等。

【教学过程】

一、创设情境

1. 教师利用多媒体课件展示一系列红树林中鸟类的精美图片。这些图片不仅包括了鸟类的全身照，还有它们独特的喙和足的特写镜头。

2. 教师引导：同学们，在进行"生物大搜索"时我们见到了许多可爱的红树林精灵，有黑脸琵鹭、大白鹭、苍鹭等，接下来请同学们进行眼力大比拼，将鸟的喙和足对应起来。

3.学生们进行"眼力大比拼"的游戏，将鸟类的喙和足与它们的身体相匹配。

4.教师引导：同学们，你们注意到了吗，这些生活在同一片红树林中的鸟类，它们的喙和足却有着截然不同的形态。这是为什么呢？今天我们一起来探究"可爱的红树林精灵"。

【设计意图】教师展示大量的鸟类图片，充分激发学生的好奇心，游戏环节设计考验学生的观察力，加深了学生对鸟类多样性的认识。通过不同鸟类结构对比引起认知冲突，激发学生对红树林中的鸟类的兴趣，探索更多关于这些可爱精灵的秘密。

二、自主探究

1.学生在小组内交流自己的猜想，认为鸟类的喙和足的形态可能与它们的捕食习惯、生活习惯等因素有关。

2.学生阅读多种鸟类喙和足的形态特点、食性、生活环境的相关资料，搜集证据验证猜想，并将信息记录在学习单中。

学生了解到，不同形态的喙和足可以帮助鸟类适应不同的生活环境，捕捉不同类型的食物。例如，长而尖的喙适合啄食树木中的昆虫，而扁平的喙则适合滤食水中的食物。

3.教师提供关于鸟类特征与生物化石异同点的资料。

4.学生阅读资料，推测生物之间的关联。

5.学生发现：现代鸟与古代生物在某些特征上存在着惊人的相似性，这暗示着它们之间可能存在着某种进化关系。

【设计意图】将学习的主动权交给学生，让学生自己思考并带着心中的疑问，通过资料阅读自主建构结构与功能、生物进化的相关概念。

三、自主建构

1. 学生交流汇报并将发现记录在学习单中：鸟的喙、足与食性、生活环境确实是相关的。

不同形态的喙和足是鸟类在长期自然选择过程中逐渐形成的适应性特征。这些特征使它们能够更好地适应不同的生活环境，提高生存和繁殖的成功率。

2. 学生交流汇报并将发现记录在学习单中：比较古代生物与现代鸟的异同，发现鸟是由古代生物进化而来的。

学生通过比较古代生物与现代鸟的异同点，发现了遗传与变异的规律在生物进化中的重要作用。从而认识到，生物体的结构与功能是相互适应的，这种适应性是生物在长期进化过程中逐渐形成的。

【设计意图】帮助学生明白动物身体的结构与功能是相适应的，发现遗传与变异的规律从古至今一直存在，对生物影响很大。

四、拓展迁移

1. 很多古代的生物今天已经灭绝了，今天我们身边的很多生物也面临灭绝的危险。请学生课后查阅资料，红树林中哪些生物的生存遇到了困难，原因是什么？

2. 学生搜集资料，整理之前的调查发现，形成红树林生物调查报告。布置项目式作业"我是一名'小小考古学家'"，要求学生课后到深圳大鹏半岛国家地质博物馆做一次调查，搜集多种动物和植物的化石资料，寻找其与现代生物的联系，旨在增加学生对已灭绝生物的了解。完成作业后进行交流分享，加深对进化的认识。

【设计意图】让学生关注身边生物的生存状况，明白当今很多生物濒临灭绝，许多生物的生存面临挑战，培养他们的环保意识和责任感，为下一节课的学习作铺垫。完成调查报告的过程中，学生需要综合运用所学知识和技能进行实践操作和问题解决。这不仅有助于巩固所学知识，还能培养学生的实践能力和创新精神。

【精彩片段】——自主探究鸟类不同的身体结构与功能的联系

教师出示收集到的红树林中鸟类的图片、喙和足的特写图片及相关资料。

师：我们在红树林搜索到了很多可爱的红树林精灵，有黑脸琵鹭、大白鹭、苍鹭，等等，对比它们的特征，其中有哪些不同？这些特征跟它们的生活习性会有什么关联呢？

生1：我发现它们的喙和足有很大的不同，有些喙是细长的，有些是有钩状结构的，有些足是有蹼的，有些足却没有。

生2：因为它们生活的方式不一样，有的爱吃鱼，有的爱吃虫子，还有的吃藻类。

生3：虽然都生活在红树林中，但不同的鸟生活的环境还是不一样的，比如绿头鸭是在海面上捕食嬉戏，而黑脸琵鹭是在浅水区捕食，有些鸟在退潮后的滩涂上活动，还有些生活在树上。

师：同学们观察得很仔细并且举的例子有理有据，我们根据刚才的观察先进行一个"眼力大比拼"的挑战，将各种鸟的喙和足对应起来。

学生进行喙和足的配对游戏。

师：那究竟是什么样的原因导致鸟儿同样生活在红树林里，但喙和足却相差这么大呢。请同学们从老师准备的资料卡片中去继续寻找奥秘吧！

学生阅读资料，小组内讨论后交流并汇报。

生1：鸟类的足部形态也与其生活习性和所处环境密切相关。一些鸟类可能需要在红树林的树枝间跳跃和飞翔，因此它们的足可能较为细长而有力，以便于抓握和支撑身体；而另一些鸟类则可能需要在泥滩中觅食，因此它们的足较为宽大且带有蹼状结构，以便于在水中游泳和捕食。

生2：鸟类的喙是它们获取食物的重要工具。不同的鸟类根据其食物类型和生活习性，发展出了形态各异的喙。

生 3：以种子和昆虫为食的鸟类，其喙可能较为细长而尖锐，以便于啄食和夹取食物；而以软体动物和鱼类为食的鸟类，其喙可能较为厚实而带有钩状结构，以便于捕捉和撕裂猎物。因此，红树林中的鸟类，尽管生活在同一环境中，但由于食物类型的不同，它们的喙形态也会有所差异。

师：同学们的汇报很精彩。是的，可爱的小精灵都在红树林中生活，但喙和足形态相差很大的原因主要是它们各自的生活习性和食性差异。这种多样化的形态特征是鸟类在长期进化过程中对环境的一种适应和生存策略。

【教学评析】

本环节教学中，教师将学生在进行生物调查时观察并拍到的红树林中可爱的鸟进行展示，引起学生的学习积极性和收获的自豪感。学生可以从视频和图片中观察到红树林中可爱的鸟的形态各不相同，从而引导学生思考不同的身体结构有什么功能，对于鸟的生存有什么意义。引导学生重点关注鸟的喙和足的特征，学生小组合作通过查阅图片和文字资料，找出红树林鸟类的喙、足的不同形态，并据此推测相对应的功能和鸟类的生活习性。

【学习单】

1. 请在下表中记录鸟类喙和足的形态特征、食性、生活环境的相关信息。

鸟的名称	喙的特征	足的特征	食性	生活环境

我发现：_____。

2. 请在下图中记录现代鸟和古代生物的异同点。

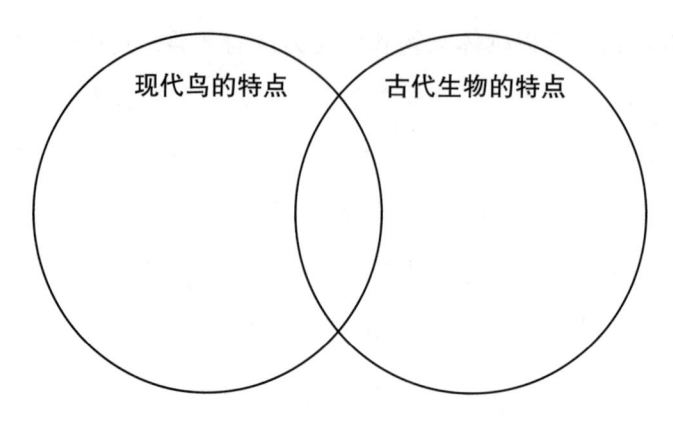

现代鸟的特点　　古代生物的特点

我发现现代鸟与这种古代生物的关系是 _____。

第 6 课时　我们与红树林

核心问题：以红树林为例，生物多样性对我们有什么意义？

【教学目标】

1. 知道生物多样性与人类生活息息相关，是人类衣食住行等的重要资源。理解生物多样性对于保护地球环境具有重要的作用。认识到人类的不良行为使生物多样性面临着威胁。

2. 能够基于分析生物多样性被破坏的原因，提出保护生物多样性的策略。

3. 能够从生活中获取证据，描述生物多样性与人类的关系。能够运用查阅资料的方法了解生物多样性的现状。

4. 意识到人类活动会影响生物多样性及我们生活的地球环境，能够自觉采取行动保护生物及其周围环境。

【教学重难点】

重点：能够分析材料，说出保护生物多样性的意义以及价值。

难点：联系生活实际，提出切实可行的保护生物多样性的措施。

【教学准备】

教师准备：多媒体课件等。

学生准备：有关生物多样性的图片或视频、多种颜色的硬卡纸、剪刀、彩色笔、红树林生物调查报告、学习单等。

【教学过程】

一、创设情境

1. 教师提问：红树林中有什么生物，它们有什么特点，对我们人类的生存有哪些意义？

学生结合调查报告分组汇报红树林中的生物种类及其特点，如红树植物、贝类、鸟类等。讨论这些生物在生态平衡中的作用，如净化空气、提供栖息地、食物链的重要一环等。进一步探讨红树林对人类生存的直接和间接意义，如天然防护林、碳储存、旅游资源等。

2. 教师提问：红树林中哪些生物的数量急剧减少，原因是什么？

学生结合调查报告汇报红树林中哪些生物的数量急剧减少，如特定种类的贝类、鸟类等。学生分析减少的原因，可能包括环境污染、非法捕捞、栖息地破坏等。学生讨论这些生物数量减少对整个生态系统可能产生的影响。

【设计意图】经过一段时间的学习，学生对红树林中的生物更加了解的同时，也产生了深厚的感情，当了解到这些生物其实面临着很大的生存挑战的时候，学生会担心它们，并急切地想采取措施帮助它们。

二、自主探究

1. 阅读"导致生物多样性减少的原因""为什么要保护生物多样性""怎样保护生物多样性"的相关资料。

2. 学生阅读并分析"为什么要保护生物多样性"的资料，了解生物多样性的价值。在阅读过程中，学生标注重要信息，整理思路，并思考如何将这些理论知识应用到实际的红树林保护行动中。探讨保护生物多样性的可行措施，如建立自然保护区、制定法律法规等。

【设计意图】学生通过阅读，明白地球上很多生物都濒临灭绝，并且每一种生物对我们人类都是至关重要的。

三、自主建构

1. 学生分组讨论并记录关于"导致生物多样性减少的原因""为什么要保护生物多样性""怎样保护生物多样性"的看法。学生用气泡图的方式将关于这三个问题的看法和理解记录在学习单中。

2. 各组展示气泡图，进行全班交流和讨论，补充和完善观点。

【设计意图】用气泡图的方式帮助学生梳理思路，帮助学生认识到生物多样性减少的原因，为什么要保护生物多样性，以及如何让更多的人加入保护生物多样性的队伍。

四、拓展迁移

1. 除了以上措施，还可以宣传保护生物多样性的重要性，让更多的人重视起来。要求学生设计一份保护生物多样性的海报。

2. 学生分组设计保护生物多样性的宣传海报，要求包含醒目的标语、生动的图片和简洁的说明文字。海报完成后在校园内进行展示，向全校师生宣传保护生物多样性的重要性。

3. 布置项目式作业《红树林的一天》童话剧，要求学生以第一人称的视角描述红树林中一种生物的一天生活，旨在增强学生对红树林生物的情感联系和保护意识。完成作业后进行分享交流，加深对生物多样性保护的认识和理解。

【设计意图】通过实际操作，提升学生保护生物多样性的责任感和行动力。发动学生的力量，让更多的人重视保护生物多样性。

【精彩片段】——自主建构生物多样性与人类的关系

课前学生搜集资料，整理之前的调查发现并制作成PPT，最后形成红树林生物调查报告。

师：同学们，在课前各小组已经紧锣密鼓地完成了红树林生物调查报告，今天请各小组的大自然的观察师来分享下红树林生物的特点及作用吧。

生1：我们组将分享的是红树林的生物特点。同学们，红树林里的生物精灵们真奇特，奇特在哪呢？请看大屏幕（播放课前录制的红树林视频），红树林主要由红树科植物组成，终年常绿，林相整齐，结构简单，多为低矮性群落。这些植物的根具有支柱根、呼吸根等特殊形态，以适应咸淡水环境。同时，红树林还有多种生物，包括哺乳类、两栖类、鸟类、鱼类以及各种蟹类、藤壶类、蚊类等，它们共同构成了红树林复杂而独特的生态系统。

生2：红树林精灵们的作用可大着呢！接下来让我们组给大家一一讲解。红树林在维护生态平衡和生物多样性方面发挥着重要作用。红树林能够吸收污染环境的有毒有害物质，避免通过食物链向其他海洋生物及人类传递，是天然的防风防浪屏障，具有净化海水、防风消浪、固碳储碳等功能。此外，红树林还为众多生物提供了丰富的食物资源和栖息地，对于维护生物多样性具有重要意义。

师：哇，同学们的PPT做得很精美！汇报真精彩！让我们把掌声送给各位大自然的观察师。看来同学们在前面的调查中做足了功课，那接下来能不能分析一下这些生物与我们有什么关系呢？

生：红树林生物与我们人类的关系密切。红树林不仅为人类提供了丰富的资源，如木材、药材、食物等，还是人类文化的重要组成部分。同时，红树林在抵御自然灾害、保护沿海地区免受侵蚀等方面也发挥着重要作用。

师：你说得很有道理，红树林生物给我们人类带来的好处有很多，但是人们回报红树林的都是积极向上的吗？我们一起来看这些资料并思考：

我们为什么要保护生物多样性？我们可以怎样保护生物多样性呢？

小组交流讨论并汇报。

生1：随着人类活动范围的不断扩展，红树林面临着严重的威胁，包括污染、砍伐、填海造陆等。这些行为不仅破坏了红树林的生态环境，还威胁到了红树林生物的生存。因此，保护红树林生物及其生态环境对于维护人类与自然和谐共生具有重要意义。

生2：为了保护红树林生物多样性，我们必须行动起来！

师：是的！红树林生物具有独特的生态特点和重要的作用，它们与我们人类的关系密切。我们应该加强红树林保护力度，维护其生态平衡和生物多样性，以保证人类和自然和谐共生。

【教学评析】

本环节教学中，学生通过汇报自己的调查报告，真实地感受到了地球上的生命是多么美丽。学生通过思考交流，形成对红树林生物与人类的关系的初步认识。在给学生展示当今生物生存面临的重重威胁时，他们会真实地感到痛心和焦急，从而引发学生深入思考，我们究竟能为保护生物多样性做什么？行动不仅仅停留在课堂上，还要脚踏实地从身边的每一件小事做起，例如，可以发挥自己宣传的力量，向家庭、社区、红树林保护区的人们宣传保护生物多样性的重要性。

【学习单】

请在气泡图中记录保护生物多样性的原因和措施。

持续反馈与应用设计

项目式作业一　我是一名"小小考古学家"

【任务】

每一块生物化石背后，都留下了大自然的痕迹，记录着古代生物多样性的历史故事。同学们，让我们化身为一名小小考古学家，到深圳大鹏半岛国家地质博物馆做一次考察，搜集多种动物和植物化石资料，找出其与现代生物的联系，让我们出发去探索古生物化石的奇妙新世界吧！

【要求】

参观深圳大鹏半岛国家地质博物馆，搜集古代生物化石并拍照。

通过查阅图书资料、网络资源（国家化石标本资源共享平台等）、对照标本图鉴等方式，学习古生物化石的相关知识。

请根据自己的能力和兴趣，选择以下自己喜欢的方式来记录自己的这次科学考察：

▲基础版：为古生物化石画像，制作"身份证"，"身份证"上标明化石名称、特征。

▲进阶版：以古生物为主题制作一份图文并茂的手抄报，详细描述它们与现代生物的异同。

▲高阶版：制作古生物化石模型。

【评价标准】

评价项目	等级		
	A	B	C
作品主题	作品与活动主题完全相符	作品与活动主题比较相符	作品与活动主题偏离
作品内容	创意新颖，作品完整	作品较完整	作品残缺
美观程度	做工精致，造型美观	做工较工整，造型一般	做工潦草，没有造型

项目式作业二 《红树林的一天》童话剧

【任务】

我们虽然离开了美丽的红树林，但回想起在红树林里见到的每一种生物都是那么可爱，也各有自己的特点，让我们很怀念与它们度过的美好时光。如果你化身为红树林中可爱的动物或植物，请你大胆想象，你与其他生物之间会发生什么有趣的故事？它们又想与人类说些什么呢？请每位小组成员各自从一种生物的视角出发，推测生物之间发生的有趣故事，写一写这些生物想对人类说的话。最后我们把它整理成一场小小舞台剧，优秀作品将会在更大的舞台上进行表演哦！

【要求】

从一种生物的视角出发，推测不同生物之间发生的有趣故事和这些生物想对人类说的话。

▲基础版：画一画，在一张或多张 A3 纸上使用图文并茂的方式记录下自己的观察与想象。

▲进阶版：写一写，用作文或儿童诗的形式进行想象创作。

▲高阶版：演一演，将组员的图画、文字创作整合成舞台剧，在舞台上进行表演。

单元教学反思

这一单元的教学中，我们依托深圳红树林自然保护区这一特殊的生态环境，立足于物种多样性和基因多样性，以认识红树林生物多样性为线索，围绕学习问题链，带领学生真正走进红树林进而展开教学。教学从"我们身边有哪些动植物？"切入，递进到"红树林动植物子代与亲代有什么异同，理由是什么？"，然后递进到"红树林中的植物有哪些与环境相适应的结构和功能？"，再递进到"红树林中的动物有哪些与环境相适应的结构和功能？"，进一步递进到"以红树林为例，生物多样性对我们有什么意义？"，学习问题链层层递进，引导学生逐步深入探讨生命的延续和进化，以及人类活动与环境的关系。通过观察、思考和探究，培养学生科学素养和环境保护意识。

回顾本单元的教学，整个教学过程踏准了科学课堂教学的起点。本单元开展了一系列探究活动，充分体现了学生是科学学习的主体。轻松愉悦的气氛催生学生的思考，探究的热情在激发，张扬的个性在迸发，动手的能力在勃发，集体的智慧在喷发。

一、学情分析，找准新起点

科学教材作为一个媒介，是教师教学的参照物、启示物，是学生进行学习的一个载体。课前预案，应根据学生所处的教育大环境，从学生的实际出发活用教材，依据学生原有的知识基础，找准学习的新起点。

本单元教学以研究生物多样性为载体，聚焦"生命的延续与进化"和"人类活动与环境"两个核心概念。学生通过多年的学习以及生活经验，对于生物的多样性是具有模糊零散的认知的。要使学生了解不同生物以及同种生物不同个体间的异同，明白这种异同的根本原因是生物的遗传与变异，并且对生物多样性和人类生存环境之间的重要关系有一个比较完整的认识，需要引导学生运用分析、比较、推理、概括等方法发现生命世界普遍存在遗传变异、进化现象。本单元教学以研究生物多样性为载体，帮助学生建构生物多样性、生物的遗传变异、生物进化及结构与功能等科学概念，学习研究生物世界的多种方法，提升科学探究的能力，树立人与自然和谐相处的意识。本单元一个接着一个问题递进的探究活动，对学生学习有一定的挑战。为防止产生"高热闹、低效益"的教学效果，教师需要对教材进行了一些处理和选择。在设计教学活动时，教师需要提供足够多的材料，真真切切地给学生一个真实的探究空间，相信他们，大胆放手，给足时间，让他们实地调查收集红树林生物信息，经历一系列合作探究实验，最后撰写调查报告。

二、有所创新，找准兴趣点

导入是本单元思维型教学过程的关键环节，如何有效地将教材的知识激活，充分地激活学生的求知欲，就要求教师要有所创新，找准学生兴趣点，使创设的情境有"个性"。

本单元通过创建一个积极、开放、安全的学习环境，让学生走进红树林自然保护区进行实地调查，创设情境"红树林自然保护区需要制作一份生物分布图，提供给游客参观使用"，直接引发学生思维动机，调查过程中学生会提问、质疑和分享自己的观点。这样的教学环境能够激发学生的思维活力，促进他们深入思考。本单元的教学导入情境设计有所创新，既不脱离学生的现实生活，又有一定的指向性和目标性，同时还符合把生命教育渗透在各学科中的教育理念。将学生的课堂搬到了红树林大自然里，真实的生物个体，真实地激发学生探究的兴趣，真实地给学生提供探究的素材，让学习与现实生活中的事件结合起来，不仅让学生亲身感受到合作在现实生活中的重要作用，还潜移默化地影响学生产生真实的情感，让他们在日常生活中自发地为保护生物多样性出一份自己的力量。情感态度和价值观的有机结合，让学生在学习过程中更乐于接受，并在轻松快乐的气氛中进入到"一起做大自然的观察师"的教学主题，从而更加有效地培养学生的科学素养和创新能力。

三、有机融合，找准生长点

新课标强调教师是"课程"、教师是"教材"，倡导教师依照自己的专业理念，从学生的实际生活出发，根据他们的认知规律以及现实条件的限制，对教材内容进行有机融合，抓住学生好奇的心理，找准新知识的生长点。本单元通过创设一个制作红树林生物分布图的情境，唤起了学生"迫不及待"的探究冲动，以学习问题链的方式开展，巧妙地把两个核心概念"生命的延续与进化"以及"人类活动与环境"转化成学生内心需要探究的问题。围绕学习问题链，引导学生逐步深入探究。学生通过真实情境中的观察比较来发现问题、认识问题，能更好地感受到科学源于生活，为探究活动的展开指明了方向。新旧知识的有机融合，生活经验与科学生活化的有机融合，找准了新知识的生长点。学生通过自己动手搜集、分析资料，及模拟实验得出的结果与猜测的结果进行对比，加深对知识的印象与理解，感受和认识到了生物多样性对人类有什么意义。这样不仅能让学生在科学学习中有效地锤炼意志、完善素质、体现价值，更能让学生在这种探究经历中合作、研究、总结、创新、享受和成长。这也是思维型教学强调的培养学生的问题意识和探究精神，激发学生的主动性和参与性，引导学生发现问题、提出问题，并鼓励他们尝试解决问题。

四、灵活延伸，找准探究点

新课标倡导培养学生核心素养，培养学生思维能力。在思维型教学中，教师应更加关注学生的思维过程，而非仅仅关注问题的答案。首先，通过了解学生的思考过程，教师及时给予指导和帮助，促进学生的思维发展。其次，注重学生的思维训练。思维型教学不仅要求学生掌握知识，还要求学生学会如何运用知识解决问题。因此，教师需要注重学生的思维训练，通过各种活动和练习来提高学生的思维能力。

本单元教学把探究延伸到课外，让学生带着问题走出教室，将红树林自然保护区也纳入科学教育的资源库，不断激励学生创建"思维场"，拓展学生获取信息的渠道，充分利用电脑、识别动物的APP、红树林生物图鉴等教科书以外的各种资源，促进课内外学习和各种资源运用的结合，扩大视野，潜移默化地在学生心灵上播撒科学和创新的种子，让学生体验探究过程的艰辛以及获得成功的喜悦，让学生在整个单元内容的学习中有全面的收获，真正体现出科学大教育观的魅力。

本单元学习打破课内外的界限，找准探究点，让学生带着问题走出教室，把习得的探究方法迁移到"一起做大自然的观察师"的探究之中，利用调查搜集的资料以及模拟实验自主探究，获取新知，充分发挥学生的智慧，发掘学生的内在潜能，凸显出"动手做"的核心价值。通过探究学生还会发现，许多有趣的科学现象就发生在我们的身边，只是平时被忽视了。其实科学来源于生活，应用于生活，只要擦亮眼睛就能看见它那夺目的光辉，感受科学的无穷魅力。

思维型教学需要教师踏准教学的起点，让每一个学生都学有所获，在未来的教学中，教师应该继续探索和完善思维型教学的方法和策略，为培养更多具有创新思维和实践能力的学生贡献力量。

案例提供者：李　昀，深圳市福田区景鹏小学
　　　　　　谭　智，深圳市福田区华新小学
　　　　　　王科云，深圳市福田区福华小学
　　　　　　王亚琼，深圳市福田区新沙小学
指 导 教 师：童海云，深圳市教育科学研究院
　　　　　　徐奇志，深圳市福田区教育科学研究院

宇宙中的地球

案例9　地球的运动

单元教学内容规划

（一）本单元学习指向的核心概念及学习进阶路线

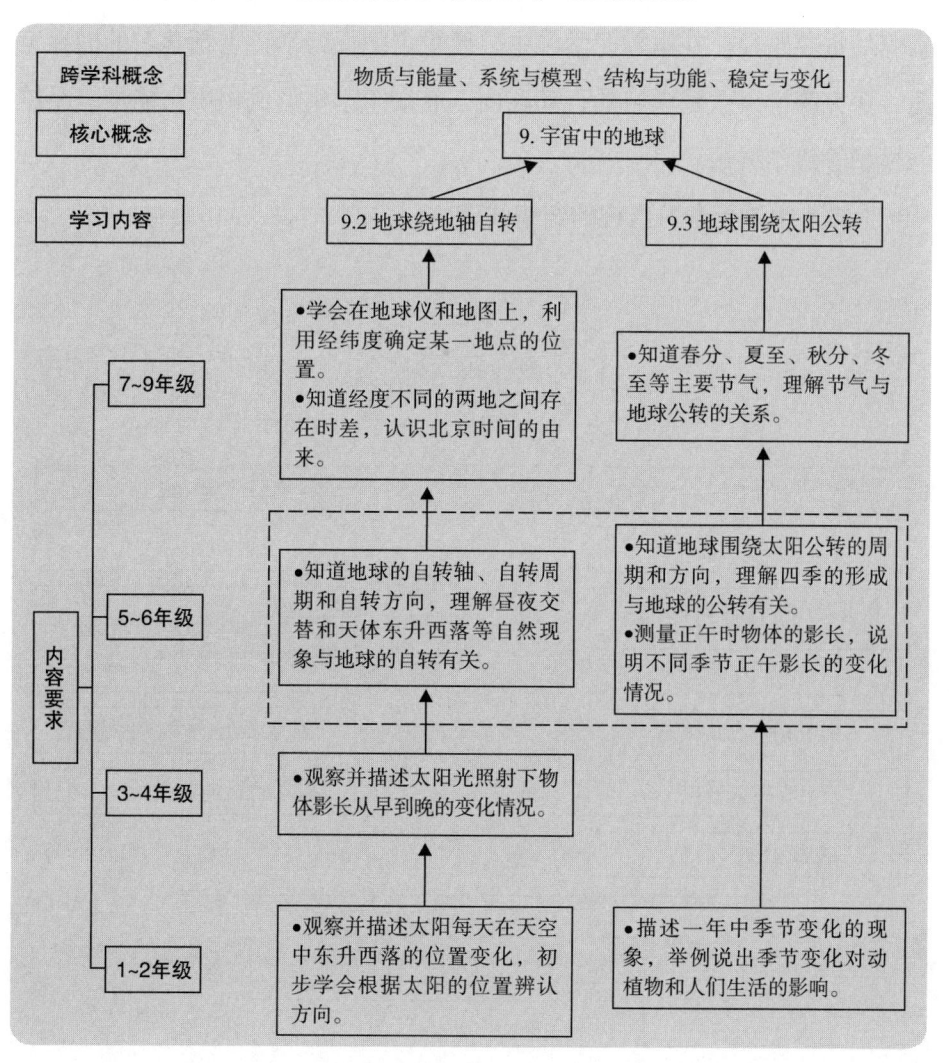

跨学科概念	物质与能量、系统与模型、结构与功能、稳定与变化
核心概念	9. 宇宙中的地球
学习内容	9.2 地球绕地轴自转　　9.3 地球围绕太阳公转

内容要求：

7~9年级
- 学会在地球仪和地图上，利用经纬度确定某一地点的位置。
- 知道经度不同的两地之间存在时差，认识北京时间的由来。

- 知道春分、夏至、秋分、冬至等主要节气，理解节气与地球公转的关系。

5~6年级
- 知道地球的自转轴、自转周期和自转方向，理解昼夜交替和天体东升西落等自然现象与地球的自转有关。

- 知道地球围绕太阳公转的周期和方向，理解四季的形成与地球的公转有关。
- 测量正午时物体的影长，说明不同季节正午影长的变化情况。

3~4年级
- 观察并描述太阳光照射下物体影长从早到晚的变化情况。

1~2年级
- 观察并描述太阳每天在天空中东升西落的位置变化，初步学会根据太阳的位置辨认方向。

- 描述一年中季节变化的现象，举例说出季节变化对动植物和人们生活的影响。

本单元聚焦"宇宙中的地球"核心概念，落实课标中"地球绕地轴自转""地球围绕太阳公转"的学习内容要求。

1~2年级学会观察，掌握基本知识。

3~4年级通过现象看本质，明白其变化情况。

5~6年级根据自然现象探究其原因。

7~9年级发展空间思维能力，借助地图或模型实现思维从平面向三维立体的空间转变。

研究有助于提升学生的核心素养，跨学科主题学习是养成学生核心素养的重要路径。在本单元学习中，要重点把握跨学科主题学习的内在意蕴，探究跨学科主题学习的行动路向，有助于学生形成物质与能量、系统与模型等跨学科概念。

（二）本单元学习内容的组织线索

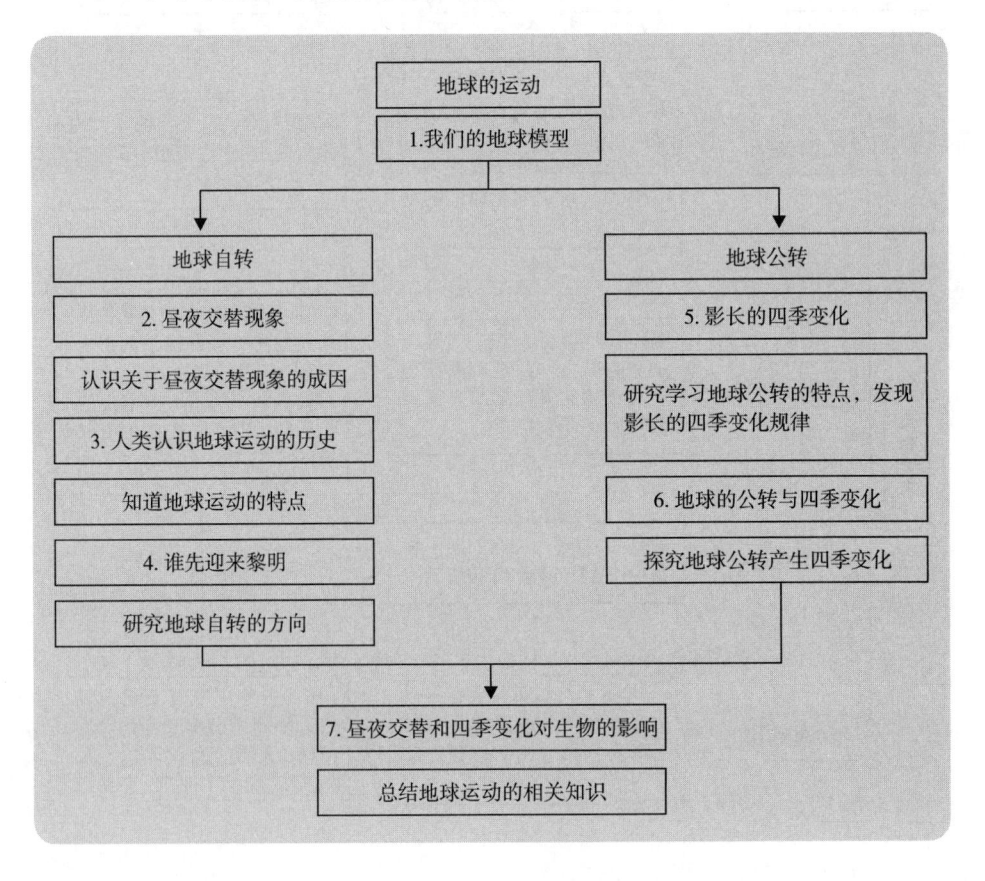

```
                        地球的运动
                            │
                      1.我们的地球模型
                       ┌────┴────┐
                       ▼         ▼
                    地球自转    地球公转
                       │         │
                  2.昼夜交替现象   5.影长的四季变化
                       │         │
              认识关于昼夜交替现象的成因   研究学习地球公转的特点，发现
                       │              影长的四季变化规律
              3.人类认识地球运动的历史         │
                       │         6.地球的公转与四季变化
                知道地球运动的特点         │
                       │          探究地球公转产生四季变化
                 4.谁先迎来黎明              │
                       │                   │
                研究地球自转的方向            │
                       └────────┬──────────┘
                                ▼
                   7.昼夜交替和四季变化对生物的影响
                                │
                      总结地球运动的相关知识
```

单元学习目标设计

核心素养	学习目标
科学观念	1. 通过对单元知识的梳理，了解地球的形状、结构及海陆分布。 2. 知道地球自转与地球公转的特点及其产生的变化和对地球生物的影响，认识到地球的运动及其产生的变化是有规律的
科学思维	运用模型建构、推理论证、比较、分类等方法认识地球自转与公转的特点及其产生的变化
探究实践	1. 梳理每一课时的科学活动和科学知识，并用思维导图的方法整理已学的地球相关知识。 2. 学会查阅资料、使用文献摘要，通过阅读文献资料获取地球运动的相关信息。 3. 能运用模拟实验、制作模型等方式探索地球的运动
态度责任	1. 激发对地球与宇宙科学的好奇心，乐于探索宇宙。 2. 利用身边的材料创新性地复制古代天文仪器——圭表，感受古人的智慧，体验中国古代科学技术的先进

单元学习评价设计

"地球的运动"评价量表

核心素养	评价指标	评价等级 ★	评价等级 ★★	评价等级 ★★★	同伴互评	教师评价
科学观念	认识地球的结构	了解地球的形状、结构	知道昼夜交替是地球常见的天文现象	认识到四季变化与地球公转有关	☆☆☆	☆☆☆
科学思维	理解地球的运动	能在教师引导下，用思维导图梳理地球的知识	能运用模拟实验、推理论证等方法认识到昼夜交替现象是由地球自转产生的	能运用模型建构、推理论证等方法归纳地球公转的特点及了解公转与四季变化的关系	☆☆☆	☆☆☆

续表

核心素养	评价指标	评价等级 ★	评价等级 ★★	评价等级 ★★★	同伴互评	教师评价
探究实践	模拟地球的运动	能提炼文字绘制思维导图，展现地球的信息	能根据已有知识，对昼夜交替现象成因提出有依据的假设	能根据地球公转和地球自转的特征，模拟地球在太阳系的运动	☆☆☆	☆☆☆
态度责任	感受地球的魅力	乐于分享自己已有的认知，和他人进行交流	实事求是，勇于修正与完善自己的观点	在学习的过程中感受万物之妙、自然之奇，并对自然产生敬畏之心	☆☆☆	☆☆☆

学生情况分析

太阳、地球是学生生活中最常见的天体，学生通过日常观察、课外阅读等途径对地球的自转和公转已经有了一定的认识。本单元地球自转的学习，要求学生知道"地球每天自西向东绕地轴自转，形成昼夜交替等有规律的自然现象。"其中对学生的要求是："知道地球自西向东绕地轴自转，形成了昼夜交替与天体东升西落的现象""知道地球自转轴（地轴）及自转的周期、方向等"。

本单元地球公转的学习，要求学生知道"地球每年自西向东围绕太阳公转，形成四季等有规律的自然现象"。要求学生从生活经验出发，体会季节变化的现象，进而初步将其与地球公转相关联。其中对学生的要求是："知道正午时物体影子在不同季节有规律地变化""知道四季的形成与地球围绕太阳公转有关"。

单元学习进程设计

单元主要概念	学习进阶	学习问题链	主要学习活动	思维型教学原理	课时建议
宇宙中的地球	记忆理解	问题一：地球的形状是怎样的？地球是怎样运动的	现象分析：观察、分析、制作各种地球模型	概念初始认识（动机激发）（自主建构）	1
	理解运用分析	问题二：昼夜交替现象是如何产生的	现象分析、案例探究：昼夜交替现象的成因	概念具体化、概念深度理解（认知冲突）（自主建构）（自我监控）	1
		问题三：历史上人们对地球的运动有过哪些看法	案例探究、科学阅读：地球运动的经典学说		1
		问题四：地球上不同的地区，每天迎来黎明的时间相同吗	现象分析、案例探究：地球在自转且自转形成昼夜交替现象		1
		问题五：日影变化会随着季节有规律地变化吗	现象分析、案例探究：日影的四季变化规律		1
		问题六：地球的公转与四季变化有关系吗	现象分析、案例探究：地球公转产生四季变化		1
	分析评价创造	问题七：昼夜交替和四季变化对生物有什么影响	现象分析、科学阅读：地球运动对生物产生的影响	概念迁移创造（应用迁移）	1

第1课时 我们的地球模型

核心问题：地球的形状是怎样的？地球是怎样运动的？

【教学目标】

1. 了解地球的形状、结构及海陆分布。

2. 用思维导图梳理地球的知识，建构模型表达地球的相关知识。

3. 逐步完善思维导图，并能从地球的结构、运动等方面提出可探究的科学问题。

4. 激发对地球与宇宙科学的好奇心，乐于探索宇宙、与他人进行交流。

【教学重难点】

重点：利用不同材料，动手制作能表达各类地球知识的地球模型。

难点：能用模型准确表达自己对地球的认知。

【教学准备】

教师准备：多媒体课件、微课、橡皮泥地球模型、防粘刀（抹上油的小刀）、白色泡沫球、地球仪等。

学生准备：彩笔、小木棍、橙子、思维导图、学习单、抹布等。

【教学过程】

一、聚焦：地球的形状是怎样的？地球是怎样运动的？

1. 观察

（活动导入，激发兴趣。）

出示"橡皮泥地球模型"。

同学们，你们觉得这是什么呀？

（预设：地球。）

为什么认为这是地球？

（预设：形状和颜色非常像地球，地球是一个球体，上面的蓝色应该代表海洋，绿色应该代表陆地。）

看来你们对我们居住的家园——地球的了解可真不少。

2. 揭示课题

这就是一个地球模型，通过模型我们可以更仔细地了解地球。今天我们就一起来学习我们的地球模型。

【设计意图】聚焦于教科书中的"海陆分布模型"，引起学生对于已有地球知识的回忆，激发学生的学习兴趣。

二、探索地球模型

（一）我知道和感兴趣的地球知识

1. 了解前概念

关于地球，你还知道什么？

2. 请将你所知道的地球知识，填写在思维导图中。记录时注意合理分类，同学们也可以根据自己的需要，自行添加分支。

3. 关于地球你又有哪些疑问呢？请你记录在学习单上。

4. 请各小组进行组内交流、讨论，修改完善思维导图。

5. 小组展示汇报

邀请1~2个小组展示学习单，全班交流讨论，适当排除部分错误明显的知识点。

经过我们的讨论与交流，我们现在对地球的了解愈发完整了。现在，请同学们整理所汇报的地球知识，完善你们的思维导图，一定要注意将知识进行分类，作为思维导图的脉络体现。

【设计意图】学生通过小组交流、全班讨论，完善自己的思维导图，巩固已经知道的地球知识，为制作模型做好铺垫。

（二）制作一个简单的地球模型

1. 刚刚学习了很多地球知识，但我们还有许多疑问没有解决，怎么办呢？

科学家解答这样的问题时，会用已有的知识，制作出初步的模型，进行各种探究实验，寻求新知，并根据新的知识不断地修正模型。

今天，让我们像科学家一样进行探究。

那么，我们能依据已有的地球知识制作一个地球模型吗？

2. 观察地球结构模型

这是一个用三种不同颜色的橡皮泥制作的地球结构模型，现在请大家一起观察地球结构模型的剖面。

（微课展示讲解。）

3. 制作我们的地球模型

（1）同学们，你们想要制作什么样的地球模型呢？可以展示什么样的地球知识呢？

（2）我们一起来认识地球模型的三种形式。除了做过的"地球结构模型"，用微课展示"地球海陆分布模型""地球自转模型"及其制作方法。

（3）认识了三种类型的地球模型，你现在有什么新的想法？可以怎样选择材料来制作模型呢？

（4）动手制作模型

同学们，现在提供这些材料，请你们仔细观察这些材料各有什么特点。如何进行制作？

请自行选择合适的材料，设计并制作地球模型。

【设计意图】五年级时，已经用橡皮泥做过"地球结构模型"，所以制作的难点是"地球海陆分布模型"和"地球自转模型"，通过微课简洁明了出示制作时应该注意的问题。

三、展示与交流

1. 现在请以小组为单位上台，介绍并展示你们制作的模型。

猜一猜：请全班同学猜测你们想要通过地球模型表达什么地球知识。

2. 比一比：小组间的地球结构模型完全一样吗？（预设：不一样。）

请同学们仔细观察，对比不同小组的地球模型，它们有哪些相同点与不同点？

（预设：横向对比——不同的模型有相同之处，纵向对比——相同的模型也有不同之处。

不同点：模型表达的地球知识不同，制作方法、材料也不同，适用的范围也是不同的。

相同点：模型都能表达某一类的地球知识，都有地球的基本特征，都能用于科学研究。）

3.今天学习了各个小组的作品，我们可以在哪些方面改进我们的模型？

（预设：精确度、美观、材料……）

【设计意图】各小组展示并介绍制作的模型，组间进行评价与比较，便于后续模型改进。

四、拓展模型制作方法和方向

1.（出示地球仪）请同学们观察常用的地球仪，我们可以从地球仪上获得哪些知识？

2.地球仪和我们制作的地球模型有哪些不同？

【设计意图】观察地球仪，学生获得非常多的信息，同时会与自己制作的地球模型进行比较，体会模型改进的意义，了解改进方向。

五、小结

今天，我们学习了制作地球模型及表达相应的地球知识。在今后的学习中，我们要继续像科学家一样用自己制作的模型进行实验探究，在不断地改进制作方法中研究更多关于地球的知识！

【设计意图】在本单元接下来的学习中，学生要用到自己制作的模型进行研究，必要时进行改进，感受模型的价值。

【精彩片段】——对比三种地球模型，引导学生自主建构并制作地球模型，激发学生探究兴趣

探究：模型制作

师：同学们，你们想要制作什么样的地球模型呢？可以展示什么样的地球知识呢？

（微课展示讲解地球模型的另外两种形式及其制作方法。）

生：我们组想制作"地球海陆分布模型"。

师：请你们选择合适的材料，设计并制作属于自己的地球模型。

（学生活动：设计并动手制作模型。）

【教学评析】

亮点：模型制作极大地激发学生的学习兴趣，细致地引导学生进行制作模型的方法创新。

本课探究活动二为制作一个简单的地球模型，通过微课展示不同模型的制作方法，引导学生进行创新，而不是按照微课视频做出千篇一律的模型，以鼓励为主。在制作时，材料的自主选择权交给学生，让学生一边观察材料，一边思考这些材料有什么特点，如何利用这些材料制作地球模型；随后，让学生领取自己想要的材料包，进入动手制作环节。在制作过程中，提醒学生一边制作一边对照阅读教科书中的地球模型示意图的数据信息。另外，对因材料的局限性而增加制作难度的地方提供可行性的解决方案，在学生剖开地球结构模型时，提醒学生注意保留剖面的完整性；进行"地球海陆分布模型"的涂画时，可以先勾画出陆地区域的线条，然后再上色，这样能缩短绘画时间，提高准确性；在学生制作"地球自转模型"时，准备抹布、纸巾、小垃圾袋等物品，保持制作时工作桌面整洁有序。

动手制作各种类型的地球模型并展示、分享自己的模型，是学生非常感兴趣的内容，难度较低，能极大地激发学生的学习兴趣，也能为整个单元的学习提供动力，为后续的学习奠定基础。

第 2 课时 昼夜交替现象

核心问题：昼夜交替现象是如何产生的？

【教学目标】

1. 昼夜交替是地球上常见的天文现象，知道昼夜交替现象的形成原因有多种。

2. 根据已有知识，对昼夜交替现象成因提出有依据的假设。

3. 基于假设，制订可行性的探究方案，并通过模拟实验验证昼夜交替成因的假设。

4. 对昼夜交替现象的形成原因感兴趣，有探究热情，愿意进行小组合作，乐于交流分享。

【教学重难点】

重点：对昼夜交替现象成因提出有依据的假设，并用模拟实验验证。

难点：思考并归纳出各种假设的本质区别是地球运动和太阳运动状态不同。

【教学准备】

教师准备：多媒体课件、微课、班级记录表、学生材料一组。

学生准备：手电筒、地球模型（地球仪、第1课制作的地球自转模型和地球海陆分布模型，任选其一）、学习单。

【教学过程】

一、聚焦：认识昼夜现象

1. 观察同一地方的白天与黑夜图片，激发学生兴趣。

今天老师带了风景照和同学们一起欣赏（白天拍摄的橘子洲照片），请同学们猜一猜这是哪儿？

（预设：是橘子洲。）

教师继续追问：那第二张图片呢（晚上拍摄的橘子洲照片）？

（预设：也是橘子洲。）

同学们都猜对了，这两张照片都是长沙的地标——橘子洲，那你发现了这两张照片有什么不同吗？（学生通过观察两张照片，依据照片背景等，提出拍摄时间不同。）

（预设：是白天和晚上的区别，拍摄的时间不同。）

2. 揭示课题：出示一张昼夜交替的动态图和一个太空视角的地球昼夜

交替的动态图。

同学们，请仔细观察这两个图片，你们发现了什么？

（预设：白天和黑夜轮流出现。）

太阳东升，白天开始；太阳西落，黑夜降临……昼和夜不停地交替出现，这就是我们今天要学习的昼夜交替现象。

昼夜交替是地球上最常见的现象，这种现象是如何产生的呢？

【设计意图】出示图片是为了让学生了解白天、黑夜的特征，直观观察昼夜交替现象，为探究昼夜交替现象成因做铺垫。

二、探索：昼夜交替是如何产生的呢？

（一）提出假设

1.引导学生思考产生昼夜交替现象的必要条件。

如果没有太阳光的照射，地球上会有昼夜交替现象吗？

（预设：如果没有太阳光照射，地球上都是黑夜，就没有昼夜之分了。）

如果地球是一个透明的球体，能产生昼夜交替现象吗？

（预设：如果地球是一个透明的球体，太阳光会穿过透明的地球进行照射，地球上都是白天，也没有昼夜之分了。）

太阳和地球都静止不动，能产生昼夜交替现象吗？

（预设：太阳和地球都静止不动，地球有一半一直是白天，另一半一直是黑夜，不能产生昼夜交替现象。）

2.提问：地球上昼夜交替现象究竟是如何产生的？

请你把对昼夜交替现象成因的假设用简单的示意图记录下来。可以用大圆代表太阳，小圆代表地球，用箭头表示运行的方向。（播放微课——学习假设示意图的画法。）

3.请上台展示你们的假设，并进行解说，小组之间进行补充。

［预设学生假设：

（1）地球不动，太阳围着地球转；

（2）太阳不动，地球围着太阳转；

（3）地球自转；

（4）地球围着太阳转，同时也自转……]

4. 这些假设有哪些相同点和不同点？请说一说你的看法。

（预设：尽管观点不同，但似乎都可以解释昼夜交替现象。）

【设计意图】画假设示意图旨在锻炼学生独立思考的能力。交流观点的环节能让学生在与他人的观点碰撞中，产生新认知，并产生通过模拟实验验证假设的动力。

（二）模拟实验

提出假设是科学探究中的重要环节，哪种假设才能真正地解释昼夜交替现象的成因呢？我们可以用模拟实验进行验证。

1. 确定材料

我们应该使用什么材料来代替地球和太阳呢？

（预设：可以用上节课自己制作的地球模型模拟地球，用没有反光罩的手电筒模拟太阳。）

2. 设计模拟实验

老师现在提供这些材料给你们自由选择，请想一想模拟实验具体要怎么做呢？

（对学生的回答进行梳理和凝练，微课演示具体操作。）

3. 请同学们严格遵守判断标准，验证你们提出的假设是否能产生昼夜交替现象。

（学生分小组进行模拟实验。）

【设计意图】引导学生基于假设制订可行的探究方案，分小组进行模拟实验，初步判断该假设是否能解释昼夜交替现象。

（三）交流分享

你的假设成立吗？你观察到什么现象可以判断出现了昼夜交替？

请以小组为单位上台，利用你们的学习单和材料进行展示，欢迎其他小组补充与质疑。

【设计意图】学生通过展示与交流充分了解每种假设的特点，在对比中发现每种假设的本质不同，进而找到昼夜交替现象形成的本质原因。

三、研讨模拟实验效果

1. 汇总：能解释昼夜交替现象的假设有哪些？它们有什么不同？

（预设：每种假设的不同点是地球与太阳的相对运动状态不同。）

2. 对于"地球上的昼夜交替"这种自然现象，我们现在得出了多种可能的解释，但与事实相符的只有一种，我们应该如何进一步确认哪种假设是正确的？

（预设：如果能确定地球与太阳的运动关系，就可以解开昼夜交替成因的奥秘了。）

3. 小结

今天我们认识了昼夜交替现象，历经"发现问题—提出假设—模拟验证—新的认识"，探索地球上昼夜交替的真正形成原因。人类对地球和宇宙的探索过程是漫长而又艰辛的，很多科学家为之付出了巨大的努力，甚至牺牲，但人类对宇宙的探索并不会因此而停止。

【设计意图】通过汇总和小结活动引导学生对所学知识进行回顾与梳理，同时明确科学学习的过程与方法。

【精彩片段】——对比各种昼夜交替现象成因的假设，引发认知冲突，激发探究兴趣

探究环节提出假设、模拟实验

师：地球上昼夜交替现象是如何产生的？请把对昼夜交替现象成因的假设用示意图记录下来。

……

师：请上台展示你们的假设。

生：（展示示意图）我们组认为"太阳不动，地球围着太阳转"，这样就形成了昼夜交替现象。

……

师：现在提供这些材料给你们自由选择，请用模拟实验验证你们的假设。

（学生活动：分小组进行模拟实验。）

【教学评析】

亮点：引导学生以示意图的方式展现自己的假设，基于假设进行模拟验证。

本环节教师引导学生对昼夜交替现象的成因做出假设，以示意图的方式锻炼学生独立思考的能力，交流假设观点的环节能让学生在与他人观点的碰撞中，产生新认知和通过模拟实验验证假设的动力。基于假设进行模拟验证，引导学生基于假设制订可行的探究方案，分小组进行模拟实验，初步判断该假设是否能解释昼夜交替现象。学生通过展示与交流充分了解每种假设的特点，在对比中发现每种假设的本质不同，进而找到昼夜交替现象形成的本质原因。

第3课时 人类认识地球运动的历史

核心问题：历史上人们对地球的运动有过哪些看法？

【教学目标】

1. 了解人类认识地球运动以及宇宙的历史上具有代表性的学说——"地心说"和"日心说"。

2. 知道地球绕地轴自转，地球围绕太阳公转。

3. 运用模拟实验、推理论证等方法认识到昼夜交替现象是由地球自转产生的。

4.乐于参与调查、查阅、实验等科学活动，有证据意识，实事求是，勇于修正与完善自己的观点。

【教学重难点】

重点：能通过阅读资料获得地球与太阳运动的准确信息，并通过模拟实验验证昼夜交替现象。

难点：解释昼夜交替现象的产生原因。

【教学准备】

教师准备：多媒体课件、微课、整理上一节课昼夜交替现象成因的假设。

学生准备：反光效果好的小圆贴片、较硬的金属丝、第1课时中学生自己制作的地球模型、手电筒、学习单。

【教学过程】

一、聚焦人类认识地球运动的历史

1.回顾导入：出示上一节课中能解释昼夜交替现象成因的几种假设。还记得你们做出的假设吗？

上一节课我们通过模拟实验发现，这些假设都能解释昼夜现象的成因。

究竟哪一个解释与事实相符？

在上一课的研讨中，我们发现地球与太阳的运动关系是关键的因素，因此需要深入研究地球与太阳的运动状态。

我们该怎么研究地球与太阳的运动状态呢？

（预设：在太空中可以直接观察。）

2.可是我们的观察条件有限，无法到太空去直接观察。

今天，我们通过科学研究的另一种重要方式——查阅文献的方法来进行探索，一起来学习"人类认识地球运动的历史"。

【设计意图】引导学生认识到每种假设的根本区别是地球和太阳的运动状态不同，从而聚焦到研究地球与太阳的运动状态主题中来。

二、探索地球运动的理论模型

（一）阅读文献资料，认识地球与太阳的运动状态

1. 人类认识地球和太阳的运动状态经历了极其漫长的过程，托勒密的"地心说"和哥白尼的"日心说"是两个非常有代表性的学说。

请你仔细阅读这两种学说的文献资料，提取这两种观点的关键信息并记录在学习单中。

2. 比较托勒密和哥白尼的观点有哪些相同点和不同点。

（使用韦恩图进行板书记录。）

托勒密和哥白尼如何使自己的理论模型更具有说服力？支持这两种学说的证据有哪些？

3. 比较这两种学说，谁的观点更具说服力，你的依据是什么？

所以地球正确的运动形式是什么？

（预设：地球围绕太阳转动，同时绕地轴自转。）

【设计意图】让学生通过阅读文献资料，初步体会人类认识地球及其运动艰辛而漫长的历史探索过程，并且能够了解到每一种学说在历史上都有其产生、发展、修正、革新的过程，同时通过对比、分析，获取地球与太阳运动状态的正确信息。

（二）模拟实验，验证昼夜交替现象

1. 改进地球模型

（出示地球模型）这是我们在第一节课中做的地球模型，怎么改进地球模型来进行模拟实验？

（预设：给地球模型加上地轴，方便其转动……）

2. 归纳改进地球模型的要点

（1）增加地轴，让地球绕地轴自转；

（2）做模拟实验时，在一个基本固定的位置自转一周，代表24小时；

（3）在地球模型相对的两个面上分别贴上一个反光的小圆片，使两个小圆片刚好分别处于白天和黑夜，为了方便观察和表达，给小圆片编号"1"和"2"，观察小圆片位置的24小时昼夜变化情况。

播放微课进一步示范改进地球模型的具体方法。

3.明确实验操作要求

（1）将"地轴"从地球模型的南极穿入，从北极穿出。

（2）观察小圆片是否能在地球自转一周的过程中产生一次昼夜交替现象。

（3）把观察到的现象，用画图的形式记录在学习单中（画出小圆片的亮暗情况）。

4.请同学们改进地球模型，进行小组模拟实验，独立完成自己的解释。

5.交流分享

请借助学习单展示你们的模拟实验及其结果，解释昼夜交替现象的产生原因。

（预设：地球绕地轴自转，使地球上产生了昼夜交替现象。）

【设计意图】让学生依据地球运动的关键信息，改进地球模型，用改进后的模型进行模拟实验，最终形成昼夜交替现象的正确解释。这样的设计，既体现科学的严谨性，也符合学生的认知规律。

三、研讨两节课模型实验的联系与区别

1.本节课进行的昼夜交替模拟实验与前一节课中的昼夜交替模拟实验有什么不同？

（预设：实验材料不同、实验条件不同、实验结果不同……）

2.拓展

你还能收集更多可以证明地球在自转的资料吗？请在课后完成资料的

收集与整理。

【设计意图】通过研讨活动引导学生对本节课及前一节课所学内容进行回顾与梳理，从实验条件等方面继续发散思维，同时通过拓展活动激发学生继续探究地球自转的兴趣。

【精彩片段】——对比分析文献资料，改进地球模型进行模拟实验，自主建构昼夜交替现象的正确成因

科学思维的训练

师：人类认识地球和太阳的运动状态经历了极其漫长的过程，托勒密的"地心说"和哥白尼的"日心说"是两个非常有代表性的学说。请你仔细阅读这两种学说的文献资料，比较托勒密和哥白尼的观点有哪些相同点和不同点。

（学生活动：文献学习。）

师：比较两种学说，你认为地球正确的运动形式是什么？

生：我们小组讨论后，认为"地球围绕太阳转动，同时绕地轴自转"。

师：我们在第一节课中做了地球模型，经过今天的文献学习，该怎么改进地球模型来进行模拟实验呢？

生：可以给地球模型加上地轴，方便其转动。

（学生活动：改进地球模型进行模拟实验。）

【教学评析】

亮点：通过阅读文献资料，让学生改进地球模型进行模拟实验，对比和发散学习。

本环节教学，让学生阅读文献获取地球运动的关键信息，从而改进地球模型，再利用改进后的模型进行模拟实验，最终形成昼夜交替现象的正确解释。这样的设计，既体现科学的严谨性，也符合学生的认知规律。实验后的交流，引导学生从实验条件、实验结果和自己的感受三个方面去表达。教师可以在学生表达完成后，指导其总结出关键信息。例如：当学生谈到增加了地轴，可以总结为"实验条件的不同"，从而引导学生从实验条件方面继续发散思维。

第 4 课时　谁先迎来黎明

核心问题：地球上不同的地区，每天迎来黎明的时间相同吗？

【教学目标】

1. 模拟实验探究"谁先迎来黎明"，东边的北京比西边的乌鲁木齐先迎来黎明。

2. 运用模拟实验、推理论证等方式认识到地球是自西向东自转的，地球自转一周 24 小时，并形成了天体东升西落的现象。

3. 通过"地球椅"模拟实验，结合生活实践理解相对运动的特点。

4. 对探寻自然现象，解密自然规律保持好奇心和探究兴趣。

【教学重难点】

重点：探究北京和乌鲁木齐哪个城市先迎来黎明的模拟实验。

难点：认识相对运动，感受相对运动，并且联系实际，从而分析出地球的自转方向。

【教学准备】

教师准备：多媒体课件、地球仪、班级记录单。

学生准备：打印好的"北京""乌鲁木齐""东""西"大字、双面胶、红色圆卡纸、可以旋转的办公椅、手电筒、学生制作的地球模型、反光效果好的小圆片贴纸、中国地图、作业本。

【教学过程】

一、聚焦我国不同的地区，每天迎来黎明的时间

1. 导入

（出示长沙日出的照片）这是老师拍摄的长沙的日出照片，请你猜一猜这是几点呢？

（预设：5点？6点？）

看来同学们对生活中的现象有一定的了解，这是6:19拍摄的日出。

2. 通过前面几节课的学习，我们知道了地球不停地自转形成了昼夜交替现象，而这个从黑夜变成白昼的过程，就是我们所说的"日出"。

那么地球上不同的地区，每天迎来黎明的时间会相同吗？

（预设：不同。）

3. 确如同学们的猜想，不同的地区，迎来黎明的时间是有先后的。那么，我国的北京和乌鲁木齐两个城市，哪个城市先迎来黎明呢？

【设计意图】把北京和乌鲁木齐两个城市谁先迎来黎明的生活事实提供给学生，唤醒学生的生活经验，以此作为研究地球自转的起点。

二、探索我国东西部地区间的差异

（一）谁先迎来黎明

1. 请你做出猜测。

（预设：北京先迎来黎明/乌鲁木齐先迎来黎明。）

2. 想要探究这个问题，我们先要知道北京和乌鲁木齐的地理位置。

请观察地球仪，找到北京和乌鲁木齐的位置，你发现两个城市有怎样的位置关系？

（预设：北京在乌鲁木齐的东边，乌鲁木齐在北京的西边。）

3. 接下来，我们来进行模拟实验。

明确模拟实验要求：

（1）每个小组的同学手拉手，面朝外围成一个圆圈，模拟地球。

（2）其中一个同学身上贴上写有"北京"和"东"的纸片，代表"北京"；在他右手边的一个同学身上贴上写有"乌鲁木齐"和"西"的纸片，代表"乌鲁木齐"。再请一个同学站在圈外举一个红色圆卡纸，代表"太阳"。

（3）大家按照由"西"向"东"的方向慢慢转动，观察谁先看到"太阳"，也就是谁先迎来黎明；然后再按照由"东"向"西"的方向慢慢转动，观察谁先看到"太阳"，也就是谁先迎来黎明。

请同学们分组进行实验。

交流讨论：各小组汇报实验结果。

提问：你有什么发现？谁先迎来黎明？

（预设：地球自转方向不同，北京和乌鲁木齐迎来黎明的先后顺序也不同。如果地球自西向东转，北京先迎来黎明；如果地球自东向西转，乌鲁木齐先迎来黎明。只有确定了地球自转方向，才能知道谁先迎来黎明。）

【设计意图】通过学生手拉手围成一个"地球"，按不同方向模拟"地球"转动，观察谁先迎来黎明。

（二）转椅体验活动，认识相对运动

1. 地球到底是自西向东转动，还是自东向西转动呢？我们继续来研究。

2. 你有过这样的生活体验吗？

当你坐在汽车上，汽车往前前进时，窗外的树木是怎么运动的？（预设：向后。）

当汽车往后倒退时，窗外的树木又是怎么运动的？（预设：向前。）

3. 体验相对运动

（1）这里有一把转椅，当你坐在转椅上，向右转动时，你看到的景物是怎样的？当你向左转动时，看到的景物又是怎样的？

（2）学生体验，说出自己的发现。

（预设：当人向右转动时，看到周围的景物在向左转动；当人向左转动时，看到周围的景物在向右转动。）

4. 你在生活当中还有类似的体验吗？

（预设：坐旋转木马、乘观光电梯时看到的景物移动方向和木马转动、电梯运动的方向也是相反的。）

5. 像这样，物体移动的方向和看到的景物的移动方向相反，被称为"相对运动"。

6. 地球的自转方向到底是怎样的？我们来试一试"地球椅"模拟实验。

请一位学生举着红色圆卡纸，代表"太阳"，一位学生坐在椅子上，教师转动椅子，学生说出"太阳"的运动方向。

7. 我们每天看到太阳和其他天体都是东升西落的，这说明地球的自转方向是怎样的？

（预设：自西向东的。）

地球自转方向是自西向东，并且形成天体的东升西落现象。

8. 现在，再次请你们进行猜测：北京和乌鲁木齐谁先迎来黎明？

【设计意图】通过"地球椅"体验活动，结合太阳每天东升西落的事实，推理得出地球的自转方向是自西向东。

（三）利用地球模型验证北京和乌鲁木齐谁先迎来黎明

1. 改进实验条件

在地球模型上，用反光小圆片贴在北京和乌鲁木齐的位置。

2. 明确实验方法

手电筒模拟太阳，让地球模型自西向东旋转。观察贴在北京位置的小圆片和贴在乌鲁木齐位置的小圆片哪个在照射下先闪烁。

3. 学生记录实验现象。

4. 交流研讨

（1）北京和乌鲁木齐，哪一个城市先迎来黎明？你是如何知道的？

（预设：北京，因为地球自西向东转动，北京先被太阳照射到，所以北京先迎来黎明。）

（2）地球自转一周需要多长时间？你是怎么知道的？

（预设：实验观察地球自转一周时，一个地区只有一次黎明，而我们生活的城市每天也只有一次黎明，所以可以推理出地球自转一周就是一天，即24小时。）

【设计意图】从地球视角的观察，到相对运动的理解，再到宇宙视角的研究，引导学生由浅入深地研究地球的自转方向、周期及形成的天体东升西落现象。

三、课堂拓展

1. 通过这节课，你学到了什么？

（预设：地球是在自西向东自转的，所以不同的城市迎来黎明的时间也不一样，北京先迎来黎明，乌鲁木齐后迎来黎明。物体运动的方向和周围景物移动的方向是相反的，这叫作相对运动。）

2. 拓展

（出示中国地图）在我国，最早日出和最晚日落的地方，分别在哪里？

请你在中国地图上指一指它们的大概位置，并说一说你的理由。

【设计意图】通过小结活动引导学生对本节课所学知识进行回顾与梳理，通过在中国地图上寻找最早日出和最晚日落地方的拓展活动达到知识的迁移。

【精彩片段】——不同假设产生认知冲突，通过层层递进的实验推理，自主构建知识体系

推理思维的层层推进

活动一：谁先迎来黎明

活动二：转椅体验活动，认识相对运动

师：人类认识地球和太阳的运动经历了极其漫长的过程。

活动三：利用地球模型验证北京和乌鲁木齐谁先迎来黎明

【教学评析】

亮点：三个逐渐递进的学生活动。

本节课多个活动都是实验推理过程，层层铺垫，每一环节都需要学生认知到位后，才能进入下一环节。活动一，学生需要先清楚北京和乌鲁木齐两个城市的位置关系，才能进行模拟实验。只有进行了模拟实验才会发现只有先确定地球的自转方向，才能知道谁先迎来黎明。活动二，经过"地球椅"的模拟实验以及相对运动规律的推理得出地球的自转方向，并让学生在此基础上推理出谁先迎来黎明。活动三，用模拟实验观察到的现象，验证上一环节推理出的结论，这是科学推理常见的研究过程，也是科学家常用的实验方法。

第5课时 影长的四季变化

核心问题：日影变化会随着季节有规律地变化吗？

【教学目标】

1. 了解圭表是中国古代测量正午时刻日影长度的天文仪器，利用身边的材料创新性地完成圭表的制作。

2. 用建构模型的方法，在模拟实验中能用自制圭表模拟测量同一物体在四季的影长，能通过实验收集数据、分析数据发现四季影长的变化规律。

3. 认识同一物体影长的四季变化规律：同一地点正午时分，物体的影长会随着季节改变呈有规律的变化。

4. 有创新精神，勇于采用新的方法、新的材料进行圭表创作。

5. 通过复制圭表，感受古人的智慧，体验中国古代科学技术的先进，感受科学技术可以让我们更好地改造生存环境。

【教学重难点】

重点：通过自制圭表，模拟测量四季日影的变化。

难点：通过实验数据，分析影长的四季变化规律。

【教学准备】

教师准备：多媒体课件、微课、班级记录表、学生材料。

学生准备：A3卡纸、A4卡纸、刻度尺、双面胶、铅笔、剪刀、手电筒，"春分、夏至、秋分、冬至"的标志物。

【教学过程】

一、聚焦日影长度的变化规律

1. 导入

（展示两幅图：一幅是早晨的太阳照射下的树和树影，一幅是正午时刻太阳照射下的树和树影。）

请说出图片分别是在一天中什么时候拍摄的。两幅图的太阳高度与影子长度有什么变化规律？

（预设：早晨和傍晚时。早晨时，太阳高度比较低，物体的影子很长；正午时，太阳正在头顶，物体的影子很短。）

2. 同学们，日影长度在一天中有规律地变化。那么，一年四季交替，年年循环，日影长度会随着季节有规律地变化吗？

（板书课题：影长的四季变化。）

【设计意图】通过回忆一天中物体影长的变化规律，引出影长的四季变化规律，有利于充分了解学生的前概念，同时引导学生深入思考。

二、探索"圭表"的结构特点和工作原理

（一）查阅资料，了解古人的测量工具——圭表

1. 四季中同一时刻的影子长度会有规律地变化吗？

小组讨论，大胆猜测：影子会有怎样的变化规律？

（预设：夏季短，冬季长……）

2.古人也考虑过这个问题，那么他们是如何观察日影的四季变化规律呢？

关于日影的四季变化，中国早在秦汉时就流行使用圭表。圭表作为一种天文仪器，可以用来观测一年四季日影的变化。下面请同学们查阅资料，了解一下圭表的结构特点以及工作原理。

3.学生阅读资料。

4.分享阅读心得：通过查阅资料了解到了什么？

（预设：学生汇报圭表的结构特点以及工作原理。）

5.小结：中国古代使用名叫"圭表"的天文仪器观测日影长度，圭表由圭和表组成，圭是有刻度的平面，表是立在圭面上的一根棍子。正午时，表会在圭面上投射出暗影，经过长期观测记录，人们发现影子长度在四季会有规律地变化，中国古代的人们还根据影子长短制定了二十四节气。

【设计意图】通过阅读资料—分享收获—教师讲解，学生能更好地对古人的天文观察工具圭表有具体的了解，从中感受中国古代科学技术的先进。

（二）制作简易的圭表

1.科学讲究实证精神。今天，在课堂上我们也来学习一下古人，制作一个简易圭表，探究日影的四季变化规律。

2.（出示材料：A3卡纸、A4卡纸、刻度尺、双面胶、铅笔、剪刀。）

小组讨论：如何利用所给材料制作圭表？如何有创造性地利用这些材料？

（鼓励学生发挥创新精神，在保证圭表的基本结构与基本功能的同时，制作有个性的圭表。）

3.交流：请分享你们组想到的方法和注意事项。

4.出示制作要求。

（1）将表固定在圭上时，表与圭上的"0"刻度对齐，且两者要保持垂直。

（2）使用剪刀时注意安全。

5.学生以小组为单位，动手制作简易圭表。

6.讨论：除了卡纸，生活中我们还能利用哪些材料来制作圭表？（关注材料多元化，鼓励学生在课后用更多的身边材料来制作圭表。）

【设计意图】鼓励学生勇于在课后用新的方法和新的材料有创意地完成圭表的制作，培养学生的创新精神。要求每个同学都动手制作圭表，便于在课后利用自制圭表进行进一步观察。

（三）利用圭表模型测量日影的四季变化规律

1.确定正午时刻太阳的位置。

（1）提问：平时，我们有观察过一年四季太阳的位置变化吗？学生回答。

（2）阅读教材内容，了解每一个季节正午的太阳位置。

（预设：学生总结同一地点正午时分太阳位置的四季变化。夏天的太阳比较高，冬天的太阳比较低，而春天、秋天的太阳高度在夏天和冬天之间。）

2.微课展示模拟的方法：

用手电筒模拟太阳，记录当手电筒处在不同的高度时，表投射在圭上的影子长度。

3.学生分组进行模拟实验，并进行记录。

4.学生汇报实验结果，将所有组的实验数据在电脑上绘制成柱状图。

5.学生分析全班实验结果，交流研讨：同一地点，一年四季正午时分，影子长度有着怎样的变化规律？

（预设：①同一地点，正午影子在夏天最短，冬天最长，春天、秋天在两者之间；②同一地点正午影子长度呈有规律的变化，夏至到秋分再到冬至，影长逐渐变长，冬至到春分再回到夏至，影长又逐渐变短。）

【设计意图】学生用手电筒模拟四季太阳的不同位置，利用自己制作的圭表，模拟测量正午的影子长度变化。

（四）实际观测

我们的结论是通过模拟实验得出的，利用微课展示模拟实验在一定程度上模拟了事实，但它毕竟不是事实。为了结论的严谨性，我们还要在课后把自制圭表放在正午时分太阳可以照射到的窗边，记录一年四季影子的实际长度。实际观察四季的变化规律是否跟我们模拟实验的结论一致，让我们拭目以待。

【设计意图】利用微课展示实验过程，一方面可以节省教师讲解时间，另一方面可以让学生更加直观地看到实验中需要注意的地方。展示所有组的数据，学生通过观察自己组的数据，再比较其他组的数据，从而找出日影长度的四季变化规律。

三、拓展一年四季正午太阳高度的变化

1. 所有地方的正午影子长度都随四季变化而有规律地变化吗？

不同地点，同一时间影子长短一样吗？

2. 除了日影长度随四季变化，还有哪些四季变化的自然现象呢？

（展示"北京地区日出日落时间和正午太阳仰角的变化表"中的数据。）

你有什么发现？

（预设：四季中，春分和秋分的正午太阳仰角相同，夏至正午太阳仰角最大，冬至正午太阳仰角最小。）

3. 小结：同一地点，不同的季节，日出时间、日落时间、正午太阳仰角等有相同点也有不同点，使得物体的影长呈一定的变化规律。

【设计意图】拓展部分先通过两个问题激发学生课后继续探究的兴趣，同时观察数据，了解还有其他四季变化的自然现象，从而达到知识的迁移。通过小结活动引导学生对本节课所学知识进行回顾与梳理。

【精彩片段】——学习圭表的制作方法，创新性应用迁移，利用制作的圭表自主建构日影四季变化规律

培养创新精神

师：科学讲究实证精神，今天，在课堂上我们也来学习下古人，制作一个简易圭表，探究日影的四季变化规律。

（出示材料：A3卡纸、A4卡纸、刻度尺、双面胶、铅笔、剪刀。）

学生小组讨论：如何利用所给材料制作圭表？如何有创造性地利用这些材料？

师：请同学们发挥创新精神，在保证圭表的基本结构与基本功能的同时，制作有个性的圭表。

（学生活动：交流分享创意点并制作圭表。）

【教学评析】

亮点：利用身边的材料创新性地完成圭表的制作。

本节课内提供的材料有限，鼓励学生勇于在课后用新的方法和新的材料有创意地完成圭表的制作，培养学生的创新精神。要求每个同学都动手制作圭表，用建构模型的方法认识同一物体影长的四季变化规律，便于在课后利用自制圭表进行进一步的实际观测。

第6课时 地球的公转与四季变化

核心问题：地球的公转与四季变化有关系吗？

【教学目标】

1.知道地球是自西向东围绕太阳公转，地球公转一周为一年，认识到

四季变化与地球公转有关。

2. 能根据地球公转和自转的特征，模拟地球在太阳系的运动，通过分析研讨，知道四季变化与地球公转特征中地球与太阳的距离变化无关。

3. 运用模型建构、推理论证等方法归纳地球公转的特点及了解地球公转与四季变化的关系。

4. 在模拟实验中，能乐于分享彼此的想法，在交流研讨中，面对有说服力的证据，能调整自己的观点。

【教学重难点】

重点：根据地球公转和自转的特征，模拟地球的运动

难点：根据地球公转的特征，推理四季变化的成因。

【教学准备】

教师准备：多媒体课件、地球公转资料、三球仪、学生材料。

学生准备：乒乓球、油性笔、圆盘、地球模型。

【教学过程】

一、聚焦地球的公转与四季变化

1. 图片导入

（1）展示昼夜交替图片，请同学们回忆并说一说昼夜交替的成因。

（预设：地球自转产生了昼夜交替现象。）

我们观测到的众多天文现象都与地球运动有关，地球在自转的同时也在围绕太阳公转。

（2）展示四季代表性图片，请同学们辨认季节。四季变化是四季交替，年年循环，周期是一年。

2. 你认为四季变化是因为地球自转而产生的吗？还是与地球公转有关系？

【设计意图】将常见的自然现象与地球的运动相联系，引发学生思考，直接揭示本课的研究主题。

二、探索地球公转特点

（一）了解地球公转

1. 关于地球的公转，你知道哪些？

（出示地球公转示意图。）

2. 提出思考问题：

（1）地球公转的方向是怎样的？

（2）地球公转一周的时间是多少？

（3）地球地轴倾斜的方向会改变吗？

（4）地球公转轨道的形状是怎样的？

（5）地球公转还有其他特点吗？

3. 小组阅读。

先独立阅读思考，再组内交流，讨论存疑。

4. 展示交流。

（预设：学生汇报地球公转特征是地球自西向东绕太阳公转，公转一周是一年；地球地轴倾斜的方向总是不变的，地球公转轨道是椭圆形。）

【设计意图】通过资料阅读、交流讨论，了解地球公转的特点。

（二）模拟地球的自转和公转

1. 经过刚才的学习与讨论，我们知道了地球的运动包括自转和公转。地球绕地轴自西向东自转，自转一周是24小时，自转产生了昼夜交替现象；同时，地球又自西向东围绕太阳公转，公转一周是一年；地球地轴倾斜的方向总是不变的；地球公转轨道是椭圆形，存在一个近日点和一个远日点。我们还猜测公转可能产生了四季变化。那么，我们能想出一个办法来模拟地球同时进行自转和公转的运动吗？

2. （出示材料）学生讨论模拟方法，并汇报交流。

（预设：乒乓球模拟地球，在球上画一条线代表赤道，圆盘模拟地球公转的轨道，让小球在圆盘中运动起来，模拟地球的运动。）

3. 学生领取材料，开展模拟实验。

4. 交流分享：

你设计的模拟地球自转和公转的实验，体现了地球运动的哪些特征？

通过模拟，你对地球的运动有什么认识或问题？针对这些问题，你有什么解决办法吗？

5. 出示三球仪，演示地球的自转和公转，加深学生对地球运动的理解。

【设计意图】根据地球公转和自转的特征模拟地球的运动，初步推理得出四季变化与地球公转有关。

（三）地球公转与四季变化

1. 现在我们已经了解了地球的公转特征和自转特征，那么四季变化与地球公转有关吗？你的证据是什么？

（预设：

证据1：与地球公转有关，四季循环一次是一年，地球公转一周也是一年。

证据2：地球公转轨道是椭圆形，地球与太阳的距离不是保持不变的。）

2.（出示地球公转轨道距离与时间表）你发现了什么？

（出示同一时间地球南、北半球的季节示意图）你发现了什么？

（预设：地球距离太阳近时，北半球是冬天，距离远时，北半球是夏天，而且同一时间，地球的南、北半球恰好是相反的季节，地球上的四季变化与地球公转过程中距离太阳的远近无关。）

3. 小结：地球距离太阳近时，恰好是我们最冷的1月初；地球距离太阳远时，恰好是我们最热的7月初。而同一时间，地球大致处于同样的位置，地球的南、北半球却是不同的季节，而且季节恰好相反。看来地球距离太阳的远近不能作为四季变化与地球公转有关的证据。

4.延伸思考：你现在还认为四季变化与地球公转有关吗？为什么？

四季变化确定与地球公转有关，但是四季变化的成因具体是怎么样的，我们还会在以后的学习中进一步探究。

播放重难点微课：地球在公转过程中地轴始终倾斜并且方向不变，这就导致一年中太阳光有规律地直射或斜射某个地区。当太阳光直射时，温度较高；当太阳光斜射时，温度较低。

【设计意图】从资料阅读到实验模拟，学生对地球运动特点的认识逐级加深，在此基础上推测出四季变化与地球公转有关，相关数据的呈现可以帮助学生反思和修正自己原有的错误认知。

三、课堂小结与拓展

1.课堂小结：通过今天的学习，你对地球的公转有哪些了解？

2.拓展：我们生活在北半球，如果我们想去南半球海边度假，哪几个月去比较合适？

（预设：12、1、2月份，这几个月是北半球的冬季，却是南半球的夏季，南半球此时气候宜人。）

【设计意图】通过小结活动帮助学生梳理本节课的内容，拓展部分可以将所学知识应用于生活，以达到知识迁移的目的。

【精彩片段】——模拟实验关联地球自转与公转，自主建构及自我监控，推理地球公转与四季变化的联系

组合型模拟实验

师：我们能想出一个办法来模拟地球同时进行自转和公转的运动吗？

生：可以用乒乓球模拟地球，在球上画一条线代表赤道，圆盘模拟地球公转的轨道，让小球在圆盘中运动起来，模拟地球的运动。

（学生活动：领取材料，开展模拟实验。）

【教学评析】

亮点：利用模拟实验把地球自转与公转关联起来

在本节课中，学生在了解地球自转特征和公转特征后，可能只是记住了几条自转特征和公转特征的抽象信息点，很难把两者关联起来。模拟实验可以把地球自转与地球公转组合成一个整体，并呈现出动态具象的模型。学生通过亲自体验、观察，对地球运动的特点认识得更为深刻，越是难模拟，学生越会想办法了解并尽可能模拟地球运动的每一个特点。在学生模拟实验后，教师再次演示三球仪帮助学生加深理解地球运动的特征。

第7课时 昼夜交替和四季变化对生物的影响

核心问题：昼夜交替和四季变化对生物有什么影响？

【教学目标】

1. 了解生物的生存依赖于环境，昼夜交替和四季变化影响着生物的生长与生活。

2. 查阅资料，运用比较和分类的方法，区分受昼夜交替和四季变化影响的典型生物。

3. 能用思维导图总结归纳地球运动的相关知识。

4. 在学习的过程中感受万物之妙、自然之奇，体会自然的力量、生命之坚强，并对自然产生敬畏之心。

【教学重难点】

重点：了解昼夜交替和四季变化给生物带来的影响。

难点：用思维导图归纳整理本单元的知识。

【教学准备】

教师准备：多媒体课件、班级记录表、小组展板。

学生准备：文字资料、视频资料、平板电脑。

【教学过程】

一、聚焦昼夜交替和四季变化的影响

1. 趣味导入

我们都知道"含羞草用手一碰叶片就会闭合"。那没有人触碰的含羞草会闭合吗？

老师在养含羞草时发现了一个特殊的现象，分享给大家。

（展示白天含羞草叶片舒展、夜晚含羞草叶片闭合的两张图片。）

谁来分析一下：这次是什么因素让含羞草的叶片自动闭合的？

（预设：白天叶片张开是为了进行光合作用，晚上闭合是因为没有阳光。含羞草叶片的开合和昼夜有关。）

可以简单设计一个实验验证你的想法吗？

（预设：晚上用手电筒试一试，如果叶片展开了，那我说的就是对的。）

同学们可以在课后用含羞草验证一下。

2. （展示地球昼夜交替和四季变化的图片）地球自转产生昼夜交替，昼夜交替除了对含羞草有影响，对其他生物会有什么影响呢？

（预设：学生讲述生活中见到的昼夜交替对生物影响的实例。）

3. 一年四季中，生物又有什么不同的行为表现？

【设计意图】引导学生对自然变化与生物的关联产生探究的兴趣，唤醒学生的生活经验，以此作为研究昼夜交替和四季变化对生物产生影响的起点。

二、探索和研讨

（一）交流我们知道的昼夜交替和四季变化对生物产生的影响

1. 写一写：把你知道的"昼夜交替对生物的影响"和"四季变化对生物的影响"写在小纸条上。

2. 说一说：小组内交流每个人的想法，形成小组交流的观点。

3.展示成果：以小组为单位，通过记录单粘贴进行讲解和班级交流。分"昼夜交替对生物的影响"和"四季变化对生物的影响"两步进行交流，先请1～2组进行交流展示，其他小组进行补充，最后形成全班同学一致的认识。

4.成果梳理：通过班级梳理，你发现了什么？

（预设：地球上生物的生长、生活受昼夜交替和四季变化的影响和制约。）

（二）分享资料，了解更多案例

1.大千自然，无奇不有，昼夜交替和四季变化对生物的影响还有很多非常有趣、神奇的现象。老师今天也带来了许多有趣的例子，请选择你感兴趣的进行记录和描述。

2.明确任务要求

（1）利用平板电脑阅读资料卡片，交流获取到的信息。

（2）把关键信息分类记录到"我获得的新知识"一栏中。

（3）把记录单通过平板电脑上传。

（4）限时10分钟完成。

3.展示与分享

将平板获取的信息分类整理，然后展示。

共同阅读信息，选出三条最奇妙的信息。

（三）研讨：观察发现

1.学生对认为最奇妙的信息进行展示交流，分享自己的感受。

（预设：昼夜变化影响着花的开放和闭合；像蝙蝠这样在夜间进行捕食和活动的生物称为夜行性动物；落叶类植物随着四季出现不同的状态；像青蛙这样的动物需要进行冬眠……）

2.提问：生物为什么会有这些行为呢？（反向思考，如果生物不这样做会怎样？）

思考生物行为背后的原因——为了生存。理解达尔文的生物进化论观点：物竞天择，适者生存。

【设计意图】从已知的知识出发，运用阅读归纳的方式，获取新的知识。引导学生在查阅资料的过程中了解昼夜交替和四季变化对生物的影响，体会自然的力量、生命之坚强、生命之美，并对自然产生敬畏之心。

三、小结与拓展

1. 单元回顾：小组交流，本单元我们学到了哪些有关地球运动的知识？

2.（出示思维导图）思维导图能帮助我们把已知知识进行关联，让零碎的、不成系统的知识关联起来，形成一个知识网络。

小组选择合适的思维导图，制作、梳理本单元的学习内容。

3. 交流思维导图，进一步明确单元学习内容。

4. 说一说：你还想知道地球运动的哪些知识？

5. 课堂小结

通过今天的学习，我们了解了昼夜交替对生物产生的影响，也知道了四季变化对生物的影响。一些影响让生物变得非常有趣，但还有一些影响，我们来不及全面了解，老师把它贴到教室的展示区，请同学们课后再去阅读。我们还用思维导图总结本单元的知识要点，思维导图是非常好的学习工具，它让我们的学习更有效率，希望每位同学都能养成使用思维导图总结单元知识的习惯。

【设计意图】通过拓展活动引导学生对本单元所学内容进行回顾与梳理，同时通过制作思维导图的方式培养学生归纳知识的习惯和建构知识网络的意识。

【精彩片段】——引导学生归纳地球的运动，激励学生课后进行应用迁移与额外探索

用思维导图总结归纳地球运动相关知识

师：（出示思维导图）思维导图能帮助我们把已知知识进行关联，让零碎的、不成系统的知识关联起来，形成一个知识网络。请你们选择合适的思维导图，制作、梳理本单元的学习内容。

（学生活动：绘制思维导图。）

【教学评析】

亮点：本节课通过拓展活动引导学生对本单元所学内容进行回顾与梳理，同时通过制作思维导图的方式培养学生归纳知识的习惯和建构知识网络的意识。

思维导图能帮助我们把已知知识进行关联，让零碎的、不成系统的知识关联起来，形成一个知识网络。研究表明，知识网络是非常巩固的，能长久记忆。本环节不但总结了本单元的知识要点，还把知识要求进行网络化。旨在让学生巩固知识，提高学习能力，掌握学习方法，培养学习习惯。

持续反馈与应用设计

项目式作业一 设计、制作我的地球模型

【任务】

子在川上曰："逝者如斯夫！不舍昼夜。"为什么会有昼夜的交替，为什么太阳从东边升起，为什么会有四季的交替，为什么冬天寒冷而夏天炎热，为什么有些地方炎热干燥而有些地方长冬无夏？通过《地球的运动》单元的学习，相信同学们会有新的想法，请你亲自设计并制作一个地球模型，并进行改进与完善。

【要求】

1. 观察常见地球仪的类型及其特点。

2. 通过查阅图书资料、网络资源，检索地球的相关知识，完善对地球的认识。

3. 请根据自己的能力和兴趣，结合课堂上制作过的简易模型，选择制作有自己特色的地球模型：

基础版：制作地球模型及其"名片"，"名片"上标注地球模型的类型、缩放比例等基本信息。

进阶版：请为你的地球模型制作一份说明书，详细描述它的创新性，或作补充信息说明。

高阶版：请你查找网络资料，制作一个太阳、地球、月球的三球模型，模拟解释相关自然现象。

4. 评价标准：

等级	A	B	C
作品主题	作品与活动主题完全相符	作品与活动主题比较相符	作品与活动主题偏离
作品内容	创意新颖，作品完整	作品较完整	作品残缺
美观程度	做工精致，造型美观	做工较工整，造型一般	做工潦草，没有造型

项目式作业二　绘制"地球的运动"思维导图

【任务】

绘制"地球的运动"思维导图。

【要求】

"地球的运动"主题单元为我们展现了神奇的地球运动，绘制地球的内部结构，让我们了解到地球自转产生了昼夜交替现象、地球绕太阳公转形成四季变化。请你利用思维导图把单元知识点进行归纳、整理，根据自己的理解，找出知识点之间的联系，并展开想象力，把思维导图绘制得生动、有趣。

单元教学反思

在本单元教学之前，我们对学生进行了前测，通过前测我们发现，学生对于地球的运动了解属于比较浅显的层次，前概念比较模糊。学生对于科学知识的获取大多来源于课外书籍，但是课外书籍提供的大多是已经形成的观点和概念，而形成观点和概念的过程，学生是不知道的。学生知道地球会自转，也知道地球围绕太阳公转，但是很少探究规律和原因。基于以上学情，我们在教授本单元时，注重培养学生建模的兴趣，在第一课时，带领学生观察地球结构模型，激发学生探究的兴趣。在学生对地球的运动进行模拟探究时，及时搭建思维"脚手架"，让学生在课前调查有关资料，便于学生根据观察到的图片进行合理的猜测。本单元有大量的模拟实验，需要综合运用学生的类比推理能力，例如，学生在研究昼夜交替现象时，利用手电筒、小球等材料做了模拟实验。教学中围绕昼夜交替现象的形成跟太阳的照射、地球是球体、地球不断自转三个因素有关的事实展开了以学生为主体的探究活动。课堂上为了提高学习的有效性，教师要为学生营造和谐轻松的气氛，不断地激励学生敢于想、敢于表达自己的真实感受，并始终注意用学生提出的问题作为探究的动力点，充分尊重学生的主体地位，用学生提出的问题作为有效教学的动力。

案例提供者：王　文，湖南师大附中双语海棠小学

蔡杏杏，湖南省长沙市芙蓉区东郡第二小学

指导教师：张　敏，湖南省教育科学研究院

地球系统

案例10　校园岩石博物馆

单元教学内容规划

（一）本单元学习指向的核心概念及学习进阶路线

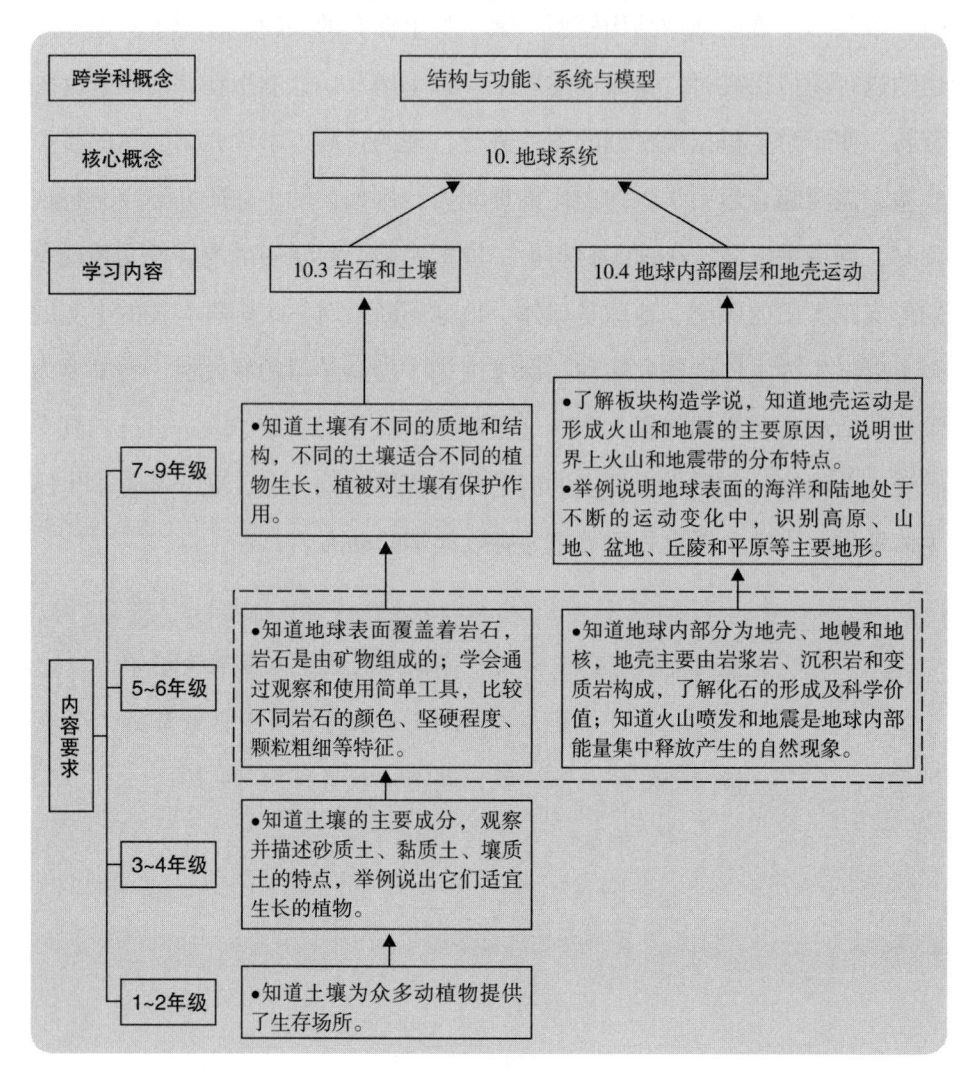

跨学科概念	结构与功能、系统与模型
核心概念	10. 地球系统
学习内容	10.3 岩石和土壤　　10.4 地球内部圈层和地壳运动

内容要求：

7~9年级
- 知道土壤有不同的质地和结构，不同的土壤适合不同的植物生长，植被对土壤有保护作用。
- 了解板块构造学说，知道地壳运动是形成火山和地震的主要原因，说明世界上火山和地震带的分布特点。
- 举例说明地球表面的海洋和陆地处于不断的运动变化中，识别高原、山地、盆地、丘陵和平原等主要地形。

5~6年级
- 知道地球表面覆盖着岩石，岩石是由矿物组成的；学会通过观察和使用简单工具，比较不同岩石的颜色、坚硬程度、颗粒粗细等特征。
- 知道地球内部分为地壳、地幔和地核，地壳主要由岩浆岩、沉积岩和变质岩构成，了解化石的形成及科学价值；知道火山喷发和地震是地球内部能量集中释放产生的自然现象。

3~4年级
- 知道土壤的主要成分，观察并描述砂质土、黏质土、壤质土的特点，举例说出它们适宜生长的植物。

1~2年级
- 知道土壤为众多动植物提供了生存场所。

本单元聚焦"地球系统"核心概念，落实课标中"岩石和土壤""地球内部圈层和地壳运动"的学习内容要求。

1~2 年级主要认识地球系统中土壤对动植物的用途。

3~4 年级主要认识地球系统中土壤的成分及不同土壤对植物生长的作用。

5~6 年级开始初步认识地球系统内部的岩石圈层结构、地壳的岩石构成，以及常见岩石及矿物的观察方法及主要特征。

7~9 年级进一步认识土壤的质地和结构、植物对土壤的适应性和保护作用，以及板块构造学说、海陆运动和主要地形。

通过完成"校园岩石博物馆"学习项目，学生经历了采集岩石、初步观察、科学观察、筹备展览、举办展览、反思评价等一系列的探究实践过程，了解岩石的主要特征和用途、岩石的观察方法、岩石的组成等，有助于学生形成结构与功能、系统与模型的跨学科概念。

（二）本单元学习内容的组织线索

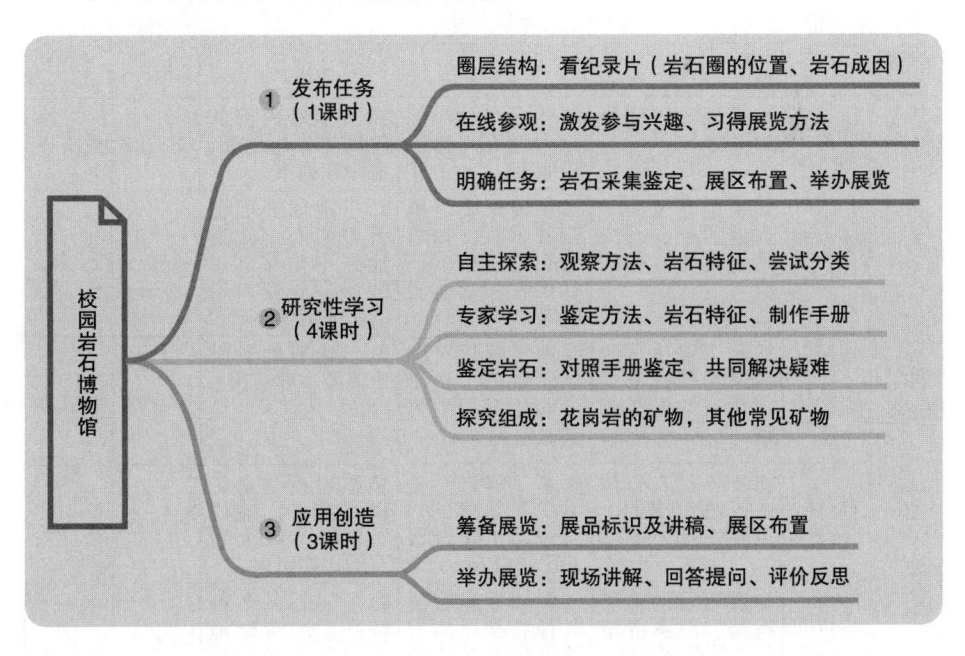

校园岩石博物馆
- 1 发布任务（1课时）
  - 圈层结构：看纪录片（岩石圈的位置、岩石成因）
  - 在线参观：激发参与兴趣、习得展览方法
  - 明确任务：岩石采集鉴定、展区布置、举办展览
- 2 研究性学习（4课时）
  - 自主探索：观察方法、岩石特征、尝试分类
  - 专家学习：鉴定方法、岩石特征、制作手册
  - 鉴定岩石：对照手册鉴定、共同解决疑难
  - 探究组成：花岗岩的矿物，其他常见矿物
- 3 应用创造（3课时）
  - 筹备展览：展品标识及讲稿、展区布置
  - 举办展览：现场讲解、回答提问、评价反思

单元学习目标设计

核心素养	学习目标
科学观念	1. 知道地球内部分为地壳、地幔和地核；地壳主要由岩浆岩、沉积岩和变质岩构成；了解化石的形成及科学价值。 2. 知道地球表面覆盖着岩石，岩石是由矿物组成的；了解不同岩石的颜色、坚硬程度、颗粒粗细等特征
科学思维	1. 以经验事实为基础，建构校园岩石博物馆模型；运用岩石博物馆模型描述岩石的特征。 2. 基于观察的岩石特征与逻辑推理，建立证据与观点的联系。 3. 从不同角度分析思考问题，提出有价值的观点和问题解决方法
探究实践	1. 通过观察，比较不同岩石的特征，并用科学词汇描述岩石特征。 2. 通过完成岩石博物馆的策展任务，了解展品的展示方法
态度责任	1. 能在好奇心驱使下，对岩石表现出探究兴趣；具有用证据支持观点的意识；善于倾听、表达与分享。 2. 具有合理开发利用岩石资源的意识

单元学习评价设计

"校园岩石博物馆"评价量表

核心素养	评价指标	评价等级 ★	评价等级 ★★	评价等级 ★★★	同伴互评	教师评价
科学观念	地球内部结构	知道地球内部分为三层	知道地球内部分为地壳、地幔和地核	知道地球内部从外到内分为地壳、地幔和地核	☆☆☆	☆☆☆
	地壳的组成	知道地球表面覆盖着岩石，不清楚地壳的岩石构成	知道地球表面覆盖着岩石，知道地壳由岩浆岩、沉积岩和变质岩构成	知道地球表面覆盖着岩石，知道地壳中岩浆岩、沉积岩和变质岩的主要成因	☆☆☆	☆☆☆
	沉积岩中的化石	初步了解化石的科学价值，不了解化石的主要成因	基本了解化石的科学价值，初步了解化石的主要成因	熟悉化石的科学价值及主要成因	☆☆☆	☆☆☆
	岩石的组成	初步了解岩石是由矿物组成的，不能举例说明	基本了解岩石是由矿物组成的，能说出1种岩石的矿物组成	熟悉岩石是由矿物组成的，能说出2种及以上岩石的矿物组成	☆☆☆	☆☆☆
	岩石的特征	知道岩石的个别特征，但不清楚具体的鉴定方法	基本知道岩石的各种特征，能大致说出岩石特征的鉴定方法	熟悉岩石的各种特征，能清晰地说出岩石特征的鉴定方法	☆☆☆	☆☆☆

续表

核心素养	评价指标	评价等级 ★	评价等级 ★★	评价等级 ★★★	同伴互评	教师评价
科学思维	模型建构	初步了解建构岩石博物馆模型的主要步骤，不能描述展出岩石的特征	基本了解建构岩石博物馆模型的主要步骤，能描述展出岩石的部分特征	熟悉建构岩石博物馆模型的主要步骤，能运用模型清晰地描述展出岩石的特征	☆☆☆	☆☆☆
	推理论证	能初步区分自己的观点和观察到的证据，但很少用证据支持所表达的观点	能基本区分自己的观点和观察到的证据，有运用证据支持观点的意识	能基于观察的岩石特征与逻辑推理，建立证据与观点的联系	☆☆☆	☆☆☆
	创新思维	初步具有发现问题、解决问题的意识	能针对问题提出自己的观点和解决方法	能针对问题提出有价值的观点和解决方法	☆☆☆	☆☆☆
探究实践	观察描述	能用较为科学的方法观察岩石，能描述出岩石的个别特征	能用较为科学的方法观察岩石，能描述出岩石的部分特征	能用科学的方法观察岩石，并用科学词汇准确地描述出岩石的特征	☆☆☆	☆☆☆
	策划展览	能初步完成岩石博物馆的策展任务，初步了解展品的展示方法	能基本完成岩石博物馆的策展任务，了解展品的展示方法	能高效完成岩石博物馆的策展任务，熟悉展品的展示方法	☆☆☆	☆☆☆
态度责任	科学态度	偶尔对岩石表现出探究兴趣	大部分时候对岩石表现出探究兴趣	总是对岩石表现出探究兴趣	☆☆☆	☆☆☆
		偶尔能实事求是地观察、记录和表达	大部分时候能实事求是地观察、记录和表达	总是能实事求是地观察、记录和表达	☆☆☆	☆☆☆
		偶尔能善于倾听、表达与分享	大部分时候能善于倾听、表达与分享	总是能善于倾听、表达与分享	☆☆☆	☆☆☆
	社会责任	初步认可人类应该合理开发利用岩石资源	基本认可人类应该合理开发利用岩石资源	非常支持人类应该合理开发利用岩石资源	☆☆☆	☆☆☆

学生情况分析

五年级学生对岩石并不陌生，1~2年级观察动植物时就对自然环境中的岩石有所了解。岩石与土壤联系紧密，1~4年级研究土壤时也会对岩石给予关注。学生在日常生活中也对岩石有直观感受，部分学生曾通过科普书籍或参观相关场馆了解过岩石的知识和展览的方法，少部分学生还曾有过收集和观察岩石的经历。以上经验均可作为本单元的认知基础。但学生对岩石的已有认知主要源于生活经验，尚未形成科学观念，需要在本单元研究岩石的过程中完成概念建构。

五年级学生已掌握了一些观察物体的方法和描述物体特征的科学词汇，部分学生有过项目式学习的实践经验，可作为本单元观察岩石的能力基础。但是，岩石观察有一些独特的方法，如需要使用专用工具观察岩石的硬度和颜色，这些方法对学生来说比较陌生。此外，学生普遍缺乏作为策展人举办展览的实践体验。以上两点是本单元需要学习和掌握的，是能力发展点。

大部分五年级学生对于挑战一个基于真实情景的大单元项目很感兴趣，完成任务的自我效能感较高。但完成本项目的时间较长、课时分散，大部分学生的研究兴趣不易长时间保持；大部分学生有实事求是的意识，但教师需要帮助学生区分事实和观点的区别，帮助学生基于事实建立证据与观点的联系；部分小组能较好地分工合作，协同完成挑战任务，少部分小组缺乏合作的意愿和能力。本单元的项目对小组合作的要求较高，小组合作不畅将难以高质量完成任务，教师发布任务后需要采取积极的措施来确保各小组有序地进行分工协作。

单元学习进程设计

单元主要概念	学习进阶	学习问题链	主要学习活动	思维型教学原理	课时建议
地球系统	明确任务	问题一：如何打造校园岩石博物馆	情景建构：认识地球岩石圈和博物馆岩石展览方法，课后采集岩石	概念初始认识（动机激发）（自主建构）	1
	研究性学习	问题二：如何对岩石进行观察与分类	观察记录：尝试对采集的岩石进行初步观察、描述及分类	概念初始认识（认知冲突）（自主建构）	1
		问题三：鉴定岩石的科学方法是什么	科学阅读：通过阅读资料明确岩石的鉴定方法和常见种类	概念初始认识（认知冲突）（自主建构）	1
		问题四：如何根据所学方法鉴定岩石	运用制作：按照科学方法鉴定岩石，共同解决疑难问题	概念迁移创造（应用迁移）	1
		问题五：岩石由什么物质组成	观察记录：认识花岗岩的组成，了解常见矿物	概念具体化（认知冲突）（自主建构）	1
	运用创造	问题六：如何展示经鉴定的岩石	问题解决：设计制作岩石标识卡，准备讲解稿	概念迁移创造（自我监控）（应用迁移）	1
		问题七：如何设计岩石博物馆展区	问题解决：设计、制作展板，布置展区	概念迁移创造（自我监控）（应用迁移）	1
		问题八：如何向参观者介绍岩石	展示交流：举办岩石展览，回答参观者提问，评价反思	概念迁移创造（自我监控）（应用迁移）	1

第1课时 发布任务——打造校园岩石博物馆

核心问题：如何打造校园岩石博物馆？

【教学目标】

1. 知道地球表面覆盖着岩石；知道地球内部分为地壳、地幔和地核，地壳主要由岩浆岩、沉积岩和变质岩构成。

2. 运用思维方法，建立事实与观点之间的联系；论证自己的观点，评估他人的观点；从不同角度分析思考项目任务，对打造岩石博物馆提出有价值的观点和实施策略。

3. 通过视频资料及在线参观获取关键信息，学习场馆展览方法；根据现实需要和限制条件制订合理的目标，将大任务拆解为便于实施的小任务。

4. 在好奇心的驱使下，表现出对打造校园岩石博物馆的参与兴趣，具有用证据支持观点的意识，有信心通过小组合作完成项目任务。

【教学重难点】

重点：根据现实需要和限制条件制订合理的目标，将大任务拆解为便于实施的小任务。

难点：从不同角度分析思考项目任务，对打造岩石博物馆提出有价值的观点和实施策略。

【教学准备】

教师准备：多媒体课件、"校园岩石博物馆"项目计划书。

学生准备：收集岩石资料，参观线上博物馆等。

【教学过程】

一、导入项目

1. 出示图片（各种各样的岩石），提问：你对岩石了解多少？

2. 观看科普视频，了解地球圈层结构、组成地壳的主要岩石类型、三大类岩石的成因、岩石的作用等信息。

3. 交流研讨：你从视频中了解到岩石的哪些信息？你对岩石的哪方面感兴趣？

【设计意图】通过提问了解学生的前概念，通过科普视频使学生初步了解岩石的基本信息，增强学生对岩石的好奇心和求知欲。

二、发布任务

1. 明确任务

为了更好地研究岩石，我们班将在校园中打造一个岩石博物馆。

2. 分析需求与条件

校园岩石博物馆的受众群体、科普价值、展览的时间和地点、可提供的资源、还不具备的条件等。

【设计意图】教师发布本单元的项目任务，帮助学生明确任务的需求和条件，激发学生完成挑战性任务的动机。

三、拆解任务

1. 学习策展方法

参观线上地质博物馆以及其他学校的校园岩石博物馆，学习和借鉴岩石博物馆的策展方法，为学生从"博物馆的观光游客"转变为"岩石博物馆策展人"做准备。

2. 交流研讨

如何打造自己的校园岩石博物馆？小组制订项目计划书，明确收集岩石、鉴定岩石种类、设计制作岩石标本、设计制作背景展板、为参观者介绍岩石等项目的后续工作。

【设计意图】本环节帮助学生将大任务拆解为能够实施的小任务，让学生自主建构完成任务的思路和步骤，为本单元后续的学习进程做铺垫。

四、拓展延伸

1. 发布课后任务：小组成员采集岩石，为岩石博物馆准备岩石标本。

2. 明确采集要求：挑选岩石的标准、推荐的采集地、携带的物品、应记录的信息以及户外安全等注意事项。

【设计意图】展品尽可能来自学生自己采集的岩石，增强学生的体验感，以便在后续研究过程中学生能对岩石有更强的探究兴趣。

【精彩片段】——拆解项目任务，引起认知冲突，自主建构概念

师：为了给参观者呈现一场岩石展览的视觉盛宴，大家好好想一想，你们将要完成哪些筹备工作呢？

生1：我们需要提前收集关于岩石的资料。

生2：我们可以参观线下岩石博物馆，了解岩石的更多信息。

生3：我们要提前采集岩石，将采集的岩石清洗干净。

生4：还需要小组分工。

师：看来刚刚参观的线上博物馆给了大家很多启发。不过，我认为你们现在的想法还比较零碎、表面。为了更好地打造我们的校园岩石博物馆，接下来我们的工作依次如何开展呢？请小组讨论，完成我为你们准备的"校园岩石博物馆"项目计划书，组长来领取，5分钟后汇报。

师：来，让我听听你们的项目计划，有请第二组。

生1：在校园中制作岩石博物馆，我们认为第一步应该采集一些岩石作为标本；第二步就是查资料，了解这些岩石的特点，属于什么种类；第三步是为岩石准备文字介绍卡片，比如介绍这种岩石的名称、特征和用途等信息；第四步，选择一位同学来介绍岩石，就像真的博物馆一样，有讲解的人。你们有疑问或补充吗？

生2：你们第二步只是查资料，我们认为还不够，因为资料可能不可靠，或者不够具体，没有我们采集的岩石的信息。或许我们还要做实验，

还要准备一些实验器材。

生1：谢谢你的补充，我比较同意，我认为查阅的资料就需要包括如何鉴定岩石的方法。

生3：***刚刚说资料可能不可靠，我认为我们需要在图书馆中看书，或者去请教专家，要保证资料是准确的。

生4：或者就去博物馆中看，拍一些照片，学习博物馆是怎么介绍每一种岩石的，我们采集到岩石后，再和照片对比一下。

……

师：我总结一下大家的想法，第一步采集岩石，选择出可以展览的岩石；第二步是查阅资料，鉴定岩石是什么种类；第三步是为岩石制作标本，准备介绍卡片；第四步设计展板，布置展区；最后讲解员在展览当天对低年级的学生进行讲解。我们一定要学会分工合作，小组中选出组长，并进行小组分工，负责宣传、标本制作、收集资料、讲解等。

师：经过刚刚的交流，各组对将要做的校园岩石博物馆有了许多设想，也对接下来的工作有了初步规划。请大家课后继续查阅资料、小组讨论，不断完善你们的项目计划书。

【教学评析】

本环节意在突破教学重难点，帮助学生将复杂的大任务拆解为便于实施的小任务。教师先让学生初步表达想法，再让学生小组讨论，并利用项目计划书帮助学生系统化思考完成目标的实施路径。对比两次研讨可以发现，学生在有学习支架以及同伴互助的情况下，想法更加成体系，考虑更为周全。另外，小组分享汇报的环节中，学生之间有充分的思维碰撞，在生生互动中计划书的内容得以不断完善，学生的分析、综合、推理等思维能力得以提升。本课教学体现了思维型教学的自主建构、认知冲突等教学原理。

【学习单】

"校园岩石博物馆"项目计划书

班级：_____　　小组：_____

活动目的：

所需材料：

实施步骤	问题记录
1.	
2.	
3.	
4.	
5.	
6.	
7.	
8.	
……	

小组合作	
成员	分工

第 2 课时　初步探索岩石的观察方法

核心问题：如何对岩石进行观察与分类？

【教学目标】

1. 各种岩石具有不同的特征，这些特征是鉴别岩石种类的重要依据。

2. 运用思维方法，建立事实与观点之间的联系；论证自己的观点，评估他人的观点；从不同角度分析思考，对岩石观察方法提出有价值的观点。

3. 会用感官和简单的工具对小组采集的岩石进行初步观察；尝试用科学词汇描述、记录岩石的特征；能根据观察结果对所收集的岩石进行初步分类。

4. 积极参加观察岩石特征的探究活动，保持对岩石的研究兴趣，培养认真细致的科学态度以及团结协作的精神。

【教学重难点】

重点：用感官和简单工具对小组采集的岩石进行初步观察，尝试用科学词汇描述、记录岩石特征。

难点：从不同角度分析思考，对岩石观察方法提出有价值的观点。

【教学准备】

教师准备：多媒体课件、岩石特征记录单、岩石观察方法汇总表。

学生准备：采集的岩石、第 1 课时学习单、标签纸，以及放大镜、手电筒等观察工具。

【教学过程】

一、课前导入

分享采集岩石的故事：选择一块采集的岩石，用简短的语言讲述"你和这块岩石的故事"，分享采集岩石的趣事和收获。

【设计意图】通过学生分享采集岩石的亲身经历，拉近学生与岩石的距离，增强体验感，提升探究岩石的兴趣。

二、交流研讨

1. 为了在校园岩石博物馆中展出岩石，明确接下来需要做什么？

（观察岩石的特征，根据特征对岩石进行分类，同一类岩石选择一块作为展品，确定它是什么种类。）

2. 明确用什么方法观察，具体观察岩石的哪些特征？（可通过看、摸、闻、使用放大镜等方法观察，可观察岩石的颜色、形状、气味、表面等特征。）

【设计意图】基于第1课时的大致规划，学生基本了解采集后应该观察岩石的特征。但对于用什么方法观察、观察岩石的哪些特征，学生并没有很清晰的思路。本环节的两个问题可以帮助学生进一步细化接下来初步观察岩石的方法和特征。待小组和班级对此达成一定共识后再观察可以有助于提升探究效率。

三、自主探究

1. 初步观察：尝试用尽可能多的观察方法去揭示岩石的奥秘，在观察、记录岩石特征的同时，思考这个特征能否作为岩石分类的依据。

2. 分享汇报：观察后小组汇报（*号岩石、采集人、采集地，具有颜色、形状、光滑度、光泽度、颗粒、气味、硬度等特征，分别通过哪些方法观察的），在生生互动中明确观察岩石的各种方法和特征。

【设计意图】自主探究环节，小组基于自己的经验自主建构岩石的观察方法和主要特征，并通过汇报交流对此达成一定共识，也反映出一些待解决的问题。这一过程教师可以基本了解学生对岩石的初步认知、疑问和兴趣点。

四、总结反思

1. 小结：各小组的观察方法各异，基本认同岩石的颜色、光滑度、光泽度、颗粒、条纹、硬度等特征可作为分辨岩石种类的依据，而大小、形状等特征则不适合。

2.反思：评估初步观察岩石的研究方法和观察结论是否可靠？存在哪些问题？打算如何解决？

【设计意图】本环节旨在进一步梳理本课已达成的共识，反思自主探究方法的可靠性，为下一课学习科学研究方法做好铺垫。

【精彩片段】——反思研究方法，引起认知冲突，实现自我监控

师：各组展示汇报后，你们认为这些观察结果是否准确，是否存在问题？

生1：不够准确，大家观察方法并不统一。

生2：描述的词汇也不太一样。

师：你们想如何解决这些问题？

生1：应该去查阅权威的资料，了解观察岩石的科学方法是什么，用什么词汇来描述岩石的特征，哪些特征可以用于鉴别岩石的种类。

生2：还可以咨询岩石的专家和学者。

师：看来大家都认识到了我们的研究方法存在不足，导致研究结果不够可靠。的确，向专家学习科学的研究方法非常必要。除了刚刚说到的以外，我们还需要了解些什么？

生：还需要了解常见岩石的特征，这样我们就可以把自己的岩石和各种岩石的特征进行比对，就能确定出我们岩石的种类了。

师：是的，特别棒！那岩石专家到底是如何观察、鉴别岩石的呢？与我们今天的观察方法有何不同？请大家课后查阅相关资料，下节课我们来揭晓！

【教学评析】

本课学生对采集的岩石进行了初步研究，基于自己的认识和思考，对观察岩石的特征和方法有了初步认识。在本环节中，教师帮助学生对初步观察的方法和结果进行了反思，并进行启发和引导，以期更好地促进学生思维的发展。当学生发现当前的观察方法及结果还不够可靠后，教师引导

学生考虑如何进一步研究,学生在互动中明确了后续研究的方向,即通过查阅权威资料了解更科学的观察方法,为下一课的学习做准备。本课教学体现了思维型教学的认知冲突、自我监控等教学原理。

【学习单】

观察采集的岩石,记录岩石的特征。若某些特征不太确定,记录在"我们的疑问"栏中。

岩石特征记录表

班级:_____   小组:_____

编号	岩石特征	我们的疑问
1		
2		
3		
4		
5		
……		

在观察过程中,你们用到了哪些观察方法,观察了岩石的哪些特征?请进行汇总。

岩石观察方法汇总表

班级:_____   小组:_____

观察方法	岩石特征

第3课时　学习鉴定岩石的科学方法

核心问题：鉴定岩石的科学方法是什么？

【教学目标】

1. 岩石的不同特征是鉴定不同岩石的依据。

2. 运用思维方法，建立事实与观点之间的联系；论证自己的观点，评估他人的观点。

3. 通过资料学习，梳理出观察、鉴定常见岩石的各种特征，明确各种特征的鉴定方法，完善岩石鉴定手册。

4. 体会通过资料学习为鉴定岩石寻求解决方案的乐趣，培养认真细致的科学态度以及团结协作的精神。

【教学重难点】

重点：通过资料学习，梳理出观察、鉴定常见岩石的各种特征。

难点：明确各种特征的鉴定方法，完善鉴定手册。

【教学准备】

教师准备：多媒体课件、专家学习资料、岩石鉴定手册。

学生准备：采集的岩石，大理岩，前两课时记录单，标签纸，放大镜、铜钥匙、小刀、手电筒等观察工具。

【教学过程】

一、课前导入

1. 设问：对于上一课时初步观察岩石的方法不够科学、观察结果不够准确的问题，思考接下来如何更加科学地观察、鉴定岩石？

2. 播放视频：介绍地质学家观察、鉴定岩石所用的资料和工具。

3. 交流研讨：视频中介绍了专家观察、鉴定岩石的思路是怎样的？需要准备哪些工具？（预设：准备放大镜、手电筒、小刀、盐酸等工具来观察岩石的特征，把观察到的岩石特征与岩石鉴定手册进行比对，确定岩石的种类。)

【设计意图】通过对上一课时的反思，引出向专家学习的需求。再观看视频，初步了解专家鉴定岩石的思路和工具，为接下来进一步学习科学的岩石鉴定方法奠定基础。

二、自主探究

1. 探究实践：利用教师提供的观察工具和专家学习资料，完善岩石鉴定手册，将其打造为日后鉴定岩石的工具书。(从专家资料中了解三类岩石的来源和特征。岩石的主要特征有颜色、硬度、光泽度、光滑度、颗粒、条纹、小孔、斑点、层次等。了解各种特征的观察方法。)

2. 交流讨论：为了便于岩石的观察和鉴定，岩石鉴定手册需要整理哪些信息？(预设：鉴定手册上需要包含岩石的鉴定方法以及几种常见岩石的图片和特征。)专家所用的方法和上节课自己探究出的方法有何异同？

【设计意图】利用积累的初步研究经验和专家学习资料，系统学习科学的研究方法，并将学习成果归纳整理在鉴定手册上。在此基础上，对比分析自主探究的方法和科学方法的异同，这一过程有助于学生利用学习支架自主建构起科学观念和科学方法。

三、拓展应用

1. 鉴定大理岩：尝试利用岩石鉴定手册鉴定大理岩，使用中发现鉴定手册的问题并在课后将其进一步完善。

2. 交流研讨：分享鉴定结果和支持结果的证据，在生生互动中达成基本共识。

3. 拓展延伸：通过了解大理岩的主要用途，认识到岩石的特征（硬度、颜色、花纹、质地）决定其功能（装饰性建筑材料）。

【设计意图】在拓展环节，学生学以致用，利用鉴定手册鉴定一种岩石，此过程不仅能应用所学的科学方法，还能发现鉴定手册的问题。

【精彩片段】——运用手册鉴定岩石，自主建构鉴别方法，自我监控鉴定过程

师：岩石鉴定手册有了，它能不能在鉴定岩石时发挥作用呢？请你们小试牛刀，用它来鉴定这一块岩石，看一看它是什么种类？

生1：我们推断它是大理岩，因为它的质地细腻，颜色比较浅，和图片中的大理岩有点像。

生2：从颜色上还不能分辨出来，我们按照查阅资料的方法，滴加了一滴稀盐酸，的确会冒泡，因此确定它是大理岩。

师：它确实是大理岩，刚刚在鉴定过程中，你们的岩石鉴定手册是否好用呢？

生2：我们的岩石鉴定手册中，大理岩的特征写得不够全，鉴定时还需要重新去查阅专家所用的资料，我们需要把其他特征也补充上去。

生3：我们的岩石鉴定手册中，观察方法也不够细致，还应该补充划分岩石硬度的方法。

生4：资料中提到晶体，我们不太确定什么是晶体，这块岩石算不算有晶体呢？

生5：关于硬度，怎样算划出了痕迹呢？同样的结果，有的人认为有痕迹，有人认为没有。

师：刚刚几个组发现了岩石鉴定手册存在的一些问题，在鉴定过程中也产生了一些疑问。请记得课后查阅资料，进一步完善岩石鉴定手册。今天，同学们特别棒，这块大理岩就作为奖品送给你们吧！恭喜你们的岩石博物馆拥有第一位成员了！关于这种大理岩，你们在哪些地方还见过呢？

生1：在小区的大厅里，建筑上所用的瓷砖也是大理岩。

生2：家里的茶几也是大理岩的。

师：确实，大理岩是很重要的建筑材料。谁知道大理岩为何适合作为建筑材料呢？

生1：因为它比较硬，作为建筑材料不易变形。

生2：大理岩的花纹很好看，作为建筑材料比较美观。

师：是的，看来啊，岩石的特征不仅能帮助我们鉴定，而且还与用途息息相关。由于时间有限，目前所用的地质学家资料没有为大家总结岩石的用途，同学们感兴趣的话可以自己查阅相关资料，看一看其他种类岩石的用途与其特征有什么关系吧！

【教学评析】

在上一环节，学生从专家所用的资料中提取信息制作岩石鉴定手册。在本环节中，教师意在让学生尝试鉴定一种岩石，以评估鉴定手册是否实用，明确如何进一步修改完善。在这一探索过程中，学生对专家所用的资料中的观察方法和岩石特征有了初步认识，也产生了新的疑问。教师引导学生课后根据需求补充资料，进一步修改完善岩石鉴定手册，以培养学生获取、筛选、整合信息的能力。此外，教师帮助学生将大理岩的特征和用途建立起联系，以渗透结构决定功能的跨学科概念。本课教学体现了思维型教学的自主建构、自我监控、运用迁移等教学原理。

【学习单】

学习地质学家所用的资料，完善岩石鉴定手册。

岩石鉴定手册

班级：_____　　小组：_____

岩石主要特征及其鉴定方法	
常见岩石的特征汇总	

第 4 课时　鉴定岩石

核心问题：如何根据所学方法鉴定岩石？

【教学目标】

1. 岩石的不同特征是鉴定它们的重要依据。

2. 运用思维方法，建立证据和结论的关系；论证自己的观点，评估他人的观点。

3. 通过观察和使用简单工具，比较不同岩石的颜色、坚硬程度、颗粒粗细等特征；运用所学方法，根据岩石特征鉴定采集到的岩石。

4. 体会运用科学方法鉴定岩石的乐趣，培养认真细致的科学态度以及团结协作的精神。

【教学重难点】

重点：通过观察和使用简单工具，比较不同岩石的颜色、坚硬程度、颗粒粗细等特征。

难点：运用所学的岩石鉴定方法，根据岩石的特征鉴定采集到的岩石。

【教学准备】

教师准备：多媒体课件，岩石鉴定结果记录表，补充的岩石。

学生准备：采集的岩石，前 3 课时记录单，专家学习资料，鉴定手册，标签纸，放大镜、铜钥匙、小刀、手电筒等观察工具。

【教学过程】

一、交流研讨

设问：对岩石鉴定手册做了哪些修改？基于什么原因作出这样的修改？

【设计意图】导入的两个问题旨在了解学生在课前是否完善了岩石鉴定手册，初步评估岩石鉴定手册的完成质量，为教师及时掌握学生的学习意愿和效果提供依据。

二、探究实践

1. 岩石鉴定：运用科学的岩石鉴定方法，再次观察采集到的岩石，将有助于鉴定的特征记录下来。对照岩石鉴定手册，尝试鉴定出岩石所属的种类，为岩石贴上小标签，为不确定种类的岩石贴上"疑难"标签。

2. 汇报交流：各小组分享鉴定方法和结果。（汇报岩石的纹理、分层、斑点、小孔、光泽度、颗粒、光滑度、硬度等特征；初步鉴定岩石的种类为 ***，理由是 ***。）生生互动中确认各组的岩石特征和鉴定结果。

3. 疑难解决：对于鉴定有困难或有争议的岩石，全班共同想办法解决问题。例如：补充新的鉴定方法或者寻找新的证据，不断修正自己的观点。

【设计意图】先小组合作，运用所学方法鉴定所采集的岩石；后全班合作，共同解决"疑难"岩石的鉴定难题。这一环节不仅有助于培养学生观察鉴定岩石的技能，还能培养学生的问题解决能力，提升思维水平。

三、拓展延伸

1. 补充岩石种类：将各组采集的岩石种类进行汇总，对照专家学习资料中的岩石种类（20种），讨论还需要补充哪些种类的岩石。

2. 观察补充的岩石：待教师提供未采集到的岩石后，再对照鉴定手册进一步观察记录这些岩石的主要特征，鉴定出岩石的类型并在岩石上贴好标签。

【设计意图】学生采集的岩石种类有限，为了丰富校园岩石博物馆的展品种类，教师可为学生提供一些岩石样品。不过，已经有哪些岩石，还需要补充哪些种类，需要由学生自主决定。这一设计充分尊重了学生的自主意识，帮助学生获得策展人的身份认同。

【精彩片段】——鉴定疑难岩石，引起认知冲突，自主建构方法

师：刚刚各小组对采集的岩石进行了细致的观察与鉴定，我看到你们

在一些岩石上贴了种类标签，而在另一些岩石上贴了"疑难"标签。我们来集思广益，看一看能不能解决这一些"疑难"问题。第2小组，请你们将有疑问的一块岩石放在展台上，说一说你们观察到它具有哪些特征。

生1：我们还不能确定它是一块岩石，它看起来有点像一块水泥包裹着一些碎石头。

师：那你们有进一步观察它的特征吗？

生1：我们观察了，它有灰色、白色和棕色的几部分。硬度很硬，用小刀也不能划出痕迹，没有光泽，也不透明。大家有什么办法可以确定它是否是岩石吗？

生2：我可以上来摸一摸吗？我感觉它是一种岩石，有点像资料上的角砾岩，角砾岩就是由不同的碎石合在一起的。

师：大家看看地质学家所用的资料吧，它有没有可能是角砾岩？

生1：不太确定。

师：我目前也不确定它是否为角砾岩。那对于"疑难"岩石，你们还有什么好的鉴定方法吗？

生3：我们可以通过更加仔细地观察它的其他特征来判断。

师：可以进一步观察哪些特征呢？

生4：比如有无层理、气孔、斑点、条纹等特征，以及组成岩石的颗粒大小等。

生5：还可以查阅资料，或者请教地质学家。

生2：还可以用手机岩石鉴定软件扫一扫鉴定，我有试过的。

生1：你是用软件识别图像吗？不一定准确的。

师：面对"疑难"岩石，我们应该尽可能用更多的方法去确定它的种类。其实，鉴定岩石是一个很专业的技能。我和你们一样，也是岩石的初学者，即使有资料，初学者也很难准确地鉴定出所有岩石。即使鉴定了，也不敢保证结论就一定可靠！所以，我为大家联系了一位地质学家，他是

*** 大学地质学专业的教授。在研究岩石鉴定过程中，我们先把疑问都记下来，我会请他来学校为我们答疑解惑！

【教学评析】

本课是学生对岩石鉴定方法有了初步认识后的实践运用。不同于之前的初次观察，学生尝试用地质学家的视角和方法再次研究岩石，从而建构起更加科学的认知体系。在本环节中，教师引导学生深入研讨，在生生互动中尽量对部分"疑难"岩石的特征和种类达成基本共识。而对于全班研讨仍无法解决的岩石，教师启发学生继续寻求别的解决思路，以促进学生的思维发展和能力提升。在真实问题的解决过程中，教师是以学习伙伴的身份参与到学习过程中的，而非传统意义上的指导者。对于某些"疑难"岩石，教师也不能鉴定出来，还需要和学生一同想办法，尝试寻求外界的帮助，这是一个校内外融合开展小学科学教育的好机会。本课教学体现了思维型教学的自主建构、认知冲突等教学原理。

【学习单】

岩石鉴定结果记录表

班级：_____ 小组：_____

岩石编号	观察方法	岩石特征	初步鉴定结果
1			
2			
3			
4			
5			
……			

第 5 课时　岩石的组成

核心问题：岩石由什么物质组成？

【教学目标】

1. 知道岩石由矿物组成。

2. 运用分析、综合、比较、推理等思维方法，建立证据和结论的关系，论证自己的观点，评估他人的观点。

3. 根据提示的花岗岩三种矿物的特征，从矿物标本盒中确定花岗岩的三种矿物。

4. 体会观察岩石组成的乐趣，培养认真细致的科学态度以及团结协作的精神。

【教学重难点】

重点：根据提示的花岗岩三种矿物的特征，从矿物标本盒中确定花岗岩的三种矿物。

难点：研讨时对有异议的观点进行再次观察与验证，从而对三种矿物的种类达成基本共识。

【教学准备】

教师准备：多媒体课件，花岗岩的矿物组成记录表，花岗岩，矿物标本盒。

学生准备：前4课时学习单，标签纸，放大镜、铜钥匙、小刀、手电筒等观察工具。

【教学过程】

一、课前导入

1. 设问：之前鉴定岩石时观察了岩石的颗粒特征，颗粒特征也是鉴定岩石的重要依据，你们知道这些颗粒是什么吗？

2. 初识矿物：揭示该颗粒即为矿物。矿物是组成岩石的成分，不同岩石的颗粒有所不同。

【设计意图】第一课讨论完成校园岩石博物馆的项目任务时，学生很难想到要研究岩石的组成。导入环节通过回顾鉴定岩石时的经验（颗粒特征是鉴定岩石的重要依据），从而引出本课对矿物的研究，以帮助学生了解为何有必要研究矿物。

二、自主探究

1. 初步观察：出示花岗岩的图片和实物，初步观察其颗粒特征，引导学生关注到三种颗粒的大小、颜色等特征。

2. 提供支架：教师以表格的形式，提供组成花岗岩的三种颗粒的5个特征（颜色、透明度、光泽度、分层、硬度）。

3. 再次观察：对照三种颗粒的特征表，学生再次观察记录矿物标本盒中十种矿物的特征，以推测三种颗粒分别为何种矿物。

4. 汇报交流：小组分别汇报三种颗粒的矿物种类，每种颗粒可能有多种猜测（颗粒1是***，理由是***的颜色、透明度、光泽度、分层、硬度等特征符合表格中颗粒1的特征描述）。在生生互动中排除特征明显不符合的矿物，对有异议的观点进行再次观察与验证，从而对三种矿物的种类（石英、长石、云母）达成基本共识。

【设计意图】在探究环节，教师提供了花岗岩三种颗粒的5个关键特征，学生在任务驱动下观察标本盒中的矿物特征，并与给定的颗粒特征进行比对，然后在全班互动中排除错误的结果。这一过程不仅有助于学生掌握观察矿物的技能，还有助于培养学生的逻辑推理能力。

三、总结拓展

1. 小结共识：岩石由矿物组成，矿物自身特征和组成结构在一定程度上决定了岩石的特征。矿物的观察方法和特征与岩石基本类似。

2. 拓展延伸：观看科普视频，进一步了解矿物的更多信息（如岩石与矿物的关系，几种常见矿物的特征与用途等）。

【设计意图】本课仅研究了花岗岩的矿物特征，学生还可能会好奇，其他岩石是否也由矿物组成？矿物的特征如何影响岩石的性能？常见的矿物有何作用？本环节通过科普视频启发学生对矿物进行更深入的思考。

【精彩片段】——汇报花岗岩颗粒，引发认知冲突，自主建构概念

师：通过刚刚的汇报研讨，大家对花岗岩的三种颗粒有不同的鉴定结果。颗粒1，有石墨、铁矿石、云母、煤四种结果。颗粒2，有石英、方解石、石膏三种结果。颗粒3，有铁矿石、方解石、长石三种结果。接下来，你们如何确定三种颗粒到底是什么种类的矿物？

生1：我认为颗粒1不可能是石墨、铁矿石和煤。因为它们不分层，也不是半透明的。按照花岗岩的矿物组成记录表格中的线索，颗粒1应该是分层、半透明的。

师：也就是说，可以根据表格中的特征一一排除不科学的结果，对吧？那接下来再给大家3分钟，请再次确认三种颗粒的种类。你认为三种颗粒是哪种矿物，不是哪种矿物，都要一一拿出证据来。

师：关于三种颗粒是什么矿物，请你们派汇报员上台汇报确认后的结果。

2组汇报员：我组认为颗粒1是云母，颗粒2是石英，颗粒3是长石。它们都符合表格中的特征。我组反对颗粒1是石墨、铁矿石、煤，它们不符合分层和半透明的特征；颗粒2不是方解石和石膏，因为颗粒2不分层、较硬，而石膏分层，方解石较软；颗粒3也不是方解石和铁矿石，因为颗粒3不透明，而方解石半透明。颗粒3是红棕色，而铁矿石是黑色。请问大家有什么疑问或补充吗？

5组生1：我补充一点，铁矿石较硬，还不符合颗粒1较软的特点。（2组同意）

8组生1：我不同意铁矿石是黑色，我们组这一块铁矿石表面有一点红色。

2组生2：你拿上来我们看看（展台全班确认，有一点红色）。

师：关于铁矿石，你们还有新的证据吗？

1组生1：我认为铁矿石不算有光泽。

1组生2：我也认为颗粒3不可能是铁矿石。你们再看看花岗岩的红棕色颗粒，是淡淡的肉红色，根本不是铁矿石表面这种颜色。

师：是的，大家为何不再次观察花岗岩中的红棕色颗粒，看一看是更像长石的颜色，还是铁矿石的颜色。

师：经过观察与探讨，我们初步确定了三种颗粒分别是云母、石英和长石。那它们如何组成了花岗岩，还有哪些矿物值得我们进一步探索？接下来，我们通过一段科普视频来进一步了解。

【教学评析】

本课以花岗岩为例，让学生认识到岩石是由矿物组成的。在本环节中，教师巧妙地提供了花岗岩三种颗粒的几种关键特征，学生在任务驱动下观察标本盒中的矿物特征，并与给定的颗粒特征进行一一比对。在初次汇报时，各组给出了不同的结论，教师引导学生通过生生互动明确进一步研究思路后再次观察。第二次汇报时，各组能给出更有力的证据来排除有问题的观点，对三种颗粒的矿物种类达成了基本共识，加深了对科学概念"岩石由矿物组成"的认识，并提升了学生的分析、综合、推理等思维能力的发展。本课教学体现了思维型教学的自主建构、认知冲突等教学原理。

【学习单】

快速准确判断三种颗粒的矿物类型，并非十种矿物都要观察，可选择观察其中一部分。

花岗岩的矿物组成记录表

班级：_____ 小组：_____

项目	颜色	透明度	分层	光泽度	硬度
矿物 1					
矿物 2					
矿物 3					
矿物 4					
矿物 5					
矿物 6					
矿物 7					
矿物 8					
矿物 9					
矿物 10					

鉴定结论：
颗粒 1 是 _____；颗粒 2 是 _____；颗粒 3 是 _____。

第 6 课时　制作岩石标本

核心问题：如何展示经鉴定的岩石？

【教学目标】

1. 岩石的不同特征是鉴定它们的重要依据，展览需要向参观者陈列展品并介绍其特征。

2. 运用思维方法，建立事实与观点之间的联系；论证自己的观点，评估他人的观点；发挥创意，从不同角度分析思考标本设计任务，提出有价值的观点和设计方案。

3. 基于准确、美观、创意等标准为岩石展品制作标本盒，准备标识卡和讲解稿。

4.体会到制作岩石标本的乐趣，培养认真细致的科学态度以及团结协作的精神。

【教学重难点】

重点：基于准确、美观、创意等标准为岩石展品制作标本盒，准备标识卡和讲解稿。

难点：发挥创意，从不同角度分析并思考标本设计任务，提出有价值的观点和设计方案。

【教学准备】

教师准备：多媒体课件，岩石标本设计单。

学生准备：展览的岩石，前5课时记录单，标本盒、卡纸、剪刀、水彩笔等材料。

【教学过程】

一、交流研讨

1.鉴定好采集的岩石以及教师新补充的岩石后，考虑把哪些岩石选出来作为展品，明确选展品的依据。

2.选好展品后还需要将展品放进标本盒中，标本盒应达到怎样的要求？

3.想向参观者介绍岩石的哪些信息，哪些写在标识卡上，哪些由讲解员讲解？

【设计意图】针对以上三个问题，各小组先交流想法，后全班汇报研讨，以便对展品选择的依据、标本盒和标识卡的设计思路达成初步共识，提升后续探究的效率。

二、探究实践

1.初步设计：按照讨论的方式挑选展品，各组任选1块岩石设计标本盒、标识卡及讲解稿。设计标准：内容准确、美观大方、富有创意。

2.展示汇报：各组分别汇报标本盒、标识卡及讲解稿的设计。（我们展示的岩石是＊＊＊，这是我们为它设计的标本盒、标识卡和讲解稿，我们这样设计的目的是＊＊＊。）

3.改进设计：根据研讨中提出的改进意见修改第1块岩石的标本盒、标识卡及讲解稿的设计，根据设计完成制作。

【设计意图】各小组按照标准要求完成第1块岩石的标本设计，后全班汇报，在生生互动中进一步明确设计要求及改进思路。待改进设计后再完成制作。第1块岩石的设计与制作经验为课后完成其他岩石的标本盒、标识卡和讲解稿奠定了基础。

三、迁移应用

1.小结：制作岩石标本需要注意根据岩石的特征设计标本盒。标识卡需要包含岩石的基本信息，标本盒或者标识卡中还可以加入一些个性化设计。讲解稿的内容包括但不限于标识卡，标识卡内容简单明了，讲解稿的表达需要更口语化。

2.课后任务：按照课堂上学习的设计与制作方法，课后设计并制作其他种类岩石的标本盒、标识卡及讲解稿。

【设计意图】由于课堂时间有限，难以完成所有岩石的标本制作，课堂上没有完成的，课后进一步完成。这一考虑不仅能培养学生的迁移应用能力，还能推进项目进展的速度。特别说明的是，不一定每组都要展出所有种类的岩石，可以将岩石种类分配到各组，使每个组仅负责少量岩石的标本制作和讲解，以减少学生的工作量。

【精彩片段】——研讨标识设计方法，引发认知冲突，自主建构设计思路

师：为了带给参观者更好的参观体验，发挥岩石博物馆的科普功能，我们该如何设计介绍岩石的标识卡呢？

生1：要介绍岩石的信息，详细介绍每种岩石的名称、特征。

生2：我认为不用详细介绍，文字太多参观者可能也不愿意认真看。

我建议简要介绍主要的信息。

师：你们想向参观者介绍岩石的哪些特征呢？

生3：岩石的名称。

生1：岩石的作用。

生4：岩石的鉴定特征。

生5：岩石的采集和分布地点。

生6：岩石的采集人。

生7：我们可以参观线下岩石博物馆，参考它们的展示方法。

师：那装岩石的标本盒如何设计？盒子大小、材料如何选择？岩石和标识卡要怎么放置？

生4：应根据岩石大小选择合适的标本盒，盒子要透明，方便观察。

生3：各个展品可以分开放，也可以用硬卡纸把盒子内部分隔成大小合适的小方格，将岩石放在一起展示。

生1：我认为展览时不一定需要把岩石装起来，就放在一个东西上面就可以。而且还可以在岩石旁边放一些观察工具，我们可以教参观者如何观察岩石。

生5：我不太同意，这样现场会很混乱。岩石和工具也容易丢失，还是放盒子里更好吧。

生2：还需要把盒子的外观做得精美、有个性。比如在盒子下方铺一层沙子，再放一个彩灯，这样展示效果会更好。

师：看来大家已经对标本盒和标识卡的制作有了很多设想。接下来就按照你们的想法，尝试为第1块岩石设计制作标识卡和标本盒吧！

【教学评析】

本项目进行到此，已基本达成了对岩石的主要特征、观察方法及组成的认识。本课时将开启偏工程实践的展览模块，以便于用产品呈现前期的研究成果。在本环节中，虽然学生迫不及待想制作标本，并且对制作方法有一些思路，但教师仍组织了全班性的讨论活动。通过制作前的讨论，教师启发学生思考如何选择标本盒、制作标识卡，并提示学生对制作的细节之处也应做出更周全的考量，以帮助学生在互动中进一步明确项目目标，拆解策展任务，提升设计思维。本课教学体现了思维型教学的自主建构、认知冲突等教学原理。

【学习单】

岩石标本设计单

班级：_____　　小组：_____

岩石特征	
标本盒设计	
标识卡设计	
讲解稿设计	

第 7 课时　设计岩石博物馆展区

核心问题：如何设计岩石博物馆展区？

【教学目标】

1. 展览需要向参观者介绍该主题的相关信息。

2. 运用思维方法，建立事实与观点之间的联系；论证自己的观点，评估他人的观点；发挥创意，从不同角度分析思考展区设计任务，提出有价值的观点和设计方案。

3. 运用展品的展示方法，设计岩石博物馆展区。

4. 体会到筹备展览的乐趣；与小组成员密切合作，善于倾听他人意见，乐于分享表达；具有合理开发利用岩石资源的意识。

【教学重难点】

重点：运用展品的展示方法，设计岩石博物馆的背景展板。

难点：发挥创意，从不同角度分析思考展板设计任务，提出有价值的观点和设计方案。

【教学准备】

教师准备：多媒体课件、岩石博物馆展区设计单、平板电脑。

学生准备：岩石标本、标本盒、标识卡、前6课时记录单、专家学习资料、硬卡纸、水彩笔等。

【教学过程】

一、发布任务

1. 明确任务：为了更好地实现岩石博物馆的科普功能，除了岩石展品本身以外，还需要向参观者介绍岩石的哪些信息？（岩石的起源、成因、分类、组成、作用、人文故事等，使参观者对岩石有更全面的认识。）小组讨论后全班分享。

2. 确定主题：各小组讨论确定背景展板的主题（如岩石的形成、岩石的种类、岩石的秘密、化石的形成及科学价值、合理开发使用岩石资源、重庆常见岩石特点等。）小组讨论后全班分享。

【设计意图】在第1课时，学生通过其他岩石博物馆了解到介绍背景信息的必要性，也将制作背景展板规划到了项目任务的步骤之中。此处通过讨论再次明确制作展板的必要性，并确定几个展板主题，以便后续分组完成展板的设计与制作。

二、设计制作

1. 设计展板：根据讨论确定的主题，各组认领一个主题设计背景展板。利用平板电脑查阅该主题的资料，完成展板的设计初稿。

2. 展示汇报：展板设计完成后，各组向全班展示自己的设计稿。小组间互相提建议，根据研讨结果不断完善展板设计。

3. 制作展板：各组根据修改后的设计稿完成展板制作，课堂上未完成的，课后进一步完成。

【设计意图】本环节需要各小组根据选择的主题查阅资料，完成展板的设计与制作。为了减少学生的工作量，课堂上各小组仅需要完成一个主题。设计后的展示汇报有助于各小组改进设计，使得各主题的设计尽可能凝聚全班的智慧。

三、布置展区

1. 交流研讨：展品和展板都准备就绪后，思考如何布置展区来陈列展品和展板。小组讨论后提出设计方案，全班研讨对展区设计达成基本共识。

2. 分配任务：完成展区布置以及其他筹备工作（如熟悉讲解稿、邀请参观者、维持现场秩序等），确保展览会安全、准时、有序地进行。

【设计意图】各小组的展品和展板如何摆放，展览会前还有许多筹备工作，这不仅考验了学生的策展能力，还考验了各小组的协作能力。此环节需要教师积极协调各小组的工作，并引导学生组内进行合理分工。

【精彩片段】——研讨展板主题选择，引发认知冲突，自主建构设计思路

师：为了更好地实现校园岩石博物馆的科普功能，除了展品本身外，我们还需要向参观者介绍岩石的一些背景信息，对吧？那你们想在校园岩石博物馆中向参观者介绍哪些岩石的信息呢？各小组用2分钟讨论一下，提出三种备选主题。

生1：第一个主题，我们组想介绍岩石在地球中的地位，也就是第一节课我们看视频了解的地球内部分为三层，即地壳、地幔和地核，其中地壳主要由岩浆岩、沉积岩和变质岩构成。这样参观者就明白了岩石是地球很重要的结构；第二个主题，我们想介绍三类岩石是如何形成的，因为我们校园岩石博物馆的岩石也是根据三类岩石来展出的，大家应该了解三类岩石的由来；第三个主题，我们想介绍岩石的观察方法，这样参观者以后遇到岩石也可以自己来研究。

生2：我补充一个，我们还想介绍一下化石。因为很多人可能认为化石是一种岩石，但其实沉积岩中好几类岩石都可能含有化石。我们有必要介绍化石的来源和分类，帮助大家改变这个错误的认识。此外，化石对于考古来说也是很重要的，人类通过化石了解到很久远时期生物的情况，这是介绍化石的意义。

生3：刚刚说到化石，我们也认为应该针对大家常有的错误认识进行一个科普。比如大家对鹅卵石、雨花石、化石、水晶等比较熟悉，它们是指的哪种岩石，和科学上的分类有何不同？

生4：还需要介绍岩石的用途和价值，呼吁人们保护岩石资源，合理开发使用。虽然地球上有很多岩石，但是岩石是不是就取之不竭、用之不尽呢？其实也不是，某些岩石需要很久才能形成，是很珍贵的；人类不能大量开采，浪费岩石资源，否则我们的子孙后代就没有了。

生5：重庆名为山城，有很多与石头有关的地名，比如高滩岩、鹅公岩、大石坝、曾家岩、石板坡等。那重庆的岩石与其他地方比起来有何不同？是否有独特之处？我们组想做一个"山城重庆的岩石秘密"主题。

……

师：看来前段时间的研究让你们发现了岩石不少的秘密，我们班目前有8种备选主题。请各组商量一下，选择一个主题来完成展板制作。如果需要查阅资料，或者还需别的帮助，可以提出来，我们一起想办法解决。

【教学评析】

本环节意在让学生发挥创意，思考校园岩石博物馆的背景展板主题。在思维碰撞中，学生不仅将之前学习的收获提炼出来作为展板主题，还结合自己的兴趣和生活经验创造性地提出了新的主题，比如"保护岩石资源""山城重庆的岩石秘密"等。可见，基于真实问题解决的项目式学习很好地激发了学生的参与热情，学生自然而然地被任务驱动着去思考、去解决问题。虽然由于时间的原因，不是所有小组都能完成每一个主题，但针对一个主题进行展板的设计制作过程也培养了学生获取信息、整合信息的能力。待各小组完成一个主题后，各小组的讲解员对该主题进行介绍，也能最大程度上扩展学生对岩石的兴趣和认知。本课教学体现了思维型教学的自主建构、认知冲突等教学原理。

【学习单】

校园岩石博物馆展区设计单

班级：_____　　小组：_____

展板备选主题：1. _____ 　　　　　　2. _____ 　　　　　　3. _____ 本组设计的展板主题：_____	
展区陈列图：	
展区布置材料清单：	
成员	分工

第8课时 岩石展览会

核心问题：如何向参观者介绍岩石？

【教学目标】

1. 了解场馆举办展览的基本流程；展览需要向参观者陈列展品，并介绍展品特征以及该主题的相关信息。

2. 运用思维方法，建立事实与观点之间的联系；论证自己的观点，评估他人的观点；从不同角度分析举办展览的任务，对展览时遇到的问题提出有价值的解决方案。

3. 举办岩石展览会，向参观者介绍展品及展区；回答参观者提问，灵活处理突发情况。反思项目过程中的问题，总结经验。

4. 积极参与岩石展览会；认真倾听参观者的提问，乐于表达和分享；与小组成员密切合作，愿意共同解决问题。

【教学重难点】

重点：向参观者介绍展品，评估学习过程，总结经验，反思问题。

难点：回答参观者提问，灵活处理突发情况。

【教学准备】

教师准备：多媒体课件，岩石展览会评价量表，单元评价量表。

学生准备：岩石标本，标本盒，标识卡，背景展板，讲解稿，前7课时记录单。

【教学过程】

一、活动准备

1. 邀请参观者：引导员邀请低年级的10位同学来参观岩石博物馆，进场前对参观者进行参观注意事项的简要说明。

2. 再次核实：统筹员一一检查，确保人员、展品、标识、展板等一应俱全。

【设计意图】上节课对展区布置和其他筹备工作进行了分工，展览前还需要对各项工作进行再次核实检查，确保展览会顺利举行。

二、举办展览

1. 学生分工：讲解员介绍展品和展板信息，回答参观者提问；调查员了解参观者的体会和收获，为部分评价指标提供依据；引导员负责指引参观者，维持现场秩序。

2. 教师支持：教师留心观察展览会现场遇到的问题及学生的应对方式，及时给予支持和反馈，并针对评价量表中的指标进行评价。

【设计意图】活动举办过程中，需要同学们全身心投入、积极配合，教师做好过程性支持与评价。原则上各组是根据策划的方案推进，出现突发情况也需要灵活处理，这是提升学生问题解决能力的好时机。

三、反思总结

1. 学生评价：小组合作完成岩石展览会评价量表及单元评价量表。

2. 汇报交流：小组及全班分享交流筹备岩石博物馆的研究过程、个人感受、发现的问题及提出的建议。

3. 小结共识：本单元的学习是在完成项目任务的过程中加深了对岩石的认识，提升了研究技能。为这段时间取得的收获和进步感到欣喜，期待继续研究岩石，丰富校园岩石博物馆的展品，让校园岩石博物馆发挥更大的科普价值！

【设计意图】项目刚结束时，学生有很多亲身的体会和感受。通过完成评价量表和互动交流，让学生对项目实施过程进行评估、反思与总结，发现存在的问题，梳理出有益的经验，以培养学生对学习过程进行自我监控的能力。

【精彩片段】——反思项目进程，提出改进建议，实现自我监控

师：经过一个多月的筹备，今天你们带来了一场精彩的岩石展览。请你们来分享一下此时此刻的感受，有何收获，发现了什么问题？

生1：我喜欢这种学习方式。像这样，完成有挑战性的任务，不知不觉就学到了岩石知识，我们小组也比从前更团结了。

生2：我们完成这个项目解决了很多问题，我们尝试了很多解决问题的办法。除了自己做实验、查阅资料外，我们也要善于寻求帮助，向地质学家学习也是一个很好的方法。

生3：我为参观者讲解、回答问题时感觉特别好。我感到这是一件很有意义的事情，帮助别人的同时，自己也会收获快乐。

师：在展览岩石标本时有什么困难吗？对筹备校园岩石博物馆有什么建议？

生4：有些参观者提出的问题我没有准备，回答得不够好。下次展览时我还要查阅更多资料，尽可能把介绍的岩石了解更清楚，这样就能介绍得更好了。

生5：有些标本的标识卡信息介绍得不够清楚，需要增加更多信息。

生6：刚开始时，参观者很多，由于我们经验不足，心里有点紧张，以后会更好。

生7：现场的秩序也需要加强管理，一次进入的参观者可以少一些。除了讲解员站在那里外，还要安排同学和参观者一起参观，顺便解答问题。最好一个同学带一至两个参观者。

师：看来我们的岩石标本展示还需要进一步完善。请大家课后继续查阅资料、小组讨论，想办法完善你们的展览设计。老师也期待你们继续研究岩石，丰富博物馆的展品，让岩石博物馆发挥更大的作用！

【教学评析】

本课举办岩石展览会，其展示环节是对个人和团队成果的展示、分享及评价的过程。通过邀请低年级学生来参观校园岩石博物馆，加深了学生对策展人的身份认同。本环节是展览会后分享的交流与反思，从学生的分享中可见，同学们不仅对岩石科普有了责任感和成就感，也充分体验到了本项目的意义和乐趣，还发现了不少的问题，并有了初步的解决思路。本次展览会不是项目研究的结束，后续同学们还需要进一步研究岩石，让校园岩石博物馆真正成为校园中的科普资源。本课教学体现了思维型教学的应用迁移、自我监控等教学原理。

【学习单】

岩石展览会评价量表

班级：_____ 小组：_____

评价维度	序号	评价指标	小组自评	教师评价
展区布置	1	展区布置大方、美观，有吸引力	☆☆☆	☆☆☆
	2	标识卡内容准确，科普性强	☆☆☆	☆☆☆
	3	背景展板内容准确，科普性强	☆☆☆	☆☆☆
	4	标本盒制作精美	☆☆☆	☆☆☆
	5	背景展板制作精美	☆☆☆	☆☆☆
现场讲解	1	讲解内容准确	☆☆☆	☆☆☆
	2	讲解内容逻辑性强，过渡自然	☆☆☆	☆☆☆
	3	语言亲切，抑扬顿挫	☆☆☆	☆☆☆
	4	善于倾听参观者提问	☆☆☆	☆☆☆
	5	认真回答参观者提问	☆☆☆	☆☆☆
展览效果	1	参观者情绪饱满，注意力集中	☆☆☆	☆☆☆
	2	参观者参与度高，积极提问或讨论	☆☆☆	☆☆☆
	3	激发了参观者对岩石的兴趣	☆☆☆	☆☆☆
	4	加深了参观者对岩石的认识	☆☆☆	☆☆☆
特色创新	1	标本盒有独特之处	☆☆☆	☆☆☆
	2	标识卡有独特之处	☆☆☆	☆☆☆
	3	展板有独特之处	☆☆☆	☆☆☆
	4	讲解有独特之处	☆☆☆	☆☆☆
☆数量总计					
收获与反思					

成员1：
成员2：
成员3：
成员4：

持续反馈与应用设计

项目式作业一　采集各种各样的岩石

【任务】

岩石，承载着亿万年的地球发展史，记录着自然的演变，粗糙与光滑相互映衬，各不相同但各有千秋。为顺利举办校园岩石展览会，让我们一起采集尽可能多种类的岩石吧！

【要求】

外出采集岩石需要家人陪同，还应带好采集工具，并在岩石上贴好标签。在出发之前，你还可以查阅一下资料，在什么地方容易采集到岩石？我们生活的城市主要有哪些种类的岩石？不同的岩石有什么显著特征？这些信息可以帮助你采集到更多种类的岩石哦！

采集岩石记录单

班级：_____　　小组：_____

序号	采集地点	采集时间	特征
1			
2			
3			
4			
5			
……			

项目式作业二　从纪录片中了解地质学家研究岩石的方法

【任务】

岩石对于地球内部组成以及地表地貌形态特征而言非常重要，但普通人对岩石的认识非常匮乏。好在有这样一群人，他们总是背着沉重的行囊，不辞艰辛，踏遍山川，就是为了揭开岩石的奥秘，他们就是地质科学家。地质科学家通常是如何研究岩石的？他们会用到哪些工具和方法？推荐你去岩石纪录片中一探究竟吧！

【要求】

推荐观看与岩石有关的纪录片，如《香港自然故事——岩石篇》《我在中国做地质》《跟着科学家去旅行 第一集》《Men of rock》等，了解地质科学家的工作有何意义？他们是怎样研究岩石的？他们外出科考会带哪些工具？通常会用哪些方法研究岩石？

项目式作业三　了解岩石特征与用途的关系

【任务】

通过课堂上对大理岩的学习，你应该了解到岩石的用途和特征息息相关。的确，不同种类的岩石有不同的用途，聪明的工程师通常会根据岩石的特征来挖掘其用途。请查阅资料，了解常见岩石的主要用途，分析岩石特征与用途的关系。

【要求】

查阅资料，为岩石鉴定手册中常见岩石补充上"主要用途"，分析该用途与岩石的哪种特征有关。将你的猜想记录下来，与老师和同学讨论，看看谁的推测更为合理。

项目式作业四　去地质公园观察一块特别的岩石

【任务】

说起岩石来，无论是我们在生活中所接触到的坚硬无比的石头，还是外出游玩时巍峨耸立的山峰，我们可能觉得它们平淡无奇。但其实在地质学家眼中，它们之间是千差万别的，而且都蕴含着许多奥秘。位于铜锣山北段的石船镇是重庆最大的石灰岩矿区。同学们可以化身地质学家，去铜锣山矿山公园（或其他地质公园）近距离观察岩石，感受大自然的奇妙。

【要求】

运用所学的岩石观察方法做一份关于铜锣山矿山公园（或其他地质公园）的岩石自然笔记。选择该公园里你最喜欢的一块岩石，画出它的样子，详细记录它的特征以及你所用的观察方法。你初步推测它是什么类型的岩石，依据是什么？注意在自然笔记中标明观察的时间、地点、天气（气温）等基本信息。

项目式作业五　了解更多岩石的矿物组成

【任务】

通过课堂的学习，我们认识到岩石是由矿物组成的。除了花岗岩外，想必你还想知道其他岩石是由哪些矿物组成的呢。请查阅资料，将岩石的矿物组成补充在岩石鉴定手册上吧！

【要求】

查阅资料，为岩石鉴定手册中常见岩石补充上"矿物组成"。若涉及的矿物是标本盒中已有的矿物种类，请进一步对照岩石观察该矿物的特征，确认你所持的岩石是否含有该矿物。

项目式作业六　制作岩石标本盒和标识卡

【任务】

岩石标本盒是存放和展示岩石标本的盒子，它可以保护岩石标本不受损坏，让人们更好地观察和欣赏这些美丽的自然艺术品。标识卡则可以方便识别、管理和介绍不同的岩石标本，让人们了解更多岩石背后的故事。课堂上你们设计制作了第一块岩石的标本盒和标识卡，接下来请为其他岩石也设计制作出独属于它们的标本盒和标识卡吧！

【要求】

请通过查阅图书资料和网络资源、对照标本图鉴等方式，检索制作优质标本盒和标识卡的相关知识，自主完成材料准备、测量裁剪、组装标本盒、绘制标识卡、后期美化等工作。

项目式作业七　为成为岩石讲解员做准备

【任务】

作为岩石讲解员,你将以你的视角为参观者讲解岩石背后的故事,在岩石的世界中实现探索和成长,亦收获一份快乐与成就。为更好地担任岩石讲解员,让我们做好为参观者讲解的准备工作吧!

【要求】

1.考察学习。前往博物馆观察讲解员的讲解内容和方式,现场记录,为形成自己的讲解稿做好准备。2.形成讲解稿。摆脱既定讲解词的限制,查阅资料,组织语言,形成专属于自己的讲解词。3.练习讲解。搭配讲解手势,练习定点走位,熟悉讲解稿。

项目式作业八　调查中国矿产资源现状

【任务】

我国是矿产资源大国,对矿产资源开发和利用为祖国的经济发展发挥着不可替代的作用。本单元学习了岩石和矿物的知识后,还有哪些与矿产资源有关的知识是值得我们关注的呢?请查阅资料,调查中国矿产资源现状吧!把你的发现记录下来,分享给参观者。

【要求】

自选主题进行矿产资源现状调查,调查主题可以是对矿产资源的数量、质量、结构、空间分布等进行调查,也可以是了解现行有关矿产资源开发、生态环境保护等相关制度安排的实施成效,抑或是我国矿产资源领域的科技成果和矿产行业的经济效益。将调查结果制作成海报,将其作为校园岩石博物馆的背景展板分享给参观者。

单元教学反思

由于地理知识的广博性,传统的课堂模式已无法满足学生的探究性、主动性学习需求。博物馆作为一种典型的非正式学习环境，和学校教育交互影响，对学生终身学习具有独特价值。本单元将地质科学知识与博物馆情景模式相结合，围绕举办校园博物馆展览、岩石与矿物鉴定等实践活动开发课程，提出了地质科学学习新思路，充分发挥了教师教学的灵活性，助推学生创造性与个性发展。

（一）主题任务嵌入，坚持问题驱动

地质科学具有综合性、区域性、交叉性等特点。博物馆作为开放互动的教学新模式，能够将学生聚集在特定场景下，使讲解员和参观者们共同学习探讨。本单元以校园岩石博物馆为主题任务，在真实情境下要求学生合作思考举办岩石博物馆的步骤、岩石的采集与鉴定方法、岩石内容的介绍与展览等，培养学生活动策划、实施等行动能力。在问题需求驱使下，学生作为活动的承担者和参与者，其已有经验和兴趣被充分调动，积极投入到岩石与矿物的专业知识学习中，并乐于在生活中发现各式新奇的岩石，渴望将自己的发现带到学校与老师、同学分享。借助有效情境，本课程实现了场馆教学功能最大化，对学生科学素养培育具有重要意义。

（二）做中思、做中学，提升思维能力

五年级的学生处于具体形象思维向抽象思维过渡的阶段，教师需在课程教学中主动唤醒、调动和激活学生学习的关联性经验，注重经验关联的情境创设，给学生多元化的学习机会。本单元，教师为学生提供了多种多样鉴定岩石与矿物的工具，帮助学生在操作体验中掌握条痕、光泽、透明度、硬度、成分等特征的鉴定。在活动中，小组同学参考专家资料，自主学习研讨，完成鉴定，并布置展览。通过亲历鉴定、讲解与展示的过程，学生的学习不再是停留在"低阶"的阅读层次，而是将感官体验引申为理性思考的高阶学习效果，激活了动手操作、团队合作及探索创新源动力！

（三）深入资源开发，促进目标达成

新课改背景下，课程资源开发和应用成为地质科学教育探索的方向之一，教学过程更具研究性。为丰富学生对不同种类岩石形成过程、性状特征及用途等的了解，教师更需要充分挖掘教学资源，包括图文资料、影像资料、专家建议以及信息化资源，如地质科学博物馆云平台、官方APP等。教师还应对整理后的资源进行筛选，选择符合学生认知能力和学习需求的资源，如实物标本、微课、资料卡等，将多种资源互相配合交织，让学生阅读、思考、讨论、操作，在思维可视化、知识图示化的过程中，提升学生的综合思维能力和探究实践能力。

（四）实践中发现问题，持续优化设计

在本项目实施的过程中，我们也遇到许多困难和挑战，主要包括：（1）课时切分过细，相邻课时间隔太久，不便于开展项目化工程设计与制作活动。科学课为每周不相邻的两节课，教师很难让工程项目连续开展起来，产品的设计、制作、展示被切分到不同课时来完成，学生的兴趣受到影响，项目效果大打折扣。（2）资源上难以满足项目需求。本项目需要深入研究岩石，而科学教师个人的知识、技能不足以解决项目遇到的所有问题。另外，校园岩石博物馆需要固定的场地进行布展、参观，学校通常不具备场地条件。针对以上问题，我们探索出以下方法解决：（1）为了让项目的连续性更强，教师可以调课让每周的课时连续。或者高效利用课堂上的时间，将部分拓展任务转移到课后完成。（2）尝试借助校外的资源，如建立大学–中小学合作或馆校合作联系，利用高校和场馆的资源优势弥补校内资源的不足。关于场地问题，教师多留意校内可用于打造博物馆的位置，如楼梯转角、教室后方等地，争取学校及班主任的支持，尽量寻找固定的地方打造校园岩石博物馆。

虽然还有很多问题亟待解决，但项目实施过程中我们也真实地感受到，"打造岩石博物馆"这一驱动性任务串联起了后续一系列的学习过程，也很好地激发了学生的学习自主性；在一步步解决问题的过程中，学生也在尽他们最大的努力想办法；尤其在最后办展览的时候，学生也是满怀热情，非常投入地享受这个过程。所以，本次"校园岩石博物馆"的大单元教学是非常有意义的尝试，我们将持续探索实践、不断优化设计，努力达成单元教学目标！

案例提供者：杨情玲，重庆市江北区新村致远实验小学校
　　　　　　黄光静，重庆市江北区新村同创小学校
　　　　　　郭智仙，重庆市江北区玉带山小学校
　　　　　　龚　燕，重庆市江北区滨江小学校
指 导 教 师：邵发仙，重庆市教育科学研究院
　　　　　　刘德英，重庆市江北区教师进修学院

人类活动与环境

案例11　人类活动与环境——人与自然

单元教学内容规划

（一）本单元学习指向的核心概念及学习进阶路线

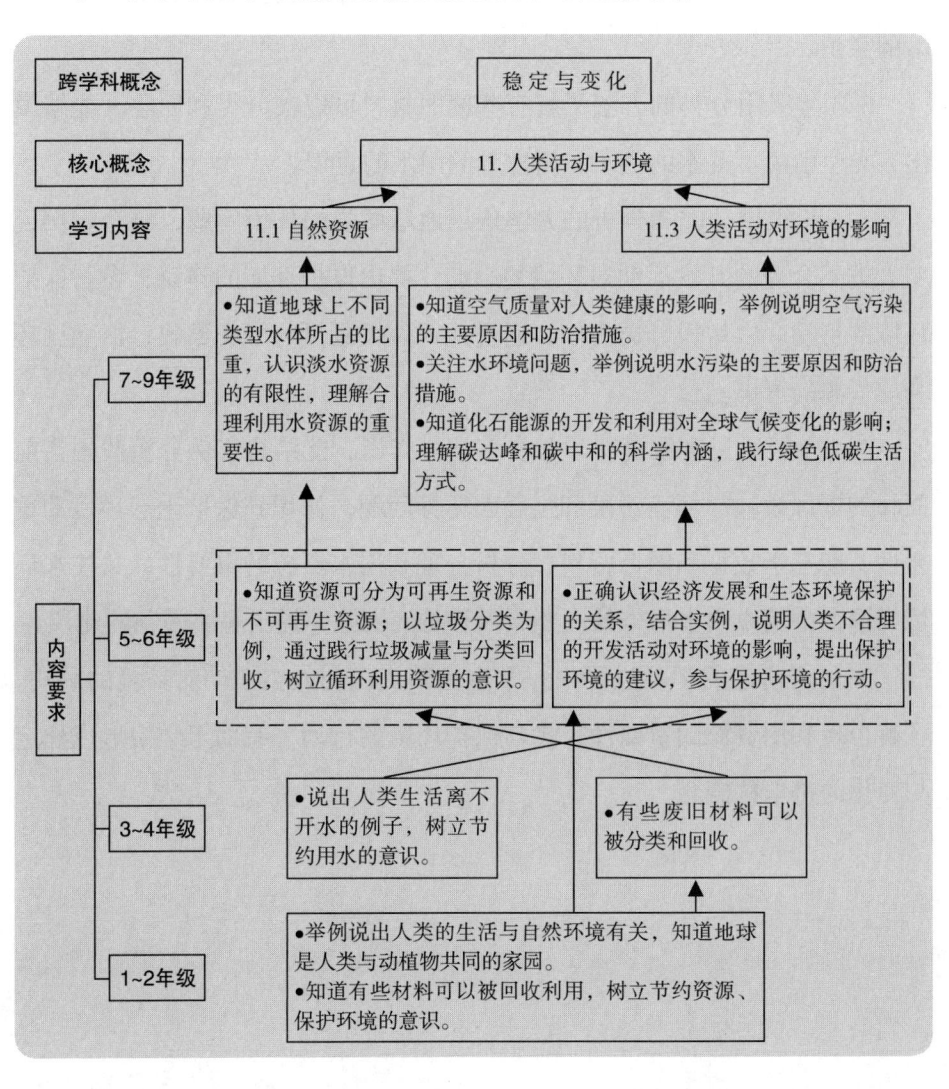

跨学科概念	稳定与变化
核心概念	11. 人类活动与环境

学习内容： 11.1 自然资源　　11.3 人类活动对环境的影响

内容要求：

7~9年级
- 知道地球上不同类型水体所占的比重，认识淡水资源的有限性，理解合理利用水资源的重要性。
- 知道空气质量对人类健康的影响，举例说明空气污染的主要原因和防治措施。
- 关注水环境问题，举例说明水污染的主要原因和防治措施。
- 知道化石能源的开发和利用对全球气候变化的影响；理解碳达峰和碳中和的科学内涵，践行绿色低碳生活方式。

5~6年级
- 知道资源可分为可再生资源和不可再生资源；以垃圾分类为例，通过践行垃圾减量与分类回收，树立循环利用资源的意识。
- 正确认识经济发展和生态环境保护的关系，结合实例，说明人类不合理的开发活动对环境的影响，提出保护环境的建议，参与保护环境的行动。

3~4年级
- 说出人类生活离不开水的例子，树立节约用水的意识。
- 有些废旧材料可以被分类和回收。

1~2年级
- 举例说出人类的生活与自然环境有关，知道地球是人类与动植物共同的家园。
- 知道有些材料可以被回收利用，树立节约资源、保护环境的意识。

本单元聚焦"人类活动与环境"核心概念，落实课标中"自然资源""人类活动对环境的影响"的学习内容要求。

人类只有一个地球，人类的生存和发展需要开发和利用自然资源。人类活动会对环境产生影响，良好的生态环境是一种重要的公共资源。坚持绿水青山就是金山银山的理念，合理利用自然资源，践行绿色低碳生活方式，是人类社会可持续发展的必然选择。

1~2年级初步认识人类的生活与自然环境有关，知道地球是人类与动植物共同的家园；知道有些材料可以被回收利用，树立节约资源、保护环境的意识。

3~4年级用分类的方法了解有些废旧材料可以被分类和回收。能够说出人类生活离不开水的例子，树立节约用水的意识。

5~6年级用分类和分析的方法认识地球面临的环境问题，结合实例说明人类不合理的开发活动对环境的影响，提出保护环境的建议，参与保护环境的行动。以垃圾分类为例，通过践行垃圾减量与分类回收，树立循环利用资源的意识。

7~9年级通过查阅资料，融合多学科知识，能结合实例分析我国当前面临的资源短缺、环境污染和生态破坏等问题，认识到保护生态环境的重要性。能基于数据和图像资料，分析合理利用水资源的重要性，关注水环境问题，举例说明水污染的主要原因和防治措施，提出解决问题的建议。

在层层递进的学习过程中，学生能够认识到人类活动对环境的影响，了解合理利用资源的重要性，参与保护环境的行动，有助于学生形成稳定与变化的跨学科概念。

（二）本单元学习内容的组织线索

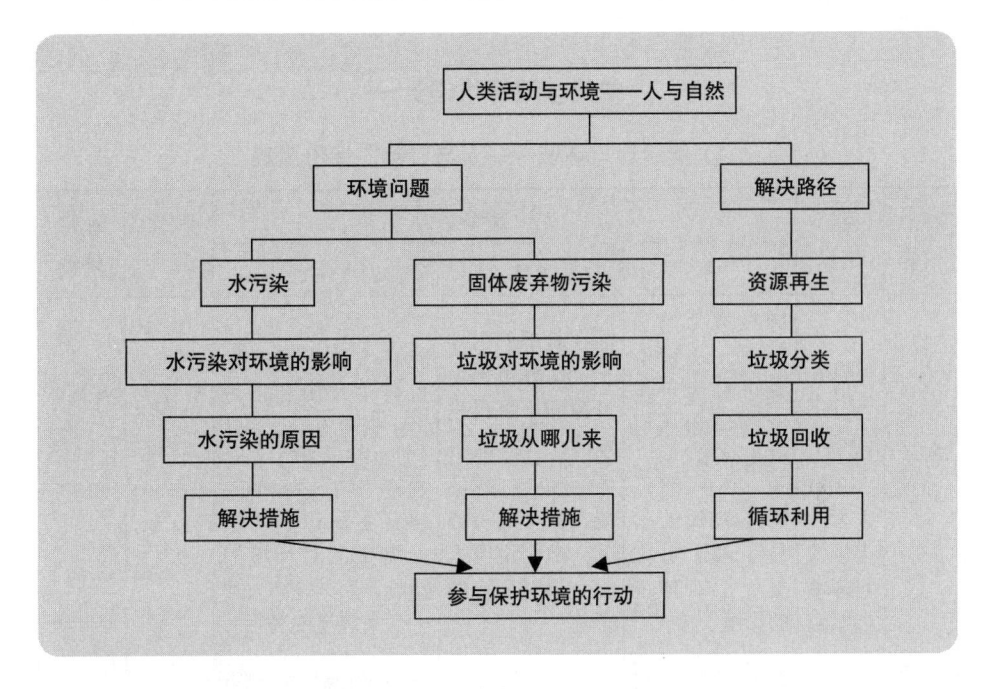

```
                    人类活动与环境——人与自然
                    ┌──────────────┴──────────────┐
                环境问题                        解决路径
         ┌─────────┴─────────┐                     │
       水污染            固体废弃物污染            资源再生
         │                    │                     │
    水污染对环境的影响    垃圾对环境的影响         垃圾分类
         │                    │                     │
     水污染的原因         垃圾从哪儿来            垃圾回收
         │                    │                     │
       解决措施             解决措施             循环利用
            └──────────────┬──┴──────────────┘
                      参与保护环境的行动
```

单元学习目标设计

核心素养	学习目标
科学观念	1. 知道资源可分为再生资源和不可再生资源，有些废旧材料可以被分类和回收。 2. 认识到人类不合理的开发活动会对环境造成影响。
科学思维	1. 能通过比较与分类，区分可再生资源和不可再生资源。能用比较的方法，对常见的垃圾进行分类。 2. 用分类和分析的方法，认识地球面临的环境问题及其表现和影响。
探究实践	1. 能设计探究计划或项目研究活动，通过查阅资料、调查问卷、案例分析等方法，了解自然资源循环利用面临的问题，提出改进建议。 2. 能结合身边的环境问题，分析问题产生的原因，并提出解决建议。
态度责任	1. 以垃圾分类为例，通过践行垃圾减量与分类回收，树立循环利用资源的意识。 2. 结合实例，说明人类不合理的开发活动对环境的影响，提出保护环境的建议，参与保护环境的行动。

单元学习评价设计

单元学习评价设计一

"人类活动与环境——人与自然"评价量表

核心素养	评价指标	评价等级 ★	评价等级 ★★	评价等级 ★★★	同伴互评	教师评价
科学观念	认识资源	能在教师的引导下，认识资源可分为可再生资源和不可再生资源	能在教师的引导下，区分可再生资源和不可再生资源	能自主认识和区别可再生资源和不可再生资源	☆☆☆	☆☆☆
科学观念	了解人类生活对环境的影响	能在教师的引导下，了解人类生活对环境的影响	能在教师的引导下，举例说明人类生活对环境的影响	能自主认识和阐明人类生活对环境的影响，深刻理解人类生活与环境的关系	☆☆☆	☆☆☆
科学思维	理解资源	能在教师的引导下，简单描述可再生资源和不可再生资源的种类	能在教师的引导下，通过比较与分类，列举出资源的类型	能通过比较与分类，区分可再生资源和不可再生资源。并用比较的方式，对常见的垃圾进行分类	☆☆☆	☆☆☆
科学思维	分析人类生活对环境的影响	能在教师的引导下，知道地球面临的环境问题	能在教师的引导下，分析地球面临的环境问题	能用分类和分析的方法认识地球面临的环境问题及其表现和影响	☆☆☆	☆☆☆
探究实践	了解资源循环	能在教师的引导下，通过查阅资料，了解自然资源循环利用面临的问题	能在教师的引导下，通过查阅资料、调查问卷、案例分析等方法，了解自然资源循环利用面临的问题	能设计探究计划或项目研究活动，通过查阅资料、调查问卷、案例分析等方法，了解自然资源循环利用面临的问题，提出改进建议	☆☆☆	☆☆☆
探究实践	分析环境问题	能在教师的引导下，简单分析身边的环境问题	能在教师的引导下，结合身边的环境问题，分析问题产生的原因	能结合身边的环境问题，分析问题产生的原因，提出解决建议	☆☆☆	☆☆☆

续表

核心素养	评价指标	评价等级 ★	评价等级 ★★	评价等级 ★★★	同伴互评	教师评价
态度责任	树立资源循环利用意识	能在教师的引导下，初步形成垃圾分类意识	能在教师的引导下，学习垃圾分类知识，树立资源回收意识	以垃圾分类为例，通过践行垃圾减量与分类回收，树立循环利用资源的意识	☆☆☆	☆☆☆
	养成保护环境的习惯	能在教师的引导下，意识到人类不合理的开发活动对环境的影响	能在教师的引导下，提出保护环境的建议	结合实例，说明人类不合理的开发活动对环境的影响，提出保护环境的建议，参与保护环境的行动	☆☆☆	☆☆☆

单元学习评价设计二

能力检测单

1. 以下不是水的污染来源的是（　　）。

   A. 工厂排放的废水

   B. 海洋中鱼类产生的排泄物

   C. 喷洒的农药

2. 小云一家外出野炊时很少使用一次性产品，这种解决垃圾问题的方法属于（　　）。

   A. 减量化

   B. 资源化

   C. 无害化

3. 生活垃圾是造成水污染的重要因素，将垃圾分类回收再利用能够从源头减少水污染。下列垃圾中，可以通过堆积自然分解，变废为宝，成为有机肥料的是（　　）。

   A. 玻璃瓶、易拉罐

   B. 果皮、剩菜叶

   C. 针管、电池

4.水污染的绝大部分原因在于我们人类自身，我们把污水、生活垃圾直接排入或扔进附近的水域，造成了严重的环境污染。请观察下面的图片，想一想：我们可以做哪些事情来减少水污染，保护我们赖以生存的环境，争当环保小卫士。

学生情况分析

作为新世纪的地球公民，小学阶段的学生对保护环境的概念有初步的认识，知道一些节约能源的方法，如人走关灯、用完电脑及时关机、用完水及时拧紧水龙头等节电、节水的日常行为规范，但对于人类活动造成的环境污染并未形成系统的认识。学生对人类活动带来的环境污染（如水污染、固体废物污染等）认识模糊，不清楚人类活动导致环境污染的原因；对环境资源认识不足，不了解资源的分类；对垃圾分类有简单的了解，但不能很好地在生活中进行应用。

小学生不具备成熟的查阅资料、归纳总结、调查分析等方面的能力，在对环境问题进行调查分析并提出解决方法的过程中存在一定困难。同时，小学生自主策划活动的经验较少，制订环保活动方案和实施环保活动对他们来说是一大挑战。大部分小学生对于环境污染问题的生活经验较少，参与环保活动的经验则更加稀缺，导致其环保意识较为薄弱，不能主动参与到环保活动中。由于环保经验的不足，学生尚未意识到治理环境的难度，未形成主动预防环境污染的意识。

单元学习进程设计

单元主要概念	学习进阶	学习问题链	主要学习活动	思维型教学原理	课时建议
人类活动与环境	记忆理解	问题一：我们面临的环境问题有哪些	实地调查：简单调查周边水域的污染情况	概念初始认识（动机激发）（自主建构）	1
		问题二：产生环境问题的原因是什么	分析数据：认识到人类不合理的开发活动会对环境造成影响	概念具体化（认知冲突）（自主建构）	1
	理解运用	问题三：你能找到解决环境问题的方法吗	实践探索：通过比较与分类，践行垃圾减量与分类回收，树立循环利用资源的意识。能够制作污水过滤器，初步理解污水净化的基本原理，激发学生对环境保护的兴趣	概念深度理解（自主建构）（自我监控）	3
		问题四：解决垃圾问题的方法有哪些			
		问题五：解决资源再利用问题的方法有哪些			
	评价创造	问题六：你愿意参与保护环境的行动吗	设计方案：关注一个环保问题，自主设计环保行动方案并践行方案，形成参与环境保护的意识和习惯	概念迁移创造（自我监控）（应用迁移）	1

第1课时　小河怎么了

核心问题：我们面临的环境问题有哪些？

【教学目标】

1. 认识到人类不合理的开发活动会对环境造成影响。

2. 通过调查周边水域的污染情况，分析周边水域环境现状。

3. 对周边水域进行调查分析，数据处理，了解水污染和垃圾问题。

4. 养成关心周边环境的习惯，树立较强的环保意识。

【教学重难点】

重点：了解人类活动造成的环境问题。

难点：调查周边水域的污染情况，分析周边水域环境现状。

【教学准备】

教师准备：多媒体课件，不同水污染情况的图表，大海和小河被污染的图片等。

学生准备：课前收集有关水污染的危害的相关资料，调查生活环境周边的水污染情况，准备记录本、考察记录单、透明空塑料瓶、照相机等，必须在家长的陪同下采集水样。

【教学过程】

一、创设情境，问题导入

1. 人类的生存离不开美好的环境，在科学技术不断发展、人类文明不断进步的今天，环境污染日益加重。随着时代的变迁和生活的变化，我们家乡的小河、湖泊等水域环境也已经发生了变化。让我们一起来听听小河的留言吧！

2. 播放音频《小河的留言》

10年前的我，河水清澈，鱼虾成群，有好多人类朋友来河里淘米洗菜，游泳玩耍……这样的生活好快活。但现在的我，河水污浊，垃圾漂浮，鱼虾大量的死亡，到了夏天更是河水发黑，散发出难闻的气味，人类朋友都掩着鼻子躲着我，现在的我非常难受，好想回到以前的样子，收获以前的快乐，亲爱的同学们，请帮我想想办法吧！

听完小河的留言，大家有什么感受？

【设计意图】随着时代的发展和进步，人类赖以生存的环境受到了污染，以小河的留言形式呈现水污染的问题，更容易引起学生的共鸣，加深学生想要去关注、了解和调查环境污染的意愿，认识到人类不合理的活动会对环境造成影响,自主帮助小河解决面临的环境污染问题。

二、实践探索,自主建构

1. 实地调查周边水域环境

(1)明确调查目的:了解当地的水域环境污染或保护情况。

(2)分组交流:你们打算如何实施调查呢?

(3)我们可以采用哪些调查方法?

①搜集当地小河被污染的新闻报道;

②在老师或家长的带领下,实地考察和记录或者采集水样;

③去相关单位或部门咨询等。

④你对当地水域污染状况的评价是怎样的。

⑤小结:选目标(可看新闻报道被污染的地方),注意安全(有老师或家长带领),及时记录和搜集证据或样品(带相机、收集样品的瓶子、记录单),采样后咨询、验证水质(去相关单位或部门咨询),分工合作,认真仔细,采集行动不离队。

2. 小组制订调查计划,要求在计划中确定实地考察的方法

(1)交流实地考察的方法:

①看:颜色、漂浮物、动植物等;

②闻:臭味、怪味等;

③采:采集水样等证据;

④记:记录考察情况,拍下照片。

(2)做好考察前的准备:考察记录单、记录本、透明空塑料瓶、照相机等。

(3)确定考察地点,合理分组分工:教师可事先考察水域并选取考察点,以小组为单位,由小组长对观察员、记录员、摄影师和安全员等做出合理分工。

(4)开展实地考察活动:提醒安全,注意收集相关证据,如水的颜

色、水的气味、漂浮物的多少、排污口的数量、水中生物生存情况等。

（课后也可以让家长带领前往调查）

【设计意图】通过制订调查方案进行实地考察，提升学生的科学探究能力，深入了解河流污染情况以及周边的环境现状，知道环境污染就在我们身边，树立强烈的环保意识。同时通过这些活动培养学生相互合作，共同学习的能力，引导学生树立关注生活、关注生存环境的意识。

三、展示交流，形成共识

根据调查情况，组内分析整理数据，交流展示探究结果，达成共识，形成自己小组的调查情况汇报（或报告）。

【设计意图】通过对实地调查中的样品或数据进行整理分析，让学生对周边的环境污染有了一个整体的认识和评价，同时培养学生数据分析和处理的能力，培养小组交流与合作的能力。

四、总结反思，应用迁移

1. 小组拓展探究：水污染会带来哪些危害？我们可以怎么做？

2. 师生小结：我们用各种方法进行调查，知道了我们生活的水域环境正在受到不同程度的污染，如果我们不保护好水资源，它将给我们带来严重的后果，所以我们应该保护环境，保护水资源。我们倡议：保护小河，保护生命之源，从小事做起，从身边做起，还"母亲河"以清秀容颜，还"母亲河"以健康容颜！

【设计意图】学生学会用自己的眼睛去观察，看到了生活中不完善的地方，形成自己的想法，水污染给我们带来了很多危害，增强学生主人翁的意识，乐于为家乡出谋划策，保护环境刻不容缓。

【精彩片段】——制订调查方案，全面考虑问题，进行自主建构

师：我们所在地的水域是否也存在被污染的情况呢？

生：是的，在上课前我们已经去家乡的河边看过了，水不清澈，还漂浮着很多的垃圾。

师：那我们来制订一个计划，了解当地的水域环境保护或污染情况，帮帮我们的小河。你们打算怎么调查？

生1：我们可以成立调查小组，上网搜集本地小河被污染的新闻报道。

生2：我们还可以在老师或家长的带领下，实地考察和记录。

生3：考察时，还可以采集水样等证据。

生4：我们还可以去相关单位或部门咨询。

师：大家在这么短的时间里想到了这么多的好办法，那要完成调查任务，有什么需要注意的地方吗？

生1：我们要选择一个合适的小河作为调查目标。

生2：我们还要注意安全，及时记录和搜集证据或样品。

生3：调查时，我们需要分工合作，认真仔细，采集行动不能离队。

生4：我们还要带好工具，如记录本、考察记录单、透明空瓶子、照相机等。

师：大家真是细心的孩子！现在，我们一起来想想实地考察可以用到哪些方法呢？

生1：可以用眼睛看水的颜色、水面上的漂浮物、水中的动植物等。

生2：还可以用鼻子闻小河是否有臭味、怪味等。

生3：我们可以采集水样等证据，记录考察情况，拍下照片。

师：大家的调查计划已经很完善了。接下来，请同学们做好组内分工，咱们一起去实地考察吧！

【教学评析】

本课为学生提供了充分的科学调查的机会，让他们像科学家那样进行调查和科学探究，体会学习科学的乐趣，增长科学探究的能力，同时获取科学知识，形成尊重事实、善于质疑的科学态度。学生自己设计方案，进行实地考察会遇到很多不可控制的问题，学会解决各种实际问题是学生学习的重点。

【学习单】

表 1　水域整体情况调查表

水域名称_____	地点：_____
水域周围的环境	
是否有污水排入水中	
排污口的数量	
水面上漂浮着什么杂物	
水中生活着哪些生物	

表 2　水样分析调查表

水质情况	
颜色、气味	
是否浑浊	
水中杂质	
其他	

表 3　_____ 小组水域污染实地调查评价表

调查地点	实际情况	我们的评价
		在你认为合适的评价前打"√" （　）无污染 （　）轻度污染 （　）中度污染 （　）重度污染

第 2 课时　污染源大揭秘

核心问题：产生环境问题的原因是什么？

【教学目标】

1. 知道人类生产、生活会造成水体污染。

2. 调查当地水域污染的实际情况，分析得出造成污染的原因。

3. 通过调查，对调查获取的原始数据进行整理和分析，找到污染来源。

4. 意识到人类对环境的影响，增强环境保护意识。

【教学重难点】

重点：调查造成水污染和固体废物污染的原因。

难点：对调查获取的一些原始数据进行适当的整理和分析。

【教学准备】

教师准备：多媒体课件、调查表和统计图。

学生准备：上节课调查完成的学习单和调查报告。

【教学过程】

一、创设情境，问题导入

通过上节课的学习，我们知道了家乡的小河正存在不同程度的污染。到底是什么造成了当地水域的污染呢？让我们开启污染源大揭秘的行动吧！

师：通过上节课的初步调查，你们觉得我们身边的小河被污染可能是由哪些因素造成的？

生：有可能是医院排放的污水，也可能是周围工厂排放的污水，还有可能是周围居民的生活带来的污染。

【设计意图】学生通过探讨造成当地水域污染的原因，对环境问题的了解更加客观、全面，引起学生揭秘污染源的兴趣。

二、实践探索，自主建构

1.我们的猜想是否准确和全面呢？继续调查会让我们知道真相。

（1）小组讨论，制订调查方案。教师引导学生选择适合自己小组调查的内容展开调查。比如：A组学生可以调查家庭污染物的排放；B组学生可以调查水域周边生活垃圾的倾倒；C组学生可以调查每隔多长的距离有多少污水排放口，还可以去相关单位咨询获取一些数据或者有用的信息。

（2）准备调查所需工具，调查表，进行小组分工。

2.针对调查方案，从调查目的、调查地点、调查方式、人员分工和调查记录等方面进行讨论。

（1）交流调查方案，提出有针对性的改进建议，适当修改和调整。

（2）选择合适的调查地点，开展实地调查。

（3）通过调查，我们知道了哪些污染物？它们分别来自哪里？各小组按照工业污染、农业污染和生活污染等几个方面，以小组为单位进行调查数据的整理。

（4）生活污染就在我们身边，是比较适合学生进行调查统计的一种污染。可以采用统计图表等形式统计一个家庭污染源的排放量，也可以引导学生对一些调查数据进行估算，比如：以一个家庭生活污水排放量估算出一个小区、一个城市乃至更大范围的生活污水量。

（5）引导学生利用统计图，认真讨论和分析调查数据，得到相关结论，再把数据进一步的整理分析，优化小组调查报告。

【设计意图】通过制订方案、梳理方法、开展调查、数据分析，学生对人类不合理的活动造成的环境污染有了充分的认识。生活污染就在我们身边，通过对比、分析、计算知道身边的一些小污染和浪费都会造成严重的环境污染后果。引导学生思考在生活、学习中怎样节约用水并减少污染，让学生的环保意识应用于生活中，转化为环保行为。

三、展示交流，形成共识

1. 展示交流小组的调查情况，进行污染源大揭秘。污染物有哪些？水污染和固体废物污染的源头在哪里，有哪些类别？

2. 展示数据统计图表，了解污染物源头的不断增加给环境带来了巨大的负担。

【设计意图】学生在班级分享小组调查结果，进行信息交流，让每个学生了解到更多的环境污染原因，通过统计图表，直观呈现污染源头的增长，让学生深刻感受到环境污染的严重，激发立马行动起来保护环境的意识。

四、总结反思，应用迁移

通过调查和分析，我们找到了污染物的来源，你们对水域污染又有什么新的认识和感想呢？和同学们分享吧！

【设计意图】学生分享对水污染的认识和想法，可以帮助教师更加了解学生的想法，为后续活动设计做好铺垫。

【精彩片段】——探讨污染源揭秘方法，激发探究动机

师：我们的猜想是否准确和全面呢？调查会让我们知道真相。你准备怎样展开这项调查呢？我们可以从哪些地方，通过什么方式获得这些信息？

生1：我们可以制订一个比较完善的调查计划，并分组进行调查，最后整合，这样才更加完整。

生2：我觉得我们可以去相关部门进行咨询采访。

生3：我们还可以实地考察小河周围的工厂、医院。

生4：我们还可以计算自己家中一天排放的污染物，然后大致计算小河周围的污染物排放量。

生5：我们还可以询问附近商家肥料的出售情况，进行预算等。

师：同学们的方法很多，那如何制订调查计划呢？

生：我们需要先确定调查目的、调查地点、调查方式和人员分工，讨论得出从哪些方面进行记录，然后详细地进行调查记录。

【教学评析】

学生通过思考开展调查的方向，制订比较完善的调查计划，从不同角度验证自己的猜想，激发寻找原因并实地探究的兴趣。通过调查探究，让学生亲自去调查和寻找原因，使学生全方位了解污染问题，培养学生制订计划、小组合作和探究实践的能力，提高环保意识。

【学习单】

表1　调查方案

调查目的	
调查地点	
调查方式	
人员分工	
调查记录	

表2　水域污染源调查表

分类	污染物	污染源
工业污染		
农业污染		
生活污染		

第3课时　为小河做清洁

核心问题：你能找到解决环境问题的方法吗？

【教学目标】

1. 了解污水先进行技术处理后再进行排放，能够预防和减轻水污染，掌握污水净化的原理。

2. 在教师的引导下，初步形成分析与综合、模型建构等思维，掌握污水过滤器装置的工作原理。

3. 能利用工具和材料动手自制污水过滤器，在活动过程中自主优化并解决污水过滤器组装错误、过滤效果不佳等实际问题。

4. 在制作污水过滤器的过程中，体会水污染治理的不易。治理污水需要经过多道复杂的工艺流程，使学生在活动中逐步形成预防水污染的环境保护意识。

【教学重难点】

重点：污水净化的基本原理。

难点：制作污水过滤器。

【教学准备】

教师准备：多媒体课件、塑料瓶（空的、无标签的）、滤纸或纱布、活性炭、沙子、碎石子或小石块、污水样本（可以使用脏水或泥水）。

学生准备：查阅资料，了解污水净化原理。

【教学过程】

一、创设情境，问题导入

师生问答水污染问题。

师：河流是人类文明的摇篮，是人类生存的动脉。随着社会经济发展，工业和农业废水及生活污水排流带来了严重的水污染，很多小河都"生病"了（展示河流污染图片）。对废水和污水先进行处理再排放，能预防和减轻水污染。污水处理要经历哪些步骤呢？在我们的日常生活中，有办法对污水进行简单的净化吗？

生：可以采用过滤的方法。

师：过滤是基本的净化方法。本节课，让我们一起来动手制作一个简易的污水过滤器，模拟并了解污水净化的过程和原理吧！

【设计意图】通过呈现严重的水污染问题，引导学生思考污水处理方法，以污水处理中最基础的过滤方式引出课题——污水过滤器的制作，在揭示本节课重点内容的同时，还能激发学生的探究兴趣。

二、实践探究，自主建构

1. 材料准备：塑料瓶（空的、无标签的）、滤纸或纱布、活性炭、沙子、碎石子或小石块、污水样本（可以使用脏水或泥水）。

2. 教师引导：利用以上材料，根据你所查找的相关资料，请各小组使用学习单初步设计一个制作污水过滤器的方案。

3. 教师总结制作简易污水过滤器的步骤。

4. 教师引导：制作完成之后，将你的污水样本缓慢倒入过滤器的顶部，让污水从过滤层中流过。仔细观察流经过滤器的水，你看到了哪些现象？

5. 学生回答：水变得清澈了，污水被净化了。

【设计意图】教师展示制作材料，让学生利用现有材料设计制作污水过滤器的方案，该活动有助于学生在方案设计过程中初步厘清制作步骤，理解过滤器的原理。通过教师的总结，学生能够更准确地掌握简易污水过滤器的制作步骤。教师通过示范，引导学生观察记录实验现象。以上环节能有效培养学生的科学探究能力。

三、展示交流，形成共识

问题一：与其他小组相比，你所在小组制作的过滤器对污水的处理效果较好还是较差？你能想办法改进小组的过滤器吗？从哪些方面进行优化？

学生：可以加入更多碎石子或沙子，来增强过滤效果。

问题二：污水经过自制过滤器的简单处理，能否直接排放或饮用呢？

学生：不能，简单自制的过滤器无法过滤污水中的有害物质，需要更进一步的处理。

【设计意图】教师引导学生对比不同小组的污水净化效果，使学生能自主想办法改进本组的污水过滤器，初步培养学生对设计进行优化的工程思维。教师通过提问"经过简易污水过滤器净化的水能否直接排放或饮用呢？"，使学生明白污水处理并不简单。

四、总结反思，应用迁移

教师总结：可见，污水处理并不简单，需要多种技术才能完成污水的净化。因此，水污染的预防非常重要，减少水污染才能更好地保护我们的水环境。

思考：污水的净化还有其他方法吗？

可用方案：植物净化污水、果蔬净化污水等。

【设计意图】通过让学生了解污水处理的难度，使学生明白污水的治理固然重要，但是水污染的预防才是关键，培养学生保护水环境的态度责任。最后拓展其他污水净化方式，继续激发学生的课后探究兴趣。

【精彩片段】——讨论简易污水过滤器的制作步骤，进行自主建构

师：同学们，经过学习，大家已经知道了污水的随意排放会让小河"生病"。如果将污水先进行净化处理后再进行排放，能够在很大程度上减轻对水的污染。那么，污水是怎样净化的呢？想一想，在我们的日常生活中，有没有方法对污水进行简单的净化后再利用呢？

生：可以使用过滤的方法来过滤掉污水中的杂质。

师：是的！过滤能够对污水进行初步的净化。本节课，老师要和你们一起来动手制作一个简易的污水过滤器！老师为大家准备了以下材料：塑料瓶、滤纸或纱布、活性炭、沙子、碎石子、污水样本。小组根据课前查找的资料，结合老师提供的材料，初步设计一个污水过滤器的方案吧！

师：你打算如何制作污水过滤器呢？

生：将沙子和碎石子装入塑料瓶中，纱布放在瓶口。

师：活性炭、沙子和碎石子的放置顺序是怎样的？

生：先放碎石子，再放沙子，最后放活性炭。

生：我认为要把颗粒小的放下层，大的放上层。

师：活性炭、沙子和碎石子这些颗粒大小不同的固体的作用是什么呢？

生：过滤不同大小的杂质。

师：污水从哪里倒入过滤器呢？

生：应该把瓶子底部剪掉。

师：同学们已经说到了制作污水过滤器的关键环节。一起总结一下，制作污水过滤器的步骤如下：

1. 选择一个塑料瓶，剪掉塑料瓶的底部，在瓶盖上打个小孔，倒置塑料瓶。

2. 将一层滤纸或纱布放在塑料瓶口处，再在其上加入一层活性炭，有助于去除污水中的有机氯等有害物质。

3. 在活性炭上铺上一层细沙，作为细颗粒物的过滤层。

4. 在细沙上再铺上一层小石子和一层大石子作为过滤器的顶层，过滤污水中的大颗粒。

现在，请同学们根据制作步骤一起动手吧！

师：将污水倒入你制作的过滤器，你看到了什么现象？

生：我看到瓶子下方流出来的水是清澈的！

师：看一下哪个小组的过滤器净化效果更好呢？为什么同样的材料和制作方法，有的小组的过滤器净化效果更好呢？

生：可能跟装入瓶子里的碎石子和沙子的多少有关。

师：能不能对过滤器进行改进和优化，让它的净化效果更好呢？

生：……

【教学评析】

制作污水过滤器的实验使用简单的材料，可行性和操作性强，方便学生动手操作，既可以帮助学生理解更多关于污水净化的原理，同时也能激发学生的好奇心和科学兴趣。但污水过滤器装置的组装和过滤效果，对学生来说是一大挑战，学生往往会将过滤材料的组装顺序混淆，过滤效果也会因组装顺序的不同而发生改变，这就需要教师进行引导，促使学生自主进行改装和优化。另外，研讨中的问题，让学生意识到污染水容易，但净化水很难，能进一步增强学生对水环境的保护意识。在课堂中拓展延伸其他的污水净化方式，能开阔学生的视野，增加学生的环保知识。

【学习单】

我的污水过滤器设计方案

我会这样制作污水过滤器	污水的变化	我会这样优化污水过滤器

第 4 课时　垃圾减量大作战

核心问题：解决垃圾问题的方法有哪些？

【教学目标】

1. 了解有些废旧材料可以被分类和回收。

2. 通过比较与分类的方法，对常见的垃圾进行分类。

3. 通过调查，了解有哪些废品是能再回收利用的。调查并记录自己家一周内每天垃圾的种类，学会在日常生活中分类处理垃圾。

4. 通过践行垃圾减量与分类回收，树立循环利用资源的意识。

【教学重难点】

重点：正确处理身边的废品，初步树立保护环境的观念。

难点：充分认识到垃圾的危害，学会在日常生活中分类处理垃圾。

【教学准备】

教师准备：多媒体课件、各种关于垃圾的图片和视频、记录单、写了垃圾名称的小卡片、三个带标签的小垃圾筒。

学生准备：1. 调查一周内家里扔掉垃圾的种类，做好简单记录。

2. 去废品回收站调查了解有哪些废品是能回收再利用的。

【教学过程】

一、创设情境，问题导入

教师出示一些关于垃圾的图片。

师：同学们，仔细观察图片，你们在图片里看到了什么？

生：我看见了满地的各种垃圾。

师：说一说，你们有什么想法？

生：我们可以尽量少制造垃圾，把还有价值的废品回收利用。

师：在现实生活中，垃圾的问题已经成了一个普遍存在的问题。我们制造的有些废弃物，经过不同方法的处理和加工，可以变废为宝，作为可再生资源重新被利用,这大大节约了自然资源。

【设计意图】各种垃圾污染的照片呈现在学生面前,让学生知道,在我们的现实生活中,垃圾的问题已经成了一个普遍存在的问题,引导学生要爱护环境,自觉地去保护环境。

二、实践探索,自主建构

师:上一周,我们进行了家庭垃圾种类统计,填写了调查表,大家组内讨论一下,看看有什么发现?

师:你们讨论之后,觉得家里最常见的垃圾有哪些?这些垃圾是怎样产生的?

生1:我家里最常见的是菜叶子,妈妈每天做饭,会有很多果皮、菜叶类型的垃圾。

生2:买菜回来时的塑料袋是塑料垃圾。

生3:快递箱是纸做的,我们写作业时也会产生废纸。

生4:我们扫地会有灰土类的垃圾。

生:……

制作家庭垃圾种类统计表要连续一周对自己家里的垃圾进行分类和统计,并记录到表格当中。

我家的垃圾统计表(在表格里打√)

日期	果皮、菜叶	废纸	玻璃	灰土	塑料	金属	其他
星期一							
星期二							
星期三							
星期四							
星期五							
星期六							
星期日							

【设计意图】通过调查活动，学生感受到垃圾与每一户家庭都有着密切的关系，感受垃圾的数量之多，对环境的影响之大。学生通过亲自动手收集、计算等，知道生活中的垃圾有哪些，从而在平时的生活中有意识地、自觉地控制垃圾的产生。

三、展示交流，形成共识

教师把课前写好各种垃圾名称的小卡片分给同学们。

师：垃圾来源复杂、种类繁多、数量巨大，多数进入垃圾填埋场，但并没有完全解决垃圾问题。这些垃圾是人们扔掉不想要的，我们想一想，哪些垃圾是可以再次发挥作用的？

生1：废纸可以回收制作快递箱。

生2：塑料瓶可以回收利用，也可以制作花瓶或者笔筒。

生3：旧衣服和废金属也是可以回收利用的。

师：大家想到了很多把各种有用的垃圾回收利用的方法。这说明垃圾分类很重要，不仅可以再次利用一部分垃圾，还可以减轻垃圾场工作人员的劳动量。今天，我们也来学一学垃圾分类吧！

师：讲台上摆放了三个不同颜色的箱子，上面写有"可回收的垃圾、易腐烂的垃圾、有毒的垃圾"，请各小组同学先交流讨论如何分类，然后派代表把手上的"垃圾"分别放入三个箱子里，并且给大家说明这样分类的原因。

【设计意图】模拟垃圾分类活动能够比较直观地展示垃圾的种类，便于学生体会垃圾的种类复杂。这些环保行动不仅要成为学生的认知，还应该成为他们的行为习惯。

四、总结反思，应用迁移

1. 小组合作设计讨论垃圾分类方法。

2. 小组合作交流进行分类方案。

3. 汇报设计，展示表格。（思考两点：①利用什么工具分离；②分离的顺序。）

【设计意图】每个学生每天都在制造垃圾、丢弃垃圾，但对于"垃圾里有些什么""垃圾问题有多严重"的认识是模糊的。垃圾处理不当，会导致大气污染、水污染、耕地污染等。处理大量的垃圾是非常困难的，每个学生都可以想办法减少垃圾的产生。垃圾分类是有效处理垃圾的基础，要让学生参与垃圾分类，并指导家长进行垃圾分类。通过各小组的合作交流，不但让学生对这个知识有深刻的印象，而且充分地调动了学生的学习积极性，体现出了课堂的主体是学生，老师是课堂上的引导者。

【精彩片段】——设计垃圾分类的方案，引发认知冲突，激发学习动机

师：在我们的日常生活中，进行垃圾分类需要废品回收公司花大量的时间、人力和物力等。同学们，请观察下面的图片，你能设计一个方案来帮忙分离各种废弃物吗？在我们的学习单中，有关于生活废弃物的分类介绍，同学们可以先阅读学习单，再进行讨论。

生：可以用水泡，把能溶解在水中的物质分离出来。

师：这个方法够环保吗？

生：不够环保，容易造成水污染。可以先把纸箱、塑料瓶这些容易区分的挑出来，这些属于可以回收的垃圾。

生：可以用磁铁把铁等有磁性的垃圾吸出来，大多数金属也可以回收再利用。

师：这是一个好方法！还有哪些容易回收的垃圾？

生：纸张、旧衣服也是可以挑拣出来回收的垃圾。

师：是的，有很多垃圾是可以回收利用的，大家做到了初步的分拣。如果在回收之前，大家都已经对这些垃圾做了分类，对回收公司来说就省事多了。

生：如果我们扔垃圾的时候就将垃圾分类摆放，能给环卫工人省下很多的时间。

【教学评析】

垃圾分类是垃圾减量的方法之一。通过动手操作分类垃圾，学生能清楚地知道哪些垃圾能回收，哪些垃圾容易腐烂，哪些垃圾有毒，从而在平时的生活中有意识地、自觉地控制垃圾的产生，在家里更好地进行垃圾分类，达到减轻环卫工人的工作压力，减少环境污染的目的。

【学习单】

[小知识] 生活废弃物

1. 厨余废弃物：主要是厨房产生的食物、果皮等易腐烂的垃圾。

例如：菜梗菜叶、剩饭剩菜、茶叶渣、果壳果皮等。

2. 有害废弃物：主要指含有毒有害化学物质的废弃物。

例如：废电池、废旧电子产品、废旧灯管灯泡、过期药品、废打印机墨盒硒鼓等。

3. 可回收废弃物：再生利用价值较高，能进入回收渠道。

例如：废纸、旧金属、废玻璃、废塑料制品、废橡胶制品等。

4. 其他废弃物：砖瓦陶瓷、渣土、卫生间废纸、瓷器碎片、一次性用品等难以回收的废弃物。

第5课时 变废为宝我能行

核心问题：解决资源再利用问题的方法有哪些？

【教学目标】

1. 知道资源可分为可再生资源和不可再生资源。

2. 通过查阅资料、调查问卷、案例分析等方法，了解自然资源循环利用面临的问题。

3. 能设计探究计划或项目研究资源循环，并提出改进建议。

4.结合实例，说明人类不合理的开发活动对环境的影响，提出保护环境的建议，参与保护环境的行动。

【教学重难点】

重点：将分类的垃圾再加工，能让资源再生。

难点：了解自然资源循环利用面临的问题，提出改进建议。

【教学准备】

教师准备：多媒体课件、学习单。

学生准备：1.通过查阅资料、调查问卷、案例分析等方法，调查生活废弃物和工业废弃物的种类。

2.查找资料，了解在产品的生产、流通和消费等环节中需要遵循的原则。

【教学过程】

一、创设情境，问题导入

当今世界，物质资源不断丰富，人们的生活水平不断提高。但随之而来的后果是产生废弃物的总量也在逐年上升。除了我们每天制造的生活垃圾，还有大量各种各样的工业垃圾。空调、电脑、手机等电子产品进入了千家万户，由于这些电子产品更新换代的速度不断加快，电子废弃物的数量也在逐年增加。电子废弃物中含有大量可被回收利用的金属资源，如铜、金、银、锡等，这些蕴藏在城市中可回收利用的资源被形象地比喻为"城市矿产"。电子废弃物经过不同方法的处理和加工，也可以变废为宝，重新被利用。

同学们行动起来，参与到调查体验活动中吧，看看如何能将我们身边的废弃物变成有用的宝贝！

【设计意图】每个学生家中都有老旧的物件和各种废弃的生活垃圾，通过对废弃物的了解，让学生意识到废弃物再利用，旧物循环再使用显得尤为重要。

二、实践探索，自主建构

1.分享调查结果，小组讨论，根据废弃物的来源，可将废弃物分为哪几种类型？请举例说明，完成下表。

废弃物种类调查表

废弃物种类	实例

师：我们讨论发现，废弃物的种类有哪些呢？

生1：上节课我们调查的日常生活产生的家庭垃圾属于生活废弃物。

生2：工厂生产会产生很多垃圾。

生3：装修房子会产生非常多的废料。

师：废弃物有很多分类方法。按照废弃物的来源，我们可以分为生活废弃物、工业废弃物和农业废弃物。我们生活中的废旧电子产品就属于工业废弃物，含有大量可被回收利用的金属资源。让我们再看看工业废弃物，它有哪些种类，会对我们的生活造成哪些危害。

2.分享调查结果，小组讨论，在工业生产过程中，也会产生大量的废弃物，这些废弃物根据存在状态可分为哪几类？请举例说明，完成下表。

工业废弃物种类调查表

工业废弃物种类	实例	危害

师：工业废弃物中的废旧电子产品属于固体废弃物，在工业生产过程中，还会出现有毒的废气、废液等污染物。同学们可以在学习单中看到详细的介绍。

【设计意图】学生在调查过程中，知道了废弃物的分类和各种危害。例如：工业生产过程中排向空气中的废气，如果不经处理就排放到大气中，会对空气造成严重污染；工业生产过程中产生的含酸、碱、化学品等的废液，如果直接排入河流，会对水域造成严重污染。

三、展示交流，形成共识

人们经过长期的实践和探索，总结出了很多变废为宝的方法。请你查阅资料，设计一个资源循环的计划，可以从废纸、废塑料、废玻璃、旧金属废弃物当中选择一个，小组讨论并提出改进建议。

_____的循环利用设计方案

_____的回收利用过程	_____的变化	我会这样优化
1.		
2.		
3.		
4.		
……		

【设计意图】让学生通过调查活动，了解废弃物的种类以及如何循环利用。例如：建筑垃圾经专业设备破碎、筛分、剔除、除尘后，大多可以

作为可再生资源重新利用。金属制品——废钢筋、废铁丝、废电线等，经分拣、集中、重新回炉后，可以再加工制造成各种规格的钢材等。

四、总结反思，应用迁移

在产品的生产、流通和消费等环节中，需要遵循一些原则，才能使产品循环利用，达到循环经济的要求。分享调查结果，小组讨论，请给出具体解释，参考学习单，完成下表。

循环使用基本原则调查表

基本原则	具体解释

【设计意图】我国是一个人均资源贫乏的国家，人均土地和水资源占有量大约只有世界人均占有量的1/3和1/4，人均矿产资源占有量不足世界平均水平的1/2。面对资源"瓶颈"，循环利用、节约资源成为转变经济发展模式的要求，也是我国实现社会经济可持续发展的必然选择。随着人们生活水平的提升，废旧物资的产生量越来越多，废弃物是放错了位置的资源，具有巨大的再利用价值。"资源—产品—可再生资源"循环模式的本质是废物资源化，核心在于把"废弃物"看作"资源"，从全局视角看待资源问题。

【精彩片段】——思考废弃物如何处理，阅读材料，进行应用迁移

材料阅读：某国每年使用塑料快餐盒多达40亿个、方便面碗7亿左右、一次性筷子近数十亿双，这些占生活垃圾的8%~15%，生活垃圾中有30%~40%可以回收利用。据估算，1吨废塑料可回炼约600千克的柴油或汽油；1吨废纸可生产约0.85吨再生纸；1吨易拉罐熔化后能结成约1吨的铝块，可少采20吨铝矿。

师：阅读这则材料之后，你有什么感受？

生1：我觉得我们应该少用一次性的餐盒和筷子，减少生活垃圾的产生。

生2：我觉得回收利用可以节省一些能源。

师：从我们自身做起，我们可以做些什么呢？

生3：做好垃圾分类，不用一次性物品。

生4：可以把生活中不常用的物品废物利用起来，而不是直接扔掉。

师：那我们来总结一下，把生活和学习中长期没用的"废物"变为"宝"的方法。

【教学评析】

通过一系列的调查，学生对垃圾有了更深入细致的了解，认识到世上本来是没有废物的，只是人们把这些东西放在了不该放的地方而已。我们要发挥想象，把身边的"废物"变为一件件精美的工艺品，变成一件件经济实用的生活用品、工业用品，既可以环保，又可以美化我们的生活环境。

【学习单】

[小知识1] **工业废弃物**

1. 气体废弃物主要指工业生产过程中排向空气中的污染物。如果不经处理就排放到大气中，会对空气造成严重污染。例如，发电厂燃煤产生的二氧化硫会造成酸雨。

2. 固体废弃物主要指工业生产过程中产生的废渣、塑料、金属、纸、木纤维、橡胶、玻璃、陶瓷等固体废料。

3. 液体废弃物主要指工业生产过程中产生的含酸、碱、化学品等的废液。

[小知识2] **在产品的生产、流通和消费等环节中，应遵循的原则**

1. 减量化原则：应减少资源消耗和废弃物的产生。

2. 再利用原则：将废弃物直接作为产品或者经修复、翻新、再制造后继续作为产品使用，还可以将废弃物的全部或者部分作为其他产品的部件使用。

3.资源化原则：将废弃物直接作为原料进行利用或者对废弃物进行再生利用。

第6课时 做一个环保小卫士

核心问题：你愿意参与保护环境的行动吗？

【教学目标】

1.了解到地球面临着很多环境问题，如认识到"水质调查活动"等实践活动是防治环境污染的重要途径。

2.在教师的引导下，能运用分析与综合、比较等思维方法理解环境保护实践活动的基本流程，能自主归纳整理有关环境保护实践活动的知识。

3.在教师的引导下，能自主查阅资料，提出一个环保问题，并能设计环保行动方案、践行方案，展示成果并对活动过程进行总结和反思。

4.在环境保护实践活动中，形成保护环境的意识和习惯。

【教学重难点】

重点：自主设计环保行动方案。

难点：践行环保行动方案，并展示成果。

【教学准备】

教师准备：多媒体课件、环境问题的相关资料、A4纸等。

学生准备：收集实际环境问题的相关资料。

【教学过程】

一、创设情境，问题导入

教师出示环境污染的资料（图片、视频），提问：我们的地球家园面临着许多环境污染问题，作为当代青少年，我们能做些什么呢？

学生提出垃圾分类、垃圾回收利用等解决措施。

教师出示任务：请你们选择一个环境污染问题，化身环保小卫士，设计一个环保计划吧！

【设计意图】通过组织学生对"地球面临着哪些环境问题"的探讨，让学生对环境问题的了解更加客观、全面，引起学生对"我们面临的环境问题"的关注，在此基础上，教师引导学生选择一个环境污染问题开展环保实践活动，通过实际行动进一步培养学生保护环境的态度责任。

二、实践探究，自主建构

1. 以教师准备的学习单为模板制订环保行动方案。

（预设：水质大调查活动、垃圾分类我能行、废物利用作品展示活动……）

教师准备：学习活动单（环保活动设计单），以"水质调查活动"为例。

活动目的：调查身边的小河的水质情况，反映当地的水污染情况，为改善水污染提供一定的依据。

活动流程：准备水质测量仪器→取水样→分析水样→取得数据→写调查报告→完善调查报告→向相关机构反映水污染情况。

活动时间和地点：小组讨论自行决定。

活动人数：以4人小组为活动单位。

活动预期成果：成功取得水样，在教师的指导下独立完成调查报告，引起相关部门重视。

2. 根据方案开展环保实践活动：实践完善后的计划方案，真正参与到环保行动中。

【设计意图】通过小组合作，讨论环保行动方案的制订要点，包括明确活动目的、整理活动流程、活动前期准备等。在教师的指导和帮助下独立完成行动方案的撰写，在此过程中能提升学生的科学探究和实践能力。

三、展示交流，形成共识

教师组织学生对各自小组的环保行动成果展开汇报和交流。

教师点评，鼓励学生，强化环保行动意识。

【设计意图】组织学生对小组的环保行动成果展开汇报交流，能及时给予学生反馈和指导，既帮助他们更科学地整理实践成果，也帮助他们更好地开展下一次环保行动。同时，在汇报过程中，教师对学生进行肯定和鼓励，能有效提升学生继续开展环保行动的信心。

四、总结反思，应用迁移

教师总结环保活动的重要意义：每个人都能行动起来，就会更好地保护我们的环境。

课程结束后组织学生以活动过程视频、图片和手抄报的形式对环保行动进行宣传，进一步强化学生的行动意识。

【设计意图】通过组织实践成果的展示活动，既能向更多学生宣传环境保护的重要意义，也能进一步激发学生继续参与环保实践活动的自发性和积极性，从而达成培养学生环保行动意识的目标。

【精彩片段】——制订环保行动方案，运用发散思维进行自主建构

师：我们的地球家园面临着很多环境问题，全球各地的人们都在为保护环境贡献自己的力量，那我们能为保护环境做些什么呢？

生1：垃圾分类、保护水资源。

师：现在，请你作为一名优秀的环保小卫士，选择一个环境问题，设计环保行动方案。

生2：我想到了调查水质活动，可以通过调查身边的河流污染情况，了解当地的水污染情况。

师：那设计一个活动方案，需要做什么准备呢？

生1：确定活动时间和地点、活动人数。

生2：还需要确定活动目的、活动的前期准备。

……

师：你们设计好的活动方案还有需要完善的地方吗？

生1：活动流程有点乱，需要再细心整理一下。

生2：在活动之前，要做什么准备还不够具体和明确，我们还需要再仔细考虑活动的过程中准备哪些物品，这样才能保证我们的活动顺利进行。

生3：……

师：看来一个活动方案的产生并不简单，而更难的是将你们的环保行动方案付诸实践，期待你们的活动成果哟！

【教学评析】

本环节通过自主设计环保行动方案，让学生在主动深入地关注环境问题的同时，也真正动手参与到环保活动中。设计活动方案需要对活动过程进行周密安排，学生经验较少，需要教师通过提问的方式进行引导和提示。设置成果展示环节能有效督促学生认真完成实践活动，真正用心参与到环境保护活动中，并在活动的过程中直观地感受到环境存在的问题，树立环境保护意识、形成环境保护的习惯。

【学习单】

环保行动计划表

活动时间：_____ 活动地点：_____ 活动人数：_____

活动目的	活动准备	活动流程	活动预期成果	活动成果

活动过程记录：

持续反馈与应用设计

项目式作业一　衣食住行大调查

【任务】

随着物质条件越来越好，生活中的浪费现象愈发严重。节约的生活应该成为现代社会的一种生活方式，养成人人都乐于节约的良好习惯。作为当代青少年，更应做到践行节约、反对浪费。让我们以自己的家庭为调查对象，按照"3R"原则进行调查吧！["3R"原则是减量化（reducing）、再利用（reusing）和再循环（recycling）的简称。] 请你对不合理之处给出建议和改进措施。

【要求】

1. 衣食住行的"3R"调查。
2. 针对现有的问题，提出改进小妙招。

衣食住行大调查

生活行为	"3R"原则	现在的情况	改进小妙招
衣	减量化		
	再利用		
	再循环		
食	减量化		
	再利用		
	再循环		
住	减量化		
	再利用		
	再循环		
行	减量化		
	再利用		
	再循环		

项目式作业二 我是节约小能手

【任务】

我国是一个人均资源贫乏的国家，随着人们生活水平的提升，废旧物资的产生量越来越多，废弃物是放错了位置的资源，具有巨大的再利用价值。作为新时代青少年，除了要做到节约资源，还要做到资源的循环利用。让我们行动起来，参与到"循环利用、节约资源"活动中来，为可持续发展贡献自己的力量吧！

【要求】

1. 调查我们身边带有循环利用标识的塑料制品。

△1 PET　△2 HDPE　△3 PVC　△4 PE　△5 PP　△6 PS　△7 OTHER

2. 利用家里的生活垃圾变废为宝，快来试试吧！

例如：用饮料瓶制作花盆，将厨余垃圾变为有机肥料，等等。

单元教学反思

1. 民主的课堂氛围——激发创新思维

在课堂上教师减少对学生思维和行为的限制，让学生有表达自我的机会，对于学生独特的见解不进行批评和挑剔，给予尊重和鼓励，创设一个开放创新的环境，让学生敢于表达自己的观点。本单元课程与生活密切联系，教师将课堂延伸到生活中，学生通过自己查阅资料，制订计划和方案，实地调查，分析数据，总结自己的观点等，自主建构本单元的学习内容，这种项目式学习的方式提高了学生学习和探究的兴趣，同时充分体现出以学生为本的教学理念。在教学过程中，教师给学生更多的空间去发挥，会发现学生考虑到的远远比我们想象的多，对于环境污染问题、垃圾分类方法、废弃物回收再利用办法等，学生的课外知识十分丰富，在课堂上能更加自信地分享。

2. 丰富的导入手段——启发创新思维

兴趣是最好的老师。学生对学习有没有兴趣，是他们是否能够积极思考的重要前提。教师为了培养学生对科学学习的兴趣，在教学中需要采取一些直观、新颖、奇特的手段，让学生更具专注力，情绪饱满、兴趣浓厚。当学生讲解现存的一些环境问题时，教师引导学生自发地想去解决这个问题，让学生课前查阅资料掌握解决水污染的方法，并在课堂上集中讨论和交流等。学生在畅谈后分享了我能为环保做些什么，教师再从国家、社会等各个角度播放世界各国、各行业一些先进的解决环保问题的办法，进一步让学生意识到环保就在我们周围，保护环境是我们的职责，增强学生的社会责任感。通过采取上述方法的教学模式，做到了学生能够一课一得，学生保护环境的意识得到加强，明白了不做污染环境的事情就是在保护环境，并激发了学生积极地参与保护环境公益活动的自觉性。

3. 递进的问题情境——引导创新思维

在课堂教学中，教师需要设计层层递进，新颖别致，并且能够引起学生共鸣的问题，帮助学生提升发散思维和创新思维。比如课前布置学生观察家庭垃圾种类并记录，课堂中一起了解垃圾的处理途径，思考减少和处理垃圾的办法，课后让学生从自己做起，少扔垃圾，保护环境，层层递进，环环相扣的问题引导学生自主学习和探究，让学生充分意识到环境对人类生存的重要性，并积极投身到环境保护的行动中。

案例提供者：阎文婧，重庆科学城树人思贤小学校
　　　　　　丁洋玲，重庆科学城树人思贤小学校
　　　　　　陈倩倩，重庆科学城树人思贤小学校
指导教师：李　健，重庆高新区教育事务中心

技术、工程与社会

案例 12　计量时间

单元教学内容规划

（一）本单元学习指向的核心概念及学习进阶路线

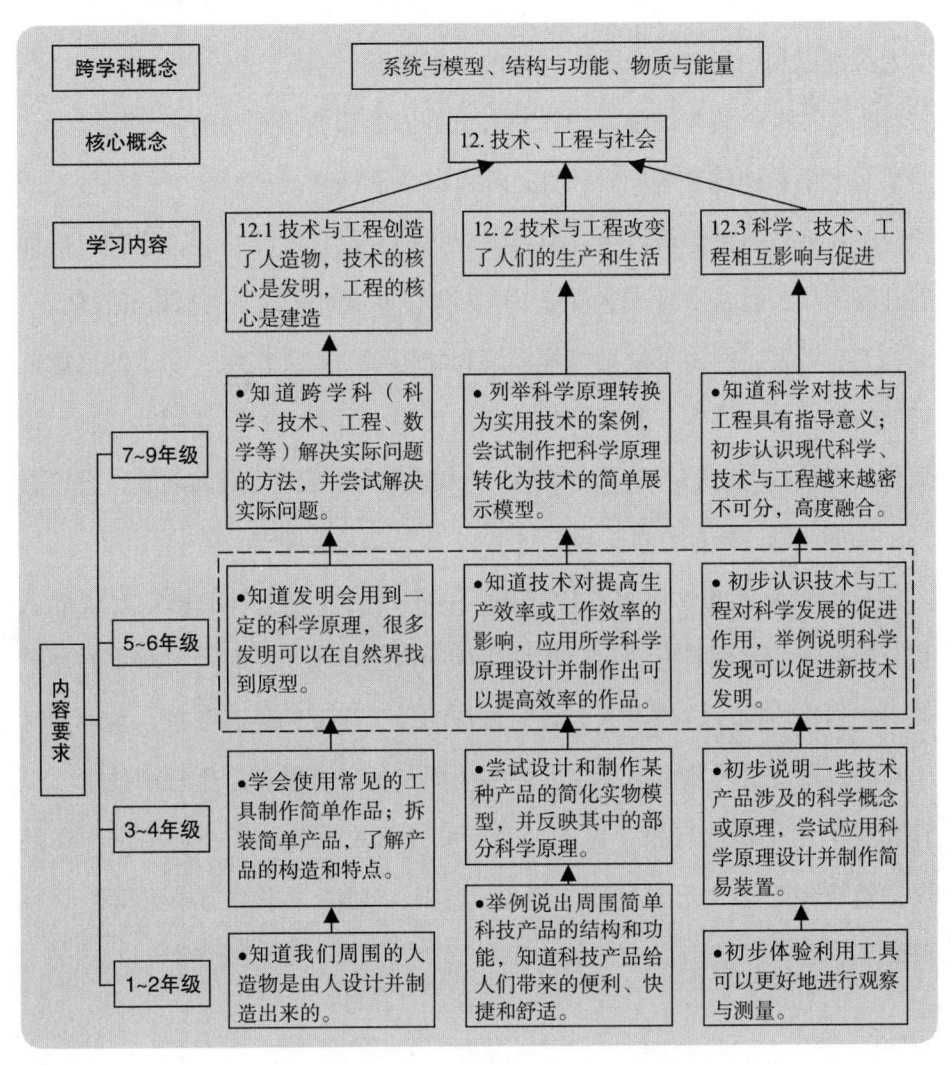

跨学科概念	系统与模型、结构与功能、物质与能量
核心概念	12.技术、工程与社会
学习内容	12.1 技术与工程创造了人造物，技术的核心是发明，工程的核心是建造 / 12.2 技术与工程改变了人们的生产和生活 / 12.3 科学、技术、工程相互影响与促进

内容要求：

7~9年级
- 知道跨学科（科学、技术、工程、数学等）解决实际问题的方法，并尝试解决实际问题。
- 列举科学原理转换为实用技术的案例，尝试制作把科学原理转化为技术的简单展示模型。
- 知道科学对技术与工程具有指导意义；初步认识现代科学、技术与工程越来越密不可分，高度融合。

5~6年级
- 知道发明会用到一定的科学原理，很多发明可以在自然界找到原型。
- 知道技术对提高生产效率或工作效率的影响，应用所学科学原理设计并制作出可以提高效率的作品。
- 初步认识技术与工程对科学发展的促进作用，举例说明科学发现可以促进新技术发明。

3~4年级
- 学会使用常见的工具制作简单作品；拆装简单产品，了解产品的构造和特点。
- 尝试设计和制作某种产品的简化实物模型，并反映其中的部分科学原理。
- 初步说明一些技术产品涉及的科学概念或原理，尝试应用科学原理设计并制作简易装置。

1~2年级
- 知道我们周围的人造物是由人设计并制造出来的。
- 举例说出周围简单科技产品的结构和功能，知道科技产品给人们带来的便利、快捷和舒适。
- 初步体验利用工具可以更好地进行观察与测量。

本单元聚焦"技术、工程与社会"的核心概念，涵盖"技术与工程创造了人造物""技术与工程改变了人们的生产和生活"等学习内容，落实课标中"初步认识技术与工程对科学发展的促进作用"等学习内容要求。

人类对时间的定义来自大自然中以地球自转为基础的计量系统和其他有规律的周期性运动的系统，因此关于"计量时间"的探究，必然与物质与能量、系统与模型两个跨学科概念相关联。在完成设计制作日晷、水钟、钟摆等项目活动的过程中，结构与功能的匹配性也是教学设计的重要考量。

1~2年级了解"人造物"的概念，观察太阳东升西落的自然现象，建立人类可以利用自然现象进行计时的基本意识。

3~4年级观察并描述太阳光照射下物体影长从早到晚的变化情况，初步了解太阳和地球系统的规律性运动可以用于计时。

5~6年级通过学习人类计时发展史，探究设计制作日晷、水钟、摆钟等计时工具，通过项目式学习来了解人类在计量时间方面的探索和发明。

7~9年级运用简单模型描述和解释物体间的相互作用，基于证据论证能的转化与能量守恒，初步形成物质与能量、运动与相互作用的观念。知道科学对技术与工程具有指导意义，知道工程需要经历明确问题、设计方案、实施计划、检验作品、改进完善、发布成果等过程。

在层层深入的学习过程中建构了对不同的计时工具的科学原理的认识，通过探究发现具有一定周期性运动的事物可用于计时。了解不同计时器出现的先后顺序，感受人类计时方法的历史演变的动态图景，发现计时工具的发展史是与整个人类文明发展史同步的。有助于学生理解技术、工程和科学相互影响与相互促进，密不可分，共同推动了社会的进步和发展；也有助于学生形成物质与能量、结构与功能、系统与模型等跨学科概念。

（二）本单元学习内容的组织线索

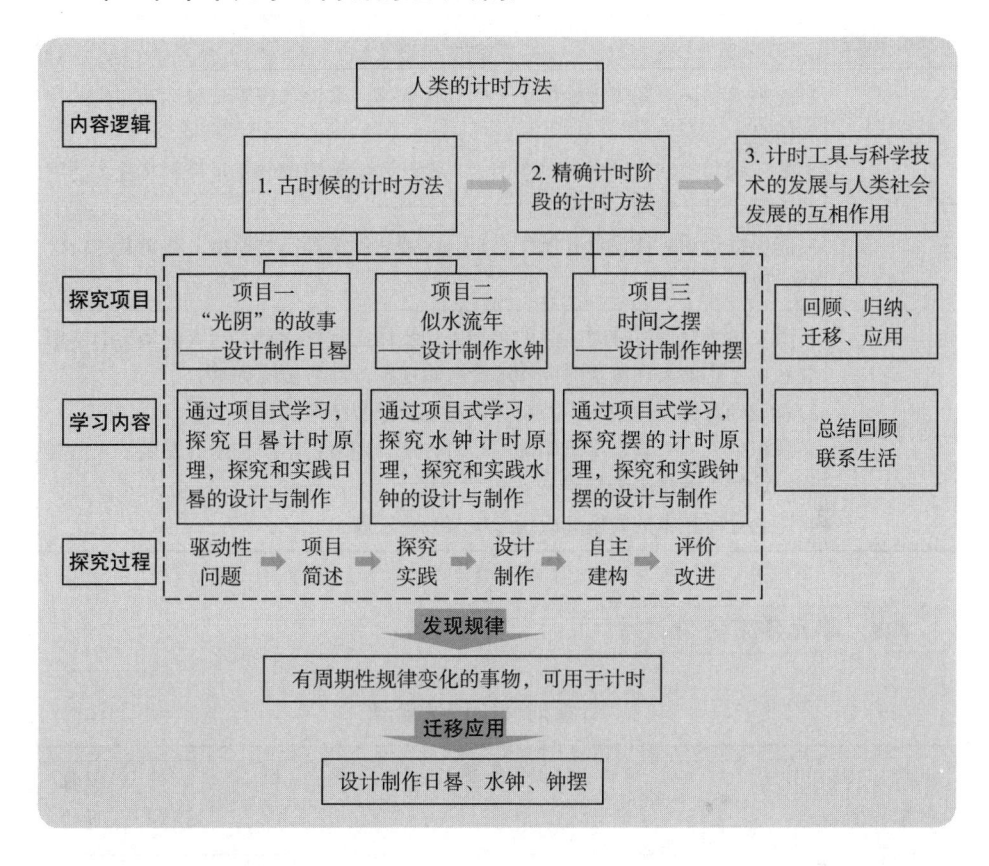

```
                          人类的计时方法
内容逻辑        ┌──────────────┬──────────────────────┐
          1.古时候的计时方法 → 2.精确计时阶 → 3.计时工具与科学技
                              段的计时方法      术的发展与人类社会
                                               发展的互相作用

探究项目    项目一            项目二           项目三         回顾、归纳、
           "光阴"的故事       似水流年         时间之摆        迁移、应用
           ——设计制作日晷    ——设计制作水钟  ——设计制作钟摆

学习内容    通过项目式学习，  通过项目式学习， 通过项目式学习， 总结回顾
           探究日晷计时原    探究水钟计时原   探究摆的计时原   联系生活
           理，探究和实践日  理，探究和实践水 理，探究和实践钟
           晷的设计与制作    钟的设计与制作   摆的设计与制作

探究过程    驱动性→项目→探究→设计→自主→评价
           问题   简述 实践 制作 建构 改进

                        发现规律
                 有周期性规律变化的事物，可用于计时
                        迁移应用
                 设计制作日晷、水钟、钟摆
```

单元学习目标设计

核心素养	学习目标
科学观念	1. 知道日晷、水流、摆在一定条件下能够进行有规律的运动。这些具有周期性运动特点的事物可以用来计时。 2. 知道计时工具准确性的提高主要依靠设计、材料及技术的改进。 3. 能初步意识到时间与物体的运动有关，计量时间是人类认识客观事物、发现科学规律过程中的必然需求
科学思维	1. 能运用比较与分类、分析与综合等思维方法发现和概括太阳东升西落、阳光下的影子的变化规律等常见事物的特征。 2. 能根据项目要求，设计简单的变量控制实验，基于证据与逻辑，运用分析与综合、比较与分类、归纳与演绎等思维方法建构模型，建立证据与解释之间的关系，发现和归纳简单事物的本质特征。 3. 能基于已有经验，通过对实验现象进行思维加工，得出基于逻辑推理的发现和结论，进行迁移应用

续表

核心素养	学习目标
探究实践	1. 能观察和记录阳光下物体影子的变化规律、水钟和摆等装置运动变化的相关信息。 2. 能辨别和控制实验中的可变因素，设计和实施简单的变量控制实验。会用图表等记录、整理、交流信息。 3. 能根据运动规律设计并制作日晷、水钟、钟摆等实物模型，并对其进行检测、改进
态度责任	1. 激发学生对探究计时工具的兴趣，初步体验到科学技术与人们生活的密切关系。了解前人在测量时间和解释自然现象方面所做的贡献。 2. 意识到对比实验中变量控制和重复实验证实结果的重要性。 3. 意识到人们一直在寻求精确的计时方法，随着科学和技术的发展，人们制作的计时工具越来越精确。 4. 体会计时技术的发展和应用影响着社会发展

单元学习评价设计

"计量时间"评价量表

核心素养	评价指标	评价等级 ★	评价等级 ★★	评价等级 ★★★	同伴互评	教师评价
科学观念	了解计时工具的科学原理	知道日晷、水钟、钟摆是运用了太阳、流水、摆等自然现象进行计时	能认识到具有周期性运动规律的事物可以用于计量时间；能识别影响不同计时工具准确性的因素	认识到计时工具准确性的提高主要依靠设计、材料及技术的改进，人类科技的发展和计时工具的进步互相推动	☆☆☆	☆☆☆
科学观念	了解计时工具的演变	知道各种计时工具出现的顺序和演变过程	能列举不同发展阶段的计时工具，知道随着科技的进步，计时工具的精确度在不断提升	能描述不同发展阶段计时工具的特点，介绍其工作原理和优缺点。认识到计时技术伴随着科学和技术的发展共同前进	☆☆☆	☆☆☆

续表

核心素养	评价指标	评价等级 ★	评价等级 ★★	评价等级 ★★★	同伴互评	教师评价
科学思维	推理论证	能在老师的指导下针对实验记录的数据进行简单的分析与推理	能够通过合理的推理过程，归纳出阳光下物体的影子、水滴、摆的运动规律	能够基于逻辑进行合理的推理论证，分析和归纳出日晷、水钟等三个计时器的工作原理	☆☆☆	☆☆☆
科学思维	模型建构	能了解日晷、水钟等三个计时器模型的结构和原理	能理解日晷、水钟、钟摆的模型建构过程，了解其原理，基于科学原理进行模型设计	能基于科学思维方法，进行日晷、水钟、钟摆模型的设计、制作与测试，能应用模型对其科学规律进行进一步探究	☆☆☆	☆☆☆
科学思维	创新思维	能意识到技术的核心是创新	能基于创造性思维进行方案设计	能基于创造性思维提出多种设计方案，能用创新方法解决遇到的实际问题	☆☆☆	☆☆☆
探究实践	科学探究能力	能在老师指导下进行变量控制实验或科技制作	能基于合理的设计进行变量控制实验或科技制作。实践过程中能对异常记录数据进行处理，并给出合理解释	能针对探究目标设计合理方案并进行变量控制实验或科技制作。能用数据、图表等方式记录和展示实验结果，并做出科学合理的分析和推理，得出结论	☆☆☆	☆☆☆
探究实践	技术与工程实践能力	能在老师指导下完成明确任务、设计制造、测试改进等实践过程	能主动参与项目学习和实践过程，有设计方案、草图。作品搭建结构基本完整	积极参与项目学习过程和实践过程，能制订完整的设计方案，绘制草图，按图制作。能针对测试的结果进行改进和完善	☆☆☆	☆☆☆
探究实践	自主学习能力	能通过测试发现和总结自制计时工具误差较大的原因	能发现自制计时工具的不足之处，针对提升计时精度进行合理的改进和完善	能从自制计时工具的结构、材料、操作方法等不同角度分析影响计时精度的原因，并进行改进和完善；能通过查阅资料、交流探讨等方法进行进一步探究	☆☆☆	☆☆☆

续表

核心素养	评价指标	评价等级 ★	评价等级 ★★	评价等级 ★★★	同伴互评	教师评价
态度责任	科学态度	能通过探究和实践，认识到科学实验需要严谨求实、实事求是的精神。能按要求参与合作与分工，尊重他人	乐于探究和实践计量时间的相关知识，能基于证据和逻辑发表自己的见解；能主动开展分工与合作，尊重他人	对探究计量时间的相关知识有强烈的好奇心和探究热情。严谨求实，不迷信权威，敢于大胆质疑，追求创新。能尊重他人的情感和态度，善于合作，乐于分享和交流	☆☆☆	☆☆☆
	社会责任	有保护环境、珍惜资源的意识，不浪费制作材料	能理解节约成本、不浪费材料有利于保护环境。能认识到计时技术的发展和社会发展互相促进的关系	能够意识到随着科学和技术的发展，人们制作的计时工具越来越精确。能阐述科学技术与人们生活的密切关系，了解计时技术的发展和社会发展互相促进的关系	☆☆☆	☆☆☆

学生情况分析

本单元帮助学生在小学阶段首次了解和探究"计量时间"相关的知识。五年级学生可以列举出许多生活中计量时间的例子，如赛跑需要精确计时、在科学实验中使用计时器等；对计时工具的使用方法也有一定的认识，会使用秒表、手表等计时工具计量时间；能够理解时间是个连续、不可逆的维度。通过前概念调查发现，学生对"人类是怎样逐步发展起各种计时方法和工具的？"等问题没有清晰的认知，对"设计制作简易计时工具""计时工具的发展和科学技术的发展互相促进"等内容了解较少。学生对探究日晷、水钟等计时工具的工作原理、设计制作计时工具等探究活动充满好奇，有浓厚的学习兴趣。

亲自动手制作日晷、水钟、钟摆，在实践中检验自制计时工具是否能准确计时，这些以动手实践为主要活动的学习内容是学生非常乐于尝试的。在本单元的探究学习过程中，学生需要改变仅仅从兴趣出发、盲目、无序的制作活动，经历设计方案、动手制作、测试改进等工程活动的全过程，从而促进思维的发展。

学生前概念调查题目（部分）如下表。

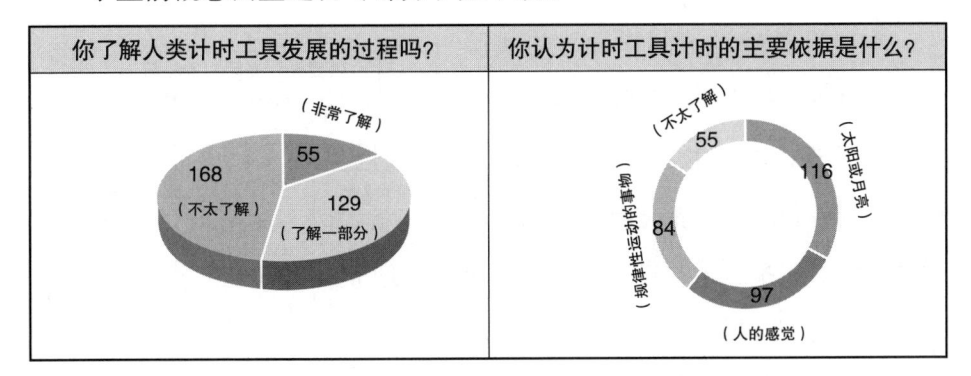

你了解人类计时工具发展的过程吗？	你认为计时工具计时的主要依据是什么？
（非常了解）55 168（不太了解） 129（了解一部分）	（不太了解）55 （太阳或月亮）116 （规律性运动的事物）84 97（人的感觉）

单元学习进程设计

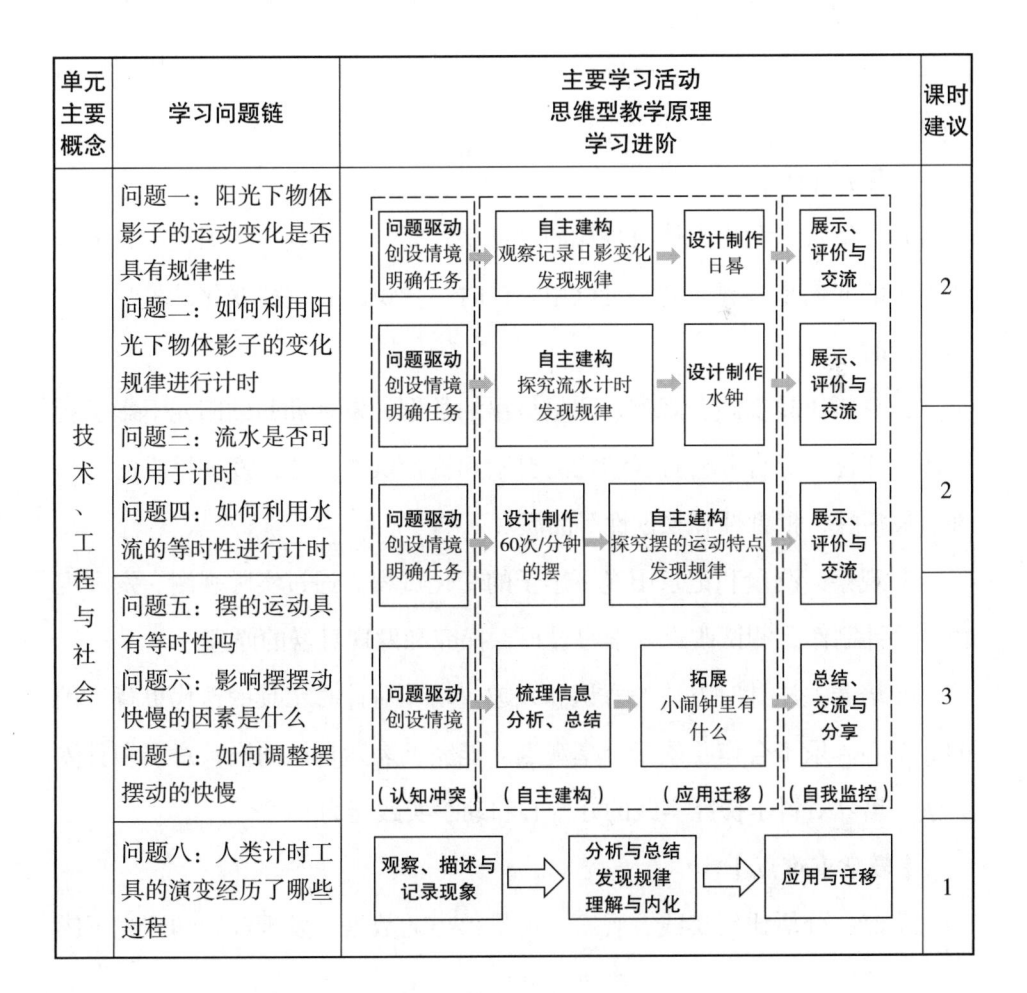

单元主要概念	学习问题链	主要学习活动 思维型教学原理 学习进阶	课时建议
技术、工程与社会	问题一：阳光下物体影子的运动变化是否具有规律性 问题二：如何利用阳光下物体影子的变化规律进行计时	问题驱动 创设情境 明确任务 → 自主建构 观察记录日影变化 发现规律 → 设计制作 日晷 → 展示、评价与交流	2
	问题三：流水是否可以用于计时 问题四：如何利用水流的等时性进行计时	问题驱动 创设情境 明确任务 → 自主建构 探究流水计时 发现规律 → 设计制作 水钟 → 展示、评价与交流	2
	问题五：摆的运动具有等时性吗 问题六：影响摆摆动快慢的因素是什么 问题七：如何调整摆摆动的快慢	问题驱动 创设情境 明确任务 → 设计制作 60次/分钟的摆 → 自主建构 探究摆的运动特点 发现规律 → 展示、评价与交流 问题驱动 创设情境 → 梳理信息 分析、总结 → 拓展 小闹钟里有什么 → 总结、交流与分享 （认知冲突）（自主建构）（应用迁移）（自我监控）	3
	问题八：人类计时工具的演变经历了哪些过程	观察、描述与记录现象 ⇒ 分析与总结 发现规律 理解与内化 ⇒ 应用与迁移	1

项目一 "光阴"的故事——设计制作日晷

本项目通过设计制作日晷的项目式学习过程，探究用日晷计时的原理和方法。发现阳光下物体影子的运动规律，体会日晷的影子变化与太阳和地球运动系统的关系。了解古人立足自然现象进行创造的智慧。项目分为两个课时，内容联系紧密：第1课时进行方案设计，制作简易晷面，课后用简易晷面连续观测一天里日影的变化并记录，为下节课的探究和设计制作活动做好准备，并按照设计方案准备材料；第2课时通过分析实验记录发现日影变化规律，进行制作、测试和评价。通过两个课时引导学生经历完整的项目式学习过程。

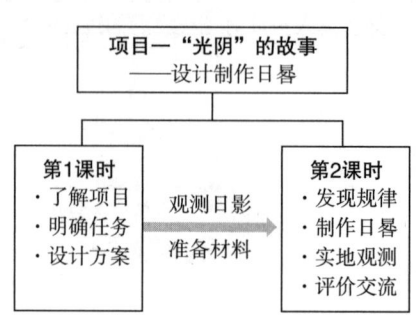

【教学目标】

1. 了解古人利用天体有规律的运动来计时。认识到在一天里阳光下物体影子的变化是有规律的，可以用来计时。认识到有规律变化的事物可以用来计时。

2. 分析比较实践、观察、测量得出的数据，发现和归纳阳光下影子变化的规律性。综合分析日晷结构的要素和测量操作方法，发展思维的深刻性、灵活性、批判性和独创性等品质。

3. 观察、测量和记录阳光下影子的变化过程。通过实际观测、发现规律、设计制作、测试改进等学习过程，探究和发现日晷的原理。

4. 培养关注计时方法的意识和兴趣，培养对计时工具的迭代更替过程的好奇心。乐于合作，乐于分享观点，能完整表达自己的设计意图和具体方法。培养对科学探究实践的好奇心和动手实践能力。

【教学重难点】

重点：分析比较实践、观察、测量得出的数据，发现和归纳阳光下影子变化的规律性。

难点：通过实际观测、发现规律、设计制作、测试改进等学习过程，探究和发现日晷的原理。

第1课时　设计制作日晷（1）

核心问题：阳光下物体影子的运动变化是否具有规律性？

【教学准备】

教师准备：多媒体课件（包括有关古人用天体运动计时的图文或视频资料）。

学生准备：A3纸、记号笔、木棍、橡皮泥、尺子、指南针、记录表、课前搜集的与日晷相关的资料。

【教学过程】

明确项目	项目拆解	设计方案	探究实践	研讨交流	课堂小结
情境导入揭示课题	讨论：要解决的问题	项目设计	观察和记录阳光下晷针影子的变化（制作晷面）	如何长时间观察和记录阳光下影子的变化	讨论收获
动机激发	认知冲突	自主建构	自主建构	自主建构	自我监控

一、情境导入，揭示课题

1. 创设情境：展示一张学生去年春游的照片，提问，这是什么时候发生的事？怎样知道具体的拍摄时间？

2. 揭示课题：真是"一寸光阴一寸金"，一年时间就这样悄悄地流逝了。为什么古人用"光阴"来代指时间？今天我们就来研究——"光阴"的故事。

【设计意图】学生通过回顾一年前春游的欢乐时光，体会生活中时间在悄悄流逝，思考"光阴"的含义，从而引出课题。引导学生思考关于时间的疑问，激发认知冲突。

二、探究活动

【探索活动一：设计方案】

（一）激趣引入

课堂讨论：提问，关于"光阴"，你有什么疑问？教师展示"时"字，提问，为什么时间的"时"字是由"日"和"寸"构成的？（预设：古时候人们计量时间时需要测量阳光下物体影子的长度。）

（二）明确项目

（出示日晷图片）古时候人们利用日晷观察和计量时间的流逝。我们也来学习古人的智慧，设计制作一个日晷，通过观察"光阴"的变化计量时间。老师根据下面的思维拼图进行项目介绍。

项目名称	了解项目要求	明确验收要求
设计制作日晷	1. 设计制作一个日晷。 2. 可以准确测量时间。 3. 撰写日晷使用说明书	1. 可以准确测量10分钟时间。 2. 使用方便，便于携带。 3. 日晷使用说明书完整清晰

（三）拆解项目，明确问题

1. 引导学生对项目进行拆解，明晰设计过程中要解决的问题。

课堂讨论：完成这个项目需要了解或解决哪些问题？制作过程应该怎样安排？

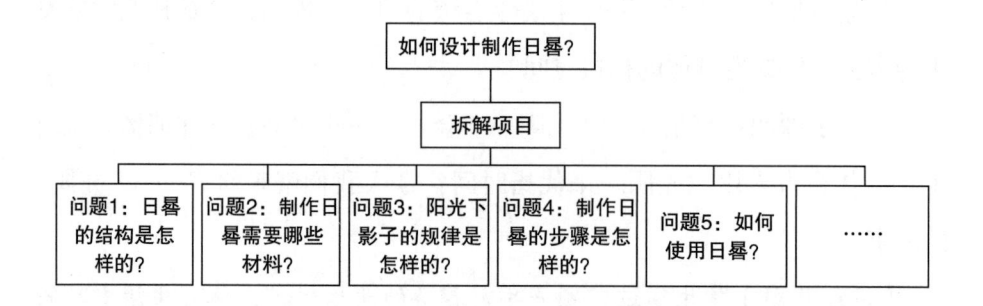

```
            如何设计制作日晷？
                  ↓
               拆解项目
    ┌──────┬──────┬──────┬──────┬──────┐
  问题1：   问题2：  问题3：  问题4：  问题5：  ……
  日晷的   制作日   阳光下  制作日   如何
  结构是   晷需要   影子的   晷的步   使用日
  怎样的？ 哪些材   规律是   骤是怎   晷？
           料？     怎样的？ 样的？
```

2. 了解项目进展：参考以下思维拼图，教师引导学生完成了本项的前几个步骤，了解了项目名称、要求和验收要求。下面开始进行方案设计。

```
┌─────────────┐    ┌──────────────────────┐    ┌──────────────────────────┐
│  项目名称   │    │     了解项目要求     │    │      明确验收要求        │
│             │──▶ │ 1.设计制作一个日晷。 │──▶ │ 1.可以准确测量10分钟时间。│
│ 设计制作日晷│    │ 2.可以准确测量时间。 │    │ 2.使用方便，便于携带。   │
│             │    │ 3.撰写日晷使用说明书。│    │ 3.日晷使用说明书完整清晰。│
└─────────────┘    └──────────────────────┘    └──────────────────────────┘
```

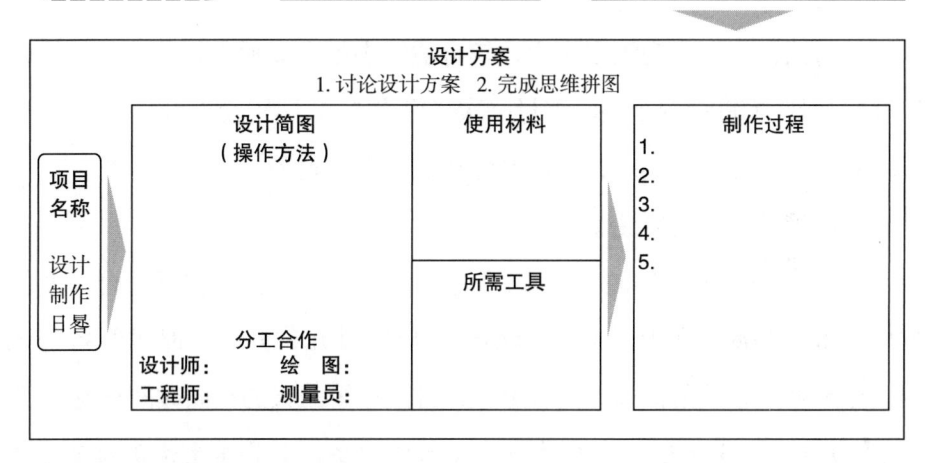

设计方案
1.讨论设计方案 2.完成思维拼图

项目名称	设计简图（操作方法）	使用材料	制作过程
设计制作日晷		所需工具	1. 2. 3. 4. 5.
	分工合作 设计师：　　绘　图： 工程师：　　测量员：		

（四）设计方案（小组合作）

1.阅读课前搜集的与日晷相关的资料。

2.小组讨论，完成设计方案。

3.交流探讨：请个别小组展示设计，评价交流。

教师引导：①先测量和记录阳光下的影子变化的过程，制作好晷面图，研究光影变化的规律，再进一步制作日晷。

②材料中提供的指南针有什么用？（预设：确保每次测量时晷面图的方向和角度不变。）

4.修改设计：根据刚才的讨论，修改小组的设计。

【探索活动二：测量、记录阳光下的影子，制作简易晷面图】

（五）学习绘制作简易日晷的晷面

小组合作探究，根据设计图制作简易晷面图。

（六）练习测量

到教室外的走廊或其他有阳光的地方，练习测量和记录晷针影子的长度和方向。（测量和记录一次。）

（七）研讨交流

1. 测量安排：利用后面几天时间，用简易晷面测量和记录好一天里影子的变化。

2. 讨论：一天内观测多少次比较合适？小组内如何进行分工，才能确保没有漏测？（每一两个小时测量一次，可在 2~3 天内完成。）

3. 为了方便划分刻度，尽量保持在整点进行观测。

4. 课后的测量还要注意什么？

（预设：根据粘在晷面上的指南针确认方向，确保每次测量时晷面的方向一致。为减少操作失误，每小组可以安排几位同学同时进行备份观测。如果测量时太阳被遮挡没有影子，可以在第二天的相同时间补测。）

【设计意图】通过学习制作简易晷面的方法，引导学生认识到日晷这种计时工具是依据阳光下物体影子变化的规律性发明和制作的。学生从了解项目入手进行讨论，将项目拆解成几个具体的问题，针对这些问题进行进一步讨论并设计方案，经历项目式学习的过程，建构对工程项目的认识和理解。在重要环节里引导学生利用"思维拼图"工具进行思考，在研讨、设计、探究实践等学习环节中，帮助学生理清思维逻辑，明确每个任务环节在学习过程中的具体作用，避免在项目式学习过程中出现思维混乱、盲目、盲从的情况。

三、课堂小结

交流分享：通过本节课的学习，你有什么感想或收获？在小组合作探究中，你最欣赏哪位同学？为什么？

【设计意图】通过分享自己的感想和收获，引导学生反思自己在探究过程中的学习方法、思维过程，通过对优秀同伴的评价，反思自我的不足之处，同时加深对知识和方法的理解，提升自我监控的能力。

四、作业设计

1. 完成好一日内的观测，尽量每两小时准点记录一次。

2. 根据本组设计方案，准备下节课的制作材料。

【设计意图】制作日晷需要对阳光下物体的影子进行长时间的观察和记录，因此要安排学生在课后完成观测和记录，制作好简易晷面，为下节课的制作和测试做好前期准备。通过这样的活动，鼓励学生在课外进行进一步的科学观察和探究活动，培养学生探究科学现象的兴趣。

【精彩片段】——聚焦自主建构

师：完成这个项目我们需要了解或解决哪些问题？

生：我们需要知道影子是怎样变化的。

师：怎样才能知道呢？

生：应该用一个木棍立在地面上来观察。

师：你的想法很好，我们应该通过实验来观察。（出示木棍）只用这一个木棍够吗？还需要其他的实验材料吗？

生：我觉得还需要粉笔，把影子是怎么变化的给画下来。

师：画在地上吗？那我们下节课怎么使用这个实验结果呢？

生：应该画在纸上，就是把木棍立在纸上，然后再画出它的影子。

师：这个办法好，可以把观测结果记录下来。（出示纸）可是怎么把木棍立在纸上呢？

生：我觉得可以用透明胶粘上。

师：这个想法不错，你们可以试试看。大家还有什么别的办法？

生：我觉得可以把木棍插在橡皮上，这样就立起来了。

师：这个办法更方便，大家还可以用其他的方法让木棍立起来，这样就能形成一个简易的晷面了。如果要研究一天里影子的变化，我们需要多次测量。怎么保证每次测量时晷面的方向不会发生变化呢？

生：我们可以把它每次都放在同一个地方。

师：如果必须要换一个地方测量呢？比如早上在小区里测，中午在学校里测，怎么保证每次测量时纸的方向都一样呢？如果我在这张纸上画一个箭头的话……

生：我知道了，可以每次都让纸上的箭头指向同一个方向。

师：这个办法好，可是怎样才知道是同一方向呢？

生：可以用指南针。

师：所以，我们需要一个木棍、一张纸、一个指南针、一支笔，就可以制作简易晷面来记录和测量太阳下物体影子的变化规律了。

【教学评析】

如何测量和记录阳光下影子的变化，是制作日晷的重要探究项目。教师没有将制作方法直接展示给学生，而是通过一连串问题引导学生思考：简易晷面的结构应该是怎样的？需要怎样的材料来制作？如何确保测量中晷面的方向不会变化？引导学生充分认识和理解日晷模型的基本原理，进行自主探究，在真实的情境中实现对所学知识的意义建构。

第 2 课时　设计制作日晷（2）

核心问题：如何利用阳光下物体影子的变化规律进行计时？

【教学准备】

教师准备：多媒体课件、计时器、剪刀、美工刀、双面胶、橡皮泥等工具若干。

学生准备：观测记录好的晷面、记录表、厚纸板或泡沫板等制作材料。

【教学过程】

展示交流 观测记录 ▷ 基于现象和数据 发现规律 ▷ 合作探究 制作日晷 ▷ 测试评估 优化改进 ▷ 交流分享 总结收获

一、回顾前课，展示交流

1.展示几个小组的观测记录，发现问题，提出疑问，生生互评。

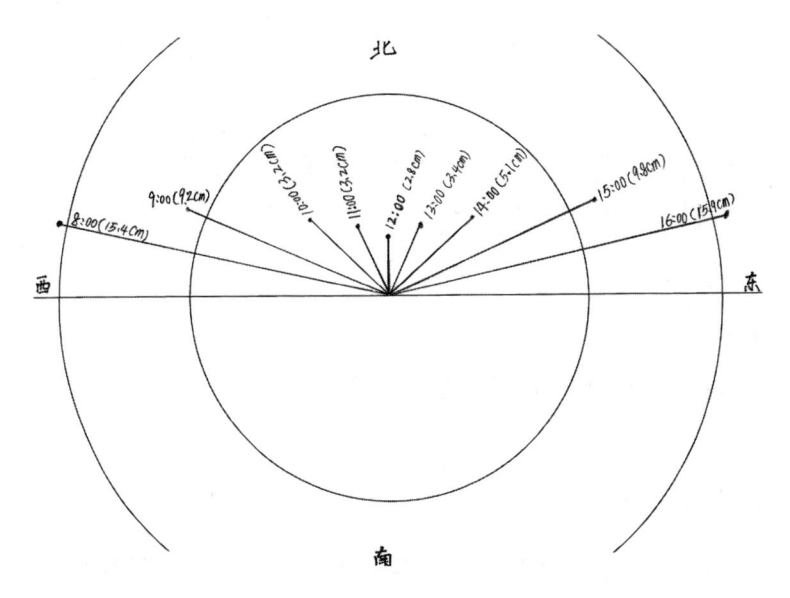

观测一天里阳光下的影子实验记录

2.异常记录：为什么有的同学的记录和其他同学的不一样？分析可能原因。

二、探索活动

（一）研讨

1.课堂讨论，探究影子规律性变化的原因：什么时间影子最长？什么时间影子最短？影子为什么会这样变化？影子方向和长短的规律性变化与什么有关？影子都出现在晷针的北边吗？

2.讨论：可以用这样的日晷来计量时间吗？

（二）交流分享

在测量影长的过程中，遇到了什么困难？如何解决？有什么经验和体会和大家分享？

（三）了解项目进度，明确后续任务

请学生查看项目进度，了解项目进展情况以及本节课要完成的任务。

```
┌─────────────┐   ┌──────────────────────┐   ┌────────────────────────┐   ┌──────────────┐
│ 项目名称    │ ▶ │ 了解项目要求         │ ▶ │ 明确验收要求           │ ▶ │ 设计方案     │
│             │   │ 1.设计制作一个日晷。 │   │ 1.可以准确测量10分钟时间。+5│ │ 1.讨论设计   │
│ 设计制作日晷│   │ 2.可以准确测量时间。 │   │ 2.使用方便，便于携带。 +3│   │   方案。     │
│             │   │ 3.撰写日晷使用说明书 │   │ 3.日晷使用说明书完整清晰 +2│ │ 2.完成思维   │
│             │   │                      │   │                        │   │   拼图       │
└─────────────┘   └──────────────────────┘   └────────────────────────┘   └──────────────┘

┌──────────────┐   ┌──────────────┐   ┌──────────────┐   ┌──────────────┐   ┌──────────────┐
│ 展示评价     │ ◀ │ 改进与优化   │ ◀ │ 实地测量     │ ◀ │ 制作日晷     │ ◀ │ 制作晷面     │
│ 1.介绍作品。 │   │ 1.发现问题。 │   │ 1.在室外进行实│   │ 1.选择晷面。 │   │ 1.制作晷面， │
│ 2.自评与互评。│   │ 2.改进与优化。│   │  地测量。    │   │ 2.制作日晷。 │   │   观测一天里 │
│              │   │              │   │ 2.做好测量记录│   │              │   │   日影的变化。│
│              │   │              │   │              │   │              │   │ 2.总结规律。 │
└──────────────┘   └──────────────┘   └──────────────┘   └──────────────┘   └──────────────┘
```

（四）小组合作探究——制作日晷

选择本组同学所测量记录的最科学合理的晷面，按照设计方案，制作日晷。

（五）实地观测，迁移应用

实地观测：以小组为单位，在走廊或操场等户外场地进行实地观测、测评自制日晷计时的精确性。

1. 观测项目

（1）参考实际时间，观测自制日晷是否能准点计时。

（2）检验自制日晷是否能进行10分钟的精确计时。

2. 完成观测记录表

备注：若课堂时间不够，可以在课堂上完成第一次观测记录。第二次和第三次留到课后继续进行探究。

准点计时观测记录表

观测次数	实际时间	日晷观测到的时间	误差
第一次			
第二次			
第三次			

用日晷计时 10 分钟观测记录表

观测次数	计时器（计时10分钟）		日晷观测到的时间		误差
	开始计时	结束时间	开始计时	结束时间	
第一次	0分0秒		0分0秒		
第二次	0分0秒		0分0秒		
第三次	0分0秒		0分0秒		

（六）发现问题，优化改进

1.发现问题：从本组观测的过程和记录中，发现了什么问题？（如：木棍太粗，无法精确地确认影子顶端的位置；10分钟里影子偏转的角度很小，很难读出精确的时间，只能粗略估算；晷面摆放时必须使用指南针确保方向准确，否则晷针影子的位置和刻度位置会有很大偏差；有时太阳被云遮住，晷针影子变得暗淡不清晰；测量过程中，晷针影子被其他建筑物影子遮住，无法继续测量……）

2.优化改进：根据讨论，对本组的设计进行修改，优化作品。

（七）展示评价，交流分享

1.请个别小组展示和介绍本组作品。

2.请验收小组的同学到各个组里进行量化打分。

自制日晷验收评分记录表

第____组 组员：_____ 验收员：_____

验收项目	验收标准及对应分值	得分	总分
计时准确性 （5分）	误差在3分钟以内（5分）		
	误差在3~5分钟（3分）		
	误差在5分钟以上（0分）		
使用便捷性 （3分）	使用方便，操作顺利，便于携带（3分）		
	操作基本顺利，基本完成测量（2分）		
	操作不便，无法完成测量（0分）		
使用说明 （2分）	日晷使用说明书完整、详细，使用步骤清晰（2分）		
	有使用说明书，内容基本完整（1分）		

（八）项目小结，总结收获

1.回顾项目进程，说一说完成本项目经历了怎样的过程。

2.交流分享：通过本节课的学习，你有什么收获？在本次项目学习过程中，你最欣赏哪位同学？为什么？

【设计意图】在本课时，学生通过观察记录晷针影子的变化过程，发现阳光下物体影子变化的规律，体会时间的测量与太阳和地球运动系统有关，感悟古时候人们的智慧和巧思。选择地平式日晷进行建模探索，降低了学生测量和记录影子的难度，利于学生理解和分析。利用思维拼图引导学生关注项目进程，理清学习活动的逻辑关系。立足探究实践，发现科学规律，体验完整的工程设计与制作过程，促进学生深度学习、自主建构、提升思维品质。

三、作业设计

1.除了日晷、圭表外，古人还曾用燃香、蜡烛等工具来计时。这些工具为什么能计时？请设计实验，探究燃香为什么能够计时。

2.（选做）制作一个燃香钟。

3.查找水钟的相关资料。（为下一个项目做准备。）

【精彩片段】——聚焦动机激发

师：从自己小组的观测过程和记录表中，你发现了什么问题？

生：我发现我们的木棍太粗，影子的顶点不太好确定。

师：那怎么改进呢？

生：我们应该换一个细点的木棍，并且木棍的头应该尖一点。

师：对，就好像针的形状一样，让顶点的影子位置更准确。这个办法真好，你们可以试一试。大家还发现了什么问题？

生：我发现10分钟里影子的变化很小，测量得不太准。

师：10分钟影子转动的角度确实很小，那怎样尽量测量准确呢？

生：我觉得我们可以用尺子把角度画清楚一点，有的地方空着没有刻度，可以根据其他的刻度估计一下，把它画好。

师：同学们，你们同意这位同学的说法吗？可以用估算的方法来进行测量吗？

生：我觉得可以，因为我们有时候做数学题也会进行估算。

师：是的，我们的日晷精度不够高，为了读出尽可能准确的数值，确实需要用估算的办法把刻度画得更细致一点。请你们继续改进吧。

【教学评析】

通过实际测量，学生们发现了自制日晷测量的结果并不精确，接下来应该如何改进呢？教师引导学生通过讨论，创设愉快的教学情境，让学生在真实发生的问题情境中继续思考和探究，突出学生的主体地位，激发学生继续改进自制日晷的内在动机，充分调动学习的积极性，保持积极的学习态度。

项目二　似水流年——设计制作水钟

本项目通过设计制作水钟的项目式学习过程，探究用水流计时的原理和方法。发现水流的运动规律，体会地球上水的运动与地球重力系统的关联性。了解古人的创作智慧，以及计时工具和技术在不断进步。两个课时联系紧密：第3课时探究原理，进行方案设计，课后按照设计方案准备材料；第4课时进行制作、测试和评价。通过两个课时引导学生经历完整的项目式学习过程。

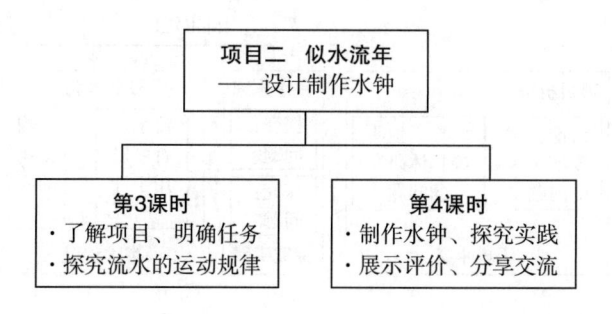

```
项目二  似水流年
  ——设计制作水钟
        │
   ┌────┴────┐
第3课时      第4课时
·了解项目、明确任务  ·制作水钟、探究实践
·探究流水的运动规律  ·展示评价、分享交流
```

第3课时　设计制作水钟（1）

核心问题：流水是否可以用于计时？

【教学目标】

1. 知道在一定条件下，水流具有等时性，可以用于计时。知道初始水位高度和孔径大小不变，流出相同水量所需的时间一致；保持水位高度、孔径大小不变，则水流的速度不变。

2. 能通过观察实验数据，分析和总结水流的运动特点以及简易水钟刻度的特点；能综合分析影响水钟计时是否均匀的因素。

3. 能通过实验发现影响水流速度的主要因素。

4. 了解古人的聪明才智，对古人的智慧创作产生敬佩之情；了解计时工具在不断进步。

【教学重难点】

重点：能通过实验发现影响水流速度的主要因素。

难点：能通过观察实验数据，分析和总结水流的运动特点以及简易水钟刻度的特点。

【教学准备】

教师准备：多媒体课件（实验指导微课视频）、水钟模型、蜡烛钟。

学生准备：注射器、烧杯、透明水杯、铁架台、秒表、抹布、计算器。

【教学过程】

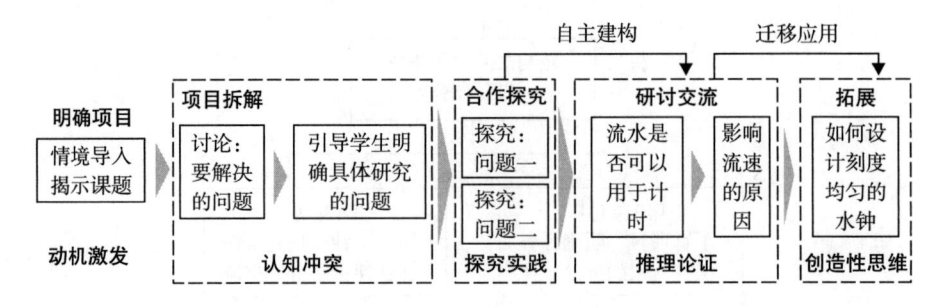

明确项目	项目拆解	合作探究	研讨交流	拓展
情境导入 揭示课题	讨论： 要解决 的问题	引导学生明 确具体研究 的问题	探究： 问题一 探究： 问题二	流水是 否可以 用于计 时	影响 流速 的原 因	如何设 计刻度 均匀的 水钟
动机激发	认知冲突	探究实践	推理论证	创造性思维

（自主建构、迁移应用）

一、创设情境，揭示课题

1. 课堂讨论

展示一张学生记录的晷面图，其中缺少了几条线，提问：猜猜为什么少了好几次测量？（预设：测量期间有阴云遮挡了阳光，无法看到晷针的影子。）说一说日晷的不足之处。（预设：阴天、夜晚无法使用；精度较低。）

2. 揭示课题

提问：除了太阳，古时候的人们还用什么计时？（预设：流水、沙漏等。）接着出示自然界中的流水图片，提问：为什么人们常说"似水流年""时间如流水"呢？这节课我们一起来探究"似水流年——设计制作水钟"。

【设计意图】从学生实际的观察和测量记录中发现问题，引导学生深入思考，发现日晷的局限性，进而探究还可以利用什么自然现象进行计时，激发学生进一步探究的学习动机。

二、探究实践活动

（一）发现问题，拆解项目

1. 明确项目：请验收小组的学生进行项目介绍。

项目名称	了解项目要求	明确验收要求
设计制作水钟	1. 设计制作一个水钟。 2. 可以准确计时。 3. 操作方便。	1. 可以准确测量3分钟时间。 2. 使用方便，便于携带。 3. 清楚地介绍水钟使用方法。

2. 项目拆解：引导学生对项目进行拆解，明晰设计过程中要关注的问题。

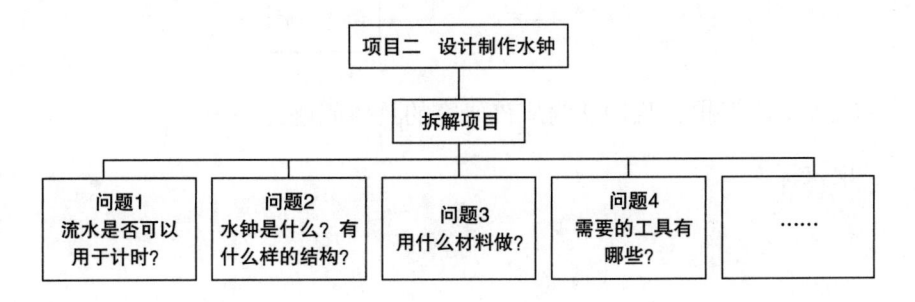

项目二 设计制作水钟

拆解项目

问题1	问题2	问题3	问题4	……
流水是否可以用于计时？	水钟是什么？有什么样的结构？	用什么材料做？	需要的工具有哪些？	

小组研讨、分享交流：针对这个项目有什么疑问？需要了解或解决哪些问题？

3. 了解项目进展

教师引导：我们已经完成了本项目的前几个步骤，了解了项目名称、要求，明确了验收要求。下面就要开始探究流水能否用于计时。

```
┌─────────┐   ┌──────────────┐   ┌──────────────────┐   ┌──────────┐
│ 项目名称 │→ │ 了解项目要求  │→ │   明确验收要求    │→ │ 了解原理 │
│设计制作水钟│  │1. 设计制作一  │  │1. 可以准确测量3   │  │探究流水能否│
│         │   │  个水钟。    │   │  分钟时间。      │   │用于计时  │
│         │   │2. 可以准确计时。│ │2. 使用方便，便于  │   │          │
│         │   │3. 操作方便。  │  │  携带。          │   └────┬─────┘
└─────────┘   └──────────────┘   │3. 清楚地介绍水钟  │        │
                                  │  使用方法。      │        ↓
┌─────────┐   ┌──────────┐   ┌──────────────┐   ┌──────────┐   ┌──────────┐
│ 展示评价 │← │改进与优化 │← │   测量水钟    │← │ 制作水钟 │← │ 设计方案 │
│1. 介绍作品。│ │1. 发现问题。│ │1. 实际测量水钟│  │ 制作水钟 │   │1. 讨论设计│
│2. 自评与互评│ │2. 改进与优化│ │  是否达到要求。│ │         │   │  方案。  │
│         │   │          │   │2. 做好测量记录│   │         │   │2. 完成思维│
│         │   │          │   │              │   │         │   │  拼图    │
└─────────┘   └──────────┘   └──────────────┘   └──────────┘   └──────────┘
```

（二）探究活动

1. 明确要研究的具体问题：流水是否可以用于计时？

（1）小组讨论：根据本组假设，参考下面思维拼图进行讨论。探讨拼图中的"？"——我们应该研究的具体问题是什么？（教师出示实验材料）可以利用这些实验材料来进行测试。

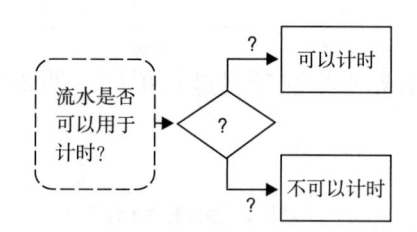

```
                        ？  ┌────────┐
                      ┌────→│ 可以计时│
┌──────────┐         │     └────────┘
│ 流水是否  │   ┌───┐ │
│ 可以用于  │→ │ ？ │─┤
│   计时？  │   └───┘ │     ┌──────────┐
└──────────┘         └────→│ 不可以计时│
                        ？  └──────────┘
```

（2）交流汇报：我们认为应该研究的具体问题是……

预设：

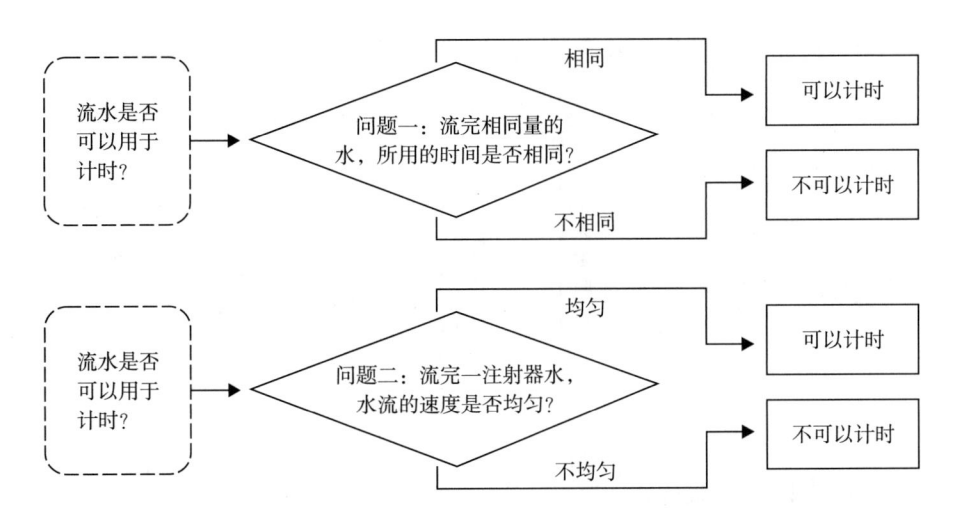

```
┌─────────┐     ┌──────────────┐  相同  ┌─────────┐
│流水是否 │     │问题一：流完  │──────▶│可以计时 │
│可以用于 │────▶│相同量的水，  │        └─────────┘
│计时？   │     │所用的时间是  │        ┌─────────┐
└─────────┘     │否相同？      │──────▶│不可以计时│
                └──────────────┘ 不相同 └─────────┘

┌─────────┐     ┌──────────────┐  均匀  ┌─────────┐
│流水是否 │     │问题二：流完  │──────▶│可以计时 │
│可以用于 │────▶│一注射器水，  │        └─────────┘
│计时？   │     │水流的速度是  │        ┌─────────┐
└─────────┘     │否均匀？      │──────▶│不可以计时│
                └──────────────┘ 不均匀 └─────────┘
```

2. 小组合作探究

（1）探究一：流完相同量（60毫升）的水，所用的时间是否相同？

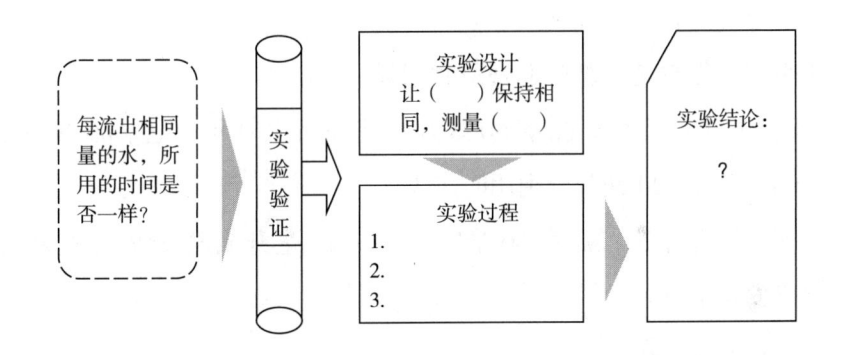

```
┌──────────┐   ┌──┐   ┌──────────────┐   ┌──────────┐
│每流出相同│   │实│   │实验设计      │   │          │
│量的水，所│──▶│验│──▶│让（　）保持相│──▶│实验结论：│
│用的时间是│   │验│   │同，测量（　）│   │    ?     │
│否一样？  │   │证│   ├──────────────┤   │          │
└──────────┘   └──┘   │实验过程      │   └──────────┘
                      │1.            │
                      │2.            │
                      │3.            │
                      └──────────────┘
```

①小组进行实验设计，讨论实验过程。

②交流分享：交流实验设计，讨论实验注意事项（刻度线读数方法、秒表的使用方法、实验记录表的填写方法、人员分工等）。

③小组合作探究，教师巡视适时指导。

（实验方法：测量用同一个注射器流完60毫升水所用的时间。共测3次。）

④交流实验结果：用同一个注射器流完60毫升水所用的时间基本相同。

（2）探究二：流完一注射器水，水流下落的速度是否均匀？

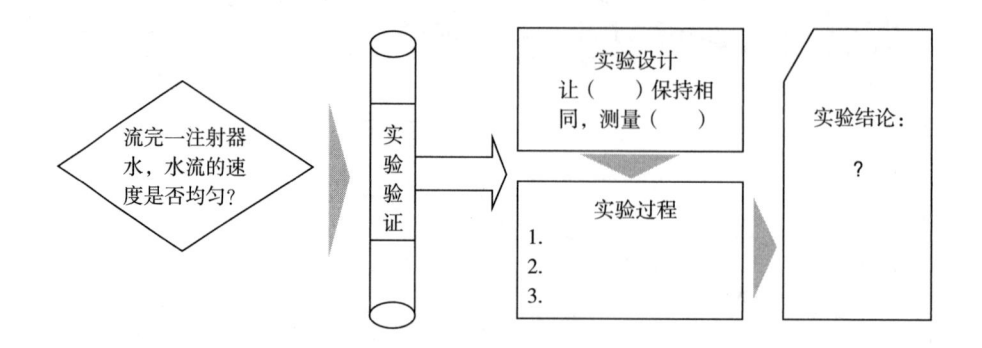

①小组讨论实验过程。

②交流分享：交流实验设计，讨论实验注意事项（连续计时或分段计时的方法、实验记录表的填写方法等）。

③学习实验指导微课视频。

④小组合作探究，教师巡视适时指导。

（实验方法：用秒表测量60毫升水流完所需时间，记录前20毫升、中间20毫升、后20毫升分别用时多少。）

⑤交流实验结果：流完60毫升水，前20毫升流速较快，后20毫升较慢，速度并不均匀。

（三）互动交流

1.研讨流水是否可以用于计时

（1）课堂讨论：通过刚才的两个实验，得出了两个结论——流完相同量的水，所用的时间是相同的；流完一注射器水，水流的速度是不均匀的，先快后慢。那么流水是否可以用于计时呢？

（2）小结：引导学生分析归纳，虽然水流的速度不均匀，但每一次流完60毫升水所用的时间是相同的，所以可以用于计时。只是这样的简易水钟，它的刻度是不均匀的，辨认刻度的时候不太方便。

2.研讨如何获得速度均匀的水流

（1）课堂讨论：通过探究发现，前面20毫升滴得快，后面20毫升滴得慢，你认为是什么影响了流水的速度呢？（预设：水的多少、水位高低、孔径大小等。）

（2）了解古代水钟：教师出示古代水钟模型，请学生观察，推测它的计时原理。提问：它是怎样保持水位高度不变的？（讨论泄水孔的作用。）

（3）了解铜壶滴漏：播放科普视频——铜壶滴漏，讨论它是怎样保持水位高度不变的。

（四）拓展

如何自制水钟？如果想制作一个刻度均匀的水钟，我们该怎么来设计呢？

（五）课堂小结

交流分享：本节课你有什么收获？

【设计意图】本课的难点是理解随着水位的下降，流速先快后慢，并不均匀，这种非匀速的运动也属于"规律性运动"，也可以用于计时。部分五年级的学生对"有规律的变化"理解有所偏差，往往以为"阳光下的影子""燃烧均匀的香"这一类均匀变化的事物才是有规律的。针对这样的认知冲突，教学设计中先引导学生思考流水是否可以计时，为了获得证据，应该怎样设计探究实验。从学生交流讨论中梳理出两个将要探究的问题。通过实验探究得出结论，建立观点与证据之间的联系，然后进行进一步研讨，完成自我建构。

三、作业设计

根据下图提示，讨论和准备下节课制作简易水钟的材料和工具。

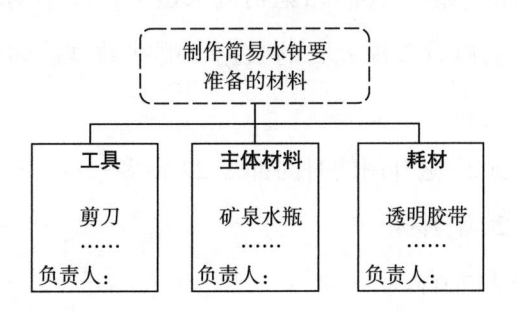

```
        制作简易水钟要
         准备的材料
    ┌────────┼────────┐
  工具      主体材料    耗材
  剪刀      矿泉水瓶    透明胶带
  ……
  负责人：   负责人：    负责人：
```

【精彩片段】——聚焦推理论证、自主建构

师：通过刚才的实验，我们发现流水速度是不均匀的。那么，滴水是否可以用于计时呢？你有什么看法？

生1：不可以，因为流水速度时快时慢，计时也会时快时慢。

生2：流水速度不是时快时慢呀，是先快后慢的，我们每次做都是这样。

师：你同意他的说法吗？

生1：先快后慢也不能计时，因为它流的速度不均匀。我上次做了燃香钟，水流的速度不像燃香的速度那样是均匀的。

师：两位同学都说出了自己在实验中观察到的现象，第一位同学还能将流水和燃香做对比，很有自己的想法。她提出"流水必须速度均匀才能计时"。你们同意吗？有没有不同意见？

生3：我不同意，因为流水的速度虽然不均匀，但只要每次不均匀得一样就可以了。

师：诶？"每次不均匀得一样"是怎样的现象？你能再解释一下吗？

生3：就是一开始流得快，然后每次都是一开始流得快，而且每次滴完用的时间其实是差不多的。

师：你是说我们的第一个结论"流完相同量的水，所用的时间基本相同"对吗？

生3：对。

师：你分析得不错，我们感觉到流水虽然速度不均匀，但还是有规律性的。请同学们再看看探究二的数据，哪些数据能体现出流速的规律性呢？

生：我发现前20毫升用的时间都是22秒多一点，三次都是这样。

师：那最后20毫升呢？

生：都是43秒左右。

师：这说明水流的速度变化是……

生：先快后慢的。

师：三次都差不多，说明是非常有……

生：规律的。

师：通过刚才的讨论，我们发现"有规律的事物可以用于计时"，这个"有规律"是不是一定指的是"匀速"呢？（生：不是）对，就算不匀速，像流水这样，每次都是先快后慢，总体用的时间基本相同，也是一种有规律变化的状态。

谁来总结一下我们的发现？（填空式）

生：在一定条件下，流水的速度先（快）后（慢），是一种（有规律）的事物，（可以）用于计时。

【教学评析】

这一段课堂研讨是在两个分组探究实验后，教师引导学生根据实验数据和结论进行推理论证，探讨"流水是否可以用于计时？"。五年级大部分学生很容易理解"阳光下的影子""均匀燃烧的香"这一类匀速的变化的事物，而对流水这种"先快后慢"规律性变化的事物理解起来具有一定的难度。因此在课堂上教师需要对这个问题进行仔细拆解，引导学生通过对实验现象、数据、结论等证据进行分析、归纳，进行自我建构，完善和拓展认知体系。

当有学生将流水速度的"不均匀"和燃香燃烧速度的"均匀"进行比较时，教师首先肯定了学生运用了"类比"的思维方法，然后引导全体学生进一步分析和思考"流水必须速度均匀才能计时"这个命题是否正确。

学生提出"每次不均匀得一样"这样的观点，说明他是模模糊糊地对"规律性变化"有一定的认识，但无法用恰当的语言进行表述。因此教师进一步引导学生从实验现象来进行分析，发现从"每次流完（相同量的水）用的时间其实是差不多的"这一现象可以分析出，虽然每次流水的过程中速度先快后慢，但是依然具有规律性。然后引导学生观察探究二的数据，分析出前20毫升比后20毫升用时更少，而且每次都是这样，推理出有规律的运动并非一定是匀速运动，也可以是有规律性变化的运动。通过本次课堂研讨环节，学生对"有规律性的变化"有了更深刻的理解。

第4课时 设计制作水钟（2）

核心问题：如何利用水流的等时性进行计时？

【教学目标】

1.知道简易水钟通过结构的设计能够保持水在一定的时间内以稳定的速度往下流，从而能够用来计时。了解通过控制水流的速度可以使水钟计时更加准确。

2.能够基于"结构与功能"的概念，分析水钟结构的组成要素，进行简易水钟的设计。通过测试简易水钟归纳出规律，理解简易水钟刻度的特点（泄水型和受水型），并能阐述自己的判断依据。

3.能够进行小组合作探究，共同经历设计—制作—测试—改进与完善的探究过程。能运用画图和文字描述的方法设计制作方案。能利用剪刀等工具和材料制作一个简易的水钟。能根据测试标准调整和完善本组的设计作品。

4.对设计开发新的科学制作充满兴趣，善于进行小组合作，共同解决简单的科学、技术与工程问题，初步形成质疑和创新的品格。

【教学重难点】

重点：能够进行小组合作探究，共同经历设计—制作—测试—改进与完善的探究过程。

难点：通过测试简易水钟归纳出规律，理解简易水钟刻度的特点（泄水型和受水型），并能阐述自己的判断依据。

【教学准备】

教师准备：自制的水钟模型、多媒体课件。

学生准备：剪刀、锥子、两个塑料瓶、秒表、记号笔、铁架台、塑料水槽。

【教学过程】

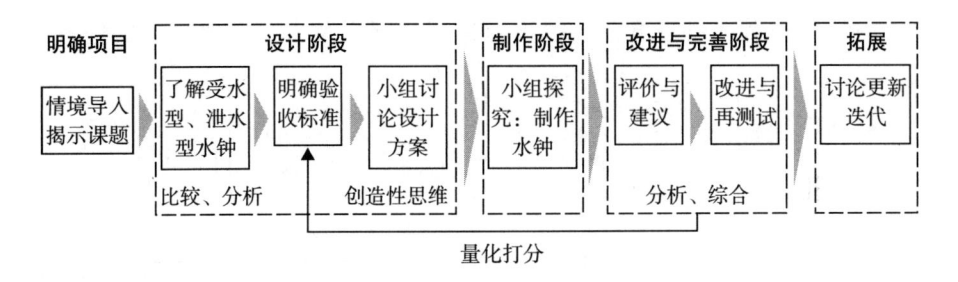

明确项目：情境导入揭示课题

设计阶段：了解受水型、泄水型水钟（比较、分析）→ 明确验收标准 → 小组讨论设计方案（创造性思维）

制作阶段：小组探究：制作水钟

改进与完善阶段：评价与建议 → 改进与再测试（分析、综合）

拓展：讨论更新迭代

量化打分

一、创设情境，明确项目

1. 课堂讨论：出示受水型、泄水型的简易水钟。请学生观察和讨论这两种水钟有什么不同之处。

2. 明确项目：老师在课堂管理时，需要一个三分钟倒计时器（简易水钟），请同学们设计并制作一个倒计时水钟。（受水型或泄水型，选择其中一种即可。）

【设计意图】引导学生在真实情境下进行设计制作，有利于激发学生内在动机，提高探究积极性。

二、探索活动——设计制作我们的水钟

【设计方案】

（一）明确验收标准

请验收小组的学生介绍验收标准。

```
┌─────────────────────────────────────────────────────────────────────┐
│                         简易水钟验收标准                              │
│   设计方案                  制作部分                    测试部分       │
│ 1. 有简要说明和设计草图,  1. 分工明确,合作互助。+2   1. 准确计时3分钟,  │
│    图文并茂。      +2    2. 按时完成,桌面整洁。+2      误差在5~10秒之间。+5│
│ 2. 设计方案有一定的创新性。+2  3. 注意安全,无事故   +2  2. 能顺利进行测试,│
│ 3. 能标记出修改的部分  +2                              可操作性强    +3 │
└─────────────────────────────────────────────────────────────────────┘
```

（二）了解项目进度，明确后续任务

请学生查看项目进度，了解项目进展情况以及本节课要完成的任务。

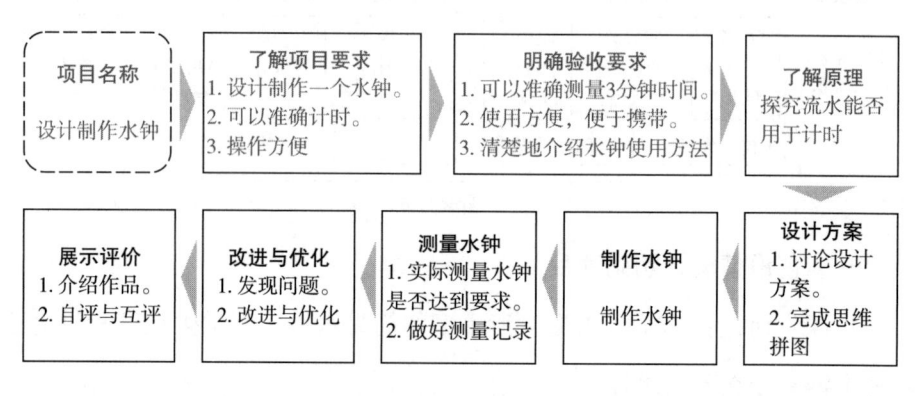

```
┌─────────┐   ┌──────────────┐   ┌──────────────────┐   ┌──────────┐
│ 项目名称 │→ │ 了解项目要求  │→ │ 明确验收要求       │→ │ 了解原理  │
│         │   │1. 设计制作一个水钟。│1. 可以准确测量3分钟时间。│探究流水能否│
│ 设计制作水钟│ │2. 可以准确计时。│2. 使用方便,便于携带。│用于计时   │
│         │   │3. 操作方便。 │   │3. 清楚地介绍水钟使用方法│          │
└─────────┘   └──────────────┘   └──────────────────┘   └─────┬────┘
                                                              ↓
┌─────────┐   ┌──────────┐   ┌──────────────┐   ┌──────────┐   ┌──────────┐
│ 展示评价 │← │改进与优化 │← │ 测量水钟      │← │ 制作水钟  │← │ 设计方案  │
│1. 介绍作品。│ │1. 发现问题。│ │1. 实际测量水钟│   │          │   │1. 讨论设计│
│2. 自评与互评│ │2. 改进与优化│ │   是否达到要求。│ │ 制作水钟 │   │   方案。 │
│         │   │          │   │2. 做好测量记录│   │          │   │2. 完成思维│
│         │   │          │   │              │   │          │   │   拼图   │
└─────────┘   └──────────┘   └──────────────┘   └──────────┘   └──────────┘
```

（三）讨论设计方案

1. 各小组根据验收标准，完成设计图。注意图文并茂，表达清晰。

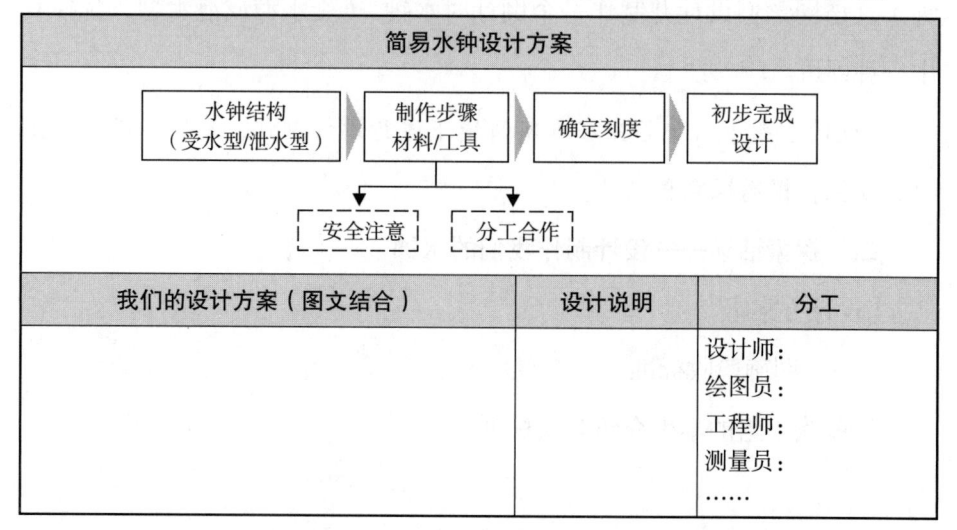

```
┌─────────────────────────────────────────────────────────────────┐
│                      简易水钟设计方案                            │
│                                                                 │
│   ┌──────────┐   ┌──────────┐   ┌────────┐   ┌────────┐        │
│   │ 水钟结构  │→ │ 制作步骤  │→ │确定刻度 │→ │初步完成 │        │
│   │(受水型/泄水型)│ │ 材料/工具 │   │        │   │ 设计   │        │
│   └──────────┘   └────┬─┬───┘   └────────┘   └────────┘        │
│                       ↓ ↓                                       │
│                 ┌────────┐ ┌────────┐                           │
│                 │ 安全注意│ │ 分工合作│                           │
│                 └────────┘ └────────┘                           │
├─────────────────────────────────┬──────────┬────────────────────┤
│ 我们的设计方案（图文结合）       │ 设计说明  │ 分工               │
├─────────────────────────────────┼──────────┼────────────────────┤
│                                 │          │ 设计师：           │
│                                 │          │ 绘图员：           │
│                                 │          │ 工程师：           │
│                                 │          │ 测量员：           │
│                                 │          │ ……                 │
└─────────────────────────────────┴──────────┴────────────────────┘
```

2. 交流设计方案，并讨论刻度标记的方法。（每分钟标记1次。）

【制作、测试与验收】

（四）制作与测试

小组合作探究，根据设计图制作和测试水钟，注意分工合作，提醒各组的"工程监理员"和"安全员"履行好自己的责任。教师适时指导。

（五）验收

各组的验收员到所负责的小组去进行验收，量化打分。

自制日晷验收评分记录表

第___组　　组员：_____　　　　　　　验收员：_____

验收项目	验收标准及对应分值	得分	总分
设计方案	有简要说明和设计草图，图文并茂（2分）		
	方案有一定的创新性（2分）		
	能标记出修改的部分（2分）		
制作部分	分工明确，合作互助（2分）		
	按时完成，桌面整洁（2分）		
	注意安全，无事故（2分）		
测试部分	准确计时3分钟，误差在5~10秒之间（5分）		
	能顺利进行测试，可操作性强（3分）		

（六）展示交流与研讨

1. 展示交流：请优秀小组展示本组作品，交流心得体会。

2. 互动评价交流：你最欣赏的作品是哪个？给其他组或自己组提出修改意见。（研讨问题：0刻度的位置在哪里合适？为什么有的组刻度太疏或太密？计时不准确与什么因素有关？等等。）

3. 发现问题：泄水型和受水型水钟的刻度有什么不同？影响刻度准确性的因素有哪些？

4. 改进：各组根据修改意见进行修改，有的组需要重新划分刻度，并再次完成测量。

【设计意图】本课内容紧凑，耗时较多，且课堂生成问题较多。因此在教学设计中利用思维拼图对教学内容进行科学合理的安排和规划，确保课堂效率。在上节课布置的作业中，提前要求学生参考思维拼图准备好所需材料，教师也需准备一些必需材料确保制作需求。在设计环节，通过明确验收标准、小组讨论、参考思维拼图的提示，完成制作方案，并对方案进行简单的梳理和交流。确保后续的制作环节是基于设计思想的实践，而不是随意的尝试和拼凑，引导学生养成良好的学习和研究习惯。通过自评与互评，引导学生经历推理论证的过程，探讨影响水钟计时准确性的因素，加深学生对水钟模型的理解。

三、拓展

课堂讨论：要使流水的速度稳定，水钟需要满足什么条件？（预设：保持水位高度和孔径大小不变。）我们的水钟是否能满足条件？如何通过改造水钟结构来实现这个条件？（学生进行课堂讨论、分享设计想法。此处可以出示铜壶滴漏的图片，启发学生思考如何利用泄水口保持水位不变。）

【设计意图】鼓励学生对水钟进行更加深入的讨论和探究，通过探讨如何保持水位高度来获得速度稳定的水滴，引导学生认识到流水的速度与水位的高低有关。了解中国古时候精巧的水钟设计，知道科学技术的进步不断推动计时工具的发展。

四、项目小结，总结收获

1. 回顾项目进程，说一说完成本项目经历了怎样的过程。

2. 交流分享：本节课你有什么收获？在设计和制作过程中遇到了哪些困难？是如何解决问题的？

【设计意图】水钟的设计与制作项目进行了两个课时，从探索科学规律到设计制作、测试完善，学生经历了完整的项目式学习的过程。在最后引导学生参考思维拼图对学习过程进行回顾和总结，反思学习过程中收获的知识、掌握的方法，以及获得的经验和不足之处，有利于学生对学习过程进行自我监控。

五、作业设计

1. 查找"苏颂水钟"的相关资料（书籍、文字、视频资料）。尝试制作思维导图。

2.（选做）改进自制水钟的结构，实现控制滴水速度恒定的功能，完成水钟的更新迭代。

【精彩片段】——聚焦迁移应用

师：请同学们给其他组提出修改意见。

生：我想给第3组同学提出修改意见，他们的水钟刻度看起来和其他组不一样，刻度有的宽有的窄，没什么规律。我觉得他们应该重新标记一下刻度。

师：我们请第3组同学说说看。

生：我们是每分钟标记一次的，就是不知道为什么这个水流一会儿快一会儿慢，所以刻度画出来就是这样的。

师：（将第3组水钟拿起来展示）同学们来帮他们分析一下，为什么会这样？

生1：是不是孔被堵住了？

（教师演示操作，在水钟里加水，证明孔没有被堵住。）

生2：老师，我发现你刚才操作时，上面的塑料瓶和下面的塑料瓶按得很紧的时候水就流不出来了，是不是两个瓶子之间密封了所以水流不下去？

师：诶？我们再试试看——（再次演示操作，两个瓶子压得太紧时，水就无法流出，放松一点时水就流出来。）第3组同学，你们刚才画刻度时是这样的吗？

生：对，刚才就是有时候水流不出，稍微动一下瓶子又流出来了。

师：你觉得为什么会这样呢？

生：是不是因为两个瓶子之间太紧密了，下面瓶子里的空气跑不出来，所以水滴不下去了？

师：你说得很有道理。我们知道，空气是要占据空间的，我们要给下面瓶子里的空气留个出口才行。看来刚才那位同学观察和分析得很对呀，是这个水钟的结构出了问题，两个瓶子结合得太紧了，那该怎么改改呢？

生1：我觉得可以把两个瓶子分开点，把上面的塑料瓶挂在铁架台上。

生2：我觉得可以在下面瓶子上开个洞，让空气可以跑出去。

师：谢谢同学们的建议，接下来我们就根据刚才的讨论，对自己组的水钟进行修改完善吧。

【教学评析】

设计是项目过程中的重要环节，对结构的设计要满足能够实现所需功能，不能天马行空、漫无目的。在研讨环节中，教师引导学生对自己组和其他组的水钟进行评价和建议，引导学生关注设计制作过程中的细节。如第3小组的水钟由于结构上的密封性，导致水流不畅，刻度划分出现异常。教师注重引导学生观察现象、发现问题，并通过重复实验来验证学生提出的猜想，最后通过多方讨论发现真正的原因。这一过程有助于学生感受在设计产品的过程中，结构设计与功能实现息息相关，同时也能感受到产品的研究需要经历一次次测试、评价、优化的过程。对于学生发现的问题，教师不急于给出"正确答案"，而是引导学生观察现象、提出猜测、反复验证，最后发现原因，充分调动了学生的学习主动性和积极性。

项目三 时间之摆——设计制作摆钟

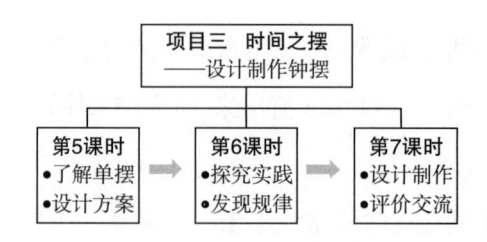

项目三 时间之摆
——设计制作钟摆

第5课时	第6课时	第7课时
•了解单摆 •设计方案	•探究实践 •发现规律	•设计制作 •评价交流

本项目通过设计制作一个1分钟摆动60次的摆,探究用摆计时的原理和方法;探究和发现摆的运动规律,体会摆的运动与地球重力系统的关联性;了解人们为提高计时工具的精确性付出的不懈努力。项目活动共设计三个课时:第5课时了解摆的结构,建构摆的模型,设计探究方案,为后面两课时的探究做好铺垫;第6课时重点探究单摆运动规律;第7课时制作一个1分钟摆动60次的摆,引导学生经历完整的项目式学习过程。在项目式学习活动中,学生有时会因为对驱动性问题的好奇,忍不住通过各种尝试进行探索,"提前"完成了制作摆的任务,但是对影响摆的摆动快慢的因素并不清楚。这种情况下该小组可以将"探索规律"和"设计制作"环节前后顺序进行互换,两个环节在连续的两堂课内完成即可。

第5课时 设计制作一个1分钟摆动60次的摆(1)

核心问题:摆的运动具有等时性吗?

【教学目标】

1. 了解摆的结构。能以自主探究为基础,建构和理解单摆模型。

2. 通过小组合作探究单摆的等时性。能制作一个简易单摆并探究摆的运动特点。能准确地重复观测摆在1分钟内摆动的次数。

3. 能保持严谨观测、实事求是的态度。通过观测单摆,发展对计时工具研究的兴趣。

【教学重难点】

重点:动手制作一个单摆,并观察和测量单摆在相同时间内摆动的次数。

难点:能合理分析与综合判断通过实验获得的事实、数据等证据,对单摆的特点进行描述。

【教学准备】

教师准备：摆钟、单摆、多媒体课件。

学生准备：秒表、摆锤（钩码或金属垫片）、棉线、铁架台（带量角器）、实验记录表。

【教学过程】

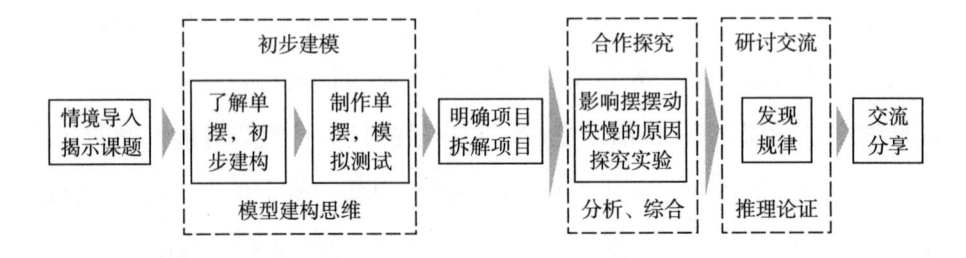

情境导入揭示课题 → 初步建模（了解单摆，初步建构 → 制作单摆，模拟测试）[模型建构思维] → 明确项目拆解项目 → 合作探究（影响摆摆动快慢的原因探究实验）[分析、综合] → 研讨交流（发现规律）[推理论证] → 交流分享

一、创设情境，揭示课题

1. 课堂讨论：对比自制日晷、自制水钟的测量结果，哪个更精确？它们有什么缺点？

2. 揭示课题：随着科技的进步，人们在生产生活中需要更加精确的计时装置。1657年，摆钟的出现，大大提高了计时器的精度。

【设计意图】通过对比自制日晷、水钟的精度，讨论其局限性，引出对摆钟的探究。

二、探究活动

（一）引导学生初步理解摆的概念、结构和摆的运动特点

1. 观察摆钟：教师出示摆钟，请学生观察，讨论摆钟是用什么来计时的。

通过摆锤的规律性运动，引出探究对象——摆。

2. 了解摆：教师操作演示实物单摆，学生观察，了解这种摆动的装置叫作"摆"。一个固定点、一条细线、一个作为摆锤的重物，就构成了一个摆。

3. 观察和了解摆的运动特点。提问：是什么力量让摆产生了往复运

动？为什么摆在摆动一段时间后会慢慢停下来？

4. 建构摆的模型：像这样，悬挂于固定点，能在重力影响下进行往复运动的装置叫作摆。

（二）制作单摆，模拟测试，发现摆的等时性

1. 小组合作探究：根据下图所示的操作指引制作一个摆，测试这个摆在 30 秒内能够摆动多少次，并将结果记录在表中。

| 制作一个摆 | 制作步骤
1. 将棉线一端固定在支架上。
2. 线的另一端挂上一个钩码。
3. 调整好线的位置，使钩码摆动时不易撞到支架 | 30秒计数测试
1. 支架放稳不晃动。
2. 摆线拉直轻放开。
3. 一来一回算一次。
4. 碰到支架重新来。
5. 计数计时同时做。
6. 合理分工更准确 | 操作员：
计时员：
观察员：
记录员： |

摆在 30 秒内摆动的次数

组别	1	2	3	4	5	6	7	8	9	10	11	12
第1次												
第2次												
第3次												

2. 讨论：通过以上数据记录，你发现了什么规律？对比不同小组的数据，你又发现了什么规律？（预设：同一个摆在相同时间内摆动次数相同。不同小组的摆在相同时间内摆动次数可能不同。）

（三）明确任务，拆解项目

1. 明确任务

教师引导：最早研究摆的科学家是意大利的伽利略，他在观察吊灯时研究了摆的运动规律。现在让我们来像科学家一样进行研究，完成以下项目：做一个摆，让它每分钟摆动 60 次，就像钟摆一样。

```
┌─────────────┐      ┌──────────────────────┐      ┌──────────────────────┐
│  项目名称    │      │    了解项目要求       │      │   明确验收要求        │
│             │      │ 1.设计制作一个1分钟摆动 │      │ （详见钟摆评价标准）   │
│ 设计一个制作 │  ⇒  │   60次的摆。          │  ⇒  │ 1.可以准确测量1分钟时间。│
│1分钟摆动60次的摆│   │ 2.可以准确计时1分钟。  │      │ 2.误差在2秒内，尽量精准。│
│   （钟摆）   │      │ 3.误差控制在2秒内      │      │ 3.清楚地介绍使用方法    │
└─────────────┘      └──────────────────────┘      └──────────────────────┘
```

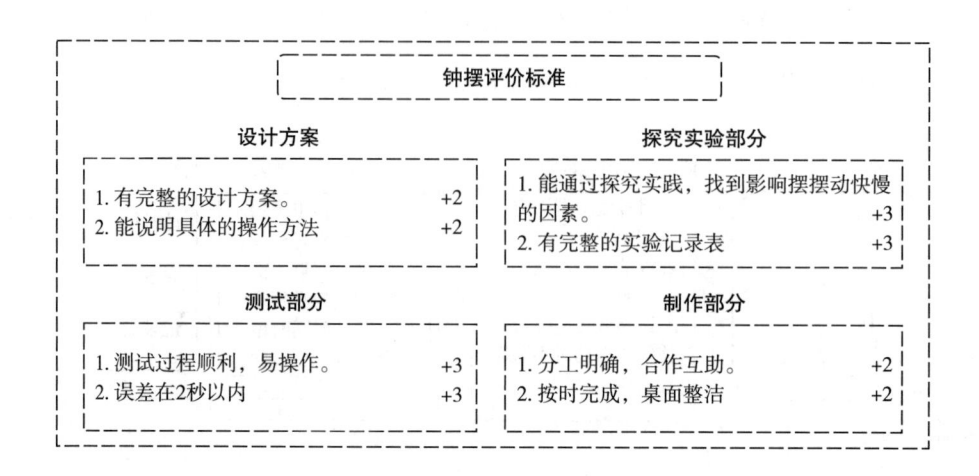

```
┌──────────────────────────────── 钟摆评价标准 ────────────────────────────────┐
│                                                                             │
│         设计方案                            探究实验部分                     │
│  ┌─────────────────────────┐         ┌─────────────────────────────────┐   │
│  │ 1.有完整的设计方案。  +2 │         │ 1.能通过探究实践，找到影响摆摆动快慢│   │
│  │ 2.能说明具体的操作方法 +2│         │   的因素。                   +3 │   │
│  │                         │         │ 2.有完整的实验记录表         +3 │   │
│  └─────────────────────────┘         └─────────────────────────────────┘   │
│                                                                             │
│         测试部分                             制作部分                       │
│  ┌─────────────────────────┐         ┌─────────────────────────────────┐   │
│  │ 1.测试过程顺利，易操作。+3│         │ 1.分工明确，合作互助。       +2 │   │
│  │ 2.误差在2秒以内       +3 │         │ 2.按时完成，桌面整洁         +2 │   │
│  └─────────────────────────┘         └─────────────────────────────────┘   │
└─────────────────────────────────────────────────────────────────────────────┘
```

2.拆解项目

课堂讨论和交流：设计过程中需要解决哪些问题？

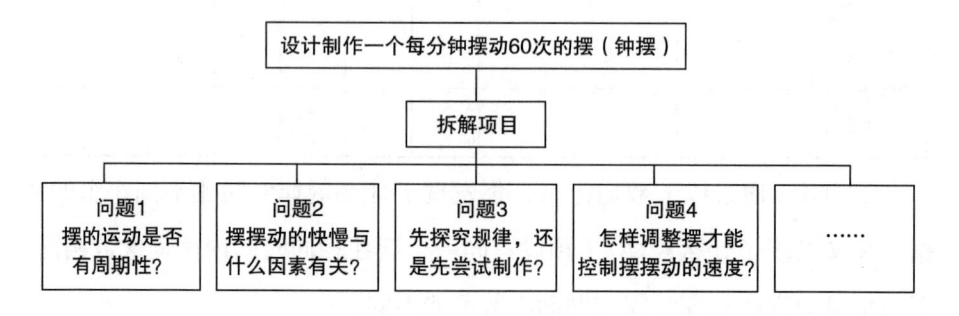

```
              ┌─────────────────────────────────┐
              │ 设计制作一个每分钟摆动60次的摆（钟摆）│
              └────────────────┬────────────────┘
                      ┌────────┴────────┐
                      │    拆解项目      │
                      └────────┬────────┘
       ┌──────────┬───────────┼───────────┬──────────┐
   ┌───┴───┐  ┌───┴───┐   ┌───┴───┐   ┌───┴───┐
   │ 问题1 │  │ 问题2 │   │ 问题3 │   │ 问题4 │     ……
   │摆的运动│  │摆摆动的│  │先探究规律│ │怎样调整摆才能│
   │是否有  │  │快慢与什│  │，还是先 │  │控制摆摆动的 │
   │周期性？│  │么因素有│  │尝试制作？│  │速度？     │
   │       │  │关？    │   │        │  │          │
   └───────┘  └───────┘   └───────┘   └───────┘
```

（四）拟定项目方案

1.了解项目进度

教师引导：请看如下思维拼图，我们已经完成了项目的前3个步骤，接下来的两节课由同学们在小组内进行自主探究。关于本组的项目进度安排，请同学们在小组内进行讨论、研究，确定本组的项目计划。

```
┌─────────┐   ┌─────────────┐   ┌─────────────┐   ┌───┐
│ 项目名称  │   │ 了解项目要求  │   │ 明确验收要求 │   │   │
│设计制作一个1│→ │1.设计制作一个1│→ │1.可以准确测量1│→ │ ? │
│分钟摆动60次的│  │ 分钟摆动60次 │   │ 分钟时间。    │   │   │
│ 摆（钟摆）  │   │ 的摆。       │   │2.误差在2秒内， │   │   │
│          │   │2.可以准确计  │   │ 尽量精准。    │   │   │
│          │   │ 时1分钟。    │   │3.清楚地介绍  │   │   │
│          │   │3.误差控制在2 │   │ 使用方法      │   │   │
│          │   │ 秒内         │   │             │   │   │
└─────────┘   └─────────────┘   └─────────────┘   └───┘
                                                     ↓
┌─────────┐   ┌─────────────┐   ┌─────────────┐   ┌───┐
│ 展示评价  │   │ 改进与优化   │   │ 测量评价    │   │制作钟摆│
│1.介绍作品。│ ← │1.探究提高制 │ ← │1.测量钟摆的 │ ← │制作一个1│ ← │ ? │
│2.自评与互评│   │ 作效率的方法│   │ 精度是否达到│   │分钟摆动 │
│          │   │2.改进与优化 │   │ 要求。      │   │60次的摆│
│          │   │            │   │2.做好测量记录│   │        │
└─────────┘   └─────────────┘   └─────────────┘   └───────┘
```

2. 拟定本组的项目进度计划。

3. 交流分享：请学生交流本组项目计划，提出建议，修改计划。

4. 根据本组拟定的计划，设计探究影响摆摆动快慢因素的实验方案和实验记录单。

5. 展示交流：展示本组的实验设计方案和实验记录单。

【设计意图】通过小组合作探究，初步了解摆的结构和要素，发现摆的运动具有一致性规律和差异性规律，即摆的摆动具有规律的周期性。这是摆钟计时的基础。在探究过程中，同时发现不同小组的摆在相同时间内摆动次数可能不同，从而意识到摆的摆动速度可能会受到摆长、摆锤质量等因素的影响，引发学生对探究摆的运动规律的进一步思考。通过对比不同小组的数据，鼓励学生探索和体会变量控制对比实验的重要性，以及如何通过实验数据分析来验证或否定假设，促进学生进行自主建构。通过记录和汇总数据，分析发现科学规律的过程，进一步提升学生的观察能力、分析能力和推理论证能力。

（课间休息10分钟，再进行下一个课时。）

第6课时 设计制作一个1分钟摆动60次的摆（2）

核心问题：影响摆摆动快慢的因素是什么？

【教学目标】

1. 了解摆绳的长度影响摆摆动的快慢。摆绳越短摆动越快，摆绳越长摆动越慢。摆锤的质量、摆动的角度不能改变摆摆动的快慢。

2. 能基于逻辑设计变量控制实验，对于实验中观察到的现象及获取的数据，能运用分析、比较、归纳的方法，阐明单摆的运动规律。

3. 能够设计和实施实验，探究改变摆锤质量、角度、摆绳长度对摆摆动的快慢是否产生影响。能对实验的结果进行分析，并能根据分析进行预测。

4. 初步意识到获得精确的测量结果需要反复测量。了解人类的好奇是科学技术发展的动力。

【教学重难点】

重点：经历"设计实验方案—展开实验探究—得到实验结果"的过程，探究摆摆动的快慢与哪些因素有关。

难点：能基于逻辑思维合理分析实验获得的事实、数据等证据，发现和归纳影响摆动快慢的因素，并做出合理推测和预判。

【教学准备】

教师准备：单摆、多媒体课件。

学生准备：秒表、摆锤（钩码或金属垫片）、棉线、铁架台（带量角器）、实验记录表。

【教学过程】

一、设计方案论证

1. 研讨：你认为什么因素有可能影响摆的快慢？如何验证我们的假设？要做几个对比实验？实验中要注意什么？

2.完善实验设计方案和实验记录单：根据刚才的讨论，参考下图修改实验设计方案和记录单。

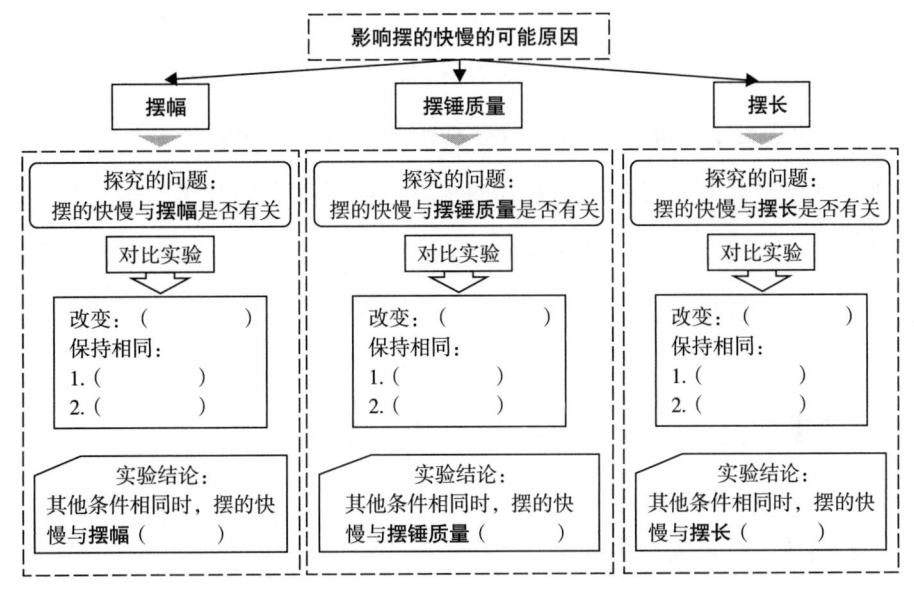

```
           影响摆的快慢的可能原因
         ┌────────┼────────┐
        摆幅    摆锤质量    摆长
```

探究的问题：摆的快慢与**摆幅**是否有关	探究的问题：摆的快慢与**摆锤质量**是否有关	探究的问题：摆的快慢与**摆长**是否有关
对比实验	对比实验	对比实验
改变：（　　　） 保持相同： 1.（　　　） 2.（　　　）	改变：（　　　） 保持相同： 1.（　　　） 2.（　　　）	改变：（　　　） 保持相同： 1.（　　　） 2.（　　　）
实验结论： 其他条件相同时，摆的快慢与**摆幅**（　　　）	实验结论： 其他条件相同时，摆的快慢与**摆锤质量**（　　　）	实验结论： 其他条件相同时，摆的快慢与**摆长**（　　　）

注意：分别做3个对比实验，每次对比实验只能改变1个条件，其他条件保持不变。

【设计意图】在探究影响摆的快慢的原因时，对摆幅、摆锤质量、摆长3个因素一一进行验证。变量较多，因此在实验设计方案完成后，加入"设计方案论证"的环节，鼓励学生在论证过程中，反思本组的设计方案是否还需要修改，确保接下来的探究操作有严谨的思维逻辑基础。

二、小组合作实验探究

学生根据本组的实验方案进行小组合作探究实验，教师适时指导、提醒，进行随堂评价。

【设计意图】引导学生认识到在科学探索的过程中，收集数据作为证据进行解释的重要性，进而培养和发展学生的实践精神和批判意识，同时让学生体会到科学探究的过程需要严谨、认真、求真、求实的科学态度。

三、研讨

1.**交流实验结论**：小组汇报，展示实验记录单，汇报实验结论。总结摆的运动规律——其他条件相同时,摆的快慢只与摆长有关,摆长越长,摆动越慢,摆长越短,摆动越快。

2.发现问题与质疑:展示所有组的实验记录单,观察有没有特殊的数据,推测出现特殊数据的原因,对有异议的数据进行再次验证。

【设计意图】引导学生对实验数据进行深入分析和讨论,发现异常的数据,寻找可能原因并解释,从而培养学生科学探究的习惯和实事求是的科学态度。学生在此过程中体会如何批判性地思考数据的产生和收集过程,理解如何解释数据,以及数据背后的潜在含义。

四、拓展

1.思想实验:如果把摆放在没有重力、没有空气的太空里,它会怎样运动?学生展开自由讨论。

2.播放视频:太空中的单摆。

3.小结:在不同情况下,太空中的摆会出现不同的运动形式。如果没有给小球施加力的作用,仅是放开手,小球是静止不动的;如果轻推一下小球,小球会进行圆周运动。小球运动的形式和它所受到的力的作用是有关系的。在地球上,摆的往复运动现象是在地球重力的作用下形成的。

【设计意图】通过对思想实验问题的讨论,引导学生运用逻辑推理来预测物体在太空中的运动情况,理解重力和空气阻力对物体运动的影响,以及在没有这些因素时物体将如何运动。在这样的头脑风暴过程中,引导学生体会在科学探究中保持怀疑和批判性思维的重要性,初步体会物质与能量、系统与模型等跨学科概念的相关内容。

五、课堂小结

1.分享交流:回顾项目进程,说一说项目的进度情况。

```
项目名称          了解项目要求           明确验收要求              探究规律
设计制作一个1    1.设计制作一个1分钟   （详见钟摆评价标准）    探究影响摆摆
分钟摆动60次的   摆动60次的摆。       1.可以准确测量1分钟时间。  动快慢的因素
摆（钟摆）       2.可以准确计时1分钟。  2.误差在2秒内，尽量精准。
                 3.误差控制在2秒内。   3.清楚地介绍使用方法。

展示评价          改进与优化            测量评价              制作钟摆        设计方案
1.介绍作品。     1.探究提高制          1.测量钟摆的精        制作一个1分钟    讨论设计制作一
2.自评与互评     作效率的方法。       度是否达到要求。      摆动60次的摆     个1分钟摆动60
                 2.改进与优化。       2.做好测量记录。                      次的摆的方案
```

2.分享交流：本节课你有什么收获？

【设计意图】本项目需要经历3个课时才能完成，在学习过程中教师要引导学生时常检查项目进度，解决项目执行过程中出现的偏差和问题，确保各项目标得以实现，从而培养学生进行项目式学习的组织能力和前瞻性思维，以及学习如何规划和分配时间，树立项目意识。通过反思项目进程这样的自我监控的过程，培养学生的规划力、执行力、团队合作、问题解决、自我评估和持续学习等多方面的能力。

六、作业设计

1.搜索资料，了解"蛇形摆"的结构与原理。

2.（选做）利用家中的废旧材料制作一个"蛇形摆"。

【设计意图】设计和制作蛇形摆的过程涉及工程设计、数学等跨学科知识，如结构稳定性、材料选择和优化设计、摆线长度的设计和测量等。这样的课外探究作业有助于学生理解不同学科之间的联系，引导学生在实践中培养工程思维、解决问题的能力和创新能力。

【精彩片段】——聚焦应用迁移

师：如果把摆放在没有重力、没有空气的太空里，它会怎样运动？请同学们展开想象，也可以和小组同学讨论讨论。

生：我觉得摆会飞走。

师：哦？这是为什么？

生：因为太空里的东西都是飘着的，所以摆也会飘着飞走。

师：嗯，让我们来想象一下，黑暗的宇宙空间中，一个摆放在那里，无依无靠的话好像真的会飘走。其他同学怎么想？

生：我觉得我们不能想象一个摆就飘在太空里，因为摆是有个固定点的。

师：诶，对呀！如果没有一个固定点，那它就是一个重物和一条线而已，不是我们所研究的"摆"了，对吗？

生：是的。

师：看来同学们对"摆"的认识很充分呀。那我们就想象让这个摆固定在"天宫"空间站里吧。那它会怎么运动呢？

生：我觉得它会一直转圈圈。（师：为什么呢？）因为我觉得地球上的摆会来回摆，是因为有地球的重力拉着它。但是没有重力的话，就会一直在转转转，嗯，可能会把绳子一圈一圈都绕到杆子上去。

师：哇，你描述得真有画面感啊。没有地球的引力，摆锤就不能落下，它应该会一直在转圈圈。真有意思！同学们有没有其他的看法呢？

生：我们小组觉得摆锤不会转圈圈。因为我们做实验的时候，把钩码提起来然后松手，钩码会掉下去，可是在太空中没有重力，松手以后钩码不可能掉下去。（师：那一松手会怎样呢？）应该不会动，就在那里不会动。

师：如果没有重力，太空中的物体不会下落，我觉得你们分析得很符合科学原理。同学们还有没有其他的想法呢？

生：我们认为摆可能会一直转圈圈。如果用手把钩码推一下，钩码会动起来往前面跑，但是又被线拉着，所以就会一直转。

师：同学们的想象力真丰富！虽然是想象，但都有着科学的依据，这就是一次有趣的思想实验。有许多伟大的科学家就是运用思想实验的方法进行科学研究的。今后，我们在课外的学习中注意留意相关的内容，继续好好探究吧。

【教学评析】

思想实验是指在大脑中使用想象力进行的实验，所做的都是在现实中很难完成的实验。如爱因斯坦研究相对论的过程就运用了思想实验的方法。由于思想实验是一种以逻辑推演为基本方法的理性思维活动，在课堂探究中引入思想实验能够很好地锻炼学生的逻辑思维能力、推理论证能力以及想象力。当单摆脱离地球引力，来到没有重力作用的太空中，会如何运动？这个话题也充满了趣味性，能很好地激发学生新的思考。如，当有学生提到摆在太空里会飘走，其他同学立刻提出，摆是有固定点的，不会飘走。这样的讨论有助于学生更直观地理解摆的概念，更好地理解和建构单摆模型。什么情况下摆会转动？什么情况下摆会静止不动？这些讨论的结果可以帮助学生感悟到使单摆运动起来的能量来自地球的引力，运动与力有着直接的关联。引导学生在充分理解摆的运动的基础上，生动形象地体会系统与模型、物质与能量等跨学科概念。

第7课时 设计制作一个1分钟摆动60次的摆（3）

核心问题：如何调整摆摆动的快慢？

【教学目标】

1. 知道摆的快慢只与摆长有关，改变摆长，摆的快慢会发生变化。摆长越长，摆动越慢；摆长越短，摆动越快。

2. 能综合分析影响摆动快慢的因素，设计适合、高效的方法调整摆长，达到制作要求，发展思维的灵活性和独创性等品质。通过理论联系实际，基于"结构与功能"科学概念，建构摆的运动实物模型与思维模型。

3. 能在真实的情境中研究摆长如何影响摆动快慢，不断地调整摆长，直至每分钟正好摆动60次。

4.认识到细心观察与准确测量的重要性。对新问题的研究保持积极的探究欲望，体会科学小制作的乐趣。

【教学重难点】

重点：综合分析影响摆动快慢的因素，设计适合、高效的方法调整摆长，达到制作要求。

难点：运用测量与比较的方法来研究摆的摆动快慢，学会制作摆。发展思维的灵活性和独创性等品质。

【教学准备】

教师准备：不同的单摆装置2套、6个钩码、多媒体课件。

学生准备：单摆装置、软尺、记号笔、秒表。

【教学过程】

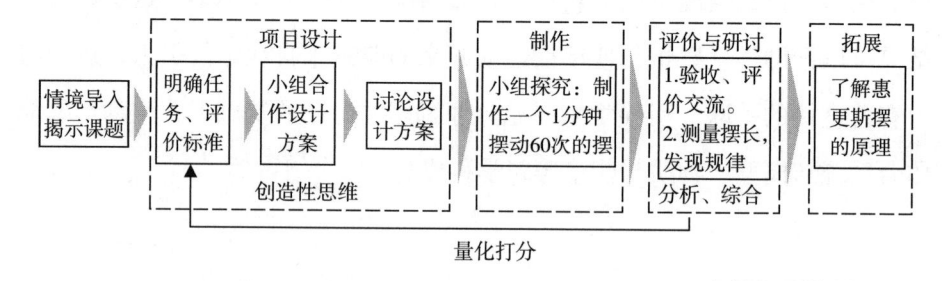

一、创设情境，揭示课题

1.课堂讨论：（展示下图两个不同的摆）提问，哪个装置的摆摆动得快？为什么？

2. 实验演示，讨论原因：通过测试发现 A 装置摆动更快。提问，为什么 3 个钩码的挂法不同，会影响摆动的快慢？（预设：摆动快慢只与摆长有关，摆长是指固定点到摆锤重心的长度。）

3. 揭示课题：通过上节课同学们的探究实验和这个演示实验，证明摆摆动的快慢只与摆长有关，本课我们继续进行项目——制作一个 1 分钟摆动 60 次的摆（钟摆）。

【设计意图】通过对 A、B 两个摆的讨论和探究，对上节课的学习进行回顾、迁移和应用。引导学生发现，测量摆长需要从悬挂点测量到摆锤的重心。

二、探索活动

1. 明确任务：回顾评价标准。

2. 制作一个 1 分钟摆动 60 次的摆：教师巡视指导，总结提醒制作过程中可能出现的问题。

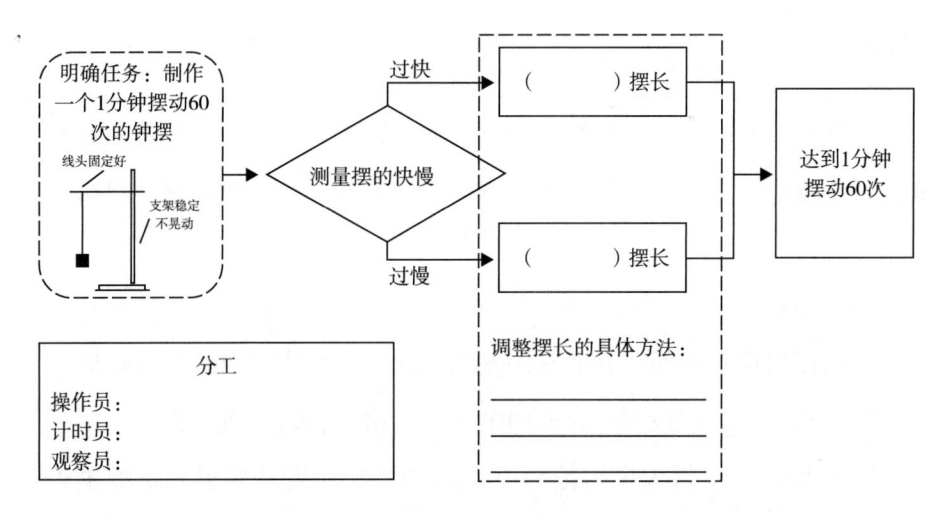

3. 交流讨论：请不同组的学生汇报制作过程，互评与交流，最后对本组设计进行修改和完善。（重点讨论调整摆长的具体方法、哪种方法效率高。）

4. 小组合作探究实验：按照设计方案进行反复测试、调试，记录每次的测试结果（每 1 分钟的摆动次数）。教师适时指导、提醒，进行随堂评价。

5. 验收与评价：教师统一计时 1 分钟，各验收员到负责的小组进行测试，根据"钟摆验收评分记录表"进行量化评分。

钟摆验收评分记录表

第____组　　组员：_____　　　　　　　　验收员：_____

验收项目	验收标准及对应分值	得分	总分
设计方案	有完整的设计方案（2分）		
	能说明具体的操作方法（2分）		
探究实验部分	能通过探究实践，找到影响摆的快慢的因素（3分）		
	有完整的实验记录表（3分）		
制作部分	分工明确、合作互助（2分）		
	按时完成、桌面整洁（2分）		
测试部分	测试过程顺利，易操作（3分）		
	误差在 2 秒以内（3分）		

【设计意图】引导学生在制作钟摆的过程中探究调整摆摆动快慢的方法，讨论减小或增大摆长的方法，有利于培养学生的思维品质，同时节省时间，提高课堂效率。

三、研讨

1. 交流讨论：提问，有没有误差较大的小组？建议他们如何调整？

2. 分享交流：请最先完成的两个小组介绍自己的实验方法。

3. 测量摆长：请大家讨论一下，测量摆长时要从哪里测到哪里呢？（从固定点到重锤的重心进行测量操作。）

4. 交流讨论：请学生分享测量数据，提问，你发现怎样的规律？（1分钟摆动 60 次的摆，摆长约为 25 厘米；可以通过改变摆长的方法来调整摆的快慢。）

【设计意图】再次讨论摆长如何测量,引导学生初步体会"质点"的概念,提高测量的准确性。

四、拓展

1. 了解摆钟原理:教师展示惠更斯摆钟原理实物模型(或视频),引导学生讨论——摆钟的动力来自哪里?摆在摆钟结构中起到的作用是什么?(了解擒纵结构。)

2. 科普:了解惠更斯发明摆钟的故事。(播放科普视频。)

【设计意图】惠更斯摆的实物模型很好地展示了擒纵结构的原理。通过观察和发现实物模型中摆锤的作用、动力来源的过程,以及了解惠更斯发明摆钟的故事,可以引导学生对用摆计时的科学原理、利用精巧的结构实现计时工具的功能等方面有更深层次的认识,进一步激发学生对探索计时工具相关的科学技术及其发展过程的学习动机。

五、项目小结,总结收获

1. 分享交流:根据如下思维拼图,回顾项目进程,说一说完成本项目经历了怎样的过程。

项目名称	了解项目要求	明确验收要求 (详见钟摆评价标准)	探究规律
设计制作一个1分钟摆动60次的摆(钟摆)	1. 设计制作一个1分钟摆动60次的摆。 2. 可以准确计时1分钟。 3. 误差精确到2秒内	1. 可以准确测量1分钟时间。 2. 误差在2秒内,尽量精准。 3. 清楚地介绍使用方法	探究影响摆摆动快慢的因素

展示评价	改进与优化	测量评价	制作	设计方案
1. 介绍作品。 2. 自评与互评	1. 探究提高制作效率的方法。 2. 改进与优化	1. 测量钟摆的精度是否达到要求。 2. 做好测量记录	制作一个1分钟摆动60次的摆	讨论设计制作一个1分钟摆动60次的摆的方案

2. 交流分享:本节课你有什么收获?

【设计意图】通过交流分享探究、制作和测试等过程中的收获,鼓励学生进行互动与交流,促进学生对自己的活动过程进行反思,总结经验,实现自我监控能力的提升。在这个项目进行过程中,有的小组先探究摆的运动特点，再设计和制作钟摆，有的小组则相反，先尝试制作出了钟摆，然后再设计实验来验证其对原理的推测。在项目完成时，不同的小组针对自己的探究过程和方法进行充分交流，有利于学生从不同角度进行思考，知道科学探究的方法有很多不同的途径，从而提升思维的灵活性和深刻性等品质。

六、作业设计

1. 查阅资料，了解在生产生活、工业制造、科技、航空航天等领域有哪些和"精确计时"相关的知识。制作资料卡，每张卡片只写一句话。（为下节课的学习做准备。）

2. （选做）为下节课准备一个小闹钟。

【设计意图】为下节课梳理信息、制作思维导图的教学环节做好准备，鼓励学生在课堂内外开展更多的关于计时工具和技术的研究和探索。

【精彩片段】——聚焦认知冲突

师：请看这两个不同的摆，A 把 3 个钩码像这样挂在一起，B 把 3 个钩码串成了一串，大家觉得哪个摆摆动得更快呢？

生：我觉得一样快，因为两个摆绳是一样长的，上节课我们知道摆绳长度不变摆动快慢就不变。

师：大家同意吗？（生：同意）那我们就来做一下实验，看看同学们的判断对不对。

（进行实验测试。发现 A 摆摆动得比 B 摆快一点。）

生：啊？为什么 A 会快？

师：诶？对呀，摆绳一样长啊，为什么一个快一个慢呢？难道咱们上节课的实验结论是错的？

生1：是不是钩码质量不一样？

生2：不可能，而且钩码质量不一样也不会影响摆的快慢。

师：对，我们知道只有摆长会影响摆的快慢。那么请同学们认真观察这两个摆，到底有什么不同。

生：我觉得 B 的钩码是串起来的，比较长，A 的钩码挂在一起，没那么长。

师：你真细心。所以你认为这两个摆的摆长是一样的吗？

生：我觉得应该是 B 的摆长更长，因为这 3 个钩码比较长，就等于把摆长延长了一点。

师：这位同学的判断是正确的。我们测量摆长的时候，不能只测量绳子的长度，而是要测量悬挂点到摆锤重心的长度。

【教学评析】

通过前面的学习，学生认识到摆绳长度不变时摆的快慢不会变化。因此判断 A、B 两个摆的摆动快慢是相同的。教师不急于给出答案，而是通过实验，让学生发现绳子长度相同的摆，速度却不同。学生原有的认知结构与此时的情境完全不相符，因此产生了思维上极大的矛盾：摆长不是一样的吗？怎么摆动快慢却不一样？这样的认知冲突便是促进学生积极思维和主动学习的"引发器"，激发了学生强烈的求知欲，充分调动了学生的积极性。学生积极展开对 3 个钩码不同挂法的思考和讨论，了解到摆长是指悬挂点到摆锤重心的长度，将"质点"概念的抽象性进行具体化展现，潜移默化，有利于学生更深入地理解"单摆"的思维模型。同时，也为后面测量摆长做好了准备，从而提高课堂教学的有效性。

第 8 课时 计量时间和我们的生活

核心问题：人类计时工具的演变经历了哪些过程？

【教学目标】

1. 知道计时工具的设计运用了物体运动周期性变化的规律。

2. 能通过表格的方式调查和比较人类计时工具的演变，建构计时器演变的动态变化图景。

3. 认识到人类设计不同的计时工具来满足不同的用途和需求，意识到科学技术的发展和应用影响着社会的发展。

【教学重难点】

重点：能够梳理已获取的信息，通过比较、归纳、演绎等思维方法了解精确计时对人类生产生活的影响。

难点：能通过比较、分析不同测量工具的优缺点，了解人类研究发明和改进计时工具的过程，建构计时器演变的动态变化图景。

【教学准备】

教师准备：思维导图大框架的大纸、黑板磁贴、各种计时工具卡片、"计时工具的比较"表格、多媒体课件。

学生准备：通过查找资料准备好的资料卡、小闹钟、螺丝刀等。

【教学过程】

课前收集相关资料 → 情境导入揭示课题 → 活动一 梳理资料卡，完成思维导图 → 活动二 总结和比较计时工具的演变 → 拓展 拆解小闹钟

分类、分析、综合　　　　自主探究

一、创设情境，揭示课题

1. 交流：请几位学生分享自己收集到的与"精确计时"有关的资料卡。

2. 揭示课题：为了研究"精确计时的重要性"这个问题，同学们收集了这么多资料，我们要怎么来研究这么多的资料卡，从中获取有用信息呢？（讨论：选别与分类）今天，我们就来对这些资料进行进一步的梳理和研究吧。

【设计意图】让学生分析自己收集到的信息，可以激发学生对更广阔的研究领域的好奇心，同时引出本课的学习内容——如何通过收集信息来进行进一步研究。

二、探索活动

【活动一：梳理资料卡，获取有用信息】

1. 小组合作：阅读本组的资料卡，对资料卡进行选择和分类，内容重复的卡片仅保留1张。

2. 制作思维导图：像下图这样，各组根据卡片分类情况，将本组资料卡贴在大纸上的指定位置。将粘贴的各部分卡片圈画连接，完成大张思维导图。

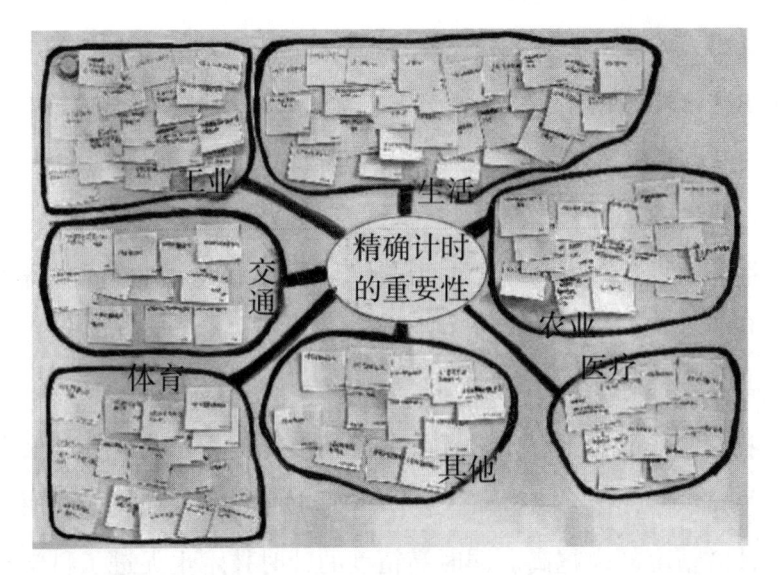

3. 分享交流：通过梳理信息，你对精确计时有了什么新的认识？你觉得这样的学习过程对自己有什么启发？

【活动二：总结和比较计时工具的演变】

1. 提问引导：自古以来人们为精确计时做出了许多努力，发明了各种计时工具，比如有……（学生交流：太阳钟、香钟、水钟、沙漏、摆钟、石英钟、电子钟、原子钟等。）教师在黑板上出示相关卡片。请学生根据计时工具的发展历史，给黑板上的卡片排序，并说一说有什么发现和体会。（例：精度越来越高，制作工艺越来越好，逐渐融入了高科技技术等。）

2. 小组合作交流：讨论日晷、水钟、摆钟、手表四种计时工具的优缺点，完成"计时工具的比较"表格。

【设计意图】学生了解研究"精确计时的重要性"这样的问题需要查找资料、获取信息，并且对搜集到的各种信息进行分类梳理，从而获取研究所需要的有用信息，进行较为完整的总结和建构。将文本与可视化工具结合，引导学生找出隐藏在海量信息中的思维线索，让知识框架结构显山露水。从信息的选别、分类，到完成思维导图，都是对学生思维能力培养的重要过程。通过活动二，引导学生按照时间顺序排列各种计时工具，发现计时工具的发展和科学技术的发展息息相关，互相促进，从而建构计时器演变的动态变化图。

三、研讨

1. 举例说明，这些计时工具的设计运用了物体运动的什么规律？它们有什么共同点？（交流与引导：时间的计量与运动息息相关，可以利用有规律的周期性变化的运动计量时间。）

2. 我们制作的日晷、水钟、钟摆的精度有什么不同？为什么会有这么大的差异？你有什么感想和体会？（科学技术的发展推动了计时工具的发展，计时精度越来越高。同时高精度的计时技术也促进了科学技术的进步。）

【设计意图】通过比较发现日晷、水钟、钟摆的精度逐渐提升，了解科学技术的发展推动了计时工具的发展。

四、拓展

1. 拆解小闹钟：利用螺丝刀等工具拆解小闹钟，观察里面的结构。

2. 交流分享：你有什么发现？有什么感想和体会？

【设计意图】通过拆解小闹钟的活动，引导学生探索小闹钟的内部结构，鼓励学生回归实际生活积极实践。学生能观察到小闹钟里有许多精密的元器件，不一定需要现在就了解这些元器件的具体名称和作用，但能通过这样的探究活动将科学课学到的知识联系生活，发现各种零件设计的精妙，体会到技术与工程改变了人们的生产和生活，感悟到人类改进计时工具的过程中不懈的努力和进步。

五、项目小结

1. 回顾：教师引导学生回顾，我们是如何进行"计量时间"单元的学习的。

```
┌─────────────────────┐  ┌─────────────────────┐  ┌─────────────────────┐
│ 1.古时候人类的计时方法 │  │ 2.人类精确计时阶段   │  │ 3.计时工具和科学技术的│
│                     │  │                     │  │ 发展与人类社会发展的 │
│  ┌──────┐ ┌──────┐  │  │     ┌──────┐      │  │ 互相作用             │
│  │项目一 │ │项目二 │  │  │     │项目三 │      │  │ ┌──────────┐       │
│  │光阴的 │ │似水流 │  │  │     │时间之 │      │  │ │回顾、归纳、│       │
│  │故事  │ │年    │  │  │     │摆    │      │  │ │迁移、应用 │       │
│  │—设计 │ │—设计 │  │  │     │—设计 │      │  │ └──────────┘       │
│  │制作日晷│ │制作水钟│ │  │     │制作钟摆│     │  │                    │
│  └──────┘ └──────┘  │  │     └──────┘      │  │                    │
└─────────────────────┘  └─────────────────────┘  └─────────────────────┘
```

像阳光下物体的影子、水流、摆这样（　　　　）的事物，可以用来计时。

2. 交流分享：在本单元学习中，你有什么体会和收获？

【设计意图】在单元学习结束时，对整个项目式学习过程进行总体回顾，引导学生反思学习过程，总结学习内容和学习方法。通过项目结束后的交流分享，引导学生将所学的知识和方法纳入已有的认知体系。既要总结学到的知识，也要反思探究的过程和方法，以及成功或失败的经验和教训。引导学生跳出单一课时，关注整个项目式学习内容的总架构，关注整体与局部的关系，培养学生自主进行项目式学习的实践能力。

六、作业设计

1. 回顾本单元对计时器的探究，完成一份以"计量时间"为主题的科普小报。

2. （选做）设计制作一个"写作业计时器"装置，帮助自己在学习中进行时间管理。

【设计意图】编写制作以"计量时间"为主题的科普小报，鼓励学生自主搜集资料、自主设计小报，培养学生的自主学习能力。学生需要从大量的信息中筛选和整理出关键内容，并以清晰、准确、有趣的方式表达出来，有助于提高信息处理能力和表达能力。设计制作"写作业计时器"这个项目将课堂学习和生活实践相结合，涉及科学、数学、工程技术等多个学科，促进学生跨学科思维的发展。

【精彩片段】——聚焦自我监控

师：同学们，通过梳理信息，我们对精确计时有了更多的认识。你觉得今天这样的学习过程和方法对自己有什么启发？

生1：我觉得这样很节省时间。有时我在网上查资料会查很久，查到的资料很多，也不知道哪些是需要的。这次我们小组一人查一个部分，然后合在一起，就很节省时间了。

生2：我觉得把资料卡先分类很好，可以让我们很快做好思维导图。

生3：我觉得没必要把所有查到的资料都打印出来，因为有很多是重复的。

师：所以我们要在阅读资料信息的基础上选择有用的信息并做好记录，对吗？大家还有什么收获？

生：我觉得这个思维导图很好。每个人写的资料卡都是零零散散的，但是把它们分类，然后做成思维导图，信息一下子就很清楚了。

师：对，思维导图可以帮助我们更加全面、深入地了解精确计时的重要性，是一种非常高效的学习工具。

【教学评析】

五年级学生能够熟练地在网络上查找资料，他们出生于数字信息时代，对"视觉—多媒体—空间"有很强的感知能力，但是对于传统的文字式的表述理解起来存在一定难度，特别是搜索到海量信息时，如何通过思维加工提取有用信息，在较短时间内建构和完善自己的认知体系，需要通过教师的引导才能完成。在本环节的学习中，学生经历了搜集信息、信息分类、重组与建构思维导图的过程。这是一种非常常用且高效的学习方法。教师在课堂上引导学生对这一学习方法进行反思和评价，关注学生对学习过程和思维方法的反思，形成自己的认知策略，发展自己的认知结构，提高自我监控能力。引导学生不仅"学知识"而且要"学方法"，从而能够将学到的方法迁移到不同的学科和领域中，提升自主学习能力。

持续反馈与应用设计

项目式作业　时间旅行者——探索时间的奥秘

两千三百多年前，战国时代的尸佼说："四方上下曰宇，往古来今曰宙。""宇"指空间，"宙"指时间，"宇宙"就是时间和空间的统一。人类在发展的过程中对"时间"的认识和探索从未停歇。从古人通过观察日升日落、月相盈缺、斗转星移、四季交替来粗略估算时间，到 20 世纪 50 年代人类发明制造出原子钟，精度达到了每两千万年才误差一秒左右。人类在探索时间奥秘的漫长过程中，科学、技术与工程都得到了不断的进步和发展。课后，让我们来继续探索时间的奥秘吧！

【任务】

基础版：阅读《时间简史》（儿童版），根据自己感兴趣的内容完成一篇读后感。

【要求】

通过阅读了解更多关于时间的知识，在读后感中表达自己的理解和感受，并和老师、同学交流分享自己的学习体会。

【任务】

进阶版：通过书籍和互联网查阅相关资料，了解计时工具的发展历史，制作一份图文并茂的科普小报，或连环画集（可剪贴）。

【要求】

梳理从古至今时间计量工具的发展脉络和变革过程，介绍日晷、沙漏、水钟、机械钟、原子钟等工具，简述其工作原理。

【任务】

高阶版：中国载人登月航空航天工程，预计在 2030 年左右实现载人登月。请你展开想象，为在月球基地生活和工作的人们设计制作一款新型计时器。

【要求】

思考和分析月球与地球环境的异同，作品设计要符合月球环境要求，符合客观规律。作品可以是基于现有的自制计时器模型的改良版，也可以是全新的设想。要求写出设计方案，包括原理、构造、使用方法等，并绘制设计草图。

【评价标准】

任务等级	评价等级 A	评价等级 B	评价等级 C	自评
基础版	能够清楚、完整、准确地表达主题，读与感的结合点明确。能围绕自己感兴趣的内容，具体、真实地表达自己的体会和感受。所述观点健康阳光、积极向上。能通过阅读和分析，引入自己独特的见解，充分表达自己的认识和想法。语言通顺，书写规范，标点符号正确	能够完整、准确地表达主题。能真实地表达自己的体会和感受，所述观点健康阳光、积极向上。能表达自己的认识和想法。语言通顺，书写规范	能够准确地表达主题，结构清楚。能表达自己感受。语言基本通顺	
进阶版	作品内容与主题密切相关。结构完整，思维线索清晰。内容丰富多样，有一定的深度和广度。图文并茂，对计时工具的介绍简洁而准确，符合科学规律。有独特的观点和创意	作品主题明确，结构完整，内容丰富。图文并茂，对计时工具的介绍基本准确，符合科学规律	作品内容与主题相关。结构基本完整。图文并茂	
高阶版	作品设计新颖，具有丰富的想象力和创造性。是原创的或在原有基础上有较大的创新和改进。构思、设计、制作和成果符合科学规律，能充分考虑月球和地球环境的异同。在成本、功能实现方面充分体现环保意识。有高质量的设计草图	是原创的或在原有基础上有改进。构思、设计、制作和成果符合科学规律。成本价值合理。有设计草图	原创作品，构思、设计、制作和成果基本符合科学规律。成本价值合理	

单元教学反思

立足思维培养，反躬以践其实

本案例采用了项目统领、立足实践的项目式学习方式，有利于培养学生的科学探究能力、自主学习能力。

一、聚焦问题驱动，激发学习动机

本案例根据计时工具的发展脉络，聚焦日晷、水钟、钟摆三个典型的计时工具，进行项目式学习，确保了思维的流畅性和探究学习活动的完整性。学生通过完成三个分项目，了解人类不同历史时期的计时工具及其原理，感受到科学与技术对改善人类生活和促进社会发展的积极作用。同时也能体会和感悟"技术与工程创造了人造物，技术的核心是发明"等新课标的学习内容。项目式学习的重要特征是指向核心知识的再建构。本单元的设计基于课程标准的要求，关注学生思维能力的培养与发展，引导学生在新情境中迁移、运用和转换知识，从而建构和完善知识体系；引导学生动手实践，在驱动性问题的指引下，激发学生的内在动机，积极解决实际问题。

二、巧用思维工具，促进自主建构

本单元的学习是建立在充分的探究实践基础上的。制作日晷、简易水钟、钟摆等探究活动内容丰富，环节众多，有不少细节需要关注。在以往的教学中经常会出现一些细节问题导致教学节奏被打乱、探究时间不够等，影响了教学目标的达成。在项目式学习的过程中，学生应该清楚地了解正在做什么，为什么这样做，该怎么继续做下去。在本单元的教学中，我们探索和运用"思维拼图"工具就是为了解决这样的问题。思维拼图是对思维可视化方法的一种尝试和创新，是教师在了解学情的基础上精心设计的可视化思维工具。作为培养学生思维能力的工具和桥梁，思维拼图既为学生的学习提供脚手架，又能够启发学生思维的广度和发散性，在促进学生主动学习、自主建构方面起到了重要作用。

例如，在"似水流年"项目学习过程中，"流水是否可以用于计时？"这个问题应该如何去探究？具体探究的是什么样的问题？需要获得怎样的证据？这是在进行探究活动前必须要理清的。否则，即便是教师按教科书上的内容安排，引导学生去完成了两个探究实验，很多学生依然会云里雾里，不明白为什么第一个实验发现水流具有等时性，接着第二个实验又发现水流的速度先快后慢。既然速度先快后慢，为什么又说它具有等时性呢？其实这两个结论是建立在不同的命题条件下的，而五年级学生还不具备全面考虑、深入思考逻辑关系的思维能力，在这两个实验结论的关系上常常出现困惑。因此，在这个环节中我们引入思维拼图，学生在讨论中参考思维拼图时会意识到，要证明流水可以用于计时的话，必须清楚流水应该满足什么条件，所以要明确我们应该设计怎样的实验来验证它是否满足这个条件。根据学生的讨论，我们把要探究的问题具体化为两个问题，学生就明确了接下来我们要设计和实施的是这两个不同条件下的实验，分别要验证两个不同的命题。在讨论中会发现，学生往往认为水流的速度均匀才可以用于计时。在探究过程中教师可以先容许学生按照这个认知来进行实验，后面再用这个问题带来的新的认知冲突，引发进一步的探究和研讨活动。

借助思维拼图，我们可以为学生的学习活动搭建有效的思维桥梁。在思维拼图的帮助下，学生很容易明白自己正在进行的各种活动是在做什么、为什么这么做、应该怎么继续做下去。

三、注重自我监控，实现素养提升

在本案例中，每个项目的进程中教师都适时引导学生对学习过程、思维方式、所学知识和方法进行及时的小结、反思。在每个分项目完成后，不仅引导学生梳理学习内容，建构认知体系，而且对项目的完整过程进行系统回顾，引导学生对自己的学习过程、思维过程、探究方法进行总结性回顾，从而加深对知识和方法的理解，分享交流探究过程中的经验和体会，形成认知策略，发展认知结构，提高自我监控能力，培养必备品格和关键能力，实现学生核心素养的提升。

案例提供者：熊　婉，深圳市宝安区建安小学
余曼玮，深圳市宝安区建安小学
张明英，深圳市宝安区建安小学
潘春艳，深圳市宝安区建安小学
指导教师：童海云，深圳市教育科学研究院
杜　伟，深圳市宝安区教育科学研究院

工程设计与物化

案例13 飞天梦——设计制作"火箭"

单元教学内容规划

（一）本单元学习指向的核心概念及学习进阶路线

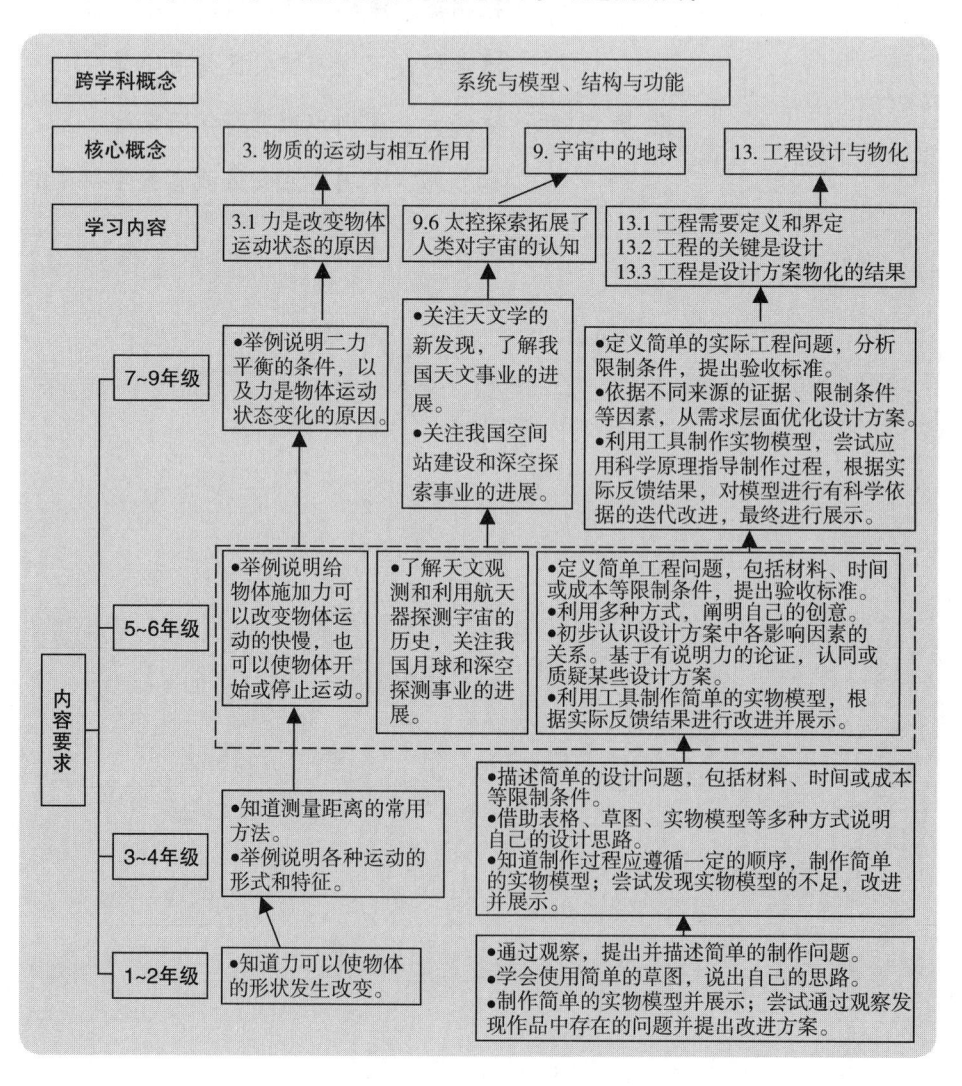

跨学科概念	系统与模型、结构与功能		
核心概念	3. 物质的运动与相互作用	9. 宇宙中的地球	13. 工程设计与物化
学习内容	3.1 力是改变物体运动状态的原因	9.6 太控探索拓展了人类对宇宙的认知	13.1 工程需要定义和界定 13.2 工程的关键是设计 13.3 工程是设计方案物化的结果

内容要求：

7~9年级
- 举例说明二力平衡的条件，以及力是物体运动状态变化的原因。
- 关注天文学的新发现，了解我国天文事业的进展。
- 关注我国空间站建设和深空探索事业的进展。
- 定义简单的实际工程问题，分析限制条件，提出验收标准。
- 依据不同来源的证据、限制条件等因素，从需求层面优化设计方案。
- 利用工具制作实物模型，尝试应用科学原理指导制作过程，根据实际反馈结果，对模型进行有科学依据的迭代改进，最终进行展示。

5~6年级
- 举例说明给物体施加力可以改变物体运动的快慢，也可以使物体开始或停止运动。
- 了解天文观测和利用航天器探测宇宙的历史，关注我国月球和深空探测事业的进展。
- 定义简单工程问题，包括材料、时间或成本等限制条件，提出验收标准。
- 利用多种方式，阐明自己的创意。
- 初步认识设计方案中各影响因素的关系。基于有说明力的论证，认同或质疑某些设计方案。
- 利用工具制作简单的实物模型，根据实际反馈结果进行改进并展示。

3~4年级
- 知道测量距离的常用方法。
- 举例说明各种运动的形式和特征。
- 描述简单的设计问题，包括材料、时间或成本等限制条件。
- 借助表格、草图、实物模型等多种方式说明自己的设计思路。
- 知道制作过程应遵循一定的顺序，制作简单的实物模型；尝试发现实物模型的不足，改进并展示。

1~2年级
- 知道力可以使物体的形状发生改变。
- 通过观察，提出并描述简单的制作问题。
- 学会使用简单的草图，说出自己的思路。
- 制作简单的实物模型并展示；尝试通过观察发现作品中存在的问题并提出改进方案。

本单元聚焦"工程设计与物化"的核心概念，落实课标中"工程的关键是设计""工程是设计方案物化的结果"的学习内容要求。

在技术与工程中，为了实现特定的功能，学生需要设计并制作有独特结构的装置。用工程的方法和流程设计制作实物模型的过程需要应用科学原理，同时也可以帮助学生更好地理解科学原理，使科学、技术、工程成为一个密切相关的整体。

1~2 年级要求学生初步尝试绘制草图后，再按照设计草图制作简单的模型。

3~4 年级要求学生不仅仅是用草图说明自己的设计思路，还可以借助数字、简短文字等；学生初步能按照一定的流程，完成工程类实物模型的制作，并通过教师引导，发现实物模型的不足，提出改进意见和想法。

5~6 年级要求学生能利用不同视角或者整体加局部的示意图等多种方式，展示自己的设计方案。在制作简单的实物模型过程中，开始学习、尝试使用简单工具辅助，并根据实际反馈结果进行改进并展示。

7~9 年级要求学生能使用合适的方法，对设计方案进行模拟分析和预测；能从需求的层面优化设计方案；制作过程具有科学性；根据测试数据，对模型进行迭代改进并展示。

层层深入的体验和实践操作，有助于学生在理解学科核心概念的同时，形成系统与模型、结构与功能等跨学科概念。

（二）本单元学习内容的组织线索

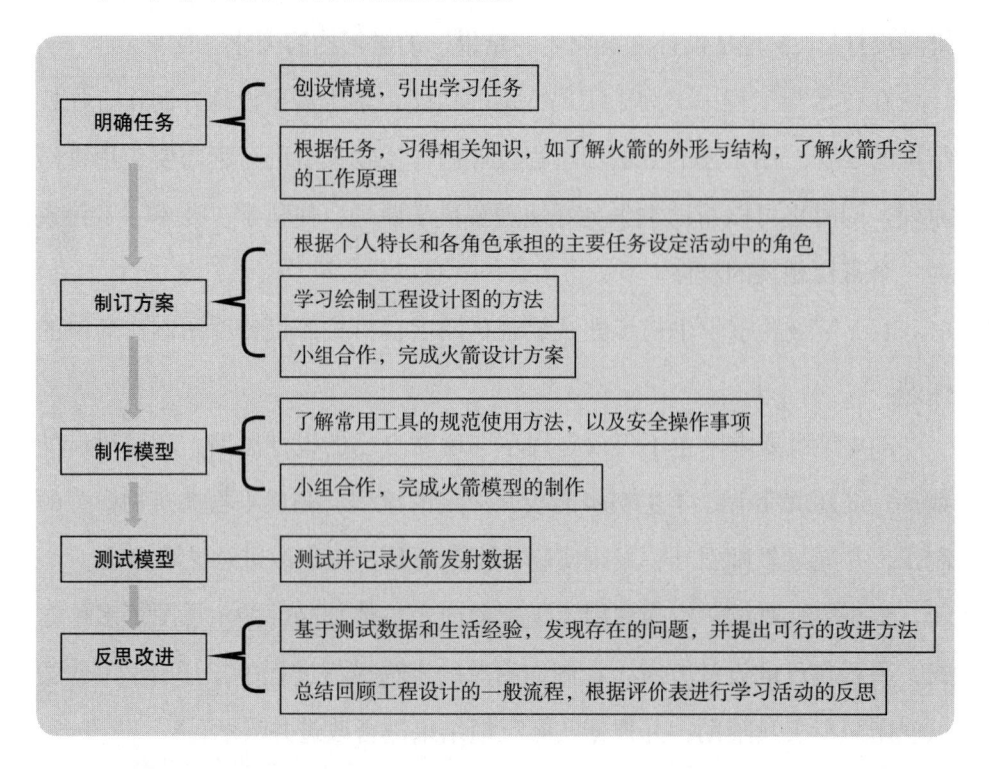

明确任务
- 创设情境，引出学习任务
- 根据任务，习得相关知识，如了解火箭的外形与结构，了解火箭升空的工作原理

制订方案
- 根据个人特长和各角色承担的主要任务设定活动中的角色
- 学习绘制工程设计图的方法
- 小组合作，完成火箭设计方案

制作模型
- 了解常用工具的规范使用方法，以及安全操作事项
- 小组合作，完成火箭模型的制作

测试模型
- 测试并记录火箭发射数据

反思改进
- 基于测试数据和生活经验，发现存在的问题，并提出可行的改进方法
- 总结回顾工程设计的一般流程，根据评价表进行学习活动的反思

单元学习目标设计

核心素养	学习目标
科学观念	了解火箭的发展史，初步认识火箭的结构和工作原理
科学思维	1.面对测试中出现的问题，会积极思考，寻找解决或改进的方法。 2.初步学会用工程思维的方式思考问题，具有一定的创新意识，提高动手能力
探究实践	1.能根据任务要求，用合适的数量单位标注尺寸大小，绘制火箭设计图，对自己的设计方案进行合理的取舍，留下可行的方案。 2.会测量物体的长度、宽度，会计算圆的周长，并利用圆与圆锥的关系制作合适的箭头；能选择合适的材料，利用平行四边形和三角形的特点，按图完成箭体、动力装置和发射塔的制作。熟练使用剪刀、圆规等工具，完成制作活动
态度责任	1.能根据评价标准客观地对自己和他人的作品进行评价，并能够优化自己的设计方案，改良作品。 2.学会科学地分工和高效地合作，能综合运用不同学科知识完成学习任务。 3.通过任务驱动，激发学习的兴趣。通过小故事、小视频，感受我国航天科技的成果，从而产生浓浓的自豪感；通过观察、分析火箭的结构以及动手制作活动，感受机械工艺的美

单元学习评价设计

"飞天梦——设计制作'火箭'"评价量表

核心素养	评价指标	评价等级 ★	评价等级 ★★	评价等级 ★★★	同伴互评	教师评价
科学观念	关于火箭的发展史、基本结构和类型的认识	了解各种火箭出现的先后顺序,知道火箭的基本结构	了解火箭的发展历程;能比较长征三号和长征五号火箭的不同;知道长征系列火箭的基本结构	了解火箭的发展历程;知道长征三号和长征五号火箭的不同特点和用途;知道长征系列火箭的基本结构及相应功能	☆☆☆	☆☆☆
科学观念	关于火箭升空科学原理的认识	了解到火箭升空利用了作用力与反作用力的科学原理	初步认识反冲现象,并能联系该现象类推火箭升空的科学原理	能联系反冲现象,类推火箭升空的科学原理,并知道提供的动力越大,产生的反冲力越大	☆☆☆	☆☆☆
科学思维	火箭模型的建构	能通过简单图样表达设计想法,设计图中各部分尺寸标注不完整;对模型各个部分的作用解释不完整	能通过三视图表达设计想法,图纸项目完整,标注清晰;能清晰解释模型各个部分的作用	能结合文字标注,通过三视图表达设计想法,图纸设计布局合理、美观;不仅能解释模型各个部分的结构和功能,还能说出其应用的科学原理	☆☆☆	☆☆☆
科学思维	关于火箭飞行效果的推理论证	能根据记录的飞行数据,尝试寻找模型的不足,并粗略提出改进措施	能根据记录的飞行数据,运用分析、比较等方法,分析各部分的功能,并针对不同部分分别提出改进措施	能根据记录的飞行数据,推测可能的影响因素,运用科学原理,在改进各个部分功能的同时兼顾整体运作需要,提出具体的改进措施	☆☆☆	☆☆☆
科学思维	创新思维	能基于科学原理提出新颖的观点,开展初步的创意设计	能基于科学原理提出新颖、合理的观点,开展具有可行性的创意设计	能基于科学原理,从不同角度分析,提出新颖、合理的观点,开展可行性、独具科学特色的创意设计	☆☆☆	☆☆☆

续表

核心素养	评价指标	评价等级 ★	评价等级 ★★	评价等级 ★★★	同伴互评	教师评价
探究实践	制作火箭模型并进行测试	能结合日常经验设计制作火箭模型，实物与设计图不太一致；测试时偶尔能正常飞行	能在教师引导下，应用数学学科知识，动手制作火箭模型，实物与设计图基本符合；测试时正常飞行概率较高	能自主迁移其他学科知识，动手制作火箭模型，实物与设计图一致；测试时能正常飞行，同时针对失败的情况，能对模型进行调整，使火箭模型再次起飞	☆☆☆	☆☆☆
态度责任	感受技术发展的影响	愿意沟通交流，乐于探索与实践。了解中国航天事业的发展	乐于探索与实践，不从众，能以事实为依据作出判断，严谨求实。了解并能说出一些中国航天事业的发展	乐于探索与实践，能有依据地质疑别人观点，善于合作，乐于分享。了解并能按时间轴讲述中国航天事业的发展	☆☆☆	☆☆☆

学生情况分析

我们的实践对象是五年级学生，该年级的学生虽然学习了运动和力的相关课程，但是对作用力与反作用力、反冲运动等力学知识还需要一定的时间进一步了解、学习。

五年级的学生爱动脑、爱动手，他们对周围世界有着强烈的好奇心和探究欲望，他们乐于动手操作具体形象的物体，并且他们在科学课与科技制作活动课中已具备一定的观察能力、探究能力和实践能力。但由于实践经验的局限，学生在制作过程中容易出现无法将设计想法完全变成实际作品的情况。由于对各种工具使用不够熟练，容易导致制作工艺比较粗糙，甚至出现影响作品性能的情况。

单元学习进程设计

单元主要概念	学习进阶	学习问题链	主要学习活动	思维型教学原理	课时建议
工程设计与物化	明确问题	问题一：火箭的基本结构是怎样的，它为什么可以飞上天	解析学习任务，明确限制条件和验收标准；根据任务习得相关知识和技能	概念初始认识（动机激发）（认知冲突）	1
	研究设计方案	问题二：如何利用反冲现象，设计制作一个箭体高度不超过30厘米、类似火箭的模型装置	运用已有知识，学习工程设计图的绘制方法；讨论可能的设计方案	概念具体化（认知冲突）（自主建构）	1
	制作模型	问题三：如何根据设计方案，制作火箭模型	根据设计方案，选择合适的材料和工具，制作火箭模型	理论实践结合（自主建构）（自我监控）	1
	测试模型	问题四：我的"火箭"能飞多高	对火箭模型进行测试，测量飞行高度，记录相关数据	实践应用（自我监控）（应用迁移）	1
	反思改进	问题五：如何让我的"火箭"飞得更高	根据测试数据和已有经验，分析可能存在的问题，并对自己的作品进行反思改进	迭代优化（应用迁移）	1

第1课时 认识火箭

核心问题：火箭的基本结构是怎样的，它为什么可以飞上天？

【教学目标】

1. 通过学习资料，了解火箭的发展历史。知道火箭发射的基本原理是力的作用力与反作用力。知道作用力与反作用力方向相反、大小一样。

2. 通过分析反冲的实验现象，归纳概括作用力与反作用力的方向和大小的关系。

3. 通过收集资料、模拟实验等多种方式，探究火箭的结构，利用反冲现象解释火箭升空的基本原理。

4. 通过观察、分析火箭的结构，感受机械工艺的美。通过小故事、小视频，让学生感受我国航天科技的成果，从而产生浓浓的民族自豪感。

【教学重难点】

重点：知道火箭发射利用了作用力与反作用力。

难点：结合反冲现象推测、解释火箭升空的基本原理。

【教学准备】

教师准备：多媒体课件（内容包括火箭发展史、结构和发射的相关视频及图片）、课前导学单、气球、瓶子、气球反冲实验记录单、水流反冲实验记录单。

学生准备：根据课前导学单收集火箭的资料并完成课前导学单。

【教学过程】

一、创设情境

教师结合宣传片介绍近几年中国航天事业发生的令世界瞩目的大事件，指出这些探测器、卫星都需要依靠运载火箭才能到达外太空。

学生一边观看最新的中国航天日宣传片，一边聆听教师介绍近几年中国航天事业发生的令世界瞩目的大事件。

【设计意图】通过形象直观的视频资料，引导学生关注航天事件，充分调动学生的积极性，激发学生的民族自豪感，为将要进行的学习活动做好铺垫。

二、明确任务

师："少年强国　航天筑梦——全国航天科普进校园"活动的第一站将来到我们学校，在开幕式上我校学生要进行一场发射表演：需要制作一个箭体高度不超过30厘米、类似火箭的模型装置，在活动当天进行试飞，比一比谁的火箭模型飞得更高。

提问：火箭升空的动力是什么？它是怎么推动火箭升空的呢？

【设计意图】以具体的火箭发射为载体，充分调动学生的积极性，将学生从航空航天大事件拉进实际生活中——做一个类似火箭的模型装置，将教学问题的难度设置在最接近学生的发展区中，满足学生对航空航天的兴趣。

三、知识习得

1. 教师组织学生对课前收集的有关火箭的资料进行分享交流。

学生根据课前导学单的提示，进行运载火箭相关信息的分享。

2. 观察图片，进一步认识火箭的结构及各部分的功能。

（教师提供火箭结构图）提问：刚才同学们提到火箭的基本结构中有一个是箭体结构。现在我们以长征一号运载火箭为例，观察它的外形，说说它由哪几部分组成吧。

学生观察图片，说出火箭各部分名称。

3. 观看视频，初步了解火箭的动力和升空的基本原理。

教师播放火箭发射视频，引导学生思考：火箭升空的动力是什么？它是怎样推动火箭升空的呢？

学生观看火箭发射视频后，说一说火箭升空的动力是什么，它是怎样推动火箭升空的。

【设计意图】学生学习火箭结构，掌握火箭结构各部分的用途和功能，为后面制作火箭的活动做铺垫。

4. 通过实验，初步认识作用力与反作用力。

（1）师：能把火箭推动升空的力是巨大的，今天老师还带来了两样东西——气球和瓶子，它们可以帮助我们感知推动火箭升空的作用力和反作用力。请你们像我这样做，看看会有什么神奇的现象。

（教师演示气球反冲装置和水流反冲装置的使用方法，见学习单。）

（2）要求学生明确实验要求和需要思考的问题。

要求：

实验前，仔细阅读实验记录单，了解需要观察的现象。

实验中，分工合作，5分钟时间内成员间轮流完成两个实验的操作。

实验后，上交实验材料，完成实验记录单。

想一想：

在气球反冲现象中，气球口的气体向哪个方向喷出，气球向哪个方向运动？

在水流的反冲现象中，四个小孔的开口方向都是向着同一个方向的，如果小孔开口方向不一样，水瓶会怎样运动？

（3）组织学生按小组分别完成反冲现象的实验，记录实验现象。

（4）归纳、总结作用力与反作用力的规律。

学生展示交流自己的实验记录单，并根据记录的现象总结作用力与反作用力的规律。

（5）结合科学现象，了解火箭升空的原理。

教师在学生解释分析的基础上总结火箭升空的原理：火箭燃料燃烧所产生的炽热气体通过火箭尾部的尾喷管向后快速喷出，这样向后喷的燃气就会对火箭产生反作用力，推动着火箭向前飞，这就是火箭推力的来源。当这个推力大于火箭自身的重力时，火箭就起飞了。

【设计意图】火箭升空的原理比较复杂，小学阶段不要求详细了解每个原理，只需要掌握主要原理即可。本环节利用便于操作和观察的气球、水流实验，引导学生观察实验现象，通过不完全归纳法，总结反冲现象。教师在学生已有认知的基础上，将模拟实验观察到的现象和实际结合，帮助学生了解火箭升空的原理。

【精彩片段】——聚焦动机激发，引起认知冲突

教师通过情境启思，播放视频资料并描述：天问探火、嫦娥奔月、北斗组成……引导学生关注中国航天的大事件，通过故事、视频，让学生感

受我国航天科技的成果。这些航天大事件的成功，都离不开运载火箭的帮助，从而引发学生关于火箭的讨论。紧接着教师提出"关于火箭，你知道什么，还想了解什么？"在了解学生已有知识经验的基础上，让学生观看学习资料，了解火箭的发展历史，进一步认识火箭的结构和各部分的功能，感受火箭的发明和技术革新对人类社会发展带来的深远影响和变化。

在学生通过自主学习，对火箭有了整体感知后，教师提问："火箭升空的动力是什么？它是怎么推动火箭升空的呢？"引发学生认知冲突。

【教学评析】

通过创设情境，引导学生观看中国航天日宣传视频，不仅使学生能自然地进入学习境地，其震撼的画面与解说也能引起学生共情，从而让学生产生浓浓的民族自豪感，激发学生对火箭的好奇心。在学生对火箭有了整体感知后，教师关于火箭升空原理的提问，是学生知识的"盲点"，激发学生的学习动机，引起学生的认知冲突。

【学习单】

课前导学单

1. 收集资料，了解火箭的发展史。

（1）火箭最早出现在（　　　　　　）（填国家名），最初的火箭作用是（　　　　）。

（2）火箭经历了哪些演变？

2. 收集资料，了解卫星、探测器运载火箭的类型。

（1）我国嫦娥五号探测器是依靠（　　　　　）火箭飞向月球的。

（2）我国的北斗三号卫星系统依靠（　　　　　）火箭进入预定轨道。

（3）我国的天问一号探测器依靠（　　　　　）火箭进入地火转移轨道。

（4）长征五号和长征三号有什么不同？

3. 收集资料，初步认识运载火箭的基本结构。

（1）运载火箭一般由（　　　）系统、（　　　）系统和（　　　）系统组成。

（2）运载火箭各个组成部分的功能是什么？

4. 通过阅读书籍、查阅网络，你认为火箭升空的动力是什么？它是怎样推动火箭升空的呢？通过作用力与反作用力的实验，类推火箭升空的原理。

气球反冲实验记录单

实验材料：气球、打气筒、细绳、吸管、双面胶。

操作方法：将细绳穿过吸管，两端拉直保持水平。在吸管一侧粘贴双面胶，给气球充入少量气体，捏紧气球口，固定在吸管有双面胶的一侧，听到"放"的口令后松手，观察气球的运动方向和球内气体的喷出方向。

我看到的现象：_____。

要求：用箭头分别标示出气球运动的方向和气球中气体喷出的方向。

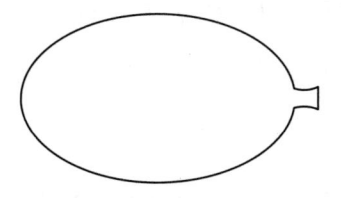

我的发现：气球中气体喷出的方向和气球运动的方向是_____（选填"相反"或"相同"）的。

水流反冲实验记录单

实验材料：下端瓶壁扎有孔的塑料瓶、细绳、水槽、烧杯、水。

操作方法：将细绳系在塑料瓶瓶口，便于提起塑料瓶；将塑料瓶放在水槽中，向水槽中注水，直到刚好淹没塑料瓶下端小孔为止；用烧杯向塑料瓶中注入瓶身一半的水；提起细绳，让瓶底离开水槽水面，观察水流从小孔中流出的方向和瓶子的旋转方向。

我看到的现象：_____。

要求：缺口处是水流喷出的地方，请用箭头标示出水流喷出的方向和瓶子旋转的方向。

水瓶

我的发现：水瓶中水流喷出的方向和水瓶运动的方向是_____（选填"相反"或"相同"）的。

第 2 课时　设计火箭模型

核心问题：如何利用反冲现象，设计制作一个箭体高度不超过 30 厘米、类似火箭的模型装置？

【教学目标】

1. 通过观察范例，了解什么是三视图，初步尝试绘制三视图。

2. 能根据任务要求，用合适的数量单位标注尺寸大小，绘制火箭模型设计图，对自己的设计方案进行合理的取舍，留下可行性的方案。初步学会用工程思维的方式思考问题，具有一定的创新意识。

3. 能根据提示，完成设计方案。能用恰当的说明方法、科学的语言有理有据地表达自己的想法。学会科学地分工和高效地合作，能综合运用不同学科知识完成学习任务。能认真倾听各小组的设计方案，并有理有据地提出自己的见解。

4. 通过设计活动，初步培养工程思维和创新意识，提高动手能力。

【教学重难点】

重点：能根据任务要求，绘制火箭模型设计图，对自己的设计方案进行合理的取舍，留下可行的方案。能认真倾听各小组的设计方案，并有理有据地提出自己的见解。

难点：初步尝试绘制三视图，利用文字和数字进行标注，用图文并茂的方式记录自己的设计方案。

【教学准备】

教师准备：多媒体课件、火箭模型方案设计书、自评表、互评表。

学生准备：铅笔、不同颜色的水性笔、尺子。

【教学过程】

一、回顾任务，明确需求

1. 师：同学们，"少年强国　航天筑梦——全国航天科普进校园"首站活动即将走进我校,在活动当天我们要展示自己制作的火箭模型。利用我们上节课认识的反冲现象,制作一个箭体高度不超过30厘米的"火箭"。在活动当天,比一比谁的"火箭"飞得更高。

2.需求解析

(1)组织学生解析任务需求,思考相关问题。

①要求做一个什么样的火箭模型?需要达到怎样的效果?有什么限制条件?

②你们准备以什么作为动力?

③结合学到的关于火箭的知识,你们认为这个装置由几部分组成?

④各个部分分别选用什么材料制作?做成什么形状?

⑤各个部分是如何连接的?

(2)组织学生小组间分享本组关于以上问题的想法,进行师生间、生生间的交流互动。

【设计意图】通过对任务需求的分析,引导学生思考火箭模型的制作细节,包括动力来源、组成部分、材料选择及连接方式等,旨在培养学生的问题解决能力和创新思维。同时,通过小组间的分享与交流,促进学生之间的合作与沟通,提升他们的团队协作能力和表达能力。

二、方案设计

1.师:刚才同学们经过讨论提出了很多大胆的设想,它们能不能变成现实呢?还需要各位小工程师们首先画出设计图。(出示现实中的设计图,结合图片讲解三视图的作用和画法,引导学生在方案设计书中画设计图。)

2.教师介绍评价表的评价内容、填写方法和填写时间。(重点介绍从哪几个方面进行评价,评价表的不同分值代表的含义。)

3.以组为单位,组织学生在前期思考的基础上,按要求完成本组的设计图并进行自评。

【设计意图】要求学生绘制设计图,是为了帮助学生将思维和创意外显化。学生在绘制图纸的过程中，会对设计理念和想法进行更细致的思考，从而将"天马行空"的想法变成可操作性的设计方案。为了让学生的学习活动与真实社会联系起来，本节课引入了三视图的基本画法，并要求学生在图下做说明。同时，在学生设计前，出示了关于设计方案的评价标准，让学生了解这个环节要达到的规范要求。

三、分享交流设计方案

1. 小组内参与汇报的人有哪些？汇报者的分工如何？

2. 大家可以首先按照方案设计书的框架依次介绍，然后对照设计图和备忘录说一说你们的设计意图。

3. 每个小组的汇报时间为3分钟，每个同学都要认真聆听他人的介绍，完成互评表。

4. 两名学生作为教师助手，统计每个小组的分数，以平均分为小组的互评分。

【设计意图】方案设计书中设计备忘录的引入，可帮助学生对照设计图，有条理地表达设计意图，以确保让发言者介绍时能突出重点，锻炼他们的逻辑思维和表达能力。同时也帮助听众高效了解对方的设计方案。

【精彩片段】——聚焦自主建构

在设计前，教师引导学生对任务进行分解，思考"要求做一个什么样的火箭模型？需要达到怎样的效果？有什么限制条件？"引导学生从任务文本上去了解任务的要求。通过对"你们准备以什么作为动力"这个问题的讨论，确定火箭模型的类型和基本结构。在学生明确了自己的火箭模型的动力类型后，引导学生思考一系列和实际操作密切联系的问题，如"你认为这个装置由几部分组成？各个部分分别选用什么材料制作？做成什么形状？各个部分是如何连接的？"

课堂上，教师提供现实生活中的设计图，给学生观摩学习，了解真实世界的设计图由哪些要素构成，如何在设计图上做标记说明，方便制作者

"按图施工"。

【教学评析】

在任务解析部分，通过引导学生思考与实际操作密切相关的问题，引导学生调取以往所学的有关材料特性的知识经验，结合平时制作工艺的技能，从实际需求出发，对知识和技能进行整合和重构，让学生的"想法落地"。对设计图要素的学习和绘制要求，则让学生的学习活动与真实社会联系起来。

【学习单】

火箭模型方案设计书

第 _____ 组

一、项目组成员介绍

1. 姓名：_____（可写 1~2 人姓名，下同）

资质介绍：_____（用一句话介绍成员的特长和优势，如会……善于……，下同）

角色设定：项目经理（组长）、审核员、设计员、工程师、测试员（在承担工作项目下打"√"，可多选，下同）

（各角色承担的主要任务：项目经理负责组织项目成员制订设计制作方案，做好协调沟通工作；审核员负责监督、提示设计与制作过程中要遵守相应规则；设计员负责根据小组成员共同意见，完成设计图样；工程师负责照图施工，解决制作过程中的技术问题；测试员进行设备的测试，检查能否正常工作，记录测试数据。）

2. 姓名：_____

资质介绍：_____

角色设定：项目经理（组长）、审核员、设计员、工程师、测试员

3. 姓名：_____

资质介绍：_____

角色设定：项目经理（组长）、审核员、设计员、工程师、测试员

4. 姓名：_____

资质介绍：_____

角色设定：项目经理（组长）、审核员、设计员、工程师、测试员

5. 姓名：_____

资质介绍：_____

角色设定：承担的主要工作（填写因项目需要，增设的相关工作内容）：_____

二、我们的设计图纸

要求：1. 画一画，设计图要呈现不同视角，每个视角都要注明各个部分对应的尺寸；

2. 写一写，在设计图中标注各部分结构的名称、预计使用的材料和连接方法；

3. 想一想，说一说，为什么要这样设计。

火箭模型设计图

项目名称：_____

设计者：_____ 审核者：_____

日期：_____

三、我们的设计备忘录

1. 根据我们的设计思路和选择的材料,我们会这样进行制作:_____
_____
_____

2. 为了更好地实现我们的设计思路,做出理想中的火箭模型,我们准备这样进行小组分工:_____
_____
_____

3. 我们预测,根据我们的设计制作出的火箭模型,应该会有这样的优点:_____
_____
_____

4. 我们还需要补充说明的内容:_____
_____

"设计火箭模型"学习过程自评表

(在相应得分栏下打"√";总分栏填写得分总和)

环节	评价内容	还需继续努力 (1分)	基本达到要求 (3分)	很棒 (5分)	总分
明确任务	围绕任务能思考并提出关键问题				
设计方案	能绘制出火箭模型设计图在不同视角下的图样				
	能根据火箭的不同部分,选择合适的材料				
	能在火箭模型设计图上添加尺寸、材料和对各部分功能标注辅助说明				
	能在火箭模型设计图上对加工方法或注意事项进行标注说明				

续表

环节	评价内容	还需继续努力（1分）	基本达到要求（3分）	很棒（5分）	总分
沟通协作	在设计方案时能合理分工，积极参与讨论				
	分享声音洪亮，能呈现设计思路，重点突出				

"设计火箭模型"学生互评表

第（　　）组

| 环节 | 你需要回答的评价问题 | 各维度表现及对应分数 ||| 第（　　）组得分 | 总分 |
		1分	3分	5分		
设计方案	火箭设计图整体布局是否合理、美观	火箭设计图有一定的布局，但相对位置不合理，绘图不清晰美观	火箭设计图布局基本合理，但设计图不够清晰美观	火箭设计图布局清晰合理，绘图精美		
	火箭设计图中尺寸、材料、加工方法等标注是否明确	火箭设计图中只标注了尺寸或材料中的一种	火箭设计图中尺寸、材料和加工工艺都标注了，但是比较杂乱，难以完整理解意义	火箭设计图中尺寸、材料和加工工艺都标注了，并且标注整齐清晰，分类明确		
分享展示	小组的分享展示是否清晰流畅	这个小组进行了展示，但思路不清晰，表达不流畅	这个小组进行了展示，能基本传达思路，表达中规中矩	这个小组的展示思路清晰、表达简洁流畅，分享的内容翔实，火箭设计创意十足		

第3课时 制作火箭模型

核心问题：如何根据设计方案，制作火箭模型？

【教学目标】

1. 在制作火箭模型过程中，能够发现问题并找到解决问题的方法。

2. 熟练使用剪刀、圆规、热熔胶枪等工具，完成箭体、推动装置和发射塔的制作活动。

3. 能根据评价标准客观地对自己和他人的作品进行评价。

4. 会综合运用不同学科知识完成学习任务。

5. 学会科学地分工和高效地合作，具有一定的规则意识。

【教学重难点】

重点：能按设计图完成箭体、推动装置和发射塔的制作。

难点：遵守规则，不随意修改作品，每次修改需要从设计图开始，用不同颜色笔标注，再照图修改作品。

【教学准备】

教师准备：学习单、多媒体课件、热熔胶枪、打气筒、水等。

学生准备：剪刀、圆规、塑料瓶、硬卡纸、小木棒、气球、橡皮筋、胶带等。

【教学过程】

一、聚焦问题，明确任务

1. 课件出示部分小组的设计方案，根据设计的动力类型，将学生的设计方案分为水火箭类、气球火箭类、小苏打火箭类等。然后将同类动力的小组集中在一个区域活动。

2. 再次出示任务：需要制作一个箭体高度不超过30厘米、类似火箭的模型装置，在活动当天进行试飞，比一比谁飞得更高。

提示学生注意作品尺寸和测试要求。

3. 揭示课题——制作火箭模型。

【设计意图】结合设计方案，将同类动力的小组集中在一起，这样方便组与组之间相互学习和讨论。

二、小组协商确定方案修改程序和规则

1. 提问：在制作过程当中，我们可能会遇到设计图纸有偏差，无法实现的问题，你们准备怎么解决呢？

2. 师生共同讨论提出修改程序：发现设计图的偏差，首先要向教师报备，说明必须修改的理由，教师批准后才能修改。

3. 确定修改规则：用不同颜色的笔在设计方案中进行修改批注，然后再按照修改后的方案施工。

【设计意图】为了让学生的学习活动与真实的社会生活联系起来，本环节结合现实世界工程设计工作规范，对方案的修改程序和规则进行了规范，一方面让学生体验真实社会的工作流程，另一方面也让学生意识到方案的设计、审核是严肃的事情，一旦确定，不能随意修改，所以在设计初我们要"三思而后行"。

三、阅读"安全操作提示"，了解常用工具的安全使用注意事项

1. 师：在开始制作之前，我们还需要了解相关工具的正确使用方法，让我们一起来看一下"安全操作提示"。

2. 学生共同学习"安全操作提示"，并在小组内利用手头工具进行简单尝试，教师巡视并指导。

【设计意图】在制作前教师必须讲清安全问题，避免学生发生安全事故。

四、学习"制作火箭模型"评价表的填写方法

1. 师：和方案设计环节一样，在制作环节，我们也有一套评价标准。让我们一起来学习一下，在制作过程中要注意什么，怎样才能算是一件合格的作品。

2. 师生共同学习"制作火箭模型"自评表和互评表，了解评价内容和

填写方法。

【设计意图】评价表的设计，为学生实现自我监控提供了依据，一方面让学生了解活动要求，另一方面也将学习过程量化，便于后期综合评价。

五、制作火箭装置

组织学生分小组按设计方案完成作品的制作。在各个小组间巡视，注意学生工具使用的安全，倾听学生修改的理由，并进行引导。

（提示制作完成的小组完成制作活动自评表和互评表。）

【设计意图】因为学生的方案是以小组为单位设计的，制作活动也需要小组成员相互配合，共同完成。将制作环节放在课堂上进行，一方面便于小组成员合作，另一方面也让教师更好地观察和了解学生的实践过程，及时为学生的活动提供有效指导，保证活动的科学、严谨。

【精彩片段】——聚焦自我监控

教师在学生动手制作前，引导学生思考"在制作过程当中，我们可能会遇到设计图纸有偏差，无法实现的问题，你们准备怎么解决呢"，在学生充分讨论的基础上，师生一起制订修改流程和规则：发现设计图的偏差，首先要向教师报备，说明必须修改的理由，教师批准后才能修改；后一次修改用不同于前一次设计颜色的笔在设计方案中进行修改批注。

【教学评析】

本节课中关于方案修改流程和规则的制订，是一个很小的细节，但它却让学生意识到我们的设计和施工不是随意的，而是有一套规则和标准的，施工人员需要根据这些规则进行实践。同时由于学生实践经验的不足，有一些问题只能在动手制作后才能发现，这时需要重新审视设计方案，并将符合实际操作的想法记录下来，所以二次修改设计是有必要的。而且因为这些修改流程和规则是在学生充分讨论后形成的，学生接受度较高，对规则的执行度也会相应提高，从而帮助学生完成由设计到实践间的自我监控。

【学习单】

安全操作提示

1. 剪刀的安全操作指引

配合我们手掌的大小和力量，选择大小、轻重合适的剪刀。

注意事项：

（1）使用剪刀时，一定要集中精神，眼睛看着剪刀，不能一边说笑，一边剪东西。

（2）严禁随意丢掷或挥舞剪刀。严禁用剪刀戳别人的眼睛和鼻子，或者身体其他部位。

（3）手里拿着剪刀时不要乱晃动手和四处奔跑。

（4）拿剪刀给别人时，要将把手朝向对方。

（5）使用完后，要将剪刀收放在固定的地方，并将剪下来的纸屑收拾干净。

2. 热熔胶枪的安全使用指引

如果你要使用热熔胶枪，请务必阅读以下注意事项和使用方法！

注意事项：

（1）不能在潮湿的环境下使用，因为潮湿的环境会影响绝缘性能，可能会产生触电的危险。

（2）不能随意拆卸、安装其电热部分的零件，否则会影响它的正常使用。

（3）胶枪加热时，温度非常高，一定不要用手直接触摸出胶口，避免烫伤；摆放时，出胶口不要对着人或者放在同学聚集处，避免同学误碰烫伤。

（4）使用时千万不能从进胶口拉出胶条，避免被热熔胶灼伤或损坏热熔胶枪。

（5）胶枪工具除了熔胶之外，不能用作任何其他的用途。

（6）如果胶枪中的胶条发生倒流的现象，要立即停止使用，等专业人员清洁完之后，才能继续使用。

（7）使用胶枪时，不能连续加热超过 15 分钟，加热时间充足之后就要切断电源。

使用方法：

（1）打开包装，在热熔胶枪的包装内有一个小支架，把小支架安装在枪体前面的两个小孔里。用支架支住热熔胶枪。

（2）把胶棒插入胶枪后端的圆孔中，要一直插到底部。

（3）插好胶棒后把热熔胶枪的电源线插到插座，打开胶枪的开关。这时候胶枪上的指示灯会亮，胶枪处于加热状态。

（4）等一两分钟之后，枪体内已经被加热过的胶会缓慢地流出来，这时挤压胶枪的手柄就能打出胶来了。

（5）把胶枪握在手里，枪口对准需要黏合的物体，挤压出胶就可以了。

"制作火箭模型"学习过程自评表

（在相应得分栏下打"√"；总分栏填写得分总和）

环节	你需要回答的评价问题	还需继续努力（1分）	基本达到要求（3分）	很棒（5分）	总分
制作作品	我们的火箭模型和设计图纸是否一致				
	我们的火箭模型各部分设计是否合理，外形是否美观				
	在火箭模型制作过程中，我们是否能严格遵守修改规则				
	在火箭模型制作过程中，我们是否能规范使用工具，遵循安全操作提示				
沟通协作	我们在制作过程中的成员分工是否明确，任务分配是否合理				

"制作火箭模型"学生互评表

第（　　）组

环节	你需要回答的评价问题	各维度表现及对应分值			第（　　）组得分	总分
		1分	3分	5分		
火箭制作	火箭模型和设计图纸是否一致	成品完全不是按照设计图纸进行制作的	箭体、发射装置、发射架中有一个成品与设计图纸比较像	箭体、发射装置、发射架中有两个成品与设计图纸比较像		
	火箭模型结构是否合理、美观	火箭模型结构不清晰、不美观	火箭模型结构基本清晰，美观程度普普通通，没有亮点	火箭模型结构清晰、美观		

第 4 课时　测试火箭模型

核心问题：我的"火箭"能飞多高？

【教学目标】

1. 通过阅读资料，了解火箭发射的测试方法。

2. 能根据测试中出现的问题，积极思考，寻找解决或改进的方法。

3. 能用自制的火箭模型验证火箭升空的基本原理。根据评价标准客观地对自己的测试活动进行评价。

4. 保持好奇心和探究热情，乐于探究与实践。

【教学重难点】

重点：了解火箭发射的测试方法，能用自制的火箭模型验证火箭升空的基本原理。

难点：能根据测试中出现的问题，积极思考，寻找解决或改进的方法。

【教学准备】

教师准备：测量软尺、自制测试标示板、实验记录单、自评表。

学生准备：小组制作好的火箭模型及动力耗材。

【教学过程】

一、讨论确定测试方法和要求

1.师：同学们的"火箭"已经制作完成，这节课就要去检验你们制作的"火箭"能否发射成功。

2.讨论：如何测量"火箭"飞行的高度？

（预设：通过楼房层数比对，估算飞行高度；通过自制测试标示板，做记号，然后测量飞行高度……）

3.明确测试要求

（1）在实验室测量"火箭"箭体的高度，符合尺寸要求的，参与现场发射测试，尺寸不符合的不能参加测试。

（2）操场上用黄色胶带和粉笔标识了测试区、准备区和候场区，测试前请大家在候场区等候，听指令行动。

（3）准备测试的小组提前5分钟在准备区做好准备工作。组长示意后，组员听口令进入测试区，完成发射任务。

（4）每组有3次机会，记录员及时记录相关数据及情况。

（5）为确保安全，瓶内充气压力不可过高，若在打气过程中出现瓶子爆裂破损，将取消比赛资格。

（6）发射时操作要规范，注意安全。

4.各个小组确定操作员、辅助助手和数据记录员，在操场规划的发射场进行调试和测试。

【设计意图】测试前明确提出要求，让学生明白在测试活动中，要做什么、怎么做，从而保证了测试活动安全、有序开展。

二、组织学生开展测试活动

1. 教师做好发射活动的安全提示

（1）严格按照地表标识，在相应区域活动。

候场区：各组学生等待测试。

准备区：准备测试的学生（最多2名学生）携带作品，做好测试准备。

测试区：操作员和助手组装装置，听口令发射和回收"火箭"。每组学生有3次测试机会，取最高成绩记录；若发射不成功则不计成绩。

（2）在测试过程中，根据驱动动力，做好安全防护。如水火箭，充气一次打气筒打气不能超过10次，取下打气筒后，若火箭没有反应，学生严禁上前拿火箭，需等待教师确定安全后才可以靠近测试区。其他未尽事宜，听测试教师的安排与调度。

2. 教师按照动力种类，将学生进行分组，组织同类型火箭开展测试活动，提醒组员分工合作，如实记录测试数据。

3. 学生明确学习自评表中关于测试环节的自我评价标准和填写方法。

4. 学生分组依次测试，记录数据，测试全部结束后，完成自评表。

【设计意图】为了保证测试的公平、公正，教师根据动力种类将学生编制成了不同的测试小组。相同动力种类的"火箭"依次测试，也有利于学生在测试中通过观察、比较分析不同小组火箭模型的异同，思考如何对"火箭"进行改进。

【精彩片段】——聚焦自我监控

学生在教师组织下，依次尝试发射自己制作的"火箭"，并记录当次发射的情况，如高度、飞行姿态、落地后箭体结构是否完整、发射过程中有无人员受伤。所有的小组第一轮测试结束后，教师再组织学生开展第二轮测试、第三轮测试，最后完成学习过程自评表。

【教学评析】

火箭发射是学生最感兴趣，也是最激动的时刻，由于学生认知水平和实践能力的限制，会出现各种各样的状况，给学生带来不一样的情感体验。采用所有组完成第一轮测试后，再组织学生开展第二次、第三次测试的策略，为学生发现问题、根据现场情况进行微调，以期待改善发射结果提供了充足的时间。

在本环节中学生充分利用测试数据反馈的信息，审视和检查自己的设计方案、制作工艺和发射技巧，总结经验，并据此及时调整；小组成员间相互激发，出谋划策，不断完善调整，从而使自制"火箭"达到理想飞行高度。同时结合设计的评价表，让学生在测试过程中对自己的设计与相应功能是否匹配，以及自己的测试行为是否科学、客观进行自评，从而对作品和学习活动的行为进行自我监控。

【学习单】

"测试火箭模型"记录单

第（　　）组　我们是以（　　　　）为动力推动火箭的

次数	飞行高度（用数字+单位的方式记录）	飞行姿态（用带箭头的曲线画出路线图）	落地完整程度	有无人员受伤	动力大小（用涂星星的方式记录）
第一次					☆☆☆
第二次					☆☆☆
第三次					☆☆☆

"测试火箭模型"学习过程自评表

（在相应得分栏下打"√"；总分栏填写得分总和）

环节	评价内容	还需继续努力 （1分）	基本达到要求 （3分）	很棒 （5分）	总分
测试作品	我们的"火箭"符合任务的各项限制条件				
	我们的"火箭"各部分能正常发挥作用				
	测试中我们能及时、真实地记录数据				

第5课时 反思改进"火箭"

核心问题：如何让我的"火箭"飞得更高？

【教学目标】

1. 回顾学习全过程，巩固工程设计的一般流程。

2. 能够根据小组自制"火箭"测试飞行的情况进行反思，提出修改方案，对自己的作品进行迭代更新。

3. 能用恰当的说明方法、科学的语言，通过作品发布会的方式，有理有据地向他人介绍小组的作品、收获。根据评价标准客观地对自己的实践活动进行评价。

4. 回顾教学过程，愿意发表自己的见解，敢于大胆质疑，追求创新。在交流过程中，尊重他人，认真倾听，合理质疑。

【教学重难点】

重点：巩固工程设计的一般流程。能够根据小组自制"火箭"测试飞行的情况进行反思，提出修改方案。

难点：根据测试数据和相关经验、知识积累等，提出可行、有效的改进建议。

【教学准备】

教师准备：多媒体课件（测试活动剪影）、改进情况记录单、自评表。

学生准备：上节课完成的测试记录单。

【教学过程】

一、反思研讨

1. 观看活动剪影，传阅各小组的测试记录单，引出问题。

问：根据测试的数据，你们认为哪种动力的"火箭"飞得最高？

2. 结合数据，分析影响飞行高度的因素。

想一想：对于同一种动力驱动的火箭，哪些因素会影响它的飞行高度？

3. 结合影响因素，寻找改进的办法。

（1）学生分组讨论，完成改进情况记录单，完善关键部件的分析、修改记录。

（2）交流分享。

A. 每个小组派出2名学生到其他组观摩，交流意见；小组内留下的学生，要向来观摩的学生介绍自己的修改记录。教师巡视。

B. 选择1~2个小组全班交流，生生质疑。

【温馨提示】上台时，请按照"对哪些关键部件进行了改进""如何改进""这样修改后我们预期达到什么效果"分享。

4. 教师鼓励学生课后对自己小组的作品进行迭代设计和制作。

【设计意图】通过对比多个小组的数据让学生知道哪种动力的"火箭"可以飞得更高，为学生改进自己的"火箭"提供思路。让学生通过小组分享、生生质疑，再次完善小组修改意见。

二、回顾总结

1. 师：同学们，经过这几节课的学习，我们真实地体验了中国航天人的研究历程。回顾一下整个学习过程，我们都经历了哪些环节呢？

学生对照活动图片讨论发言。

教师总结：一般工程设计都要经历"明确任务""解析需求""设计方案""制作模型""测试模型""反思改进"的过程。

2. 分析评价表，实现自我监控。

根据项目式学习的环节，提取某个学生自我评价的数据，利用电子表格的统计图功能，形成个人的学习雷达图，让学生明确自己的优势和不足。

3. 结合本项目的学习过程和评价表，说一说自己在这个活动中有哪些收获。

【设计意图】通过收集学生学习过程的评价数据，使用雷达图分析学生在这个过程中的表现，让学生更清晰地认识到自己的优点或不足的地方。

【精彩片段】——聚焦应用迁移

教师带领学生回顾整个项目过程，并着重让学生分析全班各个小组的测试记录单，回顾小组测试时的情境，结合实测数据和当时的微调情况，思考"对于同一种动力驱动的火箭，你认为哪些因素会影响它的飞行高度？"在全班讨论中，学生提出"动力更大""箭体更轻""阻力更小"等方案，可提高火箭飞行高度；还有部分学生提出"调整发射角度""改变尾翼形状或个数""动力均衡"等举措，可保持火箭垂直向上的飞行姿态；还有学生指出"我们制作过程中密封的性能、粘贴是否牢固"等制作工艺水平也会影响飞行。这些思路让学生可以更好地迁移到本组的作品，再次通过小组讨论，改进本小组的设计，让本小组的"火箭"可以飞得更高，解决小组困难。

【教学评析】

从学生的讨论发言，我们可以看出，学生能够结合测试数据和自己的实际经验，针对"对于同一种动力驱动的火箭，你认为哪些因素会影响它的飞行高度？"的问题进行反思，寻找小组作品存在的不足，提出改进意见。这些改进意见的提出，均是有相应数据支撑的，说明学生初步具备了基于证据做出解释的意识。在分享交流环节，学生们尊重团队成员、包容他人观点等表现，也说明其合作品质和交流品格均得到了提高。

【学习单】

"自制'火箭'关键部件改进情况"记录单

第（　　）组

改进内容	推力大小	箭体结构	制作工艺	其他需要改进的地方（填写文字）：如＿＿＿＿＿＿
修改意见（如有需要可另附图）				
预期达到的效果				

"反思改进'火箭'"学习过程自评表

（在相应得分栏下打"√"；总分栏填写得分总和）

环节	评价内容	还需继续努力（1分）	基本达到要求（3分）	很棒（5分）	总分
反思改进	比较测试结果，我们能分析找出影响飞行高度的因素				
	针对影响飞行高度的因素，我们能找到解决或改进的方法				

持续反馈与应用设计

根据课堂上研讨的结果，再次修改自己的设计图和作品，然后进行测试，检验修改方案是否提高了火箭的发射成功率和飞行高度。

单元教学反思

近年来，中国航天事业持续快速发展，自主创新能力显著增强，进入空间能力大幅提升。2016年，新一代的长征七号、长征五号运载火箭相继首飞成功，使中国火箭运载能力进入国际先进行列，中国运载火箭成功升级换代，擎起迈向航天强国的中国力量。"飞天梦——设计制作'火箭'"是在这样的时代背景下研发的单元教学案例。

该单元采用项目化学习的方式，融合思维型教学五大基本理论和六个基本要素，组织学生开展学习和实践活动。单元教学初始，教师向学生介绍了中国航天取得的重大成就，激发了航天科普宣传热潮。随即提出："少年强国 航天筑梦——全国航天科普进校园"活动的首站将在我们学校举行，活动开幕式上学校学生还要进行一场发射表演。这样的情境创设激发了学生的民族自豪感，吸引学生加入学习活动中。随后提出单元教学需要完成的任务：制作一个箭体高度不超过30厘米、类似火箭的模型装置，在活动当天进行试飞，比一比谁的火箭模型飞得更高。围绕单元任务，教师提出了一系列问题，引导学生思考，引发了学生的认知冲突；在完成设计方案和制作模型的过程中，学生通过自主探究和小组合作交流分享，在情感互动的基础上，实现最大限度的思维互动，在对知识意义建构的同时，培养学生的自主学习、探究、合作、交流等能力；在测试模型、反思改进活动中，学生需要根据测试数据和测试现场出现的各种状况，结合已有知识和经验，不断发现问题，解决问题，实现知识和技能的应用迁移。在单元教学各个环节，都设计了相应的评价表，通过自评和互评的方式，让学生对学习过程和学习成果进行评价，最后针对个人自评数据，形成雷达图，直观地反映学生在工程设计类项目学习各个环节的优势和不足，为学生素养的全面发展提供了参考。

本单元的教学，在以下两方面表现突出，值得深思。

一、贯穿全程的评价活动，为学生自我监控提供抓手

本单元的任务是制作一个类似火箭的装置，比一比谁飞得更高，但它并不是这个单元的终极目标，我们希望学生在完成这个任务的过程中去发展他们的思维，培养各种能力，最终促进其学习素养的成长。在这个目标的指导下，我们设计了相应的评价表，贯穿该单元学习"明确任务""设计方案""制作模型""测试模型""反思改进""沟通协作"每个环节。其评价标准的设计也是遵循目标的指向，如在"设计方案"环节，我们希望学生绘制的设计图，能尽可能地模仿真实的设计图，在评价表中我们就提出了"能绘制出火箭模型设计图不同视角下的图样""能在火箭模型设计图上添加尺寸、材料和各部分功能标注辅助说明"的标准；在"制作模型"环节，我们希望学生能按设计想法制作实际的作品，在评价表中我们就提出了"火箭模型和图纸是否一致"的问题，希望学生在制作活动中注意安全，相应地提出了"火箭模型制作过程中是否遵循了安全操作提示"的问题。这些可操作性评价问题的提出，可以帮助学生很好地检查自己的学习过程，根据评价情况，及时调整自己的行为。最后根据评价数据生成的雷达图，则直观、全面地反映了学生在整个项目式单元学习过程中的表现，为迁移到其他领域和单元的学习提供了借鉴。

二、项目化学习的引入，在学生自主建构的同时，促进学习素养的发展

本单元的教学引入了项目化学习的方式，倡导学生像真实世界的工程类活动那样，成为设计工程师、施工技术员、监理工程师……，围绕一系列驱动性问题，运用各种工具和资源，以小组合作的方式展开探究与实践，最终完成可公开发布的火箭装置作品。在单元任务的驱动下，激发学生学习的内动力，在与各种文本和材料的互动中，主动查找、识记信息，通过高层次的思维活动，将信息组织化、巩固和理解信息，形成完成火箭装置所需的知识网络和技能准备。在这个过程中，教师除了引导学生在任务情境中，借助学习单中提纲的帮助，完成思考和实践活动，也要帮助学生树立正确的价值观念，不过分强调火箭装置的精致，而是要关注在活动中学生是否亲自动手实践，是否能与同伴有效沟通和协作。特别是针对由于学生实践经验或知识水平不足，导致的作品不成熟的情况，要鼓励学生不要轻易放弃自己的想法，而是要努力寻找不成功的原因，提供适当的知识和技术支持，帮助他们把想法变为现实，培养学生发现问题、解决问题的能力。

当然在本单元教学中，也有一些不如人意，需要我们继续探讨和研究的问题。比如小组成员间由于学生性格原因，导致的合作效率不高；学生的分享汇报重点不突出；学生在学习过程中思维发展的过程目前还只能用表现性的学习单进行体现，无法通过外显的量表评价……在今后的教学中，我们将继续改进和完善教学方式，在思维型教学理论的指导下，更好地培养学生的科学素养和实践能力。

案例提供者：魏　娜，武汉市江岸区长春街小学
　　　　　　杨　莹，武汉市江岸区长春街小学
　　　　　　赵文君，武汉市江岸区长春街小学
　　　　　　彭　雯，武汉市江岸区长春街小学
　　　　　　程慧俊，武汉市江岸区长春街小学
　　　　　　叶　宇，武汉市江岸区长春街小学
　　　　　　薛丽媛，武汉市江岸区长春街小学
指导教师：易传发，武汉市教育科学研究院
　　　　　　曹庆华，武汉市江岸区岱山小学